# 로스쿨 계약법

김학동 외

세창출판사

이 도서의 국립중앙도서관 출판예정도서목록(CIP)은 서지정보유통지원시스템 홈페이지
(http://seoji.nl.go.kr)와  국가자료공동목록시스템(http://www.nl.go.kr/kolisnet)에서
이용하실 수 있습니다.(CIP제어번호: CIP2014023015)

# ▪ 머 리 말 ▪

이제 로스쿨 민법교재의 마지막 편으로 「계약법」을 ―「불법행위법」과 함께― 출간합니다. 법학전문대학원 체제의 도입이 확정되면서 이 새로운 교육제도에 맞는 교재를 만들어보자고 머리를 맞댔던 것이 5년 전인데, 이제 그 마지막 작품을 내놓게 되었습니다.

원래 교재의 편제는 민법전의 편제에 의하기로 했는데, 채권각론은 그 내용이 방대해서 「계약법」과 「불법행위법」을 나누었습니다. 그래 이 계약법 책자의 내용은 민법전의 채권편(제3편) 중 계약(제2장)에 관한 것입니다.

이 책자의 성격과 서술방식은 그동안 발간된 책자에서와 동일합니다. 이를 간단히 적는다면, 가장 기본적인 방향은 기존의 교과서와는 달리 법제도에 관한 추상적 설명 없이 오직 그 법제도가 적용된 판례만을 다룬다는 점입니다. 법제도에 관한 추상적 설명을 하다 보면 기성의 교과서로 회귀할 가능성이 있기 때문이기도 하지만, 그보다는 우리 법교육의 문제점은 법제도에 대한 추상적 이해에 매여 이의 실제적 의미를 파악하지 못하는 것인데, 이러한 점을 보완하기 위해서는 판례 중심의 교재가 필요하다고 생각했기 때문입니다.

이 책자는 이러한 기본방향과 취지로 인하여 다음과 같은 특성을 가집니다.

첫째, 판례만을 다루지만, 이는 법제도의 실제적 의미를 파악하도록 하기 위해서이므로, 지도적 판결을 모은 판례집이 아니라 강의용 교재입니다.

둘째, 교재이지만, 법제도에 대한 추상적 설명은 기성의 교과서에 맡기므로, 부교재일 뿐입니다.

셋째, 판례를 통해서 추상적 법제도의 실제적 의미를 파악하는 데 도움을 주기 위해서, 사안과 판결을 요약 정리하고 검토사항·관련사례 등을 덧붙였습니다.

요약한다면, 영미의 casebook을 지향하면서도, 판례를 이해하는 데 필요한 것을 덧붙였습니다.

그동안 발간된 로스쿨 민법교재를 통하여 독자들로부터 이 책자의 좋은 점과 아쉬운 점에 관한 의견을 들었습니다. 그리고 이를 토대로 이번 책자부터 약간의 수정을 가할 것인가 하는 점을 두고 고민도 하였습니다. 그런데 일단 이번 교재까지는 기출부분과의 일관성을 유지하고, 개정판부터 독자의 의견을 반영하기로 하였습니다.

이 책자를 시작하면서 고민하였던 것은, 어떤 것이 바람직한 법학교재인가 하는 점입니다. 이런 고민은 앞으로도 계속될 것입니다. 독자들의 의견과 조언을 기다립니다.

지금까지의 책자는 박영사에서 출간해 왔는데, 앞으로는 세창출판사에서 출간하기로 하였습니다. 세창출판사에 감사드리며, 아울러 모든 출판관계 일을 관장해 주시는 임길남 상무님께 감사의 뜻을 표합니다.

2014. 7.

저자를 대표하여  김학동 씀

■ 차 례 ■

<table>
<tr><td>제1장</td><td>계약총칙</td></tr>
</table>

<table>
<tr><td>제 2 장</td><td>개별적 계약</td></tr>
</table>

로스쿨 계약법

# 제1절 계약의 성립

## Ⅰ. 청약과 승낙에 의한 계약의 성립

### 1. 청 약

### (1) 청약과 청약의 유인의 구별

**대판 1993.10.22. 93다32507**

| 사안 |   乙(피고: 한국토지개발공사)은 안양시 평촌동 등 일대의 토지를 대상으로 안양평촌지구택지개발사업을 시행함에 있어 「공공용지의 취득 및 손실보상에 관한 특례법」제8조의 규정에 따라 이주대책의 일환으로 이주자택지의 공급에 관한 예규를 제정하여 시행하였다. 이 예규에 의하면 이주자택지의 공급대상자로 선정되기 위해서는 (1) 택지개발예정지구고시일 현재 사업지구 내에 소재한 가옥 또는 예정지구 고시일 이후 관계법령에 의한 허가를 받아 건축된 가옥의 소유자로 보상을 받고 (2) 보상계획공고일(1989.5.1.) 현재 당해 가옥에 거주하여야 하도록 되어 있었다. 乙은 甲(원고)이 제출한 건축물관리대장 및 1989.4.25.로 전입한 것으로 기재되어 있는 세대별주민등록표 등을 근거로 甲을 이 사건 건물의 소유자로 보고 위 예규 소정의 이주자택지의 공급대상자로 선정하여, 1991.10.23. 甲에게 이주자

택지의 공급대상자로 결정되었음을 알리면서 같은 해 11.18.부터 같은 달 23.까지 사이에 이 사건 대지에 대하여 대금 39,070,000원으로 하여 택지공급계약을 체결할 것을 촉구하는 이주자택지계약체결통보서를 보냈다. 甲이 같은 해 11.21. 서류를 구비하여 피고의 사무실을 찾아가 계약을 체결하려 하였으나, 乙은 위 이주자택지계약체결통보서를 발송한 뒤인 1991.11.9. 감사원 감사에 의하여 甲이 거주요건을 갖추지 못하였으므로 이주자택지공급대상자로서의 자격이 없다는 지적을 받았다고 하여 이 사건 대지에 관한 계약체결을 거부하였다.

이에 甲은 乙을 상대로 이 사건 대지에 관하여 1991.11.21. 매매를 원인으로 한 소유권이전등기를 청구하는 소송을 제기하였다.

| 판지 | 원심은 거시증거를 종합하여 피고 공사는 택지개발예정지구 내의 이주자택지 공급대상자의 선정기준에 따라 대상가옥, 대상소유자, 거주사실 등을 조사 확인한 뒤 대상적격 여부를 가옥소유자에게 개별통지함과 동시에 공고, 이해관계인에 대한 열람, 이의 및 시정조치 등의 절차를 취한 뒤 이주자택지 공급대상자를 확정하여 그 대상자에게 통보하고, 1개월 이상의 분양신청기간을 정하여 분양신청할 것을 통지 및 공고하여 그 기간 내에 분양신청이 없으면 이를 포기한 것으로 처리하고, 이주자택지 공급대상자로 확정된 후에도 관계법규 위반사항이나 제출서류의 위조, 변조 등 결격사유가 발견될 때에는 대상자에서 제외하며, 계약은 쌍방이 계약서에 서명날인함으로써 확정되는데, 피고 공사는 원고에게 이주자택지 공급대상자로서 계약체결통보를 한 다음 이에 따라 계약을 체결하려는 원고에 대하여 거주요건을 갖추지 못하였다는 이유로 계약체결을 거부한 사실을 인정한 다음, 이 같은 사실관계에 비추어 피고 공사의 원고에 대한 이주자택지 공급계약체결통보가 원고의 승낙만 있으면 매매계약이 체결된 것으로 볼 수 있는 확정적 의사표시라고 보기 어렵다는 이유로 원고의 주장을 배척하였는바, 기록과 대조하여 보면 피고 공사의 원고에 대한 이주자택지 계약체결통보는 계약의 요소가 되는 내용을 명시하고 있어 구체적이기는 하나 원고의 승낙에 의하여 계약이 바로 성립되는 확정적인 것이라고 볼 수 없다 할 것이므로 이를 계약상 청약이 아니라고 본 원심의 판단은 정당하다.

- 쟁 점

  이 판결에서는 甲이 이주자택지 공급대상자로 선정된 乙을 상대로 택지공급계약체결을 촉구하는 문서를 보낸 것이 매매계약체결의 청약에 해당하는지 여부가 문제되었다.

- 검토할 사항

  □ 청약과 청약의 유인을 구별하는 기준과 그 실익은 무엇인가?

- 관련사례

  □ 버스정류소에 버스가 정차하는 것은 청약에 해당하는가? (대판 1960.2.18. 4291 민상906)

  □ 공매공고를 하면서 "낙찰일로부터 30일 이내에 계약을 체결함"이라고 밝힌 경우 그 공매공고는 청약에 해당하는가? (대판 1977.2.22. 74다402)

  □ 상가나 아파트의 분양광고는 청약의 유인에 불과한가? (대판 2001.5.29. 99다 55601,55618, 대판 2007.6.1. 2005다5812,5829,5836)

- 기타 검토사항

  □ 청약의 유인 가운데 포함된 내용도 계약의 내용이 될 수 있는가? (대판 1977.2. 22. 74다402, 대판 1996.12.10. 94다56098, 대판 2007.6.1. 2005다5812,5829, 5836)

  □ 상가나 아파트 분양광고의 내용이 과장된 경우에 수분양자는 사기나 착오를 이유로 분양계약을 취소할 수 있는가? (대판 2001.5.29. 99다55601,55618)

  □ 아파트 분양자는 아파트 단지 인근에 공동묘지가 조성되어 있다는 사실을 수분양자에게 고지할 의무가 있는가? (대판 2007.6.1. 2005다5812,5829,5836)

- 참고문헌

  □ 김재형, 분양광고와 계약: 청약·청약의 유인·손해배상을 중심으로, 민사판례 연구 31권, 2009, 395-448.

## (2) 청약의 구속력

### 대판 1992.4.10. 91다43138

┈┈┈┈┈┈┈┈┈┈┈┈┈┈┈┈┈┈┈┈┈┈┈┈┈┈┈┈┈┈┈┈┈┈┈┈┈┈┈┈┈┈┈┈┈┈┈┈┈┈┈┈┈

| 사안 |  甲(원고)은 乙 법인(피고)이 설치경영하는 고등학교의 교원으로 채용되어 근무하여 오다가 만성간염의 질병으로 인하여 지각, 조퇴, 결근 등에 따른 수업결손이 잦아지게 되면서 학부모들로부터 항의나 보강을 맡은 동료 교원들의 불만

등으로 교직의 계속적인 수행이 더 이상 어렵게 되자, 1988.12. 초 스스로 사직하기로 결심하고 사직원을 작성하여 학교장인 소외 A에게 이를 제출하면서 다만 1989.2. 말까지 계속 교원의 신분을 가지고 의료보험혜택과 봉급을 받을 수 있도록 도와 달라고 요청하여 A의 승낙에 따라 이를 명확히 하기 위하여 위 사직원의 작성일자를 1989.2.28.로 기재하여 제출하였다. 그 뒤 甲이 질병이 완치되었음을 이유로 사직의사를 철회하였음에도 불구하고 A는 사직원 작성일자로 기재된 1989.2.28.에 비로소 그 사직원을 근거로 乙 법인의 이사회에 甲의 해임을 제청하고, 그해 3.2. 위 이사회에서 甲을 의원면직하기로 하는 결의를 거쳐 甲에 대한 면직처분이 이루어졌다.

이에 甲은 자신이 사직의 의사표시를 철회하였음에도 불구하고 자신을 면직처분한 것은 무효라고 주장하면서 乙 법인을 상대로 해고무효확인소송을 제기하였다.

| 판지 |   근로자가 일방적으로 근로계약관계를 종료시키는 해약의 고지방법에 의하여 임의사직하는 경우가 아니라, 근로자가 사직원의 제출방법에 의하여 근로계약관계의 합의해지를 청약하고 이에 대하여 사용자가 승낙함으로써 당해 근로관계를 종료시키게 되는 경우에 있어서는, 근로자는 위 사직원의 제출에 따른 사용자의 승낙의사가 형성되어 확정적으로 근로계약종료의 효과가 발생하기 전에는 그 사직의 의사표시를 자유로이 철회할 수 있다고 보아야 할 것이며, 다만 근로계약종료의 효과발생 전이라고 하더라도 근로자의 사직의 의사표시를 철회하는 것이 사용자에게 불측의 손해를 주는 등 신의칙에 반한다고 인정되는 특별한 사정이 있는 경우에 한하여 그 철회가 허용되지 않는다고 해석함이 상당하다.

■ 쟁 점

이 판결에서는 근로계약의 합의해지의 청약에 해당하는 사직의 의사표시의 철회가 유효한지 여부가 문제되었다.

■ 검토할 사항

▫ 민법 제527조가 "계약의 청약은 이를 철회하지 못한다"라고 규정하고 있음에도 불구하고 이 판결에서는 청약의 철회가 인정된 이유는 무엇이라고 생각하는가?

■ 관련사례

▫ 사직의 의사표시가 민법 제660조의 고용계약의 일방적 해지통고에 해당하는 경우에도 동조 소정의 기간이 경과하기 이전에는 사직의 의사표시를 철회하는 것

　　이 가능한가? (대판 2000.9.5. 99두8657)

　■ 기타 검토사항

　　□ 청약의 철회가 인정되지 않는 경우 그 구속력은 언제까지 존속하는가?

　　□ 청약자가 청약의 의사표시와 함께 자신의 청약은 언제든지 철회될 수 있다고 밝힌 경우에도 청약의 구속력은 인정되는가?

　　□ 청약의 구속력(철회불가능성)을 원칙으로 하는 우리 민법의 태도는 타당한가?

　■ 참고문헌

　　□ 김기창, 청약의 구속력과 계약자유. 비교사법 12권 1호(통권 28호), 2005, 87-110.

　　□ 김상중, 의사표시의 효력과 계약관계의 합의해지: 근로관계에 관한 대법원의 판결례를 중심으로, 광운비교법학 5호, 2004, 235-276.

　　□ 엄동섭, 미국계약법 I (2010), 제3장 제2절 청약.

## 2. 승　낙

### (1) 승낙의 방식

## 대판 1992.10.13. 92다29696

·····································································································

| 사안 | 乙(피고)은 1987.11.20.경 그의 밀감 과수원 옆에 있는 甲(원고) 소유명의의 판시 임야 2필지를 밀감 과수원에 붙여 사용하여 볼까 하여 甲의 아들인 소외 A와의 사이에 이 사건 밭과 위 임야 2필지를 교환하기로 하는 말을 하였다가, 위 임야 2필지는 매립을 하여야 사용할 수 있는 땅이어서 그 매립비용을 계산하여 보았더니 약 8,000,000원이 소요될 것 같아 이를 교환하지 말자고 통지하였으나, 甲은 완전히 교환이 된 것으로 알고 이 사건 밭을 소외 B에게 임대하여 경작하게 하였고, 그 후 1989. 8월 중순경 위 乙이 이 사건 밭에 심어져 있는 대파를 갈아 헤치고 그곳에 무우를 파종할 때까지 위 乙은 이 사건 밭을 관리한 적은 없었다.

　甲은 乙을 재물손괴죄로 형사고소함과 함께 乙을 상대로 이 사건 밭의 소유권이전등기를 청구하는 이 사건 소송을 제기하였다.

| 판지 | 교환계약은 당사자간에 청약의 의사표시와 그에 대한 승낙의 의사표시의 합치로 성립하는 이른바 낙성계약으로서 서면의 작성을 필요로 하지 아니하고, 그 청약의 의사표시는 그 내용이 이에 대한 승낙만 있으면 곧 계약이 성립될 수 있

을 정도로 구체적이어야 하고, 승낙은 이와 같은 구체적인 청약에 대한 것이어야할 것이고, 이 경우에 그 승낙의 의사표시는 특별한 사정이 없는 한 그 방법에 아무런 제한이 없고 반드시 명시적임을 요하는 것도 아니라 할 것이다. 따라서 위 사안에서처럼 피고가 1987.11.20.경 원고의 아들인 소외 A와의 사이에 이 사건 밭과 판시 임야를 교환하기로 하는 말을 하였고, 그 후 원고가 위 교환이 완전히 이루어진 것으로 알고 이 사건 밭을 소외 B에게 임대하여 동인으로 하여금 1년 반 동안이나 경작하게 하였으며, 그동안 피고 측에서는 거의 매일 이 사건 밭의 이용상황을 볼 수 있었음에도 불구하고 아무런 이의조차 제기한 바 없고 위 밭을 관리한 적도 없었다면, 거기에는 원고와 피고 사이에는 위 두 토지를 교환하기로 하는 청약과 승낙이 있었음이 전제된다 할 것이고, 나아가 이 사건 밭은 위 교환약정에 따라원고에게 인도된 것이라고 보는 것이 합리적이라 할 것이다.

- **쟁 점**

  이 판결에서는 교환계약의 성립 여부가 다투어졌으며, 그 판단과 관련하여 이른바낙성계약의 경우에는 승낙에 아무런 방식도 요구되지 않는다는 점이 전제되었다.

- **검토할 사항**

  □ 이 사건에서 교환계약의 성립시기는 언제인가?

- **관련사례**

  □ 낙성계약인 부동산 매매계약과 관련하여 계약금이 교부되지 않은 경우에도 계약의 성립이 인정될 수 있는가? (대판 1975.12.23. 74다1761)

  □ 보험계약체결과 관련하여 보험증권이 교부되지 않은 경우에도 계약의 성립이 인정될 수 있는가? (대판 1992.10.27. 92다32852)

  □ 예산회계법의 적용을 받는 국공유재산에 관한 매매계약체결의 경우에도 무방식의 계약체결이 인정될 수 있는가? (대판 1986.2.11. 84다카2454)

- **기타 검토사항**

  □ 청약자가 승낙의 방식을 정해서 청약한 경우에는 승낙자는 그 방식을 따르지 않을 수 있는가?

(2) 승낙기간

대판 1999.1.29. 98다48903
........................................................................................

| **사안** |   乙(피고)은 자신 소유의 승용차(이하 '사고 승용차'라 한다)에 관하여 丙 보험회사(피고 회사)와 사이에 자동차종합보험계약을 체결한 후 사고 승용차를 운전하여 호남고속도로 상행선을 진행하다가 노면에 빗물이 고여 있는 것을 발견하고 급정차조치를 취하는 순간 미끄러지며 시동이 꺼지자 추돌사고 방지를 위한 안전조치를 취하지 아니한 채 1차로를 가로막고 정차한 사고 승용차에 그대로 머물러 있었다.

  그 상태에서 소외 A 회사의 종업원인 소외 B가 甲 보험회사(원고 회사)의 자동차종합보험에 가입한 A 회사 소유의 소형 트럭(이하 '사고 트럭'이라고 한다)을 운전하고 오다가 정차 중인 사고 승용차를 뒤늦게 발견하여 추돌함으로써 사고 승용차에 동승하고 있던 소외 C 등 3인의 피해자에게 각각 상해를 입혔다.

  甲 보험회사는 사고 트럭의 보험자로서 피해자들에게 합계 금 132,451,900원의 손해배상금을 지급하는 한편, 1996.12.11. 丙 보험회사에게 사고 트럭과 사고 승용차의 과실비율을 80:20으로 정하면서 7일 이내에 이의가 없으면 자신이 정한 과실비율에 따라 손해배상금을 부담하는 데 동의한 것으로 간주하겠다는 내용의 1차 통보를 하였다가, 丙 보험회사 측으로부터 아무런 이의 제기가 없는 상태에서 1997.4.29.에 이르러 사고 트럭과 사고 승용차의 과실비율을 1차 통보상의 비율과는 역으로 20:80으로 정정하는 2차 통보를 하였으나, 丙 보험회사는 다음날인 같은 달 30. 자신 및 乙을 대리하여 甲 보험회사에 1차 통보상의 과실비율에 동의한다는 통보를 하였다.

  그 뒤 甲 보험회사는 乙과 丙 보험회사를 상대로 甲 보험회사 자신이 피해자들에게 지급한 손해배상금 중 피고의 과실비율(80%)에 해당하는 금액을 구상하는 이 사건 소송을 제기하였다.

| **원심** |   원심은 원고 회사의 1996.12.11.자 1차 통보는 화해계약의 청약으로서 이를 철회할 수 없으므로 원고 회사가 1차 통보의 내용을 정정하는 2차 통보를 1997.4.29.자로 하였다고 하더라도 그에 의하여 1차 통보가 철회되었다고 할 수 없고, 또 원고 회사가 1차 통보 당시 7일 이내에 이의하지 아니하면 동의한 것으로

간주하겠다고 통보하였으므로, 피고 회사가 1997.4.30.에 이르러 1차 통보에 동의하였다고 하더라도 그 동의가 효력이 없다고 볼 수도 없으므로, 원고 회사의 1차 통보와 그에 대한 피고 회사의 1997.4.30.자 동의에 따라 이 사건 교통사고에 대한 손해분담비율에 관하여 원고 회사와 피고들 사이에 화해계약이 성립되었다고 판단함으로써, 원고 회사가 피해자들에게 지급한 손해배상금 중 피고의 과실비율에 해당하는 부분에 대하여 구상권을 행사하는 원고 회사의 이 사건 청구 중 1차 통보상의 사고 승용차의 과실비율(20%)에 상응하는 부분을 초과하는 부분은 이를 기각하였다.

| 판지 |  민법 제527조, 제528조 제1항 및 상법 제52조의 규정에 의하면, 각기 다른 보험회사의 보험에 가입한 피보험차량들이 일으킨 교통사고로 제3의 피해자가 손해를 입어 어느 한 보험회사가 손해 전액을 배상한 경우에 그 보험회사가 함께 손해배상책임을 부담하는 다른 피보험차량의 운행자나 그 보험회사와 사이에 쌍방의 손해분담비율에 관하여 화해계약을 체결하기 위한 청약을 함에 있어서도 그 청약은 원칙적으로 철회하지 못하는 것이다. 그러나 청약시 승낙기간을 정한 경우에는 그 승낙기간, 그렇지 아니한 경우에는 상당한 기간이 도과하면 그 청약은 실효되고, 이 때의 상당한 기간은 청약이 상대방에게 도달하여 상대방이 그 내용을 받아들일지 여부를 결정하여 회신을 함에 필요한 기간을 가리키는 것으로, 이는 구체적인 경우에 청약과 승낙의 방법, 계약 내용의 중요도, 거래상의 관행 등의 여러 사정을 고려하여 객관적으로 정하여지는 것이라고 할 수 있다. 그리고 청약이 상시거래관계에 있는 자 사이에 그 영업부류에 속한 계약에 관하여 이루어진 것이어서 상법 제53조가 적용될 수 있는 경우가 아니라면, 청약의 상대방에게 청약을 받아들일 것인지 여부에 관하여 회답할 의무가 있는 것은 아니므로, 청약자가 미리 정한 기간 내에 이의를 하지 아니하면 승낙한 것으로 간주한다는 뜻을 청약시 표시하였다고 하더라도 이는 상대방을 구속하지 아니하고 그 기간은 경우에 따라 단지 승낙기간을 정하는 의미를 가질 수 있을 뿐이다.

이러한 법리에 비추어 보면, 원고 회사가 1차 통보시 7일 이내에 이의하지 아니하면 승낙한 것으로 간주한다는 뜻을 표시하였다고 하더라도 상법 제53조가 적용될 수 있는 경우가 아닌 한 피고 회사에 대하여 아무런 구속력을 가질 수 없고, 따라서 피고 회사가 승낙 혹은 거절의 의사를 표시하지 아니한 이상 계약의 성부는 확정될 수 없고, 그 7일의 기간은 승낙기간을 정한 것으로 볼 여지가 있어 그 기간

이 도과하면 오히려 청약이 실효되어 그에 따른 계약이 성립할 수 없게 된다고 할 것이다.

그럼에도 불구하고 원심이 원고 회사의 1차 통보에 대하여 피고 회사가 1997. 4. 30. 동의함으로써 이 사건 교통사고에 관한 손해분담비율에 대하여 원고 회사와 피고들 사이에 화해계약이 성립하였다고 보고만 것은 결국 승낙기간에 관한 법리를 오해하여 판결 결과에 영향을 미친 위법을 저질렀다고 할 것이다.

- ■ 쟁 점
  이 판결에서는 청약수령자의 승낙의무의 존재 여부와 승낙기간(청약의 구속력의 존속기간)이 문제되었다.
- ■ 검토할 사항
  □ 청약수령자의 승낙의무를 인정하지 않는 이유는 무엇인가?
  □ 예외적으로 청약수령자에게 승낙의무가 인정되는 경우로는 어떠한 경우가 있는가?
  □ 승낙기간을 도과하여 도달한 승낙은 법적으로 어떤 성질을 가지는가?
- ■ 관련사례
  □ A로부터 유효기간을 18:00까지로 하는 청약을 받은 B가 18:58에 승낙의 의사표시를 한 다음, B는 A가 정한 18:00은 통상적 업무종료시각까지를 유효기간으로 정하면서 일응 관공서의 퇴근시간인 18:00를 형식적으로 예시한 것에 불과하다고 주장하면서 계약의 성립에 따른 이행을 청구하는 것은 타당한가? (대판 1994. 8. 12. 92다23537)
- ■ 참고문헌
  □ 김학동, 침묵과 승낙의 의사표시, 승낙기간 등, 고시계 46권 8호 (2001. 8.), 74-77면.

## (3) 변경을 가한 승낙

### 대판 2002. 4. 12. 2000다17834

| 사안 |  원심이 인정한 사실관계에 의하면 ① 乙(피고)은 1993. 9. 18. 丙 주식회사(원고 보조참가인)의 대전지역 대리점 경영자 A와 사이에 丙 회사가 개발, 판매하

는 초음파 진단기 SONO ACE(이하 'SA'로 줄여 쓴다) 4800E 1대(이하 '이 사건 진단기'라고 한다)를 금 2천만 원에 매수하기로 하되, 그 대금 중 1,700만 원을 1993. 10.5. 목적물의 인도와 동시에 이른바 리보금융(매도인은 은행에 매수인 명의의 할부판매보증보험증권에 기한 보험금청구권에 관하여 질권을 설정해 주고, 이를 담보로 매수인 명의로 은행으로부터 대출받은 대출금으로 매매대금을 지급받고, 매수인은 할부금 대신 대출은행에 원리금을 소정의 방법으로 변제하는 금융방식)으로 대체하기로 하는 내용의 매매계약(이하 '이 사건 매매계약'이라고 한다)을 체결하였다. ② 乙은 1993.10.경 丙 회사로부터 이 사건 진단기를 납품받았다. ③ 乙은 위 1,700만 원을 리보금융으로 대체하기 위하여 1993.11.25. 甲 보험회사(원고)와 사이에 피보험자를 丙 회사, 보험가입금액을 1,870만 원으로 하고, 보험사고로 인하여 甲이 보험금을 지급할 경우 乙은 甲에게 그 지급보험금 및 지연손해금을 지급하기로 하는 내용의 할부판매보증보험약정(이하 '이 사건 보증보험약정'이라고 한다)을 체결하고, 甲으로부터 그 보험증권을 교부받아 이를 담보로 B 은행으로부터 리보금융 1,700만 원을 대출받은 다음, 丙 회사로 하여금 이를 잔대금에 충당하도록 하였다. ④ 그런데 乙은 1993.12.경 A에게 이 사건 진단기로는 전립선의 볼륨(체적)을 측정할 수 없다는 취지의 불만을 나타내면서 B 은행에 리보금융에 대한 대출이자를 지급하지 아니하였고, 이에 A는 1993.12.20.경 그 1회분 이자를 대납하여 준 다음 이 사건 진단기를 그 당시 丙 회사에 의하여 개발, 시판되기 시작한 SA 4800HD 기종으로 교체하여 주었으나, 乙이 교체된 제품도 전립선 볼륨의 측정수치가 정확하지 않다는 등의 이유를 내세우면서 여전히 대출이자의 변제를 거부함에 따라 2회분의 이자도 추가로 대납하여 주었다. ⑤ 그 후 乙은 丙 회사로부터 의료기기 5점을 추가 매입하였다가 분쟁이 발생하였을 뿐만 아니라, 丙 회사가 운영하는 종합의료기기 상설전시관에서 만난 C와 실내장식공사 도급계약을 체결하였다가 그로부터 피해를 입게 되자, 1995.4.경 丙 회사에게 그 손해의 보상을 요구하였고, 丙 회사는 자신과 무관하다는 이유로 그 보상을 거절하는 등 서로 간에 갈등이 증폭되었다. ⑥ 丙 회사는 1995.11.13.경 乙에게, 초음파 진단기에 대하여는 丙 회사측에서 당시까지 연체된 대출이자를 전액 부담하고 무상으로 1995.8.경 丙 회사가 개발한 전립선 볼륨 측정 프로그램을 장착하여 주는 대신, 乙은 연체된 대출원금과 향후의 대출원금을 상환하라는 최종협상조건을 제시하면서, 만약 乙이 위 조건을 수용하지 아니할 경우 매매계약을 파기하는 것으로 간주하여 장비를 회수하겠다고 통보하였고, 그와 동시에 당시 분쟁이 발생하여 있던 추가 매입한 의료기기 및 실내장식공사에 대한 협상조건도 통보하였다. ⑦ 이에 대하여 乙은 초음파 진단기에 대하여는 아무런 언급이 없이 추가 매입한 의료기기와 실내장식공사에 대하여 책임 있는 해결을 바란다는 내용의 팩스 회신을 하였고, 이에 丙 회사는 위 초음파 진단기에 대하여는 乙이 자신의 협상조건을 받아들인 것으로 믿고 1995.11.24. 다시 乙에게 프로그램 장착에 협조하여 달라는 취지 및 그 때까지 연체된 할부금을 조속히 납부해 줄 것을 바란다는 내용의 서신을 보냈다. ⑧ 이에 乙은 1995.11.26. 납품된 초음파 진단기에 관한 丙 회사의 협상조건을 거부하는 취지 및 실내장식으로 인한 손해의 배상을 요구하는 취지의 서신을 丙 회사에게 발송하였다. ⑨ 한편, B 은행은 대출원리금이 계속 연체되자 1995.12.27. 보험자인 甲에게 보험금 청구를 하였고, 이에 甲은 1996.3.15. B 은행에게 그 때까지의 연체원리금 19,669,711원 중 보험가입금액 상당인 1,870만 원을 보험금으로 지급한 다음, 乙을 상대로 이 사건 보증보험약정에서 정한 바에 따라 위 보험금 1,870만 원 및 이에 대한 약정 지연손해금의 지급을 청구하는 이 사건 소송을 제기하였다.

이에 乙은 丙 회사와의 이 사건 매매계약은 丙의 최종협상조건 통보 등을 통해 합의해제되었다는 취지의 항변을 하였다.

| 판지 |  매매계약 당사자 중 매도인이 매수인에게 매매계약을 합의해제할 것을 청약하였다고 할지라도, 매수인이 그 청약에 대하여 조건을 붙이거나 변경을 가하여 승낙한 때에는 민법 제534조의 규정에 비추어 보면 그 청약의 거절과 동시에 새로 청약한 것으로 보게 되는 것이고, 그로 인하여 종전의 매도인의 청약은 실효된다 할 것이다.

기록에 의하면, 참가인이 피고에게 위에서 본 바와 같은 최종협상조건을 제시하면서 이에 응하지 않으면 계약 파기하는 것으로 간주하고 장비를 회수하겠다고 통보한 데 대하여 피고는 "초음파 기계는 귀사가 본원과 약속한 계기를 장착한 것을 납품한 후 본원에 설치된 기계를 반환해 가는 것이 순서라 믿으며 리스 금융은 당연히 그 시점부터 새로 발생해 피고의 몫이다. 아울러 지금까지 귀사의 잘못으로 일어난 일은 당연히 귀사가 처리하여야 한다."라고 답변한 사실이 인정되는바(을 제11호증의 2), 참가인의 위 통보는 피고의 주장처럼 '위에서 본 바와 같은 최종협상조건에 따라 분쟁을 종식시키거나 아니면 이 사건 진단기 매매계약을 합의해제할 것'을 청약한 것으로 보아야 할 것이나, 피고의 위 답변을 참가인의 '위 최종협

상조건에 따른 분쟁 종식 혹은 매매계약 합의해제 청약'에 대하여 승낙하는 의사표시로는 볼 수 없다 할 것이고, 오히려 현재 피고가 인도받아 사용하고 있는 SA 4800HD는 회수해 가되, 전립선 볼륨 측정이 가능한 초음파 진단기를 납품하고, 그 납품 시점부터 피고가 리스 금융 책임을 지겠다는 취지라 할 것이므로, 이는 참가인의 청약에 대하여 변경을 가하여 승낙한 것으로 보아야 할 것이다.

그렇다면 참가인의 '위 최종협상조건에 따른 분쟁 종식 혹은 매매계약 합의해제 청약'은 피고에 의하여 거절되었다 할 것이고, 참가인의 청약은 그 효력을 상실하였다고 보아야 할 것이므로, 위 최종협상조건에 따라 분쟁을 종식하기로 합의가 이루어졌다거나 이 사건 매매계약이 합의해제되었다고 볼 수는 없다.

- ■ 쟁 점

  이 판결에서는 계약(합의해제)의 청약에 대해 변경을 가한 승낙의 효력이 문제되었다.

- ■ 검토할 사항

  □ 계약의 본질적 구성부분이 아닌 사소한 부분에 대한 경미한 부가조건이 붙은 승낙도 변경을 가한 승낙으로 보아 효력을 부정하여야 하는가?

- ■ 관련사례

  □ 퇴직금 중간정산(근로자퇴직급여보장법 제8조 제2항)과 관련하여 사용자가 근로자의 요구기간 중 일부기간에 대해서만 중간정산을 실행하였는데 근로자가 그 중간정산퇴직금을 아무런 이의 없이 수령하였다면 법적으로 어떤 효과가 발생하는가? (대판 2008.2.1. 2006다20542)

- ■ 참고문헌

  □ 엄동섭, 미국계약법 I (2010), 제3장 제4절 Mirror Image Rule과 서식전쟁.
  □ 지원림, 국제물품계약에 관한 국제연합협약과 한국의 매매법, 법학논총(전남대) 31집 1호, 2011, 169-200.

## 3. 합 의

**대판 2001.3.23. 2000다51650**

. . . . . . . . . . . . . . . . . . . . . . . . . . . . . . . . . . . . . . . . . . . . . . . . . . . . . . . . . . . . . . . . . . . . . . . . .

| **사안** |  乙 회사(리스금융회사, 피고)는 甲 은행(원고)으로부터 이 사건 양도담보

제공 요청을 받고 이사회를 열어 단기여신 515억원을 차입기간 1년의 자유금리 기업어음 직접매입방식의 차입과목으로 대환받는 조건으로 차입금액의 130% 이내에 해당하는 리스채권을 담보제공하기로 결의한 다음, 甲 은행 앞으로 리스채권 내역 1부, 위 이사회 회의록 1부를 첨부하여, "乙 회사가 이전에 요청한 어음할인 거래약정과 관련하여 甲 은행이 乙 보유 리스채권을 담보제공 요청함에 따라 乙 회사는 아래 채권을 양도담보로 제공하오니 선처 바랍니다."는 내용의 리스채권의 양도담보제공이라는 표제의 문서를 송부하였다. 한편 그 무렵 乙 회사가 甲 은행에 교부한 채권양도계약서 등에는 그 계약일자란, 피담보채무의 범위란, 담보한도액란 등이 전부 공란으로 되어 있었을 뿐만 아니라, 甲 은행측의 내부결재란도 모두 공란으로 되어 있었다. 그리고 甲 은행은 515억 원의 단기여신을 乙 회사의 요청과 같이 대환하는 문제의 수용 여부를 심의, 의결한 적이 없을 뿐더러 실제로 乙 회사에게 그러한 대환조치를 취하여 주지도 아니하였다.

그 뒤 甲 은행은 乙 회사와의 사이에 이 사건 채권양도담보계약이 성립했다고 주장하면서 乙을 상대로 채권양도통지절차의 이행을 청구하는 소송을 제기하였다.

| 판지 |  계약이 성립하기 위하여는 당사자 사이에 의사의 합치가 있을 것이 요구되고 이러한 의사의 합치는 당해 계약의 내용을 이루는 모든 사항에 관하여 있어야 하는 것은 아니나 그 본질적 사항이나 중요 사항에 관하여는 구체적으로 의사의 합치가 있거나 적어도 장래 구체적으로 특정할 수 있는 기준과 방법 등에 관한 합의는 있어야 하며, 한편 당사자가 의사의 합치가 이루어져야 한다고 표시한 사항에 대하여 합의가 이루어지지 아니한 경우에는 특별한 사정이 없는 한 계약은 성립하지 아니한 것으로 보는 것이 상당하다고 할 것이다.

원심판결 이유에 의하면, 원심은 피고가 원고 은행에게 주요 부분을 공란으로 한 판시 양도담보계약서 등에 양도대상 리스채권 목록을 특정하고 기명날인을 하여 송부하여 준 것은 위 515억 원의 단기여신을 피고의 요청대로 대환하여 줄 것인지의 여부에 관하여 구체적이고 확정적인 의사 합치가 없는 상태에서 장차 피고의 위 요청이 받아들여질 것을 전제로 그 대환에 따른 실무절차를 원활하게 진행하기 위한 업무협조차원에서 사전에 위 문서들을 교부하여 준 것이라고 봄이 상당하므로, 이 사건 양도담보계약 및 채권양도계약은 성립되었다고 보기 어렵다고 판단하고 있는바, 원심의 이러한 판단은 수긍할 수 있고, 거기에 상고이유에서 주장하는 바와 같은 법리오해의 위법이 있다고 할 수 없다.

■ 쟁 점

이 판결에서는 계약의 성립 여부가 다투어졌으며 이에 따라 그 판단을 위한 전제로
서 계약의 본질적 요소에 대한 당사자의 의사의 합치 여부가 문제되었다.

■ 검토할 사항

□ 계약의 본질적 요소는 어떤 기준에 따라 결정되는가?

□ 계약의 본질적 요소는 아니더라도 특히 당사자가 그것에 중요한 의의를 두고 계
약성립의 요건으로 할 의사를 표시한 경우, 그 부분에 대한 의사의 합치가 없더
라도 계약은 성립할 수 있는가? (대판 2003.4.11. 2001다53059)

□ 계약의 본질적 요소 이외에 이른바 계약의 통상적 요소(예컨대 매매목적물에 흠
이 있는 경우의 매도인의 책임에 관한 사항)나 계약의 우연적 요소(예컨대 이행
기나 이행장소)에 관한 합의가 없는 경우 그러한 사항과 관련된 분쟁은 어떻게
규율되는가?

■ 관련사례

□「국가를 당사자로 하는 계약에 관한 법률」에 따른 입찰절차에서의 낙찰자의 결
정은 법적으로 어떠한 성질을 가지는가? (대판 2006.6.29. 2005다41603)

■ 기타 검토사항

□ 청약과 승낙의 무의식적 불합치와 착오는 어떻게 구별되는가?

■ 참고문헌

□ 송덕수, 합의와 불합의, 경찰대논문집 제7집, 1987, 183-216.

□ 이병준, 계약성립에서 의사주의와 표시주의의 대립의 극복, 외법논집 21집,
2006, 229-256.

□ 진성철, 미리 그 액수를 약정하지 아니한 대가를 확정하는 기준, 사법논집 제51
집, 2011, 357-411.

## II. 계약교섭의 부당파기

■ 판례 1

### 대판 2001.6.15. 99다40418

| 사안 | 건설업체인 甲 회사 등(원고들. 이하 甲 회사라고만 함)은 부산 광안리 광
안대로 공사의 공동낙찰수급체를 형성한 다음 그 공사 가운데 강교공사를 담당할

하수급체를 물색하다가 乙 회사(피고)에게 하수급의사를 타진하자, 1994.12.7. 乙은 견적서(공사대금 252억여 원), 이행각서, 건설공제조합의 하도급보증서 등을 甲 회사에게 제출하였다. 甲 회사는 1994.12.8. 이 사건 공사의 입찰에 참가하여 낙찰을 받고, 같은 달 16. 조달청과 공사대금을 600억여 원으로 한 공사도급계약을 체결하였다.

그 뒤 강판가격이 인상되자 乙 회사는 1995.5.29. 공사대금을 증액한 견적서를 제출하였고, 甲 회사는 乙과의 협의를 거쳐 같은 해 7.28. 위 금액을 그대로 수용한 공사하도급계약서를 작성·날인한 다음 상대방이 특수계약조건을 수용하는 조건으로 乙에게 송부하였으나, 乙 회사는 합의되지 않은 사항이 있다는 이유로 계약서날인을 거부하였다.

그 이후에도 乙 회사는 도장방식 결정에 따른 사용도료의 변경을 이유로 다시 공사비의 증액을 요구하였으며, 이에 따른 협의과정에서 양 회사의 실무자들이 만나 甲 회사가 도장공사는 A 회사에, 강교설치공사는 B 회사(乙 회사의 대표이사가 사실상 경영하는 회사임)에 하도급을 주고, 물가연동가산공사비를 9% 반영하는 등의 합의를 하였으나, B 회사의 공사수행에 대한 乙 회사의 연대보증 여부와 乙 회사의 강교운반 여부 등에 관하여 합의를 보지 못하였다.

다시 甲 회사가 하도급계약의 체결을 촉구하자, 乙 회사는 B 회사에 대한 보증과 강교운반을 할 수 없으며, 애당초 착오로 60% 이상 적게 견적 비용을 내었으므로 공사비단가를 조정해 달라고 요구하면서 최종적으로 강교제작만을 맡는 것을 전제로 한 견적서(공사대금 286억여 원)를 송부하였다. 甲 회사는 2차례에 걸쳐 이를 수용할 수 없다는 통보를 하고, 1996.1.22. 乙 회사와의 하도급계약을 해제한다는 통보를 하였다.

그리고 甲 회사는 丙 회사와 이 사건 강교공사의 하도급계약(공사대금 395억여 원)을 체결하였으며, 乙 회사를 상대로 이 하도급계약상의 공사대금과 乙 회사와의 하도급계약상의 공사대금 간의 차액을 손해배상으로 청구하는 소송을 제기하였다.

| 판지 |  1. 甲·乙 간의 계약의 성립 여부와 관련하여

원심이 적법하게 인정하고 있는 사실에 비추어 보면, 문제가 된 건설하도급공사는 공사금액이 수백억에 달하는데다가 공사기간도 14개월이나 되는 장기간에 걸친 대규모의 공사이므로 특별한 사정이 없는 한 공사금액 외에 구체적인 공사시행 방

법과 준비, 공사비 지급방법 등과 관련된 제반 조건 등 그 부분에 대한 합의가 없다면 계약을 체결하지 않았으리라고 보이는 중요한 사항에 관한 합의까지 이루어져야 비로소 그 합의에 구속되겠다는 의사의 합치가 있었다고 보는 것이 당사자의 실제의 의사와 부합하는 해석이라 할 것이고, 한편 하도급계약을 체결하려는 교섭 당사자가 견적서를 제출하는 행위는 통상 주문자의 발주를 권유하는 영업행위의 수단으로서 계약체결의 준비·교섭행위 즉 청약의 유인에 해당한다고 할 것이고, 이 사건에서 피고 회사가 견적서와 함께 제출한 이행각서는 그 문면에 의하더라도 하도급계약이 성립될 경우 최초 견적서 기재 금액 범위 내에서 공사를 수행하겠다는 취지에 불과한 것이고, 하도급보증서 또한 앞으로 하도급계약이 성립되면 그 이행을 담보하려는 목적으로 청약 유인의 차원에서 교부된 것에 불과하므로, 피고 회사가 견적서, 이행각서 등의 서류를 제출하였다는 사정만으로 원고들과 피고 회사 사이에 하도급계약이 성립되었다고 볼 수 없다.

2. 乙의 불법행위 책임의 성립 여부와 관련하여

어느 일방이 교섭단계에서 계약이 확실하게 체결되리라는 정당한 기대 내지 신뢰를 부여하여 상대방이 그 신뢰에 따라 행동하였음에도 상당한 이유 없이 계약의 체결을 거부하여 손해를 입혔다면 이는 신의성실의 원칙에 비추어 볼 때 계약자유 원칙의 한계를 넘는 위법한 행위로서 불법행위를 구성한다고 할 것이다.

원심이 인정한 사실관계에 의하면, 원고들은 입찰에 참가하기 직전에 피고 회사로부터 견적서 외에 이행각서 및 하도급보증서까지 받은 사실이 인정되지만, 견적서의 제출행위가 청약의 유인에 불과하고 원고들의 요청에 따라 제출된 이행각서 역시 앞서 본 바와 같이 그 내용에 있어 특별히 법적 의미를 부여할 만한 점이 없으므로 위 서류 등을 제출받았다는 점만으로 하도급계약이 확실하게 체결될 것이라는 상당하고도 정당한 기대나 신뢰가 원고들에게 부여되었다고 보기 어렵다. 또한 기록에 의하면, 원고들은 대규모공사전문업체인 대기업체로서 입찰에 참가할 공사의 내역과 비용에 대한 정보를 충분히 가지고 있고, 다른 여러 업체로부터 견적서를 미리 제출받아 그 내용을 비교 검토할 수 있었던데다가 다른 공구의 하도급견적금액에 대한 정보도 쉽게 입수할 수 있어 피고 회사가 제출한 견적서의 정보에만 전적으로 의존할 지위에 있지 아니한 사실, 당시 시행되던 구 건설업법 (1996.12.30. 건설산업기본법으로 전면 개정되어 1997.7.1. 시행되기 전의 것) 제22조 제3항에 의하면 수급인이 그가 도급받은 건설공사의 일부를 일반건설업자 또는 특수건설업자에게 하도급하기 위하여는 발주자의 서면에 의한 승낙이 있어야 하고, 이를 어길 경우 영업정지 또는 과징금을 부과받거나(같은 법 제50조 제2항), 형사처벌의 대상(같은 법 제62조 제3호)이 되도록 규정이 되어 있는데, 원고들과 발주처 사이의 원도급계약서상 이러한 서면승낙을 받으려면 감리단에 의한 공장실질심사를 거쳐 시공능력을 인정받아 합격판정을 받도록 되어 있는 사실을 인정할 수 있는바, 이러한 제반 사정을 종합하여 볼 때 수백억 원에 달하는 대규모 건설공사의 입찰에 참가하는 원고들로서는 기업의 경영활동 측면에서 스스로의 영리적 목적에 따라 나름대로의 손익을 계산하여 그 판단 하에 입찰금액을 정하여 입찰에 참가하였을 것이고, 낙찰을 받은 후 피고 회사보다 견적가가 저렴하고 시공능력이 우수한 자가 나타난다면 그 자와의 하도급계약을 체결할 수도 있었을 것이며, 피고 회사의 시공능력이 부족하여 발주처의 승인을 받지 못할 때에는 다른 하도급업체를 물색하거나 필요에 따라 자신이 직접 시공을 하는 경우를 충분히 예상하였다고 보여지므로, 결국 원고들의 입찰참가행위는 피고 회사와의 계약이 확실하게 체결되리라는 정당한 기대 내지 신뢰에 기초하여 행동한 것이라고 보기 어렵다.

나아가 기록에 의하면, 원고들이 피고 회사의 견적서를 받은 1994.12.7.부터 사실상 계약체결이 결렬된 1995년 11월경까지 약 11개월의 장기간에 걸친 교섭기간이 있었지만, 피고 회사와의 실질적인 교섭은 같은 해 5월경부터 이루어졌고, 하도급계약의 대상인 강교공사의 착공일이 원도급계약서에는 같은 해 4월 29일로 되어 있으며, 계약체결을 위한 교섭기간 중인 같은 해 5월 19일과 6월 10일에 2차례에 걸쳐 피고 회사의 공장에 대한 감리단의 실사가 있었던 사실, 위 강교공사가 대규모의 건설공사로서 그 제작이나 설치에 관한 방법이 원도급계약서상 특별하게 규정되어 있어 계약체결을 함에 있어 합의가 필요한 특수한 계약조건이 많았던 사실, 이러한 교섭과정에서 피고 회사는 원고들이 요구하는 금액과 조건에 의할 경우 경제성, 수익성이 없기 때문에 계약체결에 이르지 못한 사실을 인정할 수 있었다 할 것이므로, 피고 회사의 계약체결 거절행위가 상당한 근거 없이 이루어진 것이라고 보기 어려울 뿐만 아니라, 위와 같은 경위에 비추어 그 교섭기간도 부당하게 길다고 보여지지 않으며, 가사 피고 회사가 처음 제출한 견적서의 금액대로 공사를 하는 것이 사실상 불가능하다는 점을 교섭 초기에 미리 말하지 않았다고 하더라도 피고 회사로서는 협상과정에서 공사금액을 올리거나 더 유리한 다른 조건으로 하도급을 체결할 가능성이 있었다 할 것이므로 이를 들어 위법하다고 할 수는 없다.

　원심 판시는 이유설시에 있어서 다소 미흡하기는 하나, 피고 회사가 원고들에 대하여 하도급계약이 확실하게 성립될 것이라는 점에 대하여 정당한 기대나 확실한 신뢰를 유발·조장하였다고 보기 어렵고, 원고들이 요구하는 대로의 계약체결을 거절한 것이 위법한 행위라고 할 수도 없다는 이유로 원고들의 주장을 배척한 결론에 있어서는 정당하다

### ▣ 판례 2

### 대판 2003.4.11. 2001다53059

| 사안 |　乙(사단법인 한국무역협회, 피고)은 1996.1.경 무역센터 부지내에 수출 1,000억불 달성을 기념하기 위한 영구조형물(이하 '이 사건 조형물')을 건립하기로 하고, 5인 가량의 작가를 선정하여 시안(試案)제작을 의뢰한 후 그중 1개의 시안을 선정하기로 결정하였다. 乙은 1996.3.경 甲(원고) 등 4인에게 이 사건 조형물 시안제작을 의뢰하면서 제작비로 500만원씩을 지급하였는바, 당시 甲 등에게 최종 시안으로 선정된 작가와 이 사건 조형물의 제작·납품 및 설치계약을 체결하게 될 것임을 알렸으나 제작비·제작시기·설치장소를 구체적으로 통보하지는 아니하였다. 그 후 乙은 1996.6.24. 甲이 제출한 시안을 최종 시안으로 선정하고, 같은 해 8.16. 甲에게 이를 통보하였다.

　그러나 乙은 무역센터 확충사업에 관한 세부설계작업이 지연되는 등의 사유로 위 사업을 진행하지 못하였고, 정부의 관심이 줄어들자 1998년 이후에는 위 사업에 관한 예산도 배정하지 아니하다가, 결국 1999.5. 하순경 이 사건 조형물 건립사업을 취소하고, 같은 해 6.8. 甲에게 이를 통지하였다.

　이에 甲은 乙을 상대로 손해배상을 청구하였다. 구체적으로 제1심에서는 甲은 乙의 불법행위를 이유로 위자료(정신적 손해의 배상)를 청구하였다(제1심은 이를 일부 인용함). 그러나 항소심(원심)에서 甲은 주위적 청구로 乙의 계약(채무)불이행에 따른 손해배상을 청구하고, 예비적 청구로 乙의 불법행위를 이유로 한 손해배상을 청구하면서 예비적 청구의 내용으로서 정신적 손해 이외에 재산적 손해에 대한 배상을 추가하였다. 그리고 원심은 주위적 청구는 기각하고 예비적 청구 가운데 위

자료 청구 부분만을 일부 인용하였다.

| 판지 | 1. 乙의 채무불이행책임과 관련하여

계약이 성립하기 위하여는 당사자의 서로 대립하는 수개의 의사표시의 객관적 합치가 필요하고 객관적 합치가 있다고 하기 위하여는 당사자의 의사표시에 나타나 있는 사항에 관하여는 모두 일치하고 있어야 하는 한편, 계약 내용의 '중요한 점' 및 계약의 객관적 요소는 아니더라도 특히 당사자가 그것에 중대한 의의를 두고 계약성립의 요건으로 할 의사를 표시한 때에는 이에 관하여 합치가 있어야 계약이 적법·유효하게 성립하는 것이다. 그리고 계약이 성립하기 위한 법률요건인 청약은 그에 응하는 승낙만 있으면 곧 계약이 성립하는 구체적, 확정적 의사표시여야 하므로, 청약은 계약의 내용을 결정할 수 있을 정도의 사항을 포함시키는 것이 필요하다 할 것이다.

기록과 원심판결 이유에 의하면, 피고가 이 사건 조형물을 건립하기로 하고 그 건립방법에 관하여 분야별로 5인 가량의 작가를 선정하여 조형물의 시안(試案) 제작을 의뢰한 후 그 중에서 최종적으로 1개의 시안을 선정한 다음 그 선정된 작가와 이 사건 조형물의 제작·납품 및 설치계약을 체결하기로 한 사실, 피고는 원고 등 조각가 4인에게 시안의 작성을 의뢰하면서 시안이 선정된 작가와 조형물 제작·납품 및 설치계약(이하 '이 사건 계약'이라고 한다)을 체결할 것이라는 사실을 알렸으나 당시 이 사건 조형물의 제작비, 제작시기, 설치장소를 구체적으로 통보하지 않은 사실, 피고는 작가들이 제출한 시안 중 원고가 제출한 시안을 당선작으로 선정하고 원고에게 그 사실을 통보한 사실, 그 후 피고는 여러 가지 피고 협회의 내부적 사정과 외부의 경제여건 등으로 원고와 사이에 그 제작비, 설치기간, 설치장소 및 그에 따른 제반사항을 정한 구체적인 이 사건 계약을 체결하지 아니하고 있다가 당선사실 통지시로부터 약 3년이 경과한 시점에 원고에게 이 사건 조형물의 설치를 취소하기로 하였다고 통보한 사실을 알 수 있는바, 사실관계가 그러하다면 비록 피고가 작가들에게 시안 제작을 의뢰할 때 시안이 당선된 작가와 사이에 이 사건 계약을 체결할 의사를 표명하였다 하더라도 그 의사표시 안에 이 사건 조형물의 제작·납품 및 설치에 필요한 제작대금, 제작시기, 설치장소를 구체적으로 명시하지 아니하였던 이상 피고의 원고 등에 대한 시안제작 의뢰는 이 사건 계약의 청약이라고 할 수 없고, 나아가 원고가 시안을 제작하고 피고가 이를 당선작으로 선정하였다 하더라도 원고와 피고 사이에 구체적으로 이 사건 계약의 청약과 승낙이 있었다고 보기는 어렵다고 할 것이다.

## 2. 乙의 불법행위 책임과 관련하여

어느 일방이 교섭단계에서 계약이 확실하게 체결되리라는 정당한 기대 내지 신뢰를 부여하여 상대방이 그 신뢰에 따라 행동하였음에도 상당한 이유 없이 계약의 체결을 거부하여 손해를 입혔다면 이는 신의성실의 원칙에 비추어 볼 때 계약자유원칙의 한계를 넘는 위법한 행위로서 불법행위를 구성한다고 할 것이다. 그리고 그러한 불법행위로 인한 손해는 일방이 신의에 반하여 상당한 이유 없이 계약교섭을 파기함으로써 계약체결을 신뢰한 상대방이 입게 된 상당인과관계 있는 손해로서 계약이 유효하게 체결된다고 믿었던 것에 의하여 입었던 손해 즉 신뢰손해에 한정된다고 할 것이고, 이러한 신뢰손해란 예컨대, 그 계약의 성립을 기대하고 지출한 계약준비비용과 같이 그러한 신뢰가 없었더라면 통상 지출하지 아니하였을 비용상당의 손해라고 할 것이며, 아직 계약체결에 관한 확고한 신뢰가 부여되기 이전 상태에서 계약교섭의 당사자가 계약체결이 좌절되더라도 어쩔 수 없다고 생각하고 지출한 비용, 예컨대 경쟁입찰에 참가하기 위하여 지출한 제안서, 견적서 작성비용 등은 여기에 포함되지 아니한다고 볼 것이다. 한편 그 침해행위와 피해 법익의 유형에 따라서는 계약교섭의 파기로 인한 불법행위가 인격적 법익을 침해함으로써 상대방에게 정신적 고통을 초래하였다고 인정되는 경우라면 그러한 정신적 고통에 대한 손해에 대하여는 별도로 배상을 구할 수 있다고 할 것이다.

돌이켜 이 사건에 관하여 살피건대, 원심판결 이유 및 기록에 나타나는 제반정황에 의하면, 비록 원·피고 사이에 이 사건 계약에 관하여 확정적인 의사의 합치에 이르지는 못하였다고 하더라도 그 계약의 교섭단계에서 피고가 원고 등 조각가 4인에게 시안의 작성을 의뢰하면서 시안이 선정된 작가와 조형물 제작·납품 및 설치에 관한 이 사건 계약을 체결할 것을 예고한 다음 이에 응하여 작가들이 제출한 시안 중 원고가 제출한 시안을 당선작으로 선정하고 원고에게 그 사실을 통보한 바 있었으므로 당선사실을 통보받은 시점에 이르러 원고로서는 이러한 피고의 태도에 미루어 이 사건 계약이 확실하게 체결되리라는 정당한 기대 내지 신뢰를 가지게 되었다고 할 것이고 그 과정에서 원고는 그러한 신뢰에 따라 피고가 요구하는 대로 이 사건 조형물 제작을 위한 준비를 하는 등 행동을 하였을 것임에도, 앞서 본 바와 같이 피고가 원고와는 무관한 자신의 내부적 사정만을 내세워 근 3년 가까이 원고와 계약체결에 관한 협의를 미루다가 이 사건 조형물 건립사업의 철회를 선언하고 상당한 이유 없이 계약의 체결을 거부한 채 다른 작가에게 의뢰하여 해상왕 장보고 상징조형물을 건립한 것은 신의성실의 원칙에 비추어 볼 때 계약자유원칙의 한계를 넘는 위법한 행위로서 불법행위를 구성한다고 할 것이다.

나아가 그 손해배상의 유형과 범위에 관하여 보건대, 이 사건과 같은 피고의 계약교섭의 부당파기는 조형물 작가로서의 원고의 명예감정 및 사회적 신용과 명성에 대한 직간접적인 침해를 가한 불법행위에 해당된다고 할 것이므로 피고는 그로 인하여 원고가 입은 정신적 고통에 대하여 이를 금전으로 위자할 책임이 있다고 할 것이지만, 원고가 재산적 손해라고 주장하는 추정 총 제작비 20% 상당의 창작비 3억 원의 손해는 결과적으로 이 사건 계약이 정당하게 체결되어 그 이행의 결과에 따라 원고가 얻게 될 이익을 상실한 손해와 같은 성질의 것이어서 계약교섭이 중도파기되었을 뿐 종국에 가서 적법한 계약이 체결되지 아니한 이 사건에 있어서 원고로서는 계약의 이행을 청구할 수도 없고 또한 그 불이행책임을 청구할 아무런 법적 지위에 놓여 있지 아니하게 된 이상 계약의 체결을 전제로 한 이와 같은 손해의 배상을 구할 수는 없다고 할 것이고, 또한 이 사건 조형물의 제작을 준비하기 위하여 지출하였다는 비용 중 피고의 공모에 응하여 시안을 제작하는 데 소요된 비용은 아직 피고로부터 계약체결에 관한 확고한 신뢰가 부여되기 이전 상황에서 지출된 것으로서 원고로서는 그 대가로 500만 원을 지급받는 것에 만족하고 그 공모에 응하여 당선되지 않더라도 무방하다고 생각하고 지출한 비용에 불과하여 이 사건에서 용인될 수 있는 신뢰손해의 범위에 속한다고 볼 수도 없다고 할 것이며, 그 이외에 달리 원고가 이 사건 계약의 체결을 신뢰하고 지출한 비용이 있음을 뒷받침할 아무런 자료도 기록상 찾아볼 수 없다.

따라서 원고의 위자료 청구를 인용한 반면 주장과 같은 재산상 손해에 관한 청구를 배척한 원심판결은 그 이유설시에 있어 다소 미흡한 점이 있으나 그 결론에 있어서 수긍할 수 있고, 거기에 재판 결과에 영향을 미친 손해배상의 범위에 관한 법리오해의 위법이 없다.

■ 쟁 점

위 두 판결에서는 계약의 성립 여부 및 계약성립이 부정될 경우 계약교섭의 파기가 불법행위를 구성하는지 여부가 다투어졌다.

■ 검토할 사항

□ 계약교섭의 파기가 불법행위에 해당하기 위해서는 어떤 요건을 갖추어야 하는 가?

□ 계약교섭의 파기가 불법행위에 해당하는 경우 손해배상의 범위는 어떻게 되는 가?

□ 위 대판 2003.4.11. 2001다53059 판결에서 원고의 손해배상청구 가운데 위자료 청구 부분만 인용된 이유는 무엇인가?

□ 계약교섭의 파기가 불법행위에 해당하는 경우 계약의 이행을 위해 지출한 비용 의 배상을 청구하는 것은 불가능한가? (대판 2004.5.28. 2002다32301)

□ 위 대판 2003.4.11. 2001다53059 판결의 사안의 경우에 원고는 우수현상광고에 의한 예약의 성립을 주장하는 것은 불가능한가? (대판 2002.1.25. 99다63169)

■ 관련사례

□ 乙이 甲을 사무직원 채용시험의 최종합격자로 결정하고 그 통지와 아울러 甲으 로 하여금 위 통지에 따라 제반 구비서류를 제출하게 한 후, 甲의 발령을 지체하 고 여러 번 발령을 미루었으며, 그 때문에 甲은 乙이 자신을 직원으로 채용할 수 없다고 최종 통지할 때까지 1년여 동안 임용만 기다리면서 다른 일에 종사하지 못한 경우, 甲은 乙을 상대로 어떠한 내용의 손해배상을 청구할 수 있는가? (대판 1993.9.10. 92다42897)

■ 기타 검토사항

□ 종래 학설상 논의되어 오던 '계약체결상의 과실책임'이란 무엇인가?

■ 참고문헌

□ 양창수, 계약체결상의 과실, 민법연구 제1권, 1991, 381-395.

□ 엄동섭, 영미법상 계약교섭의 결렬에 따른 책임, 민사법학 35호, 2007, 77-114.

□ 윤경, 계약교섭단계에서의 신의칙상 주의의무위반과 손해배상책임, 법조 50권 9 호 (2001.9.), 178-225.

□ 지원림, 계약교섭이 부당하게 파기된 경우의 법률관계, 민사판례연구 25권, 2003, 159-184.

□ 최흥섭, 학설이 인정하는 소위 '규정외의 계약체결상의 과실'에 대한 판례의 태 도, 민사법학 제13·14호, 1996, 207면.

## Ⅲ. 약관을 이용한 계약의 성립

### ■ 판례 1

### 대판 2008.7.10. 2008다16950

| 사안 |  甲(원고)은 부동산임대업 등을 목적으로 하는 회사로서 乙 회사(피고)와 사이에 甲 소유의 빌딩 중 5층 부분에 관하여 임대차계약을 체결한 다음 수차례에 걸쳐 이를 갱신해 왔다. 甲과 乙은 이 임대차계약을 체결하면서 임대차보증금과 월차임, 관리비 등의 금액 및 임대차기간 난을 제외한 나머지 계약내용은 부동문자로 인쇄되어 있는 임대차계약서를 작성하였는데, 이 계약서는 甲이 자신 소유의 위 빌딩에 관한 임대차계약을 체결하기 위하여 미리 인쇄하여 마련해두었다가 乙을 비롯한 다수의 입주자를 상대로 임대차계약시에 이용해 오고 있는 것이었다. 그리고 이 계약서 가운데는 "임차인이 어떠한 사정으로 자기 소유물 또는 재산을 반출하지 못하였거나 임대차목적물을 원상으로 복구하지 못하였을 때에는 임대차계약이 종료한 날로부터 기산하여 명도 또는 복구된 날까지의 통상 차임 및 관리비, 임대차보증금 이자(월 1%로 계산) 합계액의 2배를 확정배상액으로서 임대인에게 지급한다"는 취지의 조항(이하 이 사건 배상금 조항)이 포함되어 있었다.

그 뒤 이 사건 임대차계약이 종료됨에 따라 甲이 乙에게 임대차보증금을 반환함에 있어 甲은 乙이 계약종료일로부터 34일이나 경과한 이후에 임대차목적물을 명도하였음을 이유로 임대차보증금 가운데서 위 배상금 조항에 따라 계산한 확정배상액(15,841,280원)을 공제한 나머지 금액만을 지급하였다. 이에 乙은 甲이 이러한 방식으로 확정배상액을 공제한 것은 부당이득에 해당한다고 주장하면서 甲을 상대로 부당이득금반환청구소송을 제기하였으며, 이 소송에서 법원은 乙의 청구내용대로 甲이 이행하라는 취지의 이행권고결정을 하였고 이 이행권고결정은 甲이 이의신청기간 내에 이의신청을 하지 않음에 따라 그대로 확정되었다.

그리고 乙이 이 이행권고결정을 채무명의로 하여 신청한 甲의 재산에 대한 강제집행절차에서 甲은 이 사건 배상금 조항에 따라 손해배상금을 공제한 것은 정당하다고 주장하면서 이 사건 청구이의의 소를 제기하였다.

| 판지 |  1. 계약의 일방 당사자가 다수의 상대방과 계약을 체결하기 위해서 일정

한 형식에 의하여 미리 계약서를 마련하여 두었다가 어느 한 상대방에게 이를 제시하여 계약을 체결하는 경우에도 그 상대방과 사이에 특정 조항에 관하여 개별적인 교섭(또는 흥정)을 거침으로써 상대방이 자신의 이익을 조정할 기회를 가졌다면, 그 특정 조항은 '약관의 규제에 관한 법률'(이하 '약관규제법'이라 한다)의 규율대상이 아닌 개별약정이 된다고 보아야 할 것이고, 이때 개별적인 교섭이 있었다고하기 위해서는 비록 그 교섭의 결과가 반드시 특정 조항의 내용을 변경하는 형태로 나타나야 하는 것은 아니라 하더라도, 적어도 계약의 상대방이 그 특정 조항을 미리 마련한 당사자와 사이에 거의 대등한 지위에서 당해 특정 조항에 대하여 충분한 검토와 고려를 한 뒤 영향력을 행사함으로써 그 내용을 변경할 가능성은 있어야 한다.

원심판결 이유와 기록에 의하면, 원고는 부동산임대업 등을 목적으로 하는 회사로서 피고와 사이에 그 소유의 빌딩 중 5층에 관하여 임대차계약을 체결하면서, 임대차보증금과 월차임, 관리비 등의 금액 및 임대차기간 난을 제외한 나머지 계약내용은 부동문자로 인쇄되어 있는 임대차계약서를 작성하였는데, 그 임대차계약서 제18조 제3항에는 "임차인이 어떠한 사정으로 자기 소유물 또는 재산을 반출하지 못하였거나 임대차목적물을 원상으로 복구하지 못하였을 때에는 임대차계약이 종료한 날로부터 기산하여 명도 또는 복구된 날까지의 통상 차임 및 관리비, 임대차보증금 이자(월 1%로 계산) 합계액의 2배를 확정배상액으로서 임대인에게 지급한다"는 취지로 규정(이하 '이 사건 배상금 조항'이라 한다)되어 있는 사실, 원고는 위 빌딩에 관한 임대차계약을 체결하기 위하여 미리 이 사건 배상금 조항이 포함된 임대차계약서를 인쇄하여 마련해 두었다가 피고를 포함한 다수의 입주자를 상대로 위와 같은 내용의 임대차계약서를 제시하여 임대차계약을 체결하고 있는 사실을 알 수 있는바, 비록 원고가 1999.12.13.경 피고에게 이 사건 건물을 최초로 임대한 이래 4회에 걸쳐 임대차계약을 갱신하여 왔는데 그때그때 작성된 임대차계약서마다 이 사건 배상금 조항과 같은 내용의 조항이 포함되어 있었고, 원고가 2001.9.6. 피고에게 임대차계약을 갱신할 의사가 없음을 밝히면서 명도가 지연될 경우 이사건 배상금 조항에 기한 손해배상을 청구할 계획임을 고지한 바 있으며, 이 사건 임대차계약의 체결과정에서 피고가 이 사건 배상금 조항을 배제하는 특약을 이 사건 임대차계약의 내용에 포함하려고 시도하다가 원고 측의 반발로 무산되었다 하더라도, 그러한 사정만으로는 피고가 이 사건 배상금 조항에 대하여 충분한 검토와 고려를 한 뒤 영향력을 행사함으로써 그 내용을 변경할 가능성이 있었다고 보기 어렵고, 달리 피고가 원고와 위 임대차계약서로 이 사건 임대차계약을 체결하면서 이 사건 배상금 조항에 대하여 개별적인 교섭을 거쳤다고 볼 자료가 없으며, 원고와 피고가 모두 상법상의 상인인 주식회사라고 하여 임대인인 원고가 임차인인 피고보다 우월한 지위에 있지 않다고 단정할 수도 없다.

그렇다면 이 사건 임대차계약서에 기재된 이 사건 배상금 조항은 개별적인 교섭을 거침으로써 임차인인 피고가 자신의 이익을 조정할 기회를 가졌다고 할 수 없어 약관으로서의 성질을 보유하고 있다고 봄이 상당하므로, 같은 취지에서 원심이, 이 사건 배상금 조항이 손해배상액을 예정하는 취지의 규정으로서 약관에 해당한다고 본 조치는 옳고, 거기에 상고이유의 주장과 같은 채증법칙 위배나 약관규제법상 약관의 개념에 관한 법리오해 등의 위법이 있다고 할 수 없다.

2. 또한, 원심은 그 채용 증거들을 종합하여 인정되는 다음과 같은 사정, 즉 이 사건 배상금 조항이 임차인에게 귀책사유가 있는지 여부와는 무관하게 목적물을 인도하지 아니하였다는 사실의 발생만으로 바로 손해배상채무를 부담하도록 규정하고 있는 점, 부동산의 불법점유로 인하여 그 소유자가 입게 되는 손해의 액은 특별한 사정이 없는 한 그 부동산의 차임 상당액을 기준으로 산정하여야 하는 점 등에 비추어 보면, 통상의 차임 및 관리비와 임대차보증금에 대한 월 1%의 비율에 의한 이자의 합산액의 2배를 배상액으로 정하고 있는 이 사건 배상금 조항은 고객인 피고에 대하여 부당하게 과중한 손해배상의무를 부담시키는 조항으로서 약관규제법 제8조에 의하여 무효라고 판단하였는바, 관계 법리 및 기록에 비추어 살펴보면, 이와 같은 원심의 판단도 옳고, 거기에 상고이유의 주장과 같은 채증법칙 위배나 약관규제법의 무효약관에 관한 법리오해 등의 위법이 있다고 할 수 없다.

■ 쟁 점

이 판결에서는 약관의 의의 및 요건과 약관에 대한 내용통제가 문제되었다.

■ 검토할 사항

▫ 약관이란 무엇이며 계약체결시에 사용되는 서식이 약관에 해당하기 위해서는 어떠한 요건을 갖추어야 하는가?

▫ 약관을 이용해 성립한 계약의 경우 약관이 계약의 내용이 되는 근거는 무엇인가? (대판 1998.9.8. 97다53663)

□ 「약관의 규제에 관한 법률」상 약관에 대한 통제는 어떤 단계와 방식을 통해 이루어지고 있는가?

■ 관련사례

□ 단기간을 보험기간으로 정한 보험계약을 체결한 후 그 보험기간만료시마다 보험계약을 갱신하여 체결해 오는 계속적 계약관계에 있어서, 그 중간에 보통보험약관의 내용이 개정된 경우에 보험업자의 대리점직원이 보험계약자에게 그 개정은 명칭의 변경에 불과하고 그 약관내용에는 변경이 없음을 강조하여 이에 따라 보험계약자가 계약을 갱신하였다면, 이 계약에 대해서는 구약관과 개정된 약관 가운데 어느 것이 구속력을 가지는가? (대판 1985.11.26. 84다카2543)

■ 참고문헌

□ 김동훈, 약관법의 형성과 전개, 한국민법이론의 발전 II(채권편)(이영준박사 회갑기념논문집), 1999, 751-772.

## ■ 판례 2

### 대판 1996.6.25. 96다12009

| 사안 |  A는 신용카드대금을 연체한 사실로 인하여 자기 명의로는 승용차를 할부로 구입할 수 없게 되자, B의 명의를 빌어 이 사건 승용차를 할부로 구입하고 자동차등록원부에 위 B 명의로 등록한 후 이를 자신의 업무용으로 운행하여 왔다. 그리고 A는 피고(보험회사)의 보험모집인인 C의 권유로 자신을 피보험자로 하여 피고의 안전설계보험에 가입하였는데, 이 안전설계보험의 보통보험약관 제3조는, "피보험자는 자동차관리법시행규칙에 정한 자동차 중 비사업용인 승용자동차(이하 자가용승용차라 합니다.)를 소유한 자로 합니다."라고 규정하고 있고, 제4조는 "자가운전이란 피보험자 소유의 자가용승용차를 피보험자가 직접 운전하는 행위를 말합니다."라고 규정하고 있었다.

그 후 이 사건 자동차에 관하여 D 명의로 소유권이전등록이 이루어진 상태에서 A는 이 사건 승용차를 운전하다가 빙판길에 미끄러져 차량이 도로 아래로 추락하는 사고를 당하여 그 자리에서 사망하였다. 이에 A의 재산상속인인 원고는 피고 보험회사를 상대로 위 보통보험약관 제8조 제2호(보험자는 피보험자가 보험기간 중 제4조에서 정하는 자가운전 중 자동차사고로 인하여 사망하였거나 제1급 장해상태가 되

었을 때에는 계약 보험가입금액의 10배를 보험금으로 지급하기로 함)에 따른 보험금의
지급을 청구하는 소송을 제기하였다.

원심은 자동차소유권의 득실변경은 자동차등록원부에 등록을 하여야 그 효력
이 생기는 것이므로, 위 안전설계보험의 약관에 규정된 "자가운전 중의 자동차사
고"란 피보험자가 자동차등록원부에 자신의 소유로 등재된 자가용승용차를 직접
운전하던 중 발생한 자동차사고를 말하는 것이고, 자동차등록원부상의 소유명의
를 제3자에게 신탁한 명의신탁자나 자동차를 실질적으로 소유하고 있음에 불과한
자가 하는 운전은 위 약관 소정의 자가운전에 해당하지 아니한다는 이유로, 원고
의 이 사건 청구를 배척하였다.

| 판지 |   이 사건 안전설계보험 가입청약서의 내용을 보면, 피보험자가 자동차를
운전하는지, 자동차를 운전한다면 어떠한 종류의 자동차를 운전하는지의 여부만
이 피고에게 고지하여야 할 사항들 중의 하나로 열거되어 있을 뿐, 자동차를 소유
하고 있는지, 소유하고 있다면 어떤 자동차를 소유하고 있는지 등을 기재하는 난
이 없음을 알 수 있고, 보험증권에 의하더라도 자동차등록명의자와 피보험자가 일
치하여야 한다는 등의 기재는 없으며, 보험약관 역시 피보험자를 "자가용승용차의
소유자"라고만 규정하고 있을 뿐, 그 소유자가 자동차등록원부에 소유자로 등록된
자를 말한다고까지 명확하게 규정하고 있지는 않은바, 위와 같은 사실들과 함께
원심이 인정한 보험약관의 내용들에 비추어 보면, 피고의 안전설계보험은 자동차
가 생활의 필요수단으로 보편화되어감에 따라 대다수의 국민들이 자가운전 중의
자동차사고라는 위험에 놓이게 됨으로써 자가운전 중에 발생할 수 있는 자동차사
고로 인한 생명이나 신체의 위험에 대비하고자 하는 경제적 수요를 갖게 되므로
그러한 수요에 응하고자 하는 보험임을 알 수 있고, 피고의 안전설계보험이 대비
하고자 하는 위와 같은 위험의 성격에 비추어 볼 때, 위 약관 소정의 자동차 소유
자 또는 자가운전 중의 자동차사고에 해당하는지의 여부를 사법상의 거래에 있어
서 소유권의 득실변경에 관한 일반원칙에 기하여 형식적으로만 판단할 것은 아니
라고 할 것이다.

보통거래약관의 내용은 개개 계약체결자의 의사나 구체적인 사정을 고려함이
없이 평균적 고객의 이해가능성을 기준으로 하되 보험단체 전체의 이해관계를 고
려하여 객관적, 획일적으로 해석하여야 하고, 고객 보호의 측면에서 약관내용이
명백하지 못하거나 의심스러운 때에는 약관작성자에게 불리하게 제한해석하여야

하는 것인바(당원 1991.12.24. 선고 90다카23899 전원합의체 판결 참조), 이러한 약관 해석의 원칙에 비추어 보면, 위 보험약관 소정의 자동차 소유자에는 자동차를 매수하여 인도받아 자기를 위하여 자동차를 운행하는 자는 물론이고, 부득이한 사유로 자동차의 소유명의를 제3자에게 신탁한 채 운행하는 명의신탁자도 포함된다고 해석함이 상당하다 할 것이고, 만약 위 약관 소정의 자동차의 소유자가 자동차등록원부상의 소유자만을 뜻한다고 해석된다면, 자동차등록원부상의 등록명의자가 아닌 자동차의 실질적인 소유자인 소외 A가 피고와 위 안전설계보험계약을 체결하였을 리가 없을 것이므로, 위 약관 소정의 자동차 소유자에 자동차의 등록명의자만이 포함된다는 사실은 약관의 규제에 관한 법률 제3조 제2항 소정의 약관의 중요한 내용에 해당한다고 할 것이어서, 피고가 이를 소외 A에게 설명하지 않았다면 피고는 위 내용을 보험계약의 내용으로 주장할 수 없다고 할 것이다(당원 1992.3.10. 선고 91다31883 판결, 1994.10.14. 선고 94다17970 판결, 1996.3.8. 선고 95다53546 판결 등 참조).

그럼에도 원심은, 명의신탁자와 같은 자동차의 실질적인 소유자는 위 약관 소정의 자동차의 소유자에 해당되지 않을 뿐만 아니라, 자동차 소유자란 특별한 사정이 없는 한 자동차등록원부상의 소유자를 의미하므로 피고가 별도로 자동차등록원부상의 소유자만이 피보험자에 해당된다는 설명을 하지 않았다고 하여 약관의 규제에 관한 법률 제3조 소정의 설명의무를 다하지 않았다고 볼 수 없다고 판단하고 말았으니, 원심판결에는 보험약관의 해석과 약관의 규제에 관한 법리를 오해한 위법이 있다.

■ 쟁 점

이 판결에서는 약관해석에 있어서의 작성자불리의 원칙(약관의 규제에 관한 법률 제5조 2항)과 사업자의 설명의무(동법 제3조 3항) 등이 적용되었다.

■ 검토할 사항

□ 약관의 해석에 있어서 작성자불리의 원칙이 인정되는 근거는 무엇인가?

□ 사업자의 설명의무의 대상이 되는 약관의 중요사항이란 어떤 사항을 가리키는가?

■ 관련사례

□ 자동차종합보험약관 중 "보험자는 자동차의 운전자가 무면허운전을 하였을 때에

생긴 사고로 인한 손해를 보상하지 않는다"는 조항을 절취운전이나 무단운전의 경우에는 적용되지 않는다고 해석한다면, 이는 작성자불리의 원칙에 기초를 둔 것이라고 할 수 있는가? [대판(전) 1991.12.24. 90다카23899]

■ 참고문헌

□ 김동훈, 약관의 내용규제와 수정해석, 인권과 정의 223호 (1995.3.), 67-76.

□ 양창수, 자동차보험약관의 무면허운전면책조항에 대한 내용통제, 민법연구 제4권, 1997, 335-375.

□ 최준규, 보험계약의 해석과 작성자불이익 원칙: 최근 대법원 판례들을 중심으로, BFL 48호, 2011, 39-53, 서울대학교 금융법센터.


# 제2절 계약의 효력

## 제1관 쌍무계약의 효력

## 제1항 동시이행의 항변권

### 1. 의 의

**대판 1999.4.23. 98다53899**

........................................................................

| 사안 |　甲(피고)은 乙(원고)로부터 X토지 1,918㎡(580평)를 평당 금 300,000원으로 계산하여 금 174,000,000원에 매수하기로 하는 매매계약을 체결하고, 乙에게 계약금과 중도금으로 합계 금 88,000,000원을 지급하였다. 그 후 甲은 乙의 요청에 따라 X토지 중 절반만 매수하기로 하고서, 乙과 사이에 X토지 중 절반에 해당하는 959㎡(290평. 이하 ⓧ토지)를 위치를 특정하여 乙의 소유로 하기로 약정이 이루어졌다. 그 후 甲의 요구에 따라 위 매매대금에 관하여 평당 가격을 금 200,000원으로 감액하기로 하는 조정이 이루어졌는데, 위 감액 합의에 따라 甲이 乙에게 지급하여야 할 대금은 금 58,000,000원에 불과하게 되었다. 그런데 甲이 그 때까

지 지급한 대금은 금 88,000,000원이어서, 금 30,000,000원을 초과하여 지급하게 된 결과가 되었다. 이에 甲과 乙은 다시 乙이 甲에게 甲이 초과 지급한 위 금 30,000,000원을 반환하면 ⓧ토지를 乙이 분할하여 소유하기로 하고, 甲이 乙에게 금 30,000,000원을 더 지급하면 X토지 전부를 소유하기로 하였다. 乙은 1992.8. 5. 甲 앞으로 X토지 전부에 관하여 소유권이전등기를 경료함과 동시에, 같은 날 甲으로부터 甲이 지급하여야 할 위 금 30,000,000원에 대한 담보로 근저당권자 乙, 채무자 甲, 채권최고금액 각 금 9,900,000원으로 된 3건의 근저당권설정등기를 경료받았다.

　그 후 乙은 甲을 상대로 아무런 조건 없이 ⓧ토지에 관하여 명의신탁해지를 원인으로 한 소유권이전등기절차의 이행을 청구하였다.

| 판지 |　동시이행의 항변권은 공평의 관념과 신의칙에 입각하여 각 당사자가 부담하는 채무가 서로 대가적 의미를 가지고 관련되어 있을 때 그 이행에 있어서 견련관계를 인정하여 당사자 일방은 상대방이 채무를 이행하거나 이행의 제공을 하지 아니한 채 당사자 일방의 채무의 이행을 청구할 때에는 자기의 채무이행을 거절할 수 있도록 하는 제도이다. 이러한 제도의 취지에서 볼 때 원심 판시와 같은 경위로 사후에 대금감액이 이루어진 결과 원고가 피고에게 금 30,000,000원을 반환하여야 할 의무가 발생하였지만 이는 피고가 X토지의 1/2 부분만을 매수한다는 전제하에 발생한 의무일 뿐이므로, 이러한 상태에서 X토지 전부에 관하여 피고 앞으로 소유권이전등기를 경료하여 준 결과 피고가 원고에게 부담하게 된 ⓧ토지에 관한 명의신탁해지를 원인으로 한 소유권이전등기절차 이행의무와 위 금 30,000,000원의 반환의무는 공평의 견지에서 볼 때 위 금 30,000,000원의 반환의무를 선이행하지 않으면 안 될 특별한 사정이 없는 한 서로 대가적 의미를 가지고 있어 그 이행에 있어서 견련관계를 인정하는 것이 타당하다.

- ■ 쟁 점
  이 판결에서는 동시이행의 항변권제도의 취지 및 구체적인 경우에 있어 동시이행의 항변권이 인정될 수 있는지가 문제되었다.
- ■ 검토할 사항
  □ 동시이행의 항변권이란 어떠한 제도인가?
  □ 토지의 일부를 매매한 후 대금 감액의 합의가 되어 매도인이 매수인에게 이미 지

급받은 대금의 일부를 반환할 의무를 부담한 상태에서 매수인 명의로 토지 전체에 대한 소유권이전등기를 경료한 경우에, 매수인의 매도인에 대한 매매 목적 이외의 토지 부분에 관한 명의신탁 해지를 원인으로 한 소유권이전등기절차 이행의무와 매도인의 매수인에 대한 대금 반환의무는 어떠한 관계에 있다고 할 수 있는가?

■ 관련사례

　□ 부동산 매매에 있어서 법원은 매도인이 그 명도의무의 이행을 제공하고 이를 상대방에게 통지한 후 그 이행을 수령할 것을 최고하였는지 여부를 확인함이 없이 매수인의 잔대금지급 채무불이행을 이유로 매도인의 매매계약 해제를 인정할 수 있는가? (대판 1980.7.8. 80다725)

　□ 가압류등기 등이 되어 있는 부동산을 매도함에 있어서 매도인의 소유권이전등기 의무와 아울러 가압류등기의 말소의무도 매수인의 대금지급의무와 동시이행 관계에 있는가? (대판 2000.11.28. 2000다8533)

■ 기타 검토사항

　□ 매수인이 토지의 일부만을 매수하였음에도 매도인으로부터 그 토지의 전부에 대해 소유권이전등기를 경료받았다면, 매수한 부분 이외의 나머지 부분에 대한 매수인의 소유권 취득은 법적으로 어떻게 평가되는가?

■ 참고문헌

　□ 남효순, 동시이행관계의 본질 및 내용, 민법학논총 第二(곽윤직교수 고희기념논문집), 1995, 325-369.


## 2. 동시이행관계의 확장

### (1) 임대차 종료시 건물명도의무와 보증금반환의무

**대판(전) 1977.9.28. 77다1241,1242**

．．．．．．．．．．．．．．．．．．．．．．．．．．．．．．．．．．．．．．．．．．．．．．．．．．．．．．．

| 사안 |　甲(원고)과 乙(피고) 사이에 1973.9.30. 甲소유 건물의 일부분을 임대보증금 3,500,000원, 월차임 50,000원, 임대차기간 20개월(1975.5.31.까지)로 하는 내용의 임대차계약이 체결되었다. 乙은 위 건물 부분에서 복다방이라는 상호로 다방을 경영하면서 현재까지 이를 점유하고 있다. 위 임대차계약이 기간 만료로 종료되자 甲은 乙에 대하여 위 건물 부분의 명도와 임대차기간 만료일의 익일부터

임료상당의 손해의 배상을 청구하였다. 이에 대하여 乙은 위 임대차계약이 만료
되었다고 하더라도 甲으로부터 임차보증금을 반환받기 전에는 甲의 명도청구에
응할 수 없다고 주장하였다.

한편, 甲은 1975.5.6.에 동 기간만료로서 위 임대차는 종료될 것이며 다시 갱신
할 의사가 없다는 뜻을 乙에게 명백히 표시한 바 있다.

**| 원심 |**  임대차 계약이 종료된 경우에 임차인의 임차건물명도의무는 임대인의
보증금 반환의무에 앞선 선이행관계에 있다는 이유로 피고의 동시이행의 항변과
반소청구를 모두 배척하였다.

**| 판지 |**  임대차 계약의 기간이 만료된 경우에 임차인이 임차목적물을 명도할 의
무와 임대인이 보증금 중 연체차임 등 당해 임대차에 관하여 명도시까지 생긴 모
든 채무를 청산한 나머지를 반환할 의무는 모두 이행기에 도달하고 이들 의무 상
호간에는 동시이행의 관계가 있다고 보는 것이 상당하다. 따라서 원판결에는 임
대차계약종료시 임차목적물 명도청구권과 보증금 반환청구권과의 상호관계에 관
한 법리를 오해한 위법이 있다.

- ■ 쟁  점
  이 판결에서는 건물의 임대차가 종료된 경우 임차인의 건물명도의무는 임대인의 보
  증금반환의무에 앞선 선이행의 관계에 있는지 여부가 문제되었다.

- ■ 검토할 사항
  - □ 건물임대차가 종료된 경우 임차인의 건물명도의무와 임대인의 보증금반환의무
    는 어떠한 관계에 있는가? 그와 같이 판단한 까닭은 무엇인가?

- ■ 관련사례
  - □ 주택임대차보호법상의 대항력과 우선변제권을 겸유하고 있는 주택임차인이 임
    차주택에 대하여 진행되고 있는 경매절차에서 보증금 전액에 대하여 배당요구를
    하였으나 일부만을 배당받은 경우, 그 임차목적물을 계속 점유할 수 있는 까닭은
    무엇인가? 주택임차인은 임차목적물을 점유하고 사용 · 수익하는 것에 대하여 손
    해배상책임을 지는가? 부당이득반환책임은 어떠하며, 그 반환의 범위는 어떻게
    정해지는가? (대판 1998. 7. 10. 98다15545)
  - □ 건물임대차 종료 후 임대차보증금을 반환받지 못한 임차인이 임차건물 부분을
    계속 점유하기는 하였으나 이를 사용, 수익하지 않은 경우에 임차인은 임료상당

액을 부당이득으로서 반환하여야 하는가? (대판 1990.12.21. 90다카24076)
  □ 건물임대차 종료 후 종전의 임차인이 임대인으로부터 새로 목적물을 임차한 사
    람에게 임대인의 동의하에 그 목적물을 직접 넘긴 경우, 임차인의 보증금 반환청
    구에 대하여 임대인은 그 건물의 반환과 상환하여서만 위 보증금을 지급할 것을
    주장할 수 있는가? (대판 2009.6.25. 2008다55634)

■ 참고문헌
  □ 이재후, 임대차에 있어서 보증금반환의무와 임차목적물반환의무와의 동시이행
    관계, 민사판례연구 1권, 1992, 128-140.

## (2) 쌍무계약의 무효 또는 취소로 인한 쌍방의 원상회복의무

### 대판 1993.8.13. 93다5871

| 사안 |  甲市(피고)가 ○○지구 부지조성사업을 실시함에 있어 乙(원고) 소유의 X
토지에는 위 사업시행토지에 편입되지 아니하는 잔여지가 생기게 되었다. 그 잔
여지는 편입대상 부분에 비하여 그 면적이 현저히 넓거나 乙 소유의 다른 토지에
접해 있는데다가 그 모양도 비교적 반듯하여 乙은 잔여지를 종래의 용도인 농지로
계속 사용할 수 있었다. 그럼에도 甲市는 위 사업계획의 시행을 위하여 「공공용지
의 취득 및 손실보상에 관한 특례법」에 따라 X토지를 乙로부터 협의매수함에 있어
乙에게 위와 같은 잔여지의 존재사실 및 위 특례법의 일정한 요건하에서 乙의 매수
청구가 있어야만 잔여지의 협의매수가 가능하다는 사실을 알리지 아니하였다. 甲
市는 잔여지를 포함한 X토지 전체를 일괄 협의매수할 의도로 전체토지에 대한 보
상가액을 사정하여 미리 책정한 다음, 乙에게 이에 따른 손실보상협의요청서를 발
송하고 매수협의를 진행하였다. 이 과정에서 乙은 그 소유 토지 전부가 사업대상
에 편입된 것이거나 혹시 일부만이 편입되었더라도 전부를 매도하여야 하고 甲측
의 협의매수에 응하지 아니하면 결국 수용당하고 말게 될 것이라고 잘못 판단하여
甲市의 협의매수에 응하게 되었다. 그 후 모든 사실을 알게 된 乙은 甲市를 상대로
하여 위 잔여지에 대한 토지소유권이전등기의 말소를 청구하였는데, 이에 대하여
甲市는 지급한 매매대금의 반환과 상환으로 이를 이행할 것을 주장하였다.

| 판지 |  동시이행의 항변권을 규정한 민법 제536조의 취지는 공평의 관념과 신
의칙에 합당하기 때문이며, 동조가 민법 제549조에 의하여 계약해제의 경우 각 당

사자의 원상회복의무에 준용되고 있는 점을 생각할 때, 쌍무계약이 무효로 되어 각 당사자가 서로 취득한 것을 반환하여야 하는 경우에도 동시이행관계가 있다고 보아 민법 제536조를 준용함이 옳다고 해석된다. 공평의 관념상 계약이 무효인 때의 원상회복의무이행과 계약해제 때의 그것이 다를 바 없어 이를 구별하여야 할 이유가 없으며, 계약무효의 경우라 하여 어느 일방의 당사자에게만 먼저 그 반환의무이행이 강제된다면 공평과 신의칙에 위배되기 때문이다. 따라서 이 사건 매매계약이 취소됨으로 인하여 부담하게 된 乙의 매매대금반환의무와 甲의 소유권이전등기말소의무가 동시이행관계에 있다고 본 원심판단은 정당하다.

■ 쟁  점

이 판결에서는 쌍무계약의 무효 또는 취소로 인한 원상회복의무에 있어서도 동시이행에 관한 민법 제536조가 준용되는지 여부가 문제되었다.

■ 검토할 사항

□ 甲市와 乙 사이의 X토지에 대한 협의매수는 유효한가?

□ 乙은 이 사건 잔여지의 협의매도의 무효를 주장하거나 이를 취소할 수 있는가? 이를 긍정(또는 부정)한다면 그 이유는 무엇인가?

□ 이 사건 매매계약이 적법하게 무효 또는 취소되었다면, 乙의 매매대금반환의무와 甲의 소유권이전등기말소의무는 서로 어떠한 관계에 놓이게 되는가? 민법 제549조에 의한 계약해제의 경우에 비추어 생각해 보라.

■ 관련사례

□ 경매절차가 무효로 되어 각 당사자가 서로 취득한 것을 반환하여야 하는 경우, 각 당사자의 반환의무는 서로 동시이행의 관계에 있는가? (대판 1995.9.15. 94다55071)

□ 동시이행관계에 있는 채무가 이행불능이 되어 손해배상채무가 발생한 경우에, 그 손해배상채무도 상대방의 원래의 채무와 동시이행관계에 놓이게 되는가? (대판 1997.4.25. 96다40677,40684)

□ 구분소유적 공유관계가 해소되는 경우, 그 구분소유권 공유관계를 표상하는 공유지분에 근저당권설정등기 또는 압류, 가압류등기가 경료되어 있었다면, 각 공유지분권자는 서로에 대하여 어떠한 법률관계에 놓이게 되는가? (대판 2008.6.26. 2004다32992)

■ 기타 검토사항

□ 이 사건 매매계약이 취소된 경우 선의의 토지매도인인 乙은 대금의 운용이익 내

지 법정이자를 반환하여야 하는가? (대판 1993.5.14. 92다45025)

□ 매매계약이 무효이어서 매도인이 매매대금으로 받은 금전을 반환하는 경우, 정기예금에 예치하여 얻은 이자가 반환해야 할 부당이득의 범위에 포함되는가? (대판 2008.1.18. 2005다34711)

■ 참고문헌

□ 김종수, 매매계약이 무효인 경우 매도인의 대금 운용이익의 반환여부, 판례연구 21집, 2010, 1-50, 부산판례연구회.

□ 김택수, 매매계약이 취소된 경우 선의의 매도인은 대금의 운용이익 내지 법정이자를 반환하여야 하는지 여부, 대법원판례해설 19-1호, 1993, 49-57.

## (3) 어음이 교부된 경우 원인채무의 이행의무와 어음의 반환의무

### 대판 1993.11.9. 93다11203,11210

| 사안 |  甲(원고)은 乙회사(피고)와 사이에 공업단지 내에 소재하는 甲 소유의 X부동산을 대금 320,000,000원에 매도하는 매매계약을 체결하면서, 그날 계약금으로 금 70,000,000원을 당좌수표로 지급받고, 잔금 250,000,000원은 1989.5.31.에 지급받기로 약정하였다. 동시에 '특약'으로, 甲이 계약체결 당일에 X부동산을 乙에게 인도하되 위 당좌수표가 그 발행일자에 결제되면 甲은 즉시 소유권이전등기를 경료하기로 하고, 乙은 잔금지급채무를 담보하기 위하여 지급기일이 같은 해 5.31.로 된 액면 금 250,000,000원짜리 약속어음 1장을 甲에게 발행·교부하며, 만약 그 약속어음이 지급기일에 결제되지 못할 경우에는 그 지급기일을 같은 해 8.31.로 연기하고, 그 때까지도 잔금을 지급하지 못할 경우에는 위 매매계약은 별도의 의사표시 없이 해제되는 대신 이미 지급된 계약금 70,000,000원을 임대차보증금으로 하는 임대차계약이 체결된 것으로 간주하기로 약정하였다.

乙이 계약금의 지급을 위하여 甲에게 발행·교부한 당좌수표는 그 지급기일에 결제되었고, 아울러 乙은 잔금지급을 담보하기 위하여 원래의 채무자인 A의 처 명의로 지급기일이 1989.5.31.로 된 액면 금 250,000,000원짜리 약속어음 1장을 甲에게 발행·교부하였다. 그러나 원래 계약체결당시 예기하지 못했던 사유 즉, 공업단지관리공단으로부터 X부동산에 대한 처분 동의를 받아야만 그 소유권이전이 가능함에도 불구하고 계약당시 이를 몰랐기 때문에 甲은 위 당좌수표가 결제되었

음에도 X부동산을 乙에게 인도만 하고 그 소유권이전등기를 경료하여 주지 못하였고, 이에 따라 乙도 잔금지급기일로 약정된 5.31.에 위 약속어음을 결제하지 아니하고 그 약속어음의 지급기를 8.31.로 개서하여 잔금지급기일이 8.31.로 연기되었다. 그러나 쌍방은 각자 자기의 의무 즉, 甲의 소유권이전등기의무와 乙의 잔대금지급의무를 이행하지 아니한 채 1989.8.31.이 도과되었다.

甲은 1992.9.16.경 X부동산에 대한 소유권이전등기신청에 필요한 제반 서류를 준비하여 乙에 대하여 위 등기서류를 수령하고 매매잔금 250,000,000원을 지급할 것을 최고하는 내용과 아울러 최고를 받은 날로부터 5일 이내에 매매잔금을 지급하지 아니하는 경우에는 별도의 의사표시 없이 이 사건 매매계약은 해제된 것으로 간주하겠다는 내용을 기재한 통고서를 乙앞으로 발송하여 9.17. 乙에게 송달되었다. 그러나 乙은 그로부터 5일이 경과될 때까지 위 매매잔금을 지급하지 아니하였다.

이에 甲은 이 사건 매매계약이 적법하게 해제되었다고 주장하면서 X부동산의 명도를 구하였다. 이에 대하여 乙은, 위 매매잔금의 지급을 담보하기 위하여 甲에게 발행·교부한 위 약속어음을 반환받을 때까지 甲에 대하여 이 사건 매매잔금의 지급을 거절할 수 있으므로 甲이 乙에 대하여 매매잔금의 지급을 최고함에 있어 위 약속어음 반환의무의 이행을 제공하여야 함에도 그 이행의 제공을 하지 아니하였으므로 매매계약 해제의 효력이 발생하지 아니하였다고 항변하였다.

| 판지 |  채무자가 어음, 수표의 반환이 없음을 이유로 원인채무의 변제를 거절할 수 있는 것은 채무자로 하여금 무조건적인 원인채무의 이행으로 인한 이중지급의 위험을 면하게 하려는 데 그 목적이 있는 것이지 기존의 원인채권에 터잡은 이행청구권과 상대방의 어음, 수표의 반환청구권이 민법 제536조에 정하는 쌍무계약상의 채권채무관계나 그와 유사한 대가관계가 있어서 그러는 것은 아니므로, 원인채무의 이행과 어음, 수표의 반환이 동시이행의 관계에 있다 하더라도 이는 어음, 수표의 반환과 상환으로 하지 아니하면 지급을 할 필요가 없으므로 이를 거절할 수 있다는 것을 의미하는 것에 지나지 아니한다고 할 것이다.

따라서 채무자가 어음, 수표의 반환이 없음을 이유로 원인채무의 변제를 거절할 수 있는 권능을 가진다고 하여 채권자가 어음, 수표의 반환을 제공을 하지 아니하면 채무자에게 적법한 이행의 최고를 할 수 없다고 할 수는 없고, 채무자는 원인채무의 이행기를 도과하면 원칙적으로 이행지체의 책임을 지고, 채권자로부터 어음, 수표의 반환을 받지 아니하였다 하더라도 이 어음, 수표를 반환하지 않음을 이유

로 위와 같은 항변권을 행사하여 그 지급을 거절하고 있는 것이 아닌 한 이행지체의 책임을 면할 수 없다고 보아야 할 것이다.

- ■ 쟁 점

  이 판결에서는 기존채무와 어음, 수표채무가 병존하는 경우 채권자가 채무자에게 어음, 수표의 반환 제공을 하지 아니하고 적법한 이행의 최고를 할 수 있는지 여부 및 원인채무의 이행과 어음, 수표의 반환이 동시이행의 관계에 있는지 여부가 문제되었다.

- ■ 검토할 사항

  - □ 채무자는 어음, 수표의 반환이 없음을 이유로 원인채무의 변제를 거절할 수 있는가? 이를 긍정(또는 부정)한다면 그 까닭은 무엇인가? 채무자에 의한 원인채무의 변제와 채권자의 어음, 수표의 반환은 쌍무계약상의 채권채무관계나 그와 유사한 대가관계에 있다고 할 수 있는가?

  - □ 채권자는 어음, 수표의 반환 제공을 하지 아니하면 채무자에게 적법한 이행의 최고를 할 수 없는가? 이를 긍정(또는 부정)한다면 그 이유는 무엇인가?

  - □ 채무자가 어음, 수표의 반환이 없음을 이유로 원인채무의 변제를 거절한다면, 법원은 어떠한 판결을 내려야 하는가?

- ■ 관련사례

  - □ 상품권 발행인이 상품권의 내용에 따른 제품제공의무를 이행하지 않음으로써 그 소지인에게 이행에 갈음한 손해배상책임을 지는 경우, 그 손해배상의무에 관한 이행지체 책임의 성립 시점은 소지인으로부터 상품권을 반환받은 때인가 아니면 그 이행의 최고를 받은 때인가? (대판 2007.9.20. 2005다63337)

- ■ 기타 검토사항

  - □ 채무자가 채권자에게 기존채무의 이행에 관하여 어음이나 수표를 교부할 경우 채무자의 목적은 무엇인가? 당사자 사이에 어음·수표의 교부 목적에 관하여 별도의 정함이 없는 경우, 그 어음·수표의 교부는 무엇을 위한 것으로 보아야 하며 이 때 어음, 수표상의 채무와 기존의 원인채무는 어떠한 관계에 있게 되는가?

  - □ 어음의 경우에 있어서 (1) 어음상의 주채무자와 원인관계상의 채무자가 동일하지 아니하여 제3자의 지급이 예정되고 있는 경우, (2) 어음상의 주채무자와 원인관계상의 채무자가 동일하고 달리 어음상의 채무자가 없는 경우에 위 문제에 대한 해답은 각각 어떻게 구체화되는가? 수표가 수수되는 경우에는 어떠한가?

  - □ 위 사안에 있어서 조사해 본 결과, 甲이 乙에게 X부동산에 대한 소유권이전등기

신청에 필요한 제반 서류 일체를 제공하였다거나 이를 갖추어 상호 합의한 법무사 사무실에 맡겨 놓은 바 없이 다만 그 이행의 준비태세만을 갖추고 있었다면, 甲은 乙의 채무불이행을 이유로 계약을 해제할 수 있는가? (대판 2001.7.10. 2001다3764도 참조)

■ 참고문헌
  □ 홍성무, 기존채무의 이행에 관하여 어음이 교부된 경우 기존채무에 대한 지체책임의 성립과 어음의 반환 요부, 법조 43권 9호(통권 456호)(1994.9.), 138-152.

## (4) 이행인수의 경우

### 대판 2007.6.14. 2007다3285
. . . . . . . . . . . . . . . . . . . . . . . . . . . . . . . . . . . . . . . . . . . . . . . . . . . . . . . . . . . . . . . . . . . . . . . . . .

| 사안 |  X아파트의 수분양자인 甲(피고)은 처에게 X아파트 수분양권의 매도에 관한 대리권을 수여하였다. 甲의 처는 甲을 대리하여 2005.2.25. 甲 명의로 乙(원고)에게 X아파트의 분양계약상의 수분양자의 권리를 대금 352,000,000원에 매도하였다. 계약을 체결하면서, 甲의 처는 양도소득세를 감액받으려는 의도로 매매계약서에는 매매대금을 279,000,000원(계약금 33,000,000원, 금융기관에 대한 융자금반환채무 인수 187,000,000원, 잔금 59,000,000원)으로 기재하고, 별도로 乙이 甲에게 그 차액 73,000,000원을 2005.3.5.부터 같은 달 15.까지 지급하기로 하는 내용의 현금보관증을 작성해 주면서 위 금원을 지급할 때에는 반드시 乙이 아닌 다른 사람 명의의 통장에서 금원을 인출하여 이를 지급하기로 하였으며, 위 계약 당일 乙은 甲의 처에게 위 계약금 33,000,000원을 지급하였다.

甲의 처는 위 매매계약을 체결한 3일 후인 2005.2.28. 위 매매계약을 체결한 공인중개사사무실에서 乙을 만나 양도소득세가 생각보다 많이 나올 것 같다면서 그에 따른 위 매매계약서의 변경을 1~2차례 요구하였다. 그러나 乙이 이를 거절하자 일방적으로 위 매매계약의 파기를 선언하고 乙로부터 지급받은 위 계약금 33,000,000원을 그곳 탁자 위에 놓고 자리를 떠났다.

乙은 甲이 위와 같이 이 사건 매매계약을 이행하지 아니할 태도를 보이자 위 매매계약의 수분양자 명의변경절차이행을 수차 재촉하였으나, 甲은 2005.3.30. 이를 거절하고 乙로부터의 매매대금 수령을 거부하였다. 乙은 융자금을 제외한 위 매매계약상의 나머지 대금 59,000,000원과 위 반환한 계약금 33,000,000원을 합한

92,000,000원을 피공탁자를 甲으로 지정하여 법원에 공탁하고, 분양권 권리승계 절차의 이행을 소구하였다. 이에 대하여 甲은 매매대금을 허위기재한 이 사건 매매계약은 반사회적 행위로서 무효이고, 설사 그렇지 않더라도 위 현금보관증 기재의 7,300만 원 및 위 계약체결시 乙이 승계하기로 한 위 대출금(융자금)에 대하여 甲이 대신 지급한 이자를 동시에 지급하기 전까지는 乙의 청구에 응할 수 없다는 취지로 주장한다.

| 판지 |  1. 이 사건 매매계약이 사회질서에 반하는 법률행위로서 무효인지 여부

양도소득세의 일부를 회피할 목적으로 매매계약서에 실제로 거래한 가액을 매매대금으로 기재하지 아니하고 그보다 낮은 금액을 매매대금으로 기재하였다 하여, 그것만으로 그 매매계약이 사회질서에 반하는 법률행위로서 무효로 된다고 할 수는 없다.

2. 피고의 동시이행 항변의 당부

(1) 추가 대출금 및 대출금의 이자 부분

부동산의 매수인이 매매목적물에 관한 근저당권의 피담보채무를 인수하는 한편 그 채무액을 매매대금에서 공제하기로 약정한 경우, 매수인이 인수하기로 한 채무는 매매대금 지급채무에 갈음한 것으로서 매도인이 그 채무를 대신 변제하였다면 그로 인한 매수인의 매도인에 대한 구상채무는 인수채무의 변형으로서 매매대금 지급채무에 갈음한 것의 변형이므로, 매수인의 구상채무와 매도인의 소유권이전의무는 대가적 의미가 있어 이행상 견련관계에 있다고 인정되고, 따라서 양자는 동시이행의 관계에 있다고 해석함이 공평의 관념 및 신의칙에 합당하다.

(2) 현금보관증상의 7,300만 원 부분

비록 원·피고들이 이 매매계약 체결 당시 실제 매매대금과 양도소득세의 일부 회피 목적으로 실제보다 줄여서 매매계약서에 기재한 명목상의 매매대금과의 차액인 7,300만 원에 관하여 매매계약서상의 매매대금에 포함시키지 아니하고 따로 이에 관한 현금보관증을 작성하였다 하더라도, 위 금원은 어디까지나 이 사건 매매대금의 일부에 해당하는 것이라고 하지 않을 수 없는 것이므로, 달리 원·피고들이 위 금원의 지급의무를 이 사건 매매계약과는 무관한 별개의 독립된 채무로 하기로 특별히 약정하였다고 볼 만한 사정이 없는 이상, 甲의 위 금원 지급의무와 피고의 수분양자명의 변경절차이행의무는 서로 대가관계에 있는 것이어서 당연히 동시이행의 관계에 있다.

■ 쟁 점

이 판결에서는 조세를 회피할 목적으로 매수인이 부동산매매계약서에 실거래가액보다 낮은 금액을 매매대금으로 기재하는 한편 매매목적물에 관한 근저당권의 피담보채무를 인수하는 대신에 그 채무액을 매매대금에서 공제하기로 약정한 경우, 그약정 내용에 따른 계약 당사자의 각 채무가 이행상의 견련관계에 있다고 볼 수 있어동시이행의 항변권이 인정되는지 여부가 문제되었다.

■ 검토할 사항

□ 양도소득세의 일부를 회피할 목적으로 매매계약서에 실제로 거래한 가액보다 낮은 금액을 매매대금으로 기재하였다면, 그 매매계약은 사회질서에 반하는 법률행위로서 무효인가?

□ 채권자인 금융기관의 승낙이 없어도 甲의 처와 乙 사이의 금융기관에 대한 융자금반환채무인수는 유효하게 성립하는가? 乙이 인수한 금융기관에 대한 융자금반환채무를 이행하지 않아 甲이 융자금을 대신 상환하였다면, 乙의 구상채무 또는손해배상채무와 甲의 수분양자 명의변경절차 이행의무는 동시이행의 관계에 있다고 볼 수 있는가? 이를 긍정(또는 부정)한 까닭은 무엇인가?

□ 매매계약서상의 명목상 매매대금과 실제 매매대금 사이에 차액이 존재하고 이에해당하는 금원에 대해 따로 현금보관증을 작성하여 둔 경우, 매수인의 위 금원지급의무와 매도인의 수분양자 명의변경절차 이행의무는 동시이행의 관계에 있다고 볼 수 있는가? 이를 긍정(또는 부정)한 까닭은 무엇인가?

□ 이 사건 매매계약 후 甲이 X아파트의 분양회사에 대한 중도금 납부를 위하여 X아파트를 담보로 2억 5천만원을 추가로 대출받았다면, 추가대출금 상환 및 추가대출금에 대한 약정 잔금지급일 이후의 이자지급의무와 甲의 X아파트에 관한 수분양자 명의변경절차 이행의무는 동시이행관계에 있다고 볼 수 있는가?

■ 관련사례

□ 부동산 매매계약에 있어 매수인이 부가가치세를 부담하기로 약정한 경우, 특별한 사정이 없는 한 부가가치세를 포함한 매매대금 전부와 부동산의 소유권이전등기의무는 동시이행 관계에 있다고 할 수 있는가? 그와 같이 파악한 까닭은 무엇인가? (대판 2006.2.24. 2005다58656,58663)

□ 부동산 매매계약에 있어 매수인이 양도소득세를 부담키로 하는 약정이 있는 경우, 양도소득세 납부의무와 소유권이전등기의무가 동시이행관계에 있다고 할 수있는가? (대판 1992.8.18. 91다30927)

■ 기타 검토사항

□ 甲의 처는 매매계약의 파기를 선언하고 乙로부터 지급받은 계약금을 탁자 위에

놓고 떠남으로써 계약을 해제하였다고 볼 수 있는가?

▫ 甲의 처와 乙 사이에, 乙이 약정된 지급기일에 위 7,300만 원의 지급채무를 이행하지 않을 경우 이 사건 매매계약이 자동으로 해제된다는 합의가 있었다면, 乙이 이 사건 매매대금의 일부인 7,300만원의 지급채무를 이행하지 아니하였으므로 이 사건 매매계약을 해제한다는 甲의 주장은 어떠한 법적 평가를 받을 것인가?

▫ 甲은, 이 사건 매매계약은 양도소득세가 실거래가를 기준으로 부과되지 않을 것을 전제로 과세관청으로부터 세금감액을 받으려는 동기에 의하여 체결된 것이고, 위 동기는 법률행위의 중요한 내용을 이루는데, 결과적으로 세금감액이 이루어지지 아니하였으므로 동기의 착오를 이유로 위 매매계약을 취소한다고 주장하였다. 가능한가?

■ 참고문헌

▫ 박해성, 매수인의 양도소득세 부담약정과 동시이행, 법조 43권 8호(통권 455호)(1994.8.), 126-136.

## 3. 요 건

### (1) 서로 대가적 의미를 가지는 채무가 존재하고 쌍방의 채무가 변제기에 있을 것

**대판 1998.3.13. 97다54604,54611**

. . . . . . . . . . . . . . . . . . . . . . . . . . . . . . . . . . . . . . . . . . . . . . . . . . . . . . . . . . . . . . . . . . . . .

| 사안 | 甲(건설회사. 피고)은 1993.7.경 OO시에 아파트를 신축하기로 하고, 부동산중개업을 하는 A에게 아파트 신축예정부지에 대한 매입의 중개를 의뢰하였다. 이 아파트 부지매매에 있어서 A는 甲의 대리인으로서 행세하였다. A는 甲으로부터 미리 교부받아 갖고 있던 甲의 대표이사의 고무명판이 찍혀 있는 여러 장의 부동산 매매계약서 용지와 甲의 대표이사의 인장(이 인장은 사적으로 만들어진 것으로서 다른 계약의 경우 문제없이 甲회사는 그에 의해 체결된 계약을 인정하였다)을 이용하여 직접 토지소유자들을 상대로 매매계약서를 작성하여 매매계약을 체결하기도 하였다.

A는 7. 하순경 甲을 위하여 위 아파트 신축예정부지에 들어 있던 3필지 약 1800평 중 도시계획구역에 포함되는 500평(이하 'X토지'라 한다)을 매입하기 위하여 그 소유자인 乙(원고)과 매매협상을 진행하게 되었는데, 당초 A는 평당 금 1백만원에

매도할 것을 제의하였으나 乙은 나머지 1300평도 함께 매수하겠다면 평당 금 1백만원에 매도하겠다고 하였다.

　A는, X토지를 매매대금 5억원(=1백만원 × 500평)에 매수하되, 계약당일인 1993. 8.9. 계약금 3천만원, 8.20. 중도금 3억 7천만원, 그리고 잔금 1억원은 9.10.에 각 지급하기로 하는 내용의 매매계약이 체결된 것처럼 가장한 다음, 이를 甲에게 제출하였다. 이에 속은 甲으로부터 이미 교부받은 계약금 3천만원 외에 위 위조된 매매계약서의 내용대로 8.20. 중도금으로 3억 7천만원, 9.10. 잔금으로 1억원을 각 지급받았다.

　A는 위와 같이 계약서를 위조하여 甲에게 제출한 한 달 후인 같은 해 9.9. 계약서 위조사실이 발각되지 않도록 하기 위하여 乙과 매매계약에 대한 절충 끝에 평당 금 150만원으로 합의하여, 甲 명의로 乙과의 사이에 甲이 乙로부터 X토지를 평당 금 150만원으로 계산한 금 7억 5천만원(=150만원 × 500평)에 매수하되, 계약 당일 계약금 6천만원, 9.25. 중도금 3억 5천만원, 10.10. 잔금 3억 4천만원을 각 지급하기로 하는 내용의 매매계약(이하 '이 사건 매매계약'이라 한다)을 체결하고, 甲을 기망하여 교부받아 갖고 있던 위 금원 중에서 乙에게 위 계약 당일 계약금으로 6천만원, 9.27. 중도금 중 일부금으로 2억 4천만원을 각 지급하고 나머지 2억원은 이를 횡령하였다.

　X토지는 아파트 신축 예정부지 중 외곽도로 개설 예정지에 걸쳐 있었기 때문에, 甲회사로서는 X토지를 매입하지 못하게 되면 확보된 부지의 효율적 활용이 어려워지게 되어 반드시 매입해야 할 필요성이 있는 토지였다. 乙은 甲회사가 이런 제반 사정을 고려하여 당초 제시한 평당 금 1백만원보다 높은 1백5십만원을 제시하는 것으로 알고 A에게 그러한 대리권이 있다고 믿고서 이 사건 매매계약을 체결한 것이었다.

　그 후, 甲으로부터 중도금 미지급분과 잔금의 지급이 없자, 乙은 1995.1.3. 중도금 미지급분과 잔금을 합하여 금 4억 5천만원 및 이 사건 매매계약의 잔금 지급기일(1993.10.10.) 다음 날 이후의 지연손해금을 甲에게 청구하였다. 이에 대하여 甲은 소 제기 후인 1995.4.29. 반소장을 제출하여, 먼저 이 사건 매매계약은 A의 무권대리행위로서 甲에게 그 효력이 미치지 않는다고 다투었는데, 법원은 A가 그 수여받은 대리권의 범위를 넘어 매매대금을 금 7억 5천만원으로 하여 이 사건 매매계약을 체결한 행위는 무권대리에 해당하지만, 乙이 이 사건 매매계약 체결 당시

A에게 甲명의로 이 사건 매매계약을 체결할 대리권이 있다고 믿을 만한 정당한 이유가 있었다고 보고 권한을 넘은 표현대리의 법리에 따라 甲은 이 사건 매매계약의 매수인으로서의 책임을 면할 수 없다고 판단하였다. 그 결과 다툼은 이 사건 매매계약의 잔금 지급기일(1993.10.10.) 다음날 이후의 지연손해금에 집중되었다. 乙은 甲이 이 사건 매매계약의 잔금지급기일 다음날인 1993.10.11.부터 이행지체 책임을 진다는 전제하에 지연손해금을 청구하였는데, 잔금지급기일에 甲에게 소유권이전등기에 필요한 서류의 제공은 없었다. 乙은 甲이 이미 중도금의 일부만을 지급하여 이행지체 중이므로 잔금지급기일에 甲에게 소유권이전등기 소요서류의 제공은 불필요하다고 주장하였다.

| 판지 |  쌍무계약에서 쌍방의 채무가 동시이행관계에 있는 경우 일방의 채무의 이행기가 도래하더라도 상대방 채무의 이행제공이 있을 때까지는 그 채무를 이행하지 않아도 이행지체의 책임을 지지 않는 것이고, 이와 같은 효과는 이행지체의 책임이 없다고 주장하는 자가 반드시 동시이행의 항변권을 행사하여야만 발생하는 것은 아니다. 원고가 구하는 이 사건 잔대금 채권은 쌍무계약인 매매에 의하여 발생하는 것으로서 피고에 대하여 소유권이전등기절차를 이행할 채무와 동시이행의 관계에 있음이 분명하므로, 같은 취지에서 원심이 매도인인 원고가 매수인인 피고에게 소유권이전등기에 필요한 서류를 제공하였음을 인정할 아무런 자료가 없다는 이유로 잔대금 지급기일의 경과로 바로 피고가 이행지체에 빠진다고 할 수는 없다고 판단한 것은 정당하다.

그리고 매수인이 선이행의무 있는 중도금을 지급하지 않았다 하더라도 계약이 해제되지 않은 상태에서 잔대금 지급기일이 도래하여 그 때까지 중도금과 잔대금이 지급되지 아니하고 잔대금과 동시이행관계에 있는 매도인의 소유권이전등기 소요서류가 제공된 바 없이 그 기일이 도과하였다면, 특별한 다른 사정이 없는 한 매수인의 중도금 및 잔대금의 지급과 매도인의 소유권이전등기 소요서류의 제공은 동시이행관계에 있다 할 것이어서 그 때부터는 매수인은 중도금을 지급하지 아니한 데 대한 이행지체의 책임을 지지 아니하는 것이다.

■ 쟁 점
이 판결에서는 ① 쌍방의 채무가 동시이행관계에 있는 경우 동시이행의 항변권을 행사하여야만 지체책임을 면하는지 여부와 ② 매수인이 선이행의무인 중도금 지급의무를 불이행한 상태에서 잔대금 지급기일이 도래하여 매도인의 소유권이전등기 의무와 동시이행관계에 놓인 경우 그 이후의 중도금에 대한 지체책임을 지는지 여부가 문제되었다.

■ 검토할 사항

□ 쌍무계약에서 쌍방의 채무가 동시이행관계에 있는 경우, 일방의 채무가 이행기에 도래하였음에도 이를 이행하지 않으면 상대방 채무의 이행제공이 없더라도 그 채무는 이행지체에 빠지는가? 이행지체의 책임을 면하려면 채무를 이행하지 않은 일방채무자는 반드시 동시이행의 항변권을 행사하여야만 하는가?

□ 매수인이 선이행의무인 중도금 지급의무를 불이행한 상태에서 잔대금 지급기일이 도래하여 매도인의 소유권이전등기의무와 동시이행관계에 놓인 경우, 매도인의 소유권이전등기 소요서류가 제공된 바 없이 그 기일이 도과하였다면 그 이후 미지급중도금에 대하여 매수인은 지체책임을 지는가?

■ 관련사례

□ 우리 민법은 쌍무계약에 있어서 당사자 일방이 선이행의무가 있는 경우에도 상대방의 이행이 곤란할 현저한 사유가 있으면 그 당사자 일방에게 동시이행의 항변권을 인정하는 바(제536조 제2항), 이 때 '상대방의 이행이 곤란할 현저한 사유'란 어떤 경우를 말하는가? (대판 1990.11.23. 90다카24335)

□ 도급계약에서 일정 기간마다 이미 행하여진 공사부분에 대하여 도급인이 기성공사금 등의 대가를 지급하기로 약정되어 있는데도 도급인이 정당한 이유 없이 이를 지급하지 않는 경우, 수급인은 계약내용에 따른 계속공사의무의 이행을 거절할 수 있는가? (대판 2012.3.29. 2011다93025)

□ 쌍무계약의 일방당사자 甲이 한번 현실의 제공을 하여 상대방 乙을 수령지체에 빠지게 하였으나 그 이행의 제공이 계속되지 않는 경우, 乙은 동시이행항변권을 상실하는가? 甲은 乙의 이행지체를 이유로 손해배상을 청구할 수 있는가? (대판 1999.7.9. 98다13754,13761)

□ 임차인은 임대인이 자신에게 건물을 사용·수익하게 할 의무를 불이행한 데 대하여 손해배상을 하기로 한 각서에 기하여 발생된 약정지연손해배상의무를 이행하지 않고 있음을 이유로 임대차계약 해제에 따른 목적물 인도의 원상회복의무의 이행을 거절할 수 있는가? (대판 1990.12.26. 90다카25383)

■ 기타 검토사항

□ 甲이 이 사건 매매계약은 자신에게 효력이 미치지 않는다는 뜻의 답변서를 제1심 법원에 제출하고 그 답변서가 乙에게 송달됨(1995.1.27.)으로써 이 사건 매매계약에 따른 잔대금 지급의무를 이행하지 아니할 의사를 명백히 하였다면, 그 이

후의 법률관계는 어떻게 되는가?

■ 참고문헌

□ 임성권, 동시이행관계와 이행지체에 관한 판례평석, 법학연구 제1집, 1999, 199-220, 인하대학교.

## (2) 상대방이 자기 채무의 이행 또는 그 제공을 하지 않고 이행을 청구할 것

### 대판 1999.11.12. 99다34697

| 사안 |   A는 甲(피고)으로부터 甲 소유의 지하 1층, 지상 3층 건물 중 1층 부분(이하 '이 사건 건물 부분')을 임차하면서, 원래 3KW이던 전기시설을 10KW로 증설하여 사용한 후 임대차계약 종료시 이를 원상회복하기로 약정하였다. 그 후 乙(원고)은 甲으로부터 이 사건 건물 부분을 임차하면서 당시 A가 증설한 전기시설을 인수하여 사용한 후 이 사건 임대차계약 종료시 이를 원상회복하기로 약정하였다. 원상회복에 드는 비용은 약 326,000원 정도이다.

그런데 이 사건 임대차계약이 종료한 후, 乙은 증설된 전기시설에 대한 원상회복은 하지 아니한 채 이 사건 건물 부분에 있는 집기를 들어내어 명도 준비를 하고, 甲을 만나 이 사건 건물 부분의 열쇠를 돌려줄테니 임대차보증금을 반환하여 달라고 요구하였다. 甲은 이 사건 건물부분의 수령을 거절하는 동시에 동시이행의 항변권을 행사하여 임대차보증금의 반환을 거절하였다.

甲이 반환하여야 할 잔존 임대차보증금은 125,226,670원(당초의 임대차보증금 150,000,000원에서 연체 차임과 연체 공과금원을 공제한 금액)이며, 乙이 증설된 전기시설을 원상회복하지 않았음에도 甲이 이 사건 건물 부분을 통상의 용도로 사용하는 데에는 큰 지장이 없다.

| 판지 |   동시이행의 항변권은 근본적으로 공평의 관념에 따라 인정되는 것인데, 위와 같이 임차인이 불이행한 원상회복의무는 사소한 부분이고, 그로 인한 손해배상액 역시 근소한 금액인 경우에까지 임대인이 그를 이유로 하여, 임차인이 그 원상회복의무를 이행할 때까지, 혹은 이 사건에서와 같이 임대인이 현실로 목적물의 명도를 받을 때까지 그 원상회복의무 불이행으로 인한 손해배상액 부분을 넘어서서 거액의 잔존 임대차보증금 전액에 대하여 그 반환을 거부할 수 있다고 하는 것

은 오히려 공평의 관념에 반하는 것이 되어 부당하고, 그와 같은 임대인의 동시이행의 항변은 신의칙에 반하는 것이 되어 허용할 수 없다고 봄이 상당하다.

- 쟁 점

   이 판결에서는 임대차종료시 임차인이 사소한 원상회복의무를 이행하지 아니한 채 건물의 명도 이행을 제공한 경우, 임대인이 이를 이유로 거액의 임대차보증금 전액의 반환을 거부하는 동시이행의 항변권을 행사할 수 있는지 여부가 문제되었다.

- 검토할 사항

   □ 甲은, 乙의 이행의 제공은 적법하다고 할 수 없기 때문에 甲 자신의 임대차보증금 반환의무가 지체에 빠졌다고 할 수는 없고, 따라서 乙로부터 이 사건 건물 부분을 명도받기까지는 잔존 임대차보증금 전액에 대한 지연손해금을 지급할 의무가 없다고 판단하였다. 甲의 법적 판단은 옳은가?

- 관련사례

   □ 매도인이 이행장소로 정한 법무사 사무실에 등기에 필요한 서류 등을 계속 보관시키면서 언제든지 잔대금과 상환으로 그 서류들을 수령할 수 있음을 매수인에게 통지하고 신의칙상 요구되는 상당한 시간 간격을 두고 거듭 수령을 최고하였다면, 매도인은 이행의 제공을 다한 것으로 볼 수 있는가? (대판 2001.5.8. 2001다6053,6060,6077)

   □ 쌍무계약 당사자 쌍방의 급부가 모두 이행불능이 된 경우, 당사자 일방은 상대방에 대하여 대상청구권을 행사할 수 있는가? (대판 1996.6.25. 95다6601)

- 참고문헌

   □ 오문기, 동시이행의 항변권의 근거 및 인정 범위, 재판과 판례 10집, 2001, 125-154, 대구판례연구회.

## (3) 불안의 항변권

**대판 1989.9.12. 88다카11756**

| 사안 |　甲(원고)이 아파트건축을 위하여 乙(피고, 사회복지법인)로부터 토지를 매수하였는데, 甲은 빠른 시일 내에 그 지상에 아파트를 신축, 분양하고자 하는 사업계획을 가지고 있었던 터라 이를 위한 준비로서 대한지적공사 지역출장소에 토지의 경계복원측량을 의뢰하였다. 그런데 甲은 처음에는 지적공사의 착오로 토지

가 오류지구에 해당하므로 경계측량을 할 수 없다는 통고를 받았다가 그 후 곧 착오임이 밝혀져 측량을 한 결과 아무런 이상이 없는 것으로 나타났다. 甲은 아파트공사를 서두르기 위하여 乙의 토지사용승낙서를 받아 인천시에 이 사건 토지에 대한 아파트입지심의신청을 하였는데, 乙이 위 토지를 처분함에 있어 관계당국의 기본재산 처분허가를 받지 아니하였다는 이유로 위 신청이 반려되었다. 그러나 위 매매계약 체결 이전에 인천시장이 乙에 대하여 이 사건 토지상에 있는 복지시설을 단위지역으로 이전하라는 지시를 한 바 있었다. 위 매매계약은 이에 따라 乙이 이사회결의를 거쳐 체결한 것으로서, 乙은 그 이후에 심의를 재신청하였다. 그런데 甲으로서는 비록 착오지만 경계측량이 어렵다는 통지를 받았고 또 아파트심의신청이 반려되는 등 매매계약체결시에 예측하지 못했던 사유가 발생하자 매매계약상 선이행의무인 중도금지급을 거절하였다. 그리하여 乙이 甲에게 중도금지급을 최고하였으나 甲이 이에 불응하여, 乙은 甲의 중도금 지급해태를 이유로 매매계약을 해제하였다. 그런데 해제 이후 甲의 아파트심의 재신청에 관하여 그 허가를 받았다. 그 후 甲이 이 소송에서 자신의 중도금지급의 선이행의무를 거절한 것은 민법 제536조 제2항에 기한 것으로서 정당하고, 따라서 乙의 해제는 무효라고 주장하였다.

| 원심 | 피고로부터 이 사건 토지를 매수하여 빠른 시일내에 그 지상에 아파트를 신축, 분양하고자 하는 사업계획을 가지고 있던 원고로서는 그것이 비록 착오였다 할지라도 중도금지급기일에 앞서 위 사업의 전제가 되는 이 사건 토지에 대한 경계측량이 불가능하다는 통보를 받는 한편, 피고가 이 사건 토지를 처분함에 있어 관계당국의 기본재산 처분허가를 받지 아니하였다는 이유로 위 사업의 요체가 되는 아파트입지심의신청서가 반려되는 등 원고 등이 매매계약체결시에 예측하지 못했던 사유가 발생함으로써 피고의 이 사건 매매계약에 따른 의무이행이나 원고 등의 위 사업계획달성이 불확실한 상태에 이르렀다고 할 것이고, 더구나 중도금지급기일 이후에 위와 같은 문제점과 관련하여 원래의 계약내용을 변경하기로 하는 합의까지 시도되었다면, 비록 합의가 결렬되었다고 하더라도 피고의 기본재산 처분허가 등 그 의무이행에 관한 확실한 보장책이 마련될 때까지는 원래의 매매계약상 선이행의무에 해당하는 중도금지급도 그 이행을 거절할 수 있다고 보는 것이 공평의 원칙이나 신의칙에 비추어 타당하다고 할 것인데, 피고가 그 의무이행에 관한 아무런 보장책도 마련해 주지 아니한 채 원고의 중도금 미지급을 이유로 매

매계약을 해제하였음은 부적법하다고 하였다.

| **판지** | 매매계약과 같은 쌍무계약에 관하여 적용되는 민법 제536조 제2항 소정의 불안의 항변권은 계약에 따른 異時급여관계로 선이행의무를 지게 된 채권자가 당해 계약성립 이후 채무자의 신용불안이나 재산상태의 악화 때문에 이행을 받으리라는 정당한 신뢰를 보호받을 수 없는 사정변경이 있어 당초의 계약내용에 따른 선이행의무를 이행케 하는 것이 당사자 쌍방의 공평과 신의칙에 반한다고 인정될 경우에 채권자로 하여금 자기가 부담하는 반대채무의 이행을 같은 법 제536조 제1항의 내용과 같이 거절할 수 있게 하는 권능이라 할 것이므로, 이 불안의 항변권 행사를 정당화시켜 주는 위에서 본 바와 같은 사정변경은 당사자 쌍방의 사정을 종합하여 판단하여야 한다.

사회복지법인의 기본재산 처분허가는 사전허가를 받아야 하는 것이 아니고 그 처분시까지 받으면 되는 것이므로 중도금기일 때까지의 그 허가 미수리를 채무자의 신용불안사유로 삼을 수 없으며, 피고의 재산상태의 악화의 사정이 엿보이지 않는 점 등에 비추어 볼 때, 원심판단은 불안의 항변권의 요건에 반한 것이다.

- **쟁 점**

    이 판결에서는 매수인은 불안의 항변권을 행사하여 선이행의무인 중도금지급을 거절할 수 있는가 하는 점이 문제되었다.

- **검토할 사항**

    □ 불안의 항변권의 취지를 살피시오.
    □ 불안의 항변권의 취지에서 볼 때 상대방의 채무이행을 곤란하게 하는 사유가 계약 체결 이전부터 존재했던 것인 때에도 불안의 항변권을 인정하는 것이 타당한가?

- **관련사례**

    □ 신축 아파트의 수분양자가 계약금과 일부 중도금만 지급한 상태에서 입주하였는데, 그 후 잔여 중도금지급기일이 도래하였으나 건설회사가 아직도(입주 후 5년이 경과) 아파트 준공검사를 마치지 못한 경우, 수분양자는 선이행의무인 미지급의 중도금채무의 이행을 거절할 수 있는가? (대판 1992.4.24. 92다3779)
    □ 토지매수인, 시공회사 및 신탁회사 간에 신탁방식에 의한 오피스텔 신축 및 분양 사업에 관한 기본약정을 맺은 후 외환위기로 신탁회사가 사업자금 차입 곤란 등으로 공사선급금 등의 지급 확보책을 제시하지 못한 경우, 시공회사가 이를 이유로 자신의 선이행의무인 토지대금의 대여 및 지급보증의무의 이행을 거절할 수

있는가? (대판 2003.5.16. 2002다2423)

▫ 甲(도급인)과 乙 간의 건설도급계약에서 일정 기간마다 이미 행하여진 공사부분
에 대하여 기성공사금을 지급하기로 하였는데, 乙이 일정 기간 공사를 진행하였
음에도 甲이 정당한 이유 없이 기성공사금을 지급하지 않아 乙이 공사를 중단하
였다. 甲은 乙의 채무불이행을 이유로 도급계약을 해지할 수 있는가? (대판 2012.
3.29. 2011다93025)

■ 기타 검토사항

▫ 위 판결은 이행을 곤란하게 하는 사유는 계약체결 이후에 생긴 것이어야 한다고
한다. 이에 대한 예외로는 어떤 경우가 있는가? 매매계약을 맺은 후에 등기부상
매매목적물이 제3자의 소유로 등기되어 있음을 발견한 경우에, 매수인은 선행의
무에 해당하는 중도금지급의무의 지급을 거절할 수 있는가? (대판 1974.6.11. 73
다1632) 매매계약시에 이미 목적 부동산에 가처분등기 · 예고등기가 존재하는 경
우에는 어떠한가? (대판 1999.7.9. 98다13754,13761)

▫ 채무이행을 곤란하게 하는 사유가 계약체결 이전부터 존재하는 것인 경우에, 채
무자는 어떤 방법으로 채무의 구속에서 벗어날 수 있는가?

■ 참고문헌

▫ 김동훈, 불안의 항변권의 의의, 민사법학 17호, 1999, 333-352.
▫ 서태환, 쌍무계약에 있어서 민법 제536조 제2항 소정의 '불안의 항변권'의 인정
요건, 대법원판례해설 51호, 2005, 164-188.

## (4) 양 당사자가 동일한 경제적 목적을 위하여 수 개의 계약을 체결한 경우

### 대판 2010.3.25. 2007다35152

| 사안 |  甲(피고)은 2004.2.5. A건설회사와 사이에, 甲이 건축주가 되어 甲 소유
의 부지를 제공하고 A건설이 시공자가 되어 그 위에 빌라를 건축하기로 하는 건축
공사 도급계약을 체결하였다(공사대금 1,152,800,000원, 준공일 2004.6.29). 그런데
甲은 2004.9.24. 이 사건 빌라 부지에 근저당권자를 B은행으로 하는 채권최고액
455,000,000원의 근저당권을 설정하고, A건설은 채무자로서 B은행으로부터
350,000,000원을 대출받아 이 사건 빌라 공사대금으로 사용하였다. 이는 A건설이
이 사건 공사를 원활하게 시행할 수 있도록 甲이 공사자금을 지원하기 위한 것이
었다.

A건설은 2005.4.경 부도를 내었고, 이 사건 빌라의 사용승인일인 2005.5.24.이 지나서도 A건설이 위 대출금을 변제하지 않자, 甲은 2005.6.23. A건설을 대위하여 B은행에 대출금 350,000,000원과 그 연체이자를 변제하였다.

乙(원고)은 A건설에 대한 551,588,000원의 약정금채권을 보전하기 위하여 2005. 1.12. 이 사건 공사대금채권에 대한 가압류결정을 받았고, 2006.6.8. 위 약정금과 이에 대한 지연손해금의 지급을 명하는 승소판결을 받았다. 乙은 이에 기하여 2006.7.3. 위 약정금 551,588,000원에 대하여 이 사건 가압류를 본압류로 전이하고, 지연손해금 76,768,960원에 대하여 이 사건 빌라 공사대금채권을 압류하며, 그 압류금액 합계 628,356,960원에 해당하는 이 사건 공사대금채권을 乙에게 전부하는 내용의 전부명령을 받아 그 결정정본이 2006.7.5. 甲에게 송달되었고 2006. 8.26. 확정되었다. 乙의 전부금청구에 대하여 甲은 A건설의 B은행에 대한 대출원리금을 甲이 대위변제함으로써 취득하게 된 구상금채권에 기한 동시이행의 항변 및 상계를 주장하였다.

| 판지 |   (1) 금전채권에 대한 압류 및 전부명령이 있는 때에는 압류된 채권은 동일성을 유지한 채로 압류채무자로부터 압류채권자에게 이전되고, 제3채무자는 채권이 압류되기 전에 압류채무자에게 대항할 수 있는 사유로써 압류채권자에게 대항할 수 있는 것이므로, 제3채무자의 압류채무자에 대한 자동채권이 수동채권인 피압류채권과 동시이행의 관계에 있는 경우에는, 압류명령이 제3채무자에게 송달되어 압류의 효력이 생긴 후에 자동채권이 발생하였다고 하더라도 제3채무자는 동시이행의 항변권을 주장할 수 있다. 이 경우에 자동채권이 발생한 기초가 되는 원인은 수동채권이 압류되기 전에 이미 성립하여 존재하고 있었던 것이므로, 그 자동채권은 민법 제498조 소정의 "지급을 금지하는 명령을 받은 제3채무자가 그 후에 취득한 채권"에 해당하지 않는다고 봄이 상당하고, 제3채무자는 그 자동채권에 의한 상계로 압류채권자에게 대항할 수 있다.

한편 동시이행의 항변권은 당사자 쌍방이 부담하는 각 채무가 고유의 대가관계에 있는 쌍무계약상의 채무가 아니더라도 구체적 계약관계에서 당사자 쌍방이 부담하는 채무 사이에 대가적인 의미가 있어 이행상 견련관계를 인정하여야 할 사정이 있는 경우에는 이를 인정하여야 하고, 또한 하나의 계약 혹은 그 계약에 추가된 약정으로 둘 이상의 민법상의 전형계약 내지 민법상의 채권적 권리의무관계(이하 '민법상의 전형계약 등'이라고 한다)가 포괄되어 있고, 이에 따른 당사자 사이의 여러

권리의무가 동일한 경제적 목적을 위하여 서로 밀접하게 연관되어 있는 경우에는, 이를 민법상의 전형계약 등에 상응하는 부분으로 서로 분리하여 그 각각의 전형계약 등의 범위 안에서 대가관계에 있는 의무만을 동시이행관계에 있다고 볼 것이 아니고, 당사자 일방의 여러 의무가 포괄하여 상대방의 여러 의무와 사이에 대가관계에 있다고 인정되는 한, 이러한 당사자 일방의 여러 의무와 상대방의 여러 의무는 동시이행의 관계에 있다고 볼 수 있다.

(2) 피고는 A가 이 사건 공사를 원활하게 시행할 수 있도록 공사자금을 지원하기 위해 피고 소유의 이 사건 빌라 부지를 담보로 제공하여 A가 여기에 근저당권을 설정하고 대출받아 공사비용을 지출할 수 있게 한 것이므로, 피고의 담보제공에 의한 자금지원은 실질적으로 이 사건 도급계약의 공사대금의 선급과 같은 기능을 하는 것으로서 피고와 A 사이의 위 근저당권 설정에 관한 권리의무관계는 이 사건 도급계약의 공사대금에 관한 권리의무관계와 서로 동일한 경제적 목적을 위하여 밀접한 관련을 맺고 있다고 봄이 상당하다. 따라서 A가 자금지원을 통하여 실질적으로 선급이 이루어진 것과 마찬가지인 공사대금채권에 관하여 법률적으로는 자신이 그 대출금채무의 주채무자로 되어 있어 위 대출금 상당의 공사대금채권이 소멸되지 아니하였다는 이유로 공사대금채권을 행사함에 있어서는, 이 사건 빌라를 신축하여 피고에게 인도하여야 하는 의무뿐만 아니라, 위 근저당권을 말소시켜 자금지원 이전의 상태로 회복시켜야 할 의무(근저당권 말소의무)와의 견련성도 아울러 고려함이 당사자 간 거래의 경제적 실질과 당사자들의 합리적인 의사에도 부합한다. 만일 이와 달리 A의 공사대금 청구에 대하여 피고가 무조건 그 이행에 응하여야 한다면, 피고는 공사대금채무 이행 후 A가 근저당권 말소의무를 이행하지 않을 경우에 위 근저당권의 실행을 막기 위하여 스스로 대출금을 변제하여야 하는 등 이중지급의 위험에 빠지는 결과가 발생할 우려가 있다.

이와 같은 여러 사정을 종합·참작하여 보면, A의 근저당권 말소의무는 이 사건 빌라 건축인도의무처럼 피고의 공사대금채무에 대하여 공사도급계약상 고유한 대가관계가 있는 의무는 아니지만, 그 담보제공 경위와 목적, 대출금의 사용용도 및 그에 따른 공사대금의 실질적 선급과 같은 자금지원 효과와 이로 인하여 피고가 처하게 될 이중지급의 위험 등 구체적 계약관계에 비추어 볼 때 이행상의 견련관계를 인정함이 상당하므로, 양자는 서로 동시이행의 관계에 있다고 할 것이다. 나아가 A가 근저당권 말소의무를 이행하지 아니한 결과 피고가 위 대출금 및 연체이자를 대위변제함으로써 A가 지게 된 구상금채무도 근저당권 말소의무의 변형물로서 그 대등액의 범위 내에서 피고의 공사대금채무와 동시이행의 관계에 있다고 봄이 상당하다.

그렇다면, 피고가 위 대출금을 대위변제함에 따라 취득한 구상금채권은 비록 이 사건 가압류결정과 압류명령이 피고에게 송달되어 가압류 및 압류의 효력이 생긴 후에 비로소 발생된 채권이라 하더라도, 피고는 그 구상금채권을 자동채권으로 하여 이 사건 공사대금채권의 압류·전부채권자인 원고에게 상계로 대항할 수 있다.

■ 쟁 점

이 판결에서는, 위 사안에서 제3채무자의 압류채무자에 대한 자동채권이 수동채권인 피압류채권과 동시이행관계에 있는지 여부 및 그 자동채권이 압류의 효력이 생긴 후에 발생한 것이더라도 피압류채권과 상계할 수 있는지가 문제되었다.

■ 검토할 사항

□ A건설로 하여금 대출금의 변제 등으로 위 근저당권을 말소하여 甲의 저당권설정자로서의 책임을 면제시켜 줄 것을 청구할 甲의 권리(=저당책임 면제 청구권)와 A건설의 甲에 대한 공사대금채권은 서로 동시이행의 관계에 있었다고 볼 수 있는가?

□ A건설이 저당책임 면제 의무를 이행하지 아니한 결과 甲이 위 대출금 및 연체이자를 대위변제함으로써 취득한 구상금채권과 이 사건 전부명령의 피압류채권인 A건설의 공사대금 청구권은 동시이행의 관계에 있다고 할 수 있는가?

□ 위 구상금채권을 자동채권으로 하는 甲의 상계의 주장은 유효한가?

■ 기타 검토사항

□ 甲은 A건설의 대출원금 350,000,000원과 그 연체이자를 대위변제함으로써 취득한 구상금채권 전액을 자동채권으로 하여 전부채권자 乙 또는 압류채무자 A건설 중 어느 누구에 대해서도 상계하거나 상계로 대항할 수 있는가? 제3채무자의 상계의 의사표시를 수령한 전부채권자는 압류채무자에 잔존한 채권 부분이 먼저 상계되어야 한다거나 각 분할채권액의 채권 총액에 대한 비율에 따라 상계되어야 한다는 이의를 제기할 수 있는가?

■ 참고문헌

□ 이상주, 압류된 채권에 대한 상계의 허용요건, 자유와 책임 그리고 동행, 2012, 361-426, 사법발전재단.

　　□ 이종기, 자동채권 발생 전 수동채권이 압류된 경우의 상계, 재판실무연구 2010
　　(II), 63-66, 서울남부지방법원.

## 4. 효　과

### 대판 2001.9.18. 2001다9304

| 사안 |　甲(원고. 수급회사)과 乙(피고. 도급회사)은 1991.3.30. 지하 2층, 지상 9층
의 X건물을 신축하기 위한 공사도급계약을 체결하였는데, 그 계약내용은 다음과
같다.

> (1) 공사기간: 착공 후 18개월
> (2) 도급금액: 64억 3,100만 원(부가세포함)
> (3) 대금지급방법: 乙이 선급금으로 공사대금의 5%를 지급하고 공사기간 중
> 매 2개월마다 기성금 지급
> (4) 특약 : 乙이 기성금을 지급하지 못할 경우 착공 후 6개월까지는 지연손해
> 금을 가산하지 않고, 그 이후부터는 연 17.5%의 지연손해금을 가산한다.

　　甲은 1991.11.1. X건물의 신축공사에 착공하였다. 乙은 甲에게 선급금으로 2
차례에 걸쳐 320,155,000원을 지급하였다. 그런데, 乙은 1992.12.20. 부도를 내었
고, 甲은 같은 해 12.28.부터 기성공사대금을 지급받지 못하였음을 이유로 공사를
중단하였다. 공사가 중단될 당시 X건물은 지하 2층, 지상 9층까지의 골조공사가
완성되고 조적공사 및 설비공사를 포함하여 전체 공사의 77.8% 정도의 공정이 완
료된 상태였으며, 현재 미지급 공사대금은 5,402,595,000원(부가세 10%를 가산한
기성공사대금 5,722,750,000원 − 기지급 선급금 320,155,000원)이다.

　　그런데 X건물에 대한 기성공사 부분 중 슬래브, 보, 기둥 부분에 균열 등의 하자
가 광범위하게 발생하였고, 그에 대하여는 슬래브의 철거 재시공 등 여러 가지 하
자보수공사가 필요하며(보수공사를 하지 않으면 건물을 사용할 수 없음), 그 보수를
위하여 약 676,401,000원의 비용이 소요된다.

　　甲은 乙에게 미지급 공사대금의 지급을 청구하였고, 乙은 甲이 시공한 건물에 하
자가 있으므로 이를 보수하기 전에는 공사대금을 지급할 수 없다고 주장하였다.

| 원심 |　甲이 X건물의 하자에 대하여 보수책임이 있음은 물론 X건물에 대한 하

자보수와 공사비지급이 동시이행의 관계에 있다는 乙의 항변을 받아들였으며, 甲이 X건물에 대한 하자보수공사를 완료함과 상환으로 금 5,402,595,000원 및 그에 대한 공사완료일의 다음날부터 완제일까지 약정연체이율인 연 17.5%의 비율에 의한 금원을 乙이 지급하도록 판결하였다.

**| 판지 |  1. 하자의 존재, 범위 및 보수비용에 관하여**

도급계약에 따른 수급인의 하자보수책임은 완성 전의 성취된 부분에 관하여도 성립되는바, 완성 전의 성취된 부분이라 함은 도급계약에 따른 일이 전부 완성되지는 않았지만 하자가 발생한 부분의 작업이 완료된 상태를 말하는 것이고, 도급인이 하자보수를 주장하는 경우 법원은 보수하여야 할 하자의 종류와 정도를 특정함과 아울러 그 하자를 보수하는 적당한 방법과 그 보수에 요할 비용 등에 관하여 심리하여 봄으로써, 그 하자가 중요한 것인지 또는 그 하자가 중요한 것은 아니더라도 그 보수에 과다한 비용을 요하지 않는 것인지를 가려보아 수급인의 하자보수책임을 인정할 수 있는지 여부를 판단하여야 할 것이다(대법원 1991.12.10. 선고 91다 33056 판결 참조).

원심은 이 사건 건물의 1층 바닥부터 9층 바닥까지의 슬래브 두께가 얇고 일정하지 않으며 플로어 덕트 매설로 인한 단면결손 균열이 발생하였고, 각층 보에 균열이 발생하고 처짐 현상이 있으며, 1층부터 6층까지의 내부기둥과 2층과 4층의 외부기둥이 안정에 미달하는 하자가 발생하였음을 인정한 다음, 그에 대한 하자보수방법과 비용을 확정하였는바, 위 하자가 발생한 슬래브, 보, 기둥부분의 공사는 그 작업이 완료된 상태이고, 그 하자의 내용에 비추어 볼 때 이 사건 공사중단 이후 피고가 기성부분의 일부를 철거한 행위나 이 사건 건물을 수년간 방치한 사실과 하자의 발생 내지 확대와는 아무런 관련이 없음을 알 수 있으므로, 이 사건 건물에 발생한 하자에 관하여 원고에게 보수책임이 있다고 본 원심의 판단은 옳다.

2. 동시이행의 항변권행사에 관하여

도급계약에 있어서 완성된 목적물 또는 완성 전의 성취된 부분에 하자가 있는 때에는 도급인은 수급인에 대하여 하자의 보수를 청구하거나 그 하자의 보수에 갈음하여 또는 보수와 함께 손해배상을 청구할 수 있는바, 이들 청구권은 특별한 사정이 없는 한 수급인의 보수지급청구권과 동시이행의 관계에 있다고 할 것이다(민법 제667조). 그리고 이 사건과 같이 기성고에 따라 공사대금을 분할하여 지급하기로 약정한 경우라도, 특별한 사정이 없는 한 하자보수의무와 동시이행관계에 있는 공사대금지급채무는 당해 하자가 발생한 부분의 기성공사대금에 한정되는 것은 아니라고 할 것이다. 왜냐하면 이와 달리 본다면 도급인이 하자발생사실을 모른 채 하자가 발생한 부분에 해당하는 기성공사의 대금을 지급하고 난 후 뒤늦게 하자를 발견한 경우에는 동시이행의 항변권을 행사하지 못하게 되어 공평에 반하기 때문이다. 따라서 원심이, 피고가 지급을 거절할 수 있는 공사대금의 범위를 하자가 발생한 부분의 기성공사대금에 한정하지 않은 조치는 옳다.

한편, 일반적으로 동시이행의 관계가 인정되는 경우에 그러한 항변권을 행사하는 자의 상대방이 그 동시이행의 의무를 이행하기 위하여 과다한 비용이 소요되거나 또는 그 의무의 이행이 실제적으로 어려운 반면 그 의무의 이행으로 인하여 항변권자가 얻는 이득은 별달리 크지 아니하여 동시이행의 항변권의 행사가 주로 자기 채무의 이행만을 회피하기 위한 수단이라고 보여지는 경우에는 그 항변권의 행사는 권리남용으로서 배척되어야 할 것이다.

이 사건 건물은 슬라브, 보, 기둥 부분에 광범위하게 하자가 발생하였고 이를 보수하지 않으면 이 사건 건물을 사용할 수 없으며, 그 보수를 위하여 약 676,401,000원의 비용이 소요되는바, 사정이 이러하다면 하자의 정도가 중하여 반드시 하자보수가 필요하고 그 보수를 위하여 과다한 비용이 소요되는 정도라고 보이지 않으므로, 피고의 하자보수청구권의 행사 자체를 권리남용이라고 할 수는 없다.

그러나 피고가 미지급한 기성공사대금은 5,402,595,000원인 데 비하여 이 사건 건물의 하자보수비용은 676,401,000원에 불과하고, 피고는 선급금을 지급한 이래 약정에 따른 기성공사대금을 전혀 지급하지 않고 있을 뿐만 아니라 현재 자력이 없고 앞으로 하자보수공사가 완성되어도 공사대금을 지급할지 여부가 불확실한 상태임이 인정되므로, 피고가 하자보수청구권을 행사하여 동시이행의 항변을 할 수 있는 기성공사대금의 범위는 하자 및 손해에 상응하는 금액으로 한정하는 것이 공평과 신의칙에 부합한다고 볼 것이다.

그럼에도 불구하고, 피고에게 기성공사대금 전부를 원고의 이 사건 건물의 하자보수 완료와 상환으로 지급할 것을 명한 원심은 수급인의 하자보수의무와 도급인의 대금지급채무의 동시이행관계에 관한 법리를 오해한 것이다.

### 3. 공사중단으로 인한 손해배상책임에 관하여

계속적 거래관계에 있어서 재화나 용역을 먼저 공급한 후 일정 기간마다 거래대금을 정산하여 일정 기일 후에 지급받기로 약정한 경우에, 공급자가 선이행의 자기 채무를 이행하고 이미 정산이 완료되어 이행기가 지난 전기의 대금을 지급받지 못하였거나, 후이행의 상대방의 채무가 아직 이행기가 되지 아니하였지만 이행기의 이행이 현저히 불안한 사유가 있는 경우에는 민법 제536조 제2항 및 신의성실의 원칙에 비추어 볼 때 공급자는 이미 이행기가 지난 전기의 대금을 지급받을 때 또는 전기에 대한 상대방의 이행기미도래채무의 이행불안사유가 해소될 때까지 선이행의무가 있는 다음 기간의 자기 채무의 이행을 거절할 수 있다고 해석된다.

이 사건 공사도급계약에서 피고는 2개월마다 기성고에 따른 공사대금을 지급하기로 약정하였음에도 선급금을 지급한 이래 기성공사대금을 전혀 지급하지 않고 있고, 현재의 재산상태에 비추어 볼 때 앞으로도 공사대금을 지급할지 여부가 불투명한 상태에 있는 사실을 인정할 수 있으므로, 원고의 이 사건 공사의 완성은 원래 선이행의무이지만 원고는 이미 이행기가 지난 기성공사대금을 지급받을 때까지 또는 피고의 공사대금지급에 관한 이행불안사유가 해소될 때까지 잔여 공사의 완성을 거절할 수 있다고 볼 것이다.

따라서 원심이, 원고가 건축공사를 약정한 완공기일까지 완료하지 못한 것은 피고의 기성공사대금 채무의 불이행으로 인한 것이므로 피고가 원고에게 건축공사 완공의 지연으로 인한 책임을 물을 수는 없다는 취지로 판단한 것은 그 설시에 다소 미흡한 점이 있으나 결론에 있어서 옳다.

- **쟁 점**

  이 판결에서는 ① 수급인의 하자보수의무와 동시이행관계에 있는 도급인의 공사대금지급채무는 당해 하자가 발생한 부분의 기성공사대금에 한정되는 것인지 여부, ② 도급인이 하자보수청구권을 행사하여 동시이행의 항변을 할 수 있는 기성공사대금의 범위가 하자 및 손해에 상응하는 액수에 한정되는지 여부, 그리고 ③ 계속적 거래관계에 있어서 공급자가 선이행의무가 있는 경우 이행기가 지난 전기의 대금을 지급받지 못하였거나 또는 후이행의 상대방의 채무가 아직 이행기가 되지 아니하였으나 이행기의 이행이 현저히 불안한 사유가 있는 때에 공급자가 이행거절을 할 수 있는지 여부 등이 문제되었다.

- **검토할 사항**

  □ 수급인 甲이 X건물의 하자에 대하여 보수책임을 지는 까닭은 무엇인가?

  □ 위 하자가 발생한 슬래브, 보, 기둥 부분의 공사는 이미 수급인의 작업이 완료된 상태라면, 乙은 그러함에도 甲이 이를 보수하기 전에는 공사대금채권을 지급할

　수 없다고 할 수 있는가?
- □ 乙의 항변권 행사가 권리남용이 될 여지는 없는가?
- □ 도급인 乙이 하자보수청구권을 행사하여 동시이행의 항변을 할 수 있는 기성공사대금의 범위는 하자 및 손해에 상응하는 금액으로 한정되는가?
- □ 수급인 甲은 건축공사를 약정한 완공기일까지 완공하지 못한 책임을 부담하지 않으며 또한 잔여 공사의 완성을 적법하게 거절할 수 있는가?

- ■ 참고문헌
  - □ 오문기, 하자보수와 공사대금지급의 동시이행항변, 대구판례연구회 300회 발표 기념 건축관련판례 50선, 2012, 409-420, 대구판례연구회.
  - □ 윤근수, 도급인이 하자보수를 청구하여 동시이행의 항변권을 행사할 수 있는 범위, 판례연구 14집, 2003, 369-398, 부산판례연구회.
  - □ 홍기태, 공사 도급인이 하자보수청구권을 행사하여 동시이행의 항변을 할 수 있는 기성공사대금의 범위, 대법원판례해설 38호, 2002, 197-205.

# 제2항　위험부담

## 1. 채무자위험부담주의(원칙)

### 대판 2009.5.28. 2008다98655,98662

| 사안 |　甲(원고) 소유의 토지 및 건물에는 A에 대한 채무의 담보로서 근저당권이 설정되어 있었는데, 甲은 2005.4.19. 乙(피고)에게 위 부동산과 건물 내에 있는 기계·기구·원재료·집기비품 등을 45억원에 매도하면서, 乙은 甲이 위 부동산에 관한 이전등기를 경료하면 계약금 5억원을 지급하고, 중도금 35억원의 지급에 갈음하여 위 부동산에 관한 피담보채무를 乙이 인수하며, 잔금은 위 부동산의 이전등기가 경료된 후 한 달 이내에 지급하기로 약정하였다. 甲은 乙에게 2005.4.25. 부동산에 관하여 이전등기를 마쳐주었고, 乙은 다음날 이를 인도받은 다음 약속한 계약금을 甲에게 지급하였다.

　그런데 위 소유권이전등기가 마쳐진 직후 甲에 대한 채권자 B 등이 乙을 상대로 위 매매계약의 취소 및 이전등기의 말소를 구하는 사해행위취소청구소송이 제기되었고, 甲의 대표이사가 이 소송에서 B 등의 주장에 부합하는 취지의 증언을 하

였으며, 그로 인해 이 사건 각 부동산에 관하여 부동산처분금지가처분결정이 내려지게 되었다(그 후 B 등이 승소). 또 다른 채권자 C 등은 甲의 乙에 대한 잔금채권에 관하여 가압류결정을 받았다.

그리하여 乙이 중도금의 지급에 갈음하여 인수한 채무(甲의 A은행에 대한 대출금채무)의 이자를 전혀 지급하지 않았다. 이에 A은행의 신청으로 위 부동산에 경매절차가 진행되었으며, 여기에서 乙이 이를 경락받고 2008.1.25. 경락대금을 완납하였다.

甲은 乙이 인수채무 및 잔금지급의무를 이행하지 않았으므로 채무불이행이 발생하였으므로 위 매매계약을 해제한다고 하면서, 乙을 상대로 원상회복으로 위 이전등기의 말소 및 자신이 위 부동산에 관한 소유권을 상실한 2008.1.25.까지 乙이 이를 점유함으로써 얻은 임료 상당의 부당이득의 반환을 청구하였다(甲은 2심에서 乙이 위 경매절차에서 이 사건 각 부동산 등을 경락받음으로써 이 사건 각 부동산에 관한 소유권이전등기절차의 이행 및 이 사건 건물의 인도가 이행불능되었으므로 손해배상금을 구하는 것으로 청구취지를 교환적으로 변경하였다). 이에 대하여 乙은 반소로서, 위 매매계약이 甲의 귀책사유에 기하여 이행불능이 되었다고 주장하면서 이미 지급한 계약금 및 그 이자를 부당이득으로서 반환할 것을 청구하였다.

| 원심 |   1. 원고의 채권자인 B 등이 사해행위취소청구소송을 제기하고 C 등이 채권가압류결정을 받았는 바, 이러한 사정들은 민법 제588조의 "매매의 목적물에 대하여 권리를 주장하는 자가 있는 경우에 매수인이 매수한 권리의 전부나 일부를 잃을 염려가 있는 때"에 해당한다고 봄이 상당하다. 그러므로 매수인인 피고로서는 자신이 매수한 권리를 잃을 염려가 없어질 때까지 중도금지급에 갈음한 A은행에 대한 근저당권의 피담보채무인수 및 잔금지급의무의 이행을 거절할 수 있고, 피고가 위와 같은 자기의 의무를 이행하지 아니하였다고 하더라도 그 지체책임을 지지 않는다.

  2. 피고의 반소청구 중 계약금의 반환을 구하는 청구 부분에 관하여, 원고와 피고 사이의 이 사건 매매계약은 이 사건 각 부동산이 경매절차에서 매각됨으로써 이행불능에 이르러 종료되었다고 할 것인데 그 이행불능에 원고와 피고의 귀책사유가 없으므로 채무자위험부담 원칙에 의하여 피고의 채무도 소멸하므로 피고가 이미 이행한 급부는 법률상 원인 없는 급부가 되고 원고는 부당이득의 법리에 따라 수령한 급부를 피고에게 반환하여야 할 것인바, 비록 피고가 원고의 귀책사유

에 기한 이행불능을 주장하여 그 계약금의 반환을 구하고 있으나 당사자 쌍방의 귀책사유 없이 이행불능에 이르러 계약이 종료되었다고 인정될 경우 그 위험부담의 법리에 따라 계약금의 반환을 구하고 있다고 못 볼 바 아니므로, 원고는 피고에게 이미 지급받은 계약금을 반환하여야 할 것이라고 판단하였다.

다른 한편, 원고의 본소청구 중 임료 상당의 부당이득반환청구 부분에 관하여는, 이 사건 매매계약은 피고의 귀책사유로 인한 채무불이행으로 해제되지 아니하였으므로 피고의 귀책사유로 인하여 이 사건 매매계약이 해제되었음을 전제로 한 원고의 부당이득반환청구는 나아가 판단할 필요 없이 이유 없다고 판단하였다.

| **판지** | 1. 피고는 제588조에 기해서 근저당권의 피담보채무의 인수 및 잔금지급의무의 이행을 거절할 수 있으므로, 피고가 자기의 의무를 이행하지 아니하였다고 하더라도 지체책임을 지지 않는다고 판단한 원심은 정당하다.

2. 민법 제537조는 "쌍무계약의 당사자 일방의 채무가 당사자 쌍방의 책임없는 사유로 이행할 수 없게 된 때에는 채무자는 상대방의 이행을 청구하지 못한다"라고 규정하여 채무자위험부담주의를 채택하고 있는바, 쌍무계약에서 당사자 쌍방의 귀책사유 없이 채무가 이행불능된 경우 채무자는 급부의무를 면함과 더불어 반대급부도 청구하지 못한다고 할 것이므로, 쌍방 급부가 없었던 경우에는 계약관계는 소멸하고 이미 이행한 급부는 법률상 원인 없는 급부가 되어 부당이득의 법리에 따라 반환청구할 수 있다고 할 것이다.

원심은 피고의 반소청구 중 계약금의 반환청구는 인용하여 원고는 피고에게 이미 지급받은 계약금을 반환해야 한다고 하고, 반면에 원고의 본소청구 중 임료 상당의 부당이득반환청구에 관해서는 위 매매계약은 피고의 귀책사유로 인하여 해제된 것이 아니므로 피고의 귀책사유로 인하여 이 사건 매매계약이 해제되었음을 전제로 한 원고의 부당이득반환청구는 이유 없다고 판단하였다.

그런데 원고의 소송대리인은 예비적으로 "비록 피고가 사해행위취소소송의 제기를 이유로 채무인수 및 잔금지급을 거절할 수 있는 권리가 있다 할지라도, 종국적으로 채무인수 및 잔금지급을 이행하지 않은 상태에서 피고만 원고로부터 이미 선이전받은 이 사건 부동산 및 기계기구 등을 계속 보유케 하고 이를 점유 사용한 데 따른 그동안의 이익을 그대로 보유하도록 할 수는 없는 것"이라고 주장하였음에도, 원심은, 피고의 반소청구 중 계약금반환청구 부분에 관해서는 그 청구를 인용한 반면, 오히려 원고의 본소청구 중 임료 상당의 부당이득반환청구 부분에 관해서는 이유 없다고 판단함으로써, 원고의 예비적 주장을 판단하지 아니한 판단유탈의 잘못을 저질렀다고 할 것이다.

그리고 원심이 판단한 바와 같이 이 사건 매매계약이 원고와 피고 쌍방의 책임 없는 사유로 이행불능에 이르게 되었다면, 앞서 본 법리에 비추어 볼 때, 피고는 원고에게 이 사건 각 부동산을 점유·사용함으로 인하여 취득한 임료 상당의 부당이득을 반환할 의무가 있다고 할 것이므로, 결국 원심의 위와 같은 판단유탈의 잘못이 판결 결과에 영향을 미쳤다고 할 것이다.

■ 쟁 점

이 판결에서는 쌍무계약에서 당사자 쌍방의 귀책사유 없이 채무가 이행불능되어 계약관계가 소멸한 경우 이미 이행한 급부가 있다면 그 급부는 어떻게 처리되는지 여부가 문제되었다.

■ 검토할 사항

　□ 매수인이 매매목적물에 관한 근저당권의 피담보채무에 관하여 그 이행을 인수한 경우, 그 법률관계는 어떻게 되는가?

　□ 乙이 중도금의 지급에 갈음하여 인수하기로 한 甲의 A은행에 대한 대출금채무의 이자 및 이 사건 매매계약의 잔금을 지급하지 않은 것의 법적 근거는 무엇이며, 어떠한 법률효과가 발생하는가?

　□ 위 채권자취소소송에서 甲의 채권자들이 최종 승소하였다면, 어떠한 법률효과가 발생하는가?

　□ 이 사건 매매계약이 乙의 귀책사유에 의한 채무불이행으로 해제되지 않았다면, 乙의 甲을 상대로 한 계약금의 반환과 甲의 乙을 상대로 한 이 사건 부동산을 점유, 사용함으로 인하여 취득한 임료상당액을 반환청구할 수 있는 근거는 무엇인가?

■ 관련사례

　□ 사용자는 약관을 통하여 민법 제537조가 규정하는 채무자위험부담주의와는 다른 내용을 정할 수 있는가? 사업자가 상당한 이유 없이 자신이 부담하여야 할 위험을 고객에게 이전하는 내용의 약관조항은 유효한가? (대판 2010.10.28. 2008다83196)

　□ 입목 매수인이 벌채허가절차에 책임을 지기로 하고 입목대금은 벌채작업 완료 후 현장에서 검수한 다음 완급하기로 하며 입목벌채계약기간 경과시는 입목 매수인은 계약상의 제반권한을 상실한다는 약정을 한 후 계약금을 지급하였으나

당국의 산림정책상의 영림계획변경으로 벌채허가를 얻을 수 없게 된 경우, 입목 인도의무를 면한 당사자는 상대방으로부터 받은 계약금을 반환하여야 하는가? (대판 1975.8.29. 75다765)

- 참고문헌
  - □ 김대정, 위험부담에 관한 민법규정의 해석, 계약법의 과제와 전망, 2005, 106-137, 삼지원.
  - □ 제철웅, 위험부담, 아세아민상법학 제2호, 2009, 117-162.

## 2. 채권자위험부담주의(예외)

### (1) 채권자주의가 적용되는 경우(민법 제538조 1항)

■ 판례 1

## 대판 2004.3.12. 2001다79013

| 사안 |  건설회사 甲(원고)은 1997.10.17. 乙(피고) 소유의 X부동산을 13억 380만원에 매수하고 계약금(1억 3,000만원)은 계약 당일에 지급하였으며, 1차 중도금 3억원은 1997.11.10.에, 2차 중도금 2억원은 1998.1.15.에, 잔금 6억 7,380만원은 1998.4.20.에 각 지급하기로 하였다. 甲은 1차 중도금은 약속한 날에 지급하였으나 2차 중도금의 지급을 지체하여, 乙이 1998.2.28.까지 2차 중도금을 지급할 것을 최고하였다. 그러나 甲은 위 매매계약은 공동주택사업의 승인을 조건으로 체결되었는데 그 조건의 성취가 불가능하다는 이유로 매매계약의 무효를 주장하면서(법원이 채택하지 않음), 계약금과 1차 중도금(합계 금 4억 3,000만원)의 반환을 요구하였다. 이에 乙은 공동주택사업 승인은 매매계약의 조건이 될 수 없다며 중도금의 지급을 거듭 최고하였다. 甲은 1998.4.20.에 잔금을 지급하지 아니한 채 다시 乙에게 계약금과 1차 중도금의 반환을 요구하였으나 乙은 이에 대하여 아무런 답변을 하지 않았고, 거꾸로 1998.4.21. 甲에게 2차 중도금과 잔금의 지급을 요구하였다. 甲은 2000.7.8. 乙을 상대로 계약금과 1차 중도금의 반환(부당이득금의 반환)을 청구하는 소를 제기하였다. 그러던 중 X부동산이 2001.4.13. 한국토지공사에 수용되었다(乙은 수용보상금으로 약 5억원을 지급받았음). 그리하여 乙의 부동산

이전채무가 채무자의 책임사유 없이 불능으로 되었다. 그러자 甲은, 乙의 이전채무가 불능으로 됨으로써 제537조에 의하여 자신의 대금채무도 소멸하였다고 하면서, 따라서 이미 지급했던 계약금 및 1차 중도금은 법률상 원인 없이 지급한 것이라고 하여 이의 반환을 청구하였다. 이에 대하여 乙은 반대로 자신의 의무의 불능은 채권자 甲의 책임사유로 인한 것이거나 혹은 甲의 수령지체 중에 누구의 책임사유 없이 생긴 것이므로 538조 1항에 의하여 甲의 대금채무는 소멸하지 않고, 따라서 매매대금을 지급해야 한다(즉 甲은 계약금 및 1차 중도금을 반환받을 수 없을 뿐만 아니라, 나머지 대금을 지급해야 한다)고 주장하였다.

| 판지 |   1. 제538조 제1항에서 '채권자의 책임 있는 사유'라고 함은 채권자의 어떤 작위나 부작위가 채무자의 이행의 실현을 방해하고 그 작위나 부작위는 채권자가 이를 피할 수 있었다는 점에서 신의칙상 비난받을 수 있는 경우를 의미한다.

원심은, 채권자인 원고가 반대급부인 자신의 잔대금 지급채무를 이행하지 아니할 의사를 명백히 표시하여 피고로부터 소유권이전등기의무의 이행제공이 있더라도 그 수령을 거절할 의사가 명백하였고, 이 사건 부동산의 소유권이전등기의무가 토지수용으로 인하여 이행불능이 된 것은 '채권자의 책임 있는 사유'로 인한 것이므로 민법 제538조 제1항 제1문에 의하여 피고는 원고에게 미지급대금을 청구할 수 있고 이미 수령한 계약금 등을 부당이득으로 반환할 의무가 없다는 피고의 주장을 배척하였다. 앞서 본 법리와 기록에 의하여 살펴보면, 원고의 잔금 등 지급거절이 위 조항에서 말하는 채권자의 책임 있는 사유로 볼 수 없다는 원심의 위 판단은 정당하다.

2. 민법 제400조 소정의 채권자지체가 성립하기 위해서는 민법 제460조 소정의 채무자의 변제제공이 있어야 하고, 변제제공은 원칙적으로 현실제공으로 하여야 하며, 다만 채권자가 미리 변제받기를 거절하거나 채무의 이행에 채권자의 행위를 요하는 경우에는 구두의 제공으로 하더라도 무방하고, 채권자가 변제를 받지 아니할 의사가 확고한 경우(이른바 채권자의 영구적 불수령)에는 구두의 제공을 한다는 것조차 무의미하므로 그러한 경우에는 구두의 제공조차 필요 없다고 할 것이지만, 그러한 구두의 제공조차 필요 없는 경우라고 하더라도, 이는 그로써 채무자가 채무불이행책임을 면한다는 것에 불과하고, 민법 제538조 제1항 제2문 소정의 "채권자의 수령지체 중에 당사자 쌍방의 책임 없는 사유로 이행할 수 없게 된 때"에 해당하기 위해서는 현실제공이나 구두제공이 필요하다(다만 그 제공의 정도는 그 시

기와 구체적인 상황에 따라 신의성실의 원칙에 어긋나지 않게 합리적으로 정하여야 한다). 그러므로 이 사건에서 원고의 수령거절의 의사가 확고하여 이른바 채권자의 영구적 불수령에 해당한다고 하더라도, 채무자인 피고는 원고를 수령지체에 빠지게 하기 위해서는 소유권이전등기에 필요한 서류 등을 준비하여 두고 원고에게 그 서류들을 수령하여 갈 것을 최고하는 구두제공을 하였어야 한다.

원심은, 채무자인 피고는 원고를 채권자지체에 빠지게 하기 위하여는 원고에게 소유권이전등기의무의 변제 준비의 완료를 통지하고 그 수령을 최고하는 구두 제공을 하였어야 함에도 이를 하지 아니하였음을 자인하므로 원고는 수령지체 중에 있었다고 보기 어렵다고 판단하여 "원고의 잔금 등 지급의무 이행의사가 없음이 명백한 이 사건에서 피고의 구두제공 등 이행의 제공 없이도 원고는 수령지체 중이 된다"는 피고의 주장을 배척하였는바, 앞서 본 법리와 기록에 의하여 살펴보면, 원심의 판단은 정당한 것으로 수긍되고, 거기에 민법 제538조 제1항 제2문 소정의 수령지체에 관한 법리오해의 위법이 있다고 할 수 없다.

■ 쟁  점

이 판결에서는 중도금 및 잔금이 지급되지 않은 채 쌍방의 이행기가 도과한 상태에서 발생한 토지수용으로 인한 이행불능의 위험부담이 누구에게 귀속하는지가 문제되었다. 특히 민법 제538조 제1항 1문에 있어서 "채권자의 책임 있는 사유"란 어떤 경우를 말함인지, 그리고 민법 제538조 제1항 2문의 "채권자의 수령지체 중에 당사자 쌍방의 책임 없는 사유로 이행할 수 없게 된 때"에 해당하기 위해서는 채무자에 의한 현실 제공이나 구두 제공이 필요한지 여부가 문제되었다.

■ 검토할 사항

□ 乙의 甲에 대한 X부동산의 소유권이전등기의무가 이행불능이 된 것은 어떠한 까닭인가?

□ 乙의 甲에 대한 X부동산의 소유권이전등기의무의 이행이 불가능하게 된 것은 '채권자의 책임있는 사유'에 기인한 것으로 볼 수 있는가?

□ 甲이 수령지체를 하였다고 볼 수 있는가?

□ 甲이 乙에게 미리 자신의 2차중도금 및 잔대금 지급채무를 이행하지 아니할 의사를 명백히 표시하였다면, 乙이 甲에게 현실 제공이나 구두 제공을 하지 않더라도 乙은 X부동산의 소유권이전등기의무를 면하는가?

□ 쌍무계약에 있어 수령지체 중 채무자의 채무가 당사자 쌍방의 책임 없는 사유로 이행할 수 없게 된 경우, 채무자가 채권자에게 중도금 및 잔금의 지급을 청구하

기 위해서는 채무자가 채권자에게 현실의 제공 또는 구두의 제공을 하였을 것이
요구되는가?

□ 위 사건에서 甲의 수령거절의 의사가 확고하다고 하더라도, 채무자인 乙은 甲을
수령지체에 빠지게 하기 위하여 소유권이전등기에 필요한 서류 등을 준비하여
두고 甲에게 그 서류들을 수령하여 갈 것을 최고하는 구두 제공을 하였을 것이
요구되는가?

■ 관련사례

□ 아파트 수분양자에게 중도금을 대출한 은행이, 수분양자가 대출금 이자의 지급
및 후취담보약정의 이행 등을 하지 않자 연대보증인인 분양회사로부터 분양아파
트에 대한 근저당권을 설정받아 결국 근저당권을 실행함으로써 제3자가 분양아
파트의 소유권을 취득한 경우, 분양회사는 아파트 수분양자에게 분양잔금의 지
급을 청구할 수 있는가? (대판 2011.1.27. 2010다25698; 대판 2011.1.27. 2010다
42495)

■ 기타 검토사항

□ X 부동산은 위 매매계약 체결 당시에 국토이용관리법상의 토지거래허가구역에
속하였는데, 甲과 乙은 위 매매계약을 체결하면서 공동으로 빠른 시일 내에 X부
동산에 대한 토지거래허가를 얻기로 합의하였다. 그 후 X부동산이 1998.1.31. 토
지거래허가구역에서 지정해제되었다면, 위 매매계약의 효력은 어떠한가?

□ 甲이 X부동산에 공동주택을 건설하여 분양사업을 하는 것을 염두에 두고 위 매
매계약을 체결하였으나 이것이 불가능하게 되었다면, 甲은 위 매매계약을 취소
할 수 있겠는가?

□ X부동산이 한국토지공사에 수용되지 않았다면, 2차중도금이 지급되지 않은 채
잔금의 이행기에 도달한 경우, 甲은 乙을 상대로 동시이행의 항변권을 행사할 수
있겠는가?

□ 乙이 민법 제538조 제1항의 적용을 주장하기 위하여 甲에게 이행지체 내지 수령
지체 책임이 있다는 주장을 하였는바, 법원은 그 주장 속에 "甲은 잔금 등 지급의
무의 이행지체 책임이 있으므로 甲은 그로 인한 乙의 손해(매매대금 13억 380만
원과 수용공탁금 5억원과의 차액)를 배상할 책임이 있고 따라서 甲 주장의 부당
이득채권과 대등액에서 상계하면 남는 것이 없다."는 취지의 상계 항변이 포함되
어 있는지 여부에 관하여 피고에게 석명을 구하여야 할 의무가 있는가?

■ 참고문헌

□ 김천수, 쌍무계약상 채권자의 위험부담과 채무자의 이익상환, 성균관법학 18권
1호, 2006, 177-206.

　　ㅁ 이우진, 채권자 위험부담에 있어서 채무자의 이익상환의무, 민사법학 34호,
　　2006, 49-92.

## ■ 판례 2

### 대판 1996.7.9. 96다14364,14371

| 사안 |　　甲(피고)은 A회사로부터 A회사가 1994.3.16.부터 3.20.까지 5일간 설치·운영할 홍보관의 설치용역을 의뢰받은 후, 같은 해 2.2. 영상물 전문제작업체인 乙(원고)과 사이에 위 홍보관에서 상영할 10분짜리의 A회사 기업홍보용 영상물의 제작을 의뢰하는 내용의 영상물 제작공급계약을 체결하였다.

　　乙은 甲과 협의하여 영상물을 제작하기로 한 계약조항에 따라 2.23. 1차 시사회를, 3.10. 2차 시사회를 甲의 참여 아래 각각 갖기로 잠정적으로 예정하였으나, A회사측의 사정을 이유로 한 甲의 촬영연기 요청으로 포항과 광양에서의 현지촬영이 2.17.부터 2.22. 사이에 행하여짐에 따라 1차 시사회의 일정도 순연될 수밖에 없었다. 그런데 乙회사의 담당 피디(PD)가 乙회사 직원들과의 갈등으로 사표를 제출하고 회사에 출근하지 아니함으로써 일시적으로 영상물제작 업무에 공백이 발생하자, 이를 알게 된 甲은 사전에 아무런 예고도 하지 아니한 채 3.2. 乙에게 계약해제 통지를 하였다. 甲과 乙 간에 체결된 영상물제작계약 제7조는 "乙이 본 계약을 이행하지 아니하였을 때"와 "乙이 계약기간 내에 계약을 이행할 수 없다고 판단될 경우"를 계약해제 사유로 규정하고 있었다.

　　이에 乙회사는 내부적인 문제로 일정에 다소 차질이 생겼지만 촬영 및 자료수집이 마쳐지고 편집과정만 남아 있어서 약정된 기일 내에 영상물을 충분히 제작할 수 있다는 내용의 의사를 이미 수차에 걸쳐 서면으로 甲에게 통보한 바 있고, 한 걸음 더 나아가 위 담당 피디 등이 2.17.부터 2.23. 사이에 현지촬영하였던 영상자료 등을 편집하여 영상물을 제작하여 3.11. 甲에게 납품하였으나 甲은 그 수령을 거절하였다. 그 사이, 甲은 乙과의 일체의 협상을 단절하고 3.7. 다른 회사에 이 사건 영상물의 제작을 의뢰하였다.

　　이에 乙은 甲을 상대로 하여 위 해제의 무효 및 甲의 협력거부로 인한 채무불이행을 이유로 영상물 제작공급대금의 지급을 청구하였다.

| 판지 |　피고(도급인)와 협력하여 피고의 지시감독을 받으면서 영상물을 제작하여야 할 원고 회사(수급인)의 채무는 피고의 협력 없이는 완전한 이행이 불가능한 채무라고 할 것이고, 한편 이 사건 영상물 제작공급계약은 계약의 성질상 원고 회사가 일정한 기간 내에 채무를 이행하지 아니하면 계약의 목적을 달성할 수 없는 정기행위라고 할 것이므로, 피고의 영상물제작에 대한 협력의 거부로 원고가 독자적으로 성의껏 제작하여 납품한 영상물이 피고의 의도에 부합되지 아니하게 됨으로써 결과적으로 피고의 의도에 부합하는 영상물을 기한 내에 제작하여 납품하여야 할 원고 회사의 채무가 이행불능케 되었다면, 이는 계약상의 협력의무의 이행을 거부한 피고의 귀책사유로 인한 것이므로, 원고는 피고에게 약정대금 전부의 지급을 청구할 수 있다.

- **쟁 점**

  이 판결에서는 성질상 정기행위이며 그 이행에 도급인의 협력이 필요한 이 사건 영상물 제작공급 채무가 도급인의 협력거부로 인하여 채무불이행이 되었다면 수급인은 이를 이유로 도급인에게 대금을 청구할 수 있는지 여부가 문제되었다.

- **검토할 사항**

  □ 甲과 乙 사이에 체결된 이 사건 영상물 제작공급계약은 그 채무의 이행과 관련하여 어떠한 특징이 있는가?

  □ 이 사건 제작물 제작공급계약이 도급인의 협력거부로 인해 이행할 수 없게 되었다면, 수급인은 도급인을 상대로 대금의 지급을 청구할 수 있는가? 이를 긍정(또는 부정)한다면 그 까닭은 무엇인가?

- **관련사례**

  □ 부동산 매수인이 매매목적물에 설정된 근저당권의 피담보채무를 이행인수한 뒤 그 변제를 하지 않아 근저당권이 실행됨으로써 매도인이 매매목적물에 대한 소유권을 상실한 경우, 채권자에 대한 관계에서 또는 매도인과 매수인 사이에서 그 피담보채무를 변제할 책임은 각각 누구에게 있는가? (대판 2008.8.21. 2007다 8464,8471)

- **기타 검토사항**

  □ 甲의 내부적인 문제로 영상물제작 일정에 다소의 차질이 발생하여 甲이 예정된 일자에 시사회를 준비하지 못하였다면, 乙은 이를 이유로 이 사건 영상물 제작공급계약을 해제할 수 있는가? 이를 긍정(또는 부정)한다면 그 까닭은 무엇인가?

- ■ 참고문헌
  - □ 김동훈, 영상물제작공급계약: 소프트웨어공급계약 등에 관한 판례연구, 민사법학 15호, 1997, 364-370.
  - □ 김동훈, 쌍무계약에서 채권자 귀책사유의 의의, 법조 54권 8호(통권 587호) (2005.8.), 241-266.

## (2) 이익상환(민법 제538조 2항)

### 대판 1994.10.25. 94다25889

| 사안 |　甲(원고)은 1988.6.25. 乙회사(피고)에 입사하여 노조 간부로 활동하던 중 1989.12.16. 상사에게 항명, 욕설, 협박을 하고 생산현장을 돌며 정상조업을 방해하였다는 등의 사유로 정직 처분을 받았고 그 처분이 확정되었다. 乙회사가 정직기간 만료일인 1990.2.15. 甲에게 정상출근을 촉구하자, 甲은 노동조합을 통하여 형사입건되어 수배중이어서 출근할 수 없다는 이유로 휴직처리를 요청하였으나 乙회사는 이를 거부하였다.

　乙회사의 단체협약 제30조에는 "무계결근이 계속 3일 이상일 때"를 해고사유로 하고, 그 해고의 경우 근로기준법 제27조의2 소정의 해고예고를 하도록 규정하고 있으나, 같은 해고사유로서 "고의 또는 중대한 과실로 회사의 위신을 추락시키거나 사회적 물의를 일으킨 경우" 등을 포함하고 있었다. 한편 乙회사의 취업규칙 제41조에는 "무계결근이 계속 3일 이상일 때"의 해고사유는 포함되지 않고 "기구개편으로 인원감축을 단행할 때" 등의 해고사유와 그 절차만을 규정하고 있었다. 乙회사는 1990.2.26. 甲이 3일 이상 무단결근하였다는 이유로 취업규칙 제41조, 단체협약 제30조에 따라 징계절차를 거치지 않고 甲을 통상해고하였다. 그런데, 위 단체협약 제30조의 해고사유 중 "고의 또는 중대한 과실로 회사의 위신을 추락시키거나 사회적 물의를 일으킨 경우"는 그 규정 취지에 비추어 해당 근로자에게 소명의 기회를 주어 사실을 규명한 다음 징계절차에 의하여 근로자를 해고할 것을 예정하고 있었고, 위 취업규칙은 "정당한 사유 없이 무계결근이 빈번한 자"를 징계사유의 하나로 규정하고 있었다.

　甲은 수사기관의 수배를 받아 계속 피신해 있던 중 1991.11. 구속 수감되고 1992.4.28.에 출소하였다. 甲은 출소 후 자신에 대한 해고가 징계해고 절차를 위반하여 무효라는 확인과 그에 따른 해고기간 중의 임금 전액의 지급을 청구하였다.

| 판지 |　근로자에게 변명의 기회가 부여되지 않더라도 해고가 당연시될 정도라는 등의 특별한 사유가 없는 한, 징계해고사유가 통상해고사유에도 해당하여 통상해고의 방법을 취하더라도 징계해고에 따른 소정의 절차는 부가적으로 요구된다고 할 것이고, 나아가 징계해고사유로 통상해고를 한다는 구실로 징계절차를 생략할 수는 없다. [이로 인해] 사용자의 근로자에 대한 해고가 무효인 경우 근로자는 근로계약관계가 유효하게 존속함에도 불구하고 사용자의 귀책사유로 인하여 근로제공을 하지 못한 셈이므로 민법 제538조 제1항에 의하여 그 기간 중에 근로를 제공하였을 경우에 받을 수 있는 반대급부인 임금의 지급을 청구할 수 있다고 할 것이지만, 해고가 없었다고 하더라도 취업이 사실상 불가능한 상태가 발생한 경우라든가 사용자가 정당한 사유에 의하여 사업을 폐지한 경우에는 사용자의 귀책사유로 인하여 근로제공을 하지 못한 것이 아니므로, 그 기간 중에는 임금을 청구할 수 없다.

- **쟁 점**

　이 판결에서는 해고가 무효인 경우에 그 해고기간 중의 임금의 지급을 청구할 수 있는지 여부 및 이를 긍정한다 하더라도 그 임금에는 사용자의 귀책사유 없이 근로제공을 하지 못한 기간 중의 임금도 포함되는지 여부가 문제되었다.

- **검토할 사항**

　▫ 단체협약 등에서 징계에 특별한 절차를 요하는 것으로 규정되어 있을 때, 근로자의 행위가 징계해고 사유에 해당됨에도 사용자가 그 근로자에게 보다 유리한 통상해고 수단을 택하여 해고하였다면 징계해고에 따른 소정의 절차는 생략하여도 무방한가? 이를 긍정(또는 부정)한다면 그 이유는 무엇인가?

　▫ 사용자의 근로자에 대한 해고가 무효인 경우, 그 기간 중에 근로를 제공하였을 경우에 받을 수 있었던 반대급부인 임금의 지급을 청구할 수 있는 까닭은 무엇인가? 甲은 구속 수감되었던 기간 중의 임금을 청구할 수 있는가?

- **관련사례**

　▫ 부당해고로 인하여 노무를 제공하지 못한 근로자가 해고되기 전부터 처의 주도로 경영하던 과수원에서 부업으로 얻어 온 수입은 근로자가 부당해고를 이유로 사용자에게 그 지급을 청구할 수 있는 임금에서 공제되어야 할 이익인가? 사용자가 근로자에 대하여 중간퇴직처리를 하면서 퇴직금을 지급하였으나 위 퇴직처리

가 무효로 된 경우 그 퇴직금에 대한 법정이자 상당액이 부당이득에 해당하는가? (대판 1993.5.25. 92다31125)

▢ 사용자의 귀책사유로 인하여 해고된 근로자에 대해 사용자가 해고기간 중의 임금을 지급함에 있어서 근로기준법 제38조 소정의 휴업수당은 임금액에서 공제하여야 하는가? 이를 긍정(또는 부정)한다면 그 이유는 무엇인가? (대판 1991.6.28. 90다카25277)

■ 참고문헌

▢ 김용직, 가. 노조와의 사전합의조항에 위배된 징계처분의 효력(무효) 나. 해고가 무효인 경우 근로자가 구속되어 근로를 제공하지 못한 기간 동안의 임금도 청구할 수 있는지 여부(소극), 대법원판례해설 22호, 1995, 398-409.

## 제2관 제3자를 위한 계약

### 1. 제3자약관, 수익자의 범위

**대판 1993.8.27. 92다23339**

| 사안 |    화재예방과 도난방지를 위한 용역경비업무를 도급받아 시행하는 용역경비업체인 乙(피고 회사)은 A 회사(소외 회사)와 사이에 이 사건 건물을 경비대상물로 하여 전자기계장치에 의한 방범제공업무를 내용으로 하는 용역경비계약을 체결하고 용역경비업무를 제공해 왔다. 그리고 A 회사와 乙은 乙이 정한 용역경비약관(이하 이 사건 약관이라 한다)에 따라 A 회사를 위 계약상의 사용자로 하여 위 용역경비계약을 체결하였는데, 이 약관에 따르면 위 용역경비계약은 용역경비업법에 따라 사용자가 위탁한 대상물에 대하여 乙이 용역경비를 제공함으로써 사용자의 인명과 재산을 보호함을 목적으로 하고(이 사건 약관 중 기본약관 제1조), 용역경비대상물이란 사용자가 乙에게 용역경비를 위탁한 사용자의 인명과 재산을 말하는 것(위 기본약관 제2조 제1항)으로 되어 있었다.

   그런데 이 사건 건물의 소유자는 A 회사의 감사인 B(소외인)로서 B가 가족과 함께 그곳에 거주하여 왔는데 1989.12.29. 15:00경 위 B의 처인 甲(원고)이 그곳에 계를 하기 위하여 놀러온 10명의 계원들(나머지 원고 등)과 모임을 갖던 중 甲 등이

복면괴한에 의하여 금품을 강취당하여 각 일정액의 재산상의 피해를 입었다. 이에 甲 등이 乙을 상대로 용역경비계약상의 채무불이행을 이유로 손해배상을 청구하였다.

| **원심** | 일반적으로 계약의 효력은 법률에 특별규정이 있거나 당사자 사이에 특별한 약정이 없는 이상 그 계약을 체결한 당사자 사이에만 미치는 것을 원칙으로 한다 할 것인데, 피고회사가 소외회사의 임원이나 종업원 또는 그들의 가족 등 제3자에 대하여 책임을 지도록 하는 법률상의 규정이나 당사자 사이에 아무런 약정이 없는 이 사건에 있어서 소외회사가 그 임원인 소외인 소유의 이 사건 건물을 경비대상물로 하여 위 용역경비계약을 체결하였다는 등의 사정만으로 위 계약이 곧 피고회사가 소외회사의 임원이나 그 가족, 더 나아가 그들을 방문한 자 등 불특정다수의 위 건물이용자들 모두에 대해 그들의 인명이나 재산을 보호할 계약상의 책임을 지기로 하는 이른바 제3자를 위한 계약이라고 보기 어렵다 할 것이므로[가사 위 계약의 실질적인 당사자가 위 소외인이라거나 위 계약이 동인을 수익자로 한 제3자를 위한 계약이라고 하더라도 위 소외인의 처인 원고의 손해를 위 소외인과 생활상 일체관계에 있는 자의 손해로 보아 이를 위 소외인의 손해로서 보호할 것인가의 문제는 별론으로 하고 여전히 계약당사자나 제3자를 위한 계약상의 수익자에 해당한다고 볼 수 없는 원고(甲)나 나머지 원고들이 피고회사에 대하여 직접 손해배상청구권을 행사할 수 없음은 마찬가지다], 결국 원고들이 피고회사와 소외회사 사이의 위 용역경비계약상의 수익자인 제3자로서 피고회사에 대하여 피고회사의 위 용역경비계약상의 채무불이행을 원인으로 한 손해배상청구권을 직접 행사할 수 있음을 전제로 한 원고들의 이 사건 청구는 이유 없다는 이유로 이를 모두 기각하였다.

| **판지** | 이 사건 계약의 약관상 사용자에 관하여 별도의 규정을 두고 있지 아니할 뿐만 아니라, 위 약관이 계약당사자와 용역경비제공의 상대방과 일치하는 경우를 예정한 전형적인 규정임을 감안하여 위 약관상 사용자라는 용어를 통일적으로 해석할 때 각 규정 사이에 상충하는 부분이 없지 아니하므로, 비록 위 약관상 명시적으로 피고회사와 제3자에 대한 권리 의무관계에 관한 규정을 두고 있지 아니하여도, 이러한 약관을 해석함에 있어 신의성실의 원칙에 따라 공정하게 해석하고 약관의 뜻이 명백하지 아니하는 경우에는 고객에게 유리하게 해석하여야 할 것이다(약관의 규제에 관한 법률 제5조).

그런데 이 사건 약관에 나타난 이 사건 계약의 목적 및 경비대상물의 정의 규정과 손해배상규정을 살펴보면 소외회사가 이 사건 계약의 용역경비의 보호대상이 되는 것이 아닐 뿐 아니라 경비대상물인 재산 및 생명과는 직접적으로 관련되어 있지 아니함을 알 수 있으므로, 최소한 피고회사의 용역경비의무의 불이행으로 인한 손해배상청구에 있어서 위 약관상의 사용자는 소외회사 이외의 다른 제3자를 의미한다고 봄이 상당하다고 할 것이고, 따라서 이 사건 계약은 최소한 그 범위 내에서 제3자를 위한 계약으로서, 여기서 제3자라 함은 이 사건 계약상 용역경비업무의 성질, 손해배상책임의 대인배상한도액, 용역경비대상물의 소유 및 사용관계, 소외회사가 이 사건 계약을 체결한 동기 내지 경위 등에 비추어 보면 경비대상물인 이 사건 건물을 일상적으로 사용하는 위 소외인 및 그의 처인 원고(甲)를 포함한 동거가족을 말한다고 봄이 상당하다고 할 것이다.

그러나 나머지 원고들은 위 건물에 일시 방문한 자들로서 위 제3자의 범위에 속하지 아니한다 할 것이다.

- ■ 쟁 점

  이 판결에서는 제3자약관의 존재 여부 수익자의 범위가 문제되었다.

- ■ 검토할 사항

  ▫ 이 판결이 제3자약관의 존재를 인정한 이유는 무엇인가?

- ■ 관련사례

  ▫ 공장건물의 임차인이 자신 소유의 공구·기계 등과 함께 임대인 소유의 건물을 보험에 가입한 경우 이 보험계약은 제3자를 위한 계약에 해당하는가? (대판 1997.5.30. 95다14800)

  ▫ 매수인이 매매목적물에 관한 근저당권의 피담보채무, 가압류채무, 임대차보증금 반환채무를 인수하는 한편 그 채무액을 매매대금에서 공제하기로 약정한 경우 이는 제3자를 위한 계약에 해당하는가? (대판 1990.1.25. 88다카29476, 대판 1993.2.12. 92다23193)

  ▫ 계약당사자 일방이 상대방의 제3자에 대한 채무와 동일한 내용의 채무를 중첩적으로 인수하여 직접 제3자에게 이행하기로 하는 약정(중첩적 채무인수)은 제3자를 위한 계약에 해당하는가? (대판 1989.4.25. 87다카2443, 대판 1996.12.23. 96다33846)

- ■ 기타 검토사항
  - □ 이행인수와 채무인수의 구별기준은 무엇인가?
- ■ 참고문헌
  - □ 송덕수, 제3자를 위한 계약의 보완적 연구, 법학논집(이화여대), 창간호, 1996, 43-55면.
  - □ 이준현, 이행인수의 법률관계, 재산법연구 22권 2호, 2005, 57-92면.

## 2. 기본관계(보상관계)와 대가관계의 구별

### 대판 2003.12.11. 2003다49771

| 사안 | 甲(원고) 및 甲이 대표이사로 있는 乙 주식회사는 본인 겸 丁(丙의 아들)의 대리인인 丙 사이에서, 甲 및 乙 회사는 그들이 공유하던 X 상가(이 사건 상가)를 丙에게 양도하고, 丙은 그 대가로 자신 소유의 Y 주택을 乙 회사에, 丁(피고)은 자신 소유의 염전 지분(이 사건 염전)을 甲에게, 각 양도하기로 하는 내용의 교환계약(이 사건 교환계약)을 체결하였다. 같은 날 丙은 다시 戊와의 사이에서, 丙은 甲 및 乙 주식회사로부터 양도받기로 한 이 사건 상가 중 일부 등을 戊에게 양도하고, 戊는 자신 소유의 여관 건물 및 대지(이 사건 여관)를 丙에게 양도하기로 하는 교환계약을 체결하였고, 이에 따라 丙은 이 사건 여관을 인도받아 그곳으로 이사한 후 숙박업을 경영하기 시작하였다. 그리고 甲 및 乙 회사는 丙의 요청에 따라 이 사건 상가 등을 戊에게 직접 분양하기로 하는 분양계약을 체결하고, 이 사건 상가 중 일부에 관하여 戊가 지명한 자들에게 소유권이전등기를 경료해 주었다.

그런데 이 사건 여관에 대해서는 丙과 戊 사이의 교환계약이 성립되기 이전에 이미 근저당권이 설정되어 있었는데, 이 근저당권에 기하여 임의경매가 개시되어 이 사건 여관이 제3자에게 낙찰되자 丙은 戊에게 낙찰로 인해 이 사건 여관에 관한 소유권이전등기절차의 이행이 불가능하게 되었음을 이유로 자신과 戊 사이의 교환계약을 해제한다는 취지를 통고하였다.

그 뒤 甲이 丁을 상대로 이 사건 염전에 관하여 이 사건 교환계약을 원인으로 한 소유권이전등기절차의 이행을 청구하는 소송을 제기하자, 丁은 丙과 戊 사이의 교환계약의 해제로 인해 이 사건 상가에 대한 丙의 소유권이전등기청구권이 부활하였다고 주장하면서, 丙이 甲 및 乙로부터 이 사건 상가에 대한 소유권이전등기를 경료받기 전에는 甲의 청구에 응할 수 없다고 항변하였다.

| 판지 |  제3자를 위한 계약의 체결 원인이 된 요약자와 제3자(수익자) 사이의 법률관계(이른바 대가관계)의 효력은 제3자를 위한 계약 자체는 물론 그에 기한 요약자와 낙약자 사이의 법률관계(이른바 기본관계)의 성립이나 효력에 영향을 미치지 아니한다. 따라서 낙약자는 요약자와 수익자 사이의 법률관계에 기한 항변으로 수익자에게 대항하지 못하고, 요약자도 대가관계의 부존재나 효력의 상실을 이유로 자신이 기본관계에 기하여 낙약자에게 부담하는 채무의 이행을 거부할 수 없다. 원심은 그 채용 증거들에 의하여 이 사건 여관에 관하여 교환계약이 체결되기 이전에 설정된 근저당권에 기하여 임의경매절차가 개시되고, 그 경매절차에서 제3자가 이 사건 여관을 낙찰받은 사실, 그에 따라 丙이 戊에게 위 낙찰로 인하여 이 사건 여관에 관한 소유권이전등기절차의 이행이 불가능하게 되었음을 이유로 위 교환계약을 해제한다는 취지를 통고한 사실 등 판시 사실들을 인정하면서도, 戊가 원고 및 乙 회사와 이 사건 상가 등에 관한 분양계약을 체결하여 수익의 의사표시를 한 이상 요약자인 丙과 수익자인 戊 사이의 대가관계에 불과한 위 교환계약이 해제되었다는 사정만으로 戊의 원고 및 乙에 대한 분양계약상의 권리가 당연히 소멸하거나 원고 및 乙이 이 사건 교환계약에 따라 丙에게 직접 이 사건 상가의 소유권을 이전할 의무가 부활한다고는 볼 수 없다고 판단하여, 이 사건 교환계약에 기한 쌍방 채무의 동시이행을 구하는 피고의 항변을 배척하였는바, 원심의 이 같은 판단은 위의 법리에 따른 것으로서 정당하다.

- 쟁 점

  이 판결에서는 요약자와 수익자(제3자) 사이의 법률관계(대가관계)가 요약자와 낙약자 사이의 법률관계(기본관계)에 영향을 미치는지 여부가 문제되었다.

- 검토할 사항

  □ 요약자와 낙약자 사이의 법률관계(기본관계, 보상관계)는 수익자의 권리에 직접 영향을 미치는가? 직접 영향을 미친다면 이를 반영한 민법조문은 제 몇 조인가?

  □ 요약자와 제3자(수익자) 사이의 법률관계(대가관계)의 효력은 제3자를 위한 계약 자체는 물론 그에 기초한 요약자와 낙약자 사이의 법률관계(기본관계)의 성립이나 효력에 영향을 미치지 아니하는 이유는 무엇인가?

- **관련사례**

  □ 어음발행인이 어음의 피사취 등을 이유로 지급은행에게 사고신고와 함께 어음금
  의 지급정지를 의뢰하면서 "어음소지인이 어음금지급청구소송에서 승소하고 판
  결확정증명 또는 확정판결과 동일한 효력이 있는 것으로 지급은행이 인정하는
  증서를 제출한 경우 등에는 지급은행이 어음소지인에게 사고신고담보금을 지급
  한다"는 사고신고담보금의 처리에 관한 약정을 지급은행과 체결한 다음, 어음발
  행인에 대해 이루어진 회사정리절차에서 어음소지인의 어음상의 권리가 정리계
  획의 규정에 따라 변경된 경우, 어음소지인의 어음상의 권리에 대한 변경은 어음
  소지인이 지급은행에 대하여 갖는 사고신고담보금에 대한 권리에 영향을 미칠
  수 있는가? (대판 2005.3.24. 2004다71928)

- **기타 검토사항**

  □ 위 판결의 사안에서 丙은 戊를 상대로 어떠한 청구를 할 수 있는가?

  □ 위 판결의 사안에서 만약 丙이 戊의 수익의 의사표시 이전에 戊와의 교환계약을
  해제했다면 결론이 달라질 수 있는가?

- **참고문헌**

  □ 김동훈, 제3자를 위한 계약에서 대가관계와 기본관계, 고시연구 31권 3호 (360
  호) (2004.3.) 330-336면.

  □ 정재곤, 제3자를 위한 계약에서 보상관계 및 대가관계, 법학논문집(중앙대) 30집
  1호(2006.8.), 371-391면.

## 3. 제3자를 위한 계약과 원상회복/부당이득반환

### 대판 2005.7.22. 2005다7566,7573

| 사안 |　甲은 乙(피고)에 대하여 대여금채무를 지고 있으며, 乙은 甲을 고소하는
한편 이 사건 기계설비에 대하여 압류를 해 두었다. 그럼에도 甲은 위 물건을 A에
게 양도하고 인도하였다. 그리고 얼마 후 甲은 그러한 사실을 숨긴 채 다시 丙(원
고)에게 위 물건을 매도하였으며, 이 매매계약에서 매매대금을 자신의 乙에 대한
위 대여금채무의 원리금(30,826,080원)으로 정하고 그 지급방법으로 丙이 채권자인
乙에게 이를 지급하기로 약정하였다. 그리고 같은 날 丙과 甲은 乙에게, 丙이 乙에
게 甲의 채무를 대신 변제하겠다면서 甲에 대한 고소 취소와 압류집행의 해제를 요
청하였으며, 乙이 이를 승낙하자 丙은 乙에게 우선 위 금원 중 일부(26,000,000원)

를 지급하였다. 이에 乙은 甲에 대한 고소를 취하하고, 그 며칠 후 이 사건 물건에 대한 위 압류집행의 해제신청을 하였다. 그 이후 丙은 이 사건 물건에 관하여 A를 상대로 유체동산인도청구의 소를 제기하였으나, A가 丙에 앞서서 이 사건 물건을 甲으로부터 매수하고 이를 인도받아 점유함으로써 그 소유권을 확정적으로 취득하였다는 이유로 丙의 패소판결이 확정되었다. 이에 丙은 민법 제570조에 따라 甲과의 매매계약을 해제하는 한편, 乙을 상대로—자신과 甲 및 乙 사이의 3면계약 또는 자신과 乙 사이의 계약이 체결되었으므로 乙은 계약당사자로서 계약 해제에 따른 원상회복의무가 있다고 주장하고—설사 자신과 甲 간에서 매매계약이 체결된 것이더라도 이는 제3자를 위한 계약인 바, 제3자인 乙은 매매계약의 해제로 인한 원상회복으로서 자신으로부터 받은 대금을 반환할 의무가 있다고 하면서 이의 반환을 청구하는 소송을 제기하였다. 이에 대해 乙은 이 사건 매매계약체결 당시 이 계약과는 별도로 자신과 丙 사이에서 丙의 채무인수 및 그 반대급부로서 이 사건 물건에 대한 자신의 압류해제를 내용으로 하는 유상의 무명계약이 체결되었다고 주장하면서, 丙을 상대로 이 사건 매매계약의 잔금의 지급을 청구하는 반소를 제기하였다.

원심은 원고의 본소청구와 피고의 반소청구를 모두 기각하였으며, 이에 대해 원고만이 상고하였다.

| 판지 |  1. 원심은, 원고는 甲으로부터 이 사건 물건을 매수하고, 매매대금은 甲이 피고에게 부담하고 있는 채무금 상당의 금원을 피고에게 지급함으로써 甲에 대한 매매대금의 지급에 갈음하기로 한 것이고, 甲의 피고에 대한 채무는 원고가 위와 같이 피고에게 금원을 지급함으로써 일응 소멸하는 관계에 있다고 할 것이므로, 이 사건 매매대금의 지급방법에 관한 약정은 원고를 낙약자, 甲을 요약자, 피고를 제3자(수익자)로 하여 원고와 甲 사이에 위와 같은 기본관계(보상관계) 및 甲과 피고 사이에 위와 같은 대가관계(원인관계)가 모두 존재하고, 피고로 하여금 원고에 대하여 이 사건 대금지급방법에 관한 약정에 따라 대금을 직접 청구할 수 있는 권리를 취득케 하는 제3자를 위한 계약에 해당하며, 동시에 위 약정은 원고가 甲의 피고에 대한 채무를 인수하는 병존적 채무인수에도 해당한다고 판단하였다. 원심의 이러한 판단은 정당하다.

2. 원심은 원고의 대금반환청구에 대하여, 이 사건 매매계약이 적법하게 해제되었다고 하더라도, ① 피고에 대한 원고의 모든 급부는 기본관계를 이루는 이 사건

매매계약의 당사자인 원고와 甲 사이의 채권관계에 기한 급부일 뿐이므로(제3자인 피고는 이와 직접적인 관련이 없다.) 이로 인한 부당이득반환의무는 당연히 원고와 甲 사이에서만 발생한다고 봄이 타당한 점, ② 기본관계는 해제로 인하여 무효라 하더라도 대가관계에 아무런 하자가 없는 경우 제3자의 급부수령은 요약자와의 관계에 기한 정당한 수령으로서 부당이득반환의 대상이 되지 아니한다 할 것이고, 또한 제3자에 대한 낙약자의 급부에 의하여 요약자가 채무를 면하게 되며, 요약자와 제3자 사이의 유효한 결제를 부인할 필요가 없으므로, 낙약자로서는 제3자가 아닌 요약자에 대하여 부당이득의 반환을 청구하여야 한다고 봄이 상당한 점, ③ 또한, 원고가 피고에 대하여 직접 부당이득반환청구를 할 수 있다고 보면, 자기 책임하에 체결된 계약에 따른 위험부담을 제3자에게 전가시키는 것이 되어 계약법의 기본원리에 반하는 결과를 초래하게 되는 점 등에 비추어 볼 때, 그 계약관계의 청산은 이 사건 매매계약의 당사자인 원고와 甲 사이에 이루어져야 할 것이고, 제3자인 피고를 상대로 하여 해제에 따른 원상회복 또는 위 매매대금을 지급받은 것이 부당이득이라는 이유로 그 반환을 구할 수는 없다고 하여 원고의 본소청구를 배척하였다.

제3자를 위한 계약관계에서 낙약자와 요약자 사이의 법률관계(이른바 기본관계)를 이루는 계약이 해제된 경우 그 계약관계의 청산은 계약의 당사자인 낙약자와 요약자 사이에 이루어져야 하므로, 특별한 사정이 없는 한 낙약자가 이미 제3자에게 급부한 것이 있더라도 낙약자는 계약해제에 기한 원상회복 또는 부당이득을 원인으로 제3자를 상대로 그 반환을 구할 수 없다. 원심의 위 판단은 앞서 본 법리에 따른 것으로서 정당하다.

3. 제3자를 위한 계약에서의 제3자가 계약해제시 보호되는 민법 제548조 제1항 단서의 제3자에 해당하지 않음은 물론이나, 그렇다고 당연히 계약해제로 인한 원상회복의무를 부담해야 하는 것은 아니고, 또한 낙약자는 미지급급부에 대해서는 민법 제542조에 따라 계약해제에 따른 항변으로 제3자에게 그 지급을 거절할 수 있는 것이나, 이는 이미 지급한 급부에 대해 계약해제에 따른 원상회복을 구하는 것과는 다른 경우로서 동일한 법리가 적용될 수는 없는 것이므로, 원심이 같은 취지에서 본소와 반소청구를 판단하고 있는 것은 정당하다.

■ 쟁 점

이 판결에서는 낙약자가 기본관계(보상관계)의 해소를 이유로 수익자를 상대로 이미 자신이 수익자에게 이행한 급부에 대해 원상회복/부당이득반환을 청구할 수 있는지가 문제되었다.

■ 검토할 사항

□ 丙은 자신이 乙에게 지급한 금액에 상당하는 금원을 甲에게 청구할 수 있는가? 또 만약 甲이 丙에게 그 금액에 상응하는 금원을 지급한다면 甲은 乙을 상대로 어떠한 청구를 할 수 있는가?

□ 이 판결의 사안에서 乙의 주장처럼 丙과 乙 사이에 별개의 계약관계의 존재가 인정될 수 있는가? 만약 丙과 乙 사이의 별도의 계약의 존재가 인정된다면 乙의 반소청구는 받아들여질 수 있는가?

■ 관련사례

□ 매도인 甲과 매수인 乙이 토지거래허가구역 내 토지에 관한 매매계약을 체결하면서 매매대금을 丙에게 지급하기로 하는 제3자를 위한 계약을 체결하고 그 후 매수인 乙이 그 매매대금을 丙에게 지급하였는데, 그 뒤 토지거래허가를 받지 않아 유동적 무효였던 위 매매계약이 확정적으로 무효가 된 경우, 乙은 丙을 상대로 매매대금 상당액의 부당이득반환을 청구할 수 있는가? (대판 2010.8.19. 2010다31860,31877)

■ 기타 검토사항

□ 乙은 상가를 신축한 후 丙과의 사이에 이 상가를 매도하는 매매계약을 체결하고, 丙은 다시 이 상가를 호수별로 분할하여 甲 등과 분양계약을 체결하였다. 그리고 甲 등은 丙의 지시에 따라 무통장입금의 방법으로 乙이 개설한 계좌로 송금한 다음 그 무통장입금표를 丙에게 제시하고 丙으로부터 다시 입금표를 교부받았다. 그 뒤 丙이 乙로부터 상가의 소유권을 취득하지 못하자 甲 등은 丙과의 분양계약을 해제하고 乙을 상대로 자신들이 지급한 분양대금의 반환을 청구하였다. 이 청구는 인용될 수 있는가? (대판 2003.12.26. 2001다46730; 대판 2008.9.11. 2006다46278 참조: 이른바 삼각관계에서의 부당이득)

■ 참고문헌

□ 배호근, 제3자를 위한 계약관계에서 낙약자와 요약자 사이의 법률관계(이른바 기본관계)를 이루는 계약이 해제된 경우, 낙약자가 이미 제3자에게 급부한 것에 대해 계약해제에 기한 원상회복 또는 부당이득을 원인으로 제3자를 상대로 그 반환을 구할 수 있는지 여부, 대법원판례해설 57호, 2006, 302-317면.

# 제3절 계약의 해제 · 해지

## Ⅰ. 서 설

### 1. 개 념

**대판 2001.6.29. 2001다21441,21458**

----

| 사안 | 甲(원고)은 1997.11.10. A로부터 X토지 위의 상가 1층 106호 점포 및 인접대지 약 7평을 임차한 다음, 위 점포의 인접대지에 대형 유류탱크를 설치하고 'OO에너지'라는 상호로 석유류 도매업을 하여 왔다. 甲은 1998.9.25. 乙(피고)과 사이에 甲의 A에 대한 임차인으로서의 지위를 포함하여 'OO에너지'의 영업권 및 위 석유탱크 등 시설물 일체를 금 4천 5백만원에 乙에게 양도하기로 하는 내용의 매매계약을 체결하고 계약금 1천만원을 지급받았으며, 잔금 3천 5백만원은 1998. 12.30.까지 지급받기로 약정하였다. 甲은 약정에 따라 106호 점포에 대한 임차인 명의를 변경하여 주고 乙에게 점포 및 시설물 일체를 명도하였으며, 아울러 乙에게 위 106호 점포 옆에 있는 甲 남편 경영의 다른 점포(105호 점포) 안에 설치되어 있는 석유탱크를 사용하도록 하였다.

그런데 乙은 이 사건 매매계약 당시 甲이 乙의 도매영업권을 보장하기 위해 앞으로는 위 105호 점포에서 석유도매업을 하지 않기로 합의하였는데 甲이 매매약정과는 달리 석유도매업을 하였다고 주장하면서(법원은 이러한 약정의 존재를 인정하지 않음) 약정한 잔금을 지급하지 아니하였고, 이에 甲은 잔금지급일이 지난 1999.1.1. 위 105호 점포의 출입문을 폐쇄하여 乙이 105호 점포에 있는 석유탱크를 사용하지 못하게 하였다.

甲은 1999.1.9. 乙을 상대로 하여 이 사건 매매잔대금의 지급을 구하는 소를 제기하는 한편 1999.2.10. 乙에게 위 매매계약을 해제한다는 의사표시와 위 106호 시설물 등을 원상회복할 것을 내용증명으로 통보하여 그 무렵 乙에게 도달되었다. 이에 대하여 乙은 위 매매계약이 甲의 해제권 행사에 의해 해제되었음을 이유로 잔대금의 지급을 거절하였다.

**| 판지 |** 계약의 해제권은 일종의 형성권으로서 당사자의 일방에 의한 계약해제의 의사표시가 있으면 그 효과로서 새로운 법률관계가 발생하고 각 당사자는 그에 구속되는 것이므로, 일방 당사자의 계약위반을 이유로 한 상대방의 계약해제 의사표시에 의하여 계약이 해제되었음에도 상대방이 계약이 존속함을 전제로 계약상 의무의 이행을 구하는 경우 계약을 위반한 당사자도 당해 계약이 상대방의 해제로 소멸되었음을 들어 그 이행을 거절할 수 있다.

- **쟁 점**

  이 판결에서는, 일방당사자의 계약위반을 이유로 상대방이 그 계약을 법정해제한 경우에 계약을 위반한 당사자도 계약해제의 법적 효과를 주장할 수 있는지 여부가 문제되었다.

- **검토할 사항**

  □ 해제란 무엇이며, 법정해제는 어떠한 법적 성질을 가지는가?

  □ 법정해제에 있어서 계약을 위반한 당사자도 계약해제의 법적 효과를 주장할 수 있는가?

- **관련사례**

  □ 소제기로써 계약해제권을 행사한 뒤 그 소송을 취하하는 경우, 그 계약해제권 행사의 효력은 어떻게 되는가? (대판 1982.5.11. 80다916)

- **기타 검토사항**

  □ 법원이 석명권을 행사하여 甲으로 하여금 동시이행의 항변을 주장하도록 권유하였다면, 그 석명권 행사는 적절한가?

- **참고문헌**

  □ 하경효, 채무불이행과 계약해제의 요건: 유책성 요건에 대한 비판적 검토를 중심으로, 고려법학 40호(2003.6.), 67-96, 고려대학교 법학연구원.

## 2. 다른 제도와의 구별

### (1) 합의해제

**대판 2010.1.28. 2009다73011**

........................................................................

| **사안** |  甲(원고)은 주택단지 조성을 위하여 亡 A 등 다수의 토지소유자들과 X토지를 포함한 일단의 토지 전체를 매수하기로 하는 매매계약을 체결하였다. 이어 토지를 인도받아 택지로 조성하는 공사를 시행하면서 X토지에 도로를 개설하는 한편 그 공사 진행에 따라 매매대금을 순차적으로 지급하였다.

이 사건 주택단지 조성공사 과정에서 분할된 각 토지 중 X토지를 제외한 나머지 토지에 관하여는 甲 명의로 또는 甲 명의의 소유권이전등기를 생략하는 방식으로 수분양자들에게 직접 소유권이전등기가 경료되었으나, X토지에 대해서는 소유권이전등기가 경료된 바 없었다. 甲은 X토지를 인도받아 도로로 포장한 이래 30년이 넘게 X토지를 주택단지의 주민들 또는 일반인의 통행에 계속적으로 제공하여 왔고, 현재도 인근 주민들이 통행로로서 X토지를 이용하고 있는 상황이다. 그 기간 동안에 매도인인 망 A 및 그 상속인 乙(피고)은 甲에게 X토지에 관한 소유권이전등기절차에 필요한 서류 등을 제공한 바 없으며 또 제공을 요구받은 적도 없었다.

甲이 이 사건 매매계약일로부터 약 30년 이상 지난 후 乙을 상대로 하여 이 사건 매매계약에 따른 X토지에 대한 소유권이전등기를 구하는 소를 제기하였다. 이에 대하여 乙은 위 매매계약에 따른 X토지에 대한 소유권이전등기청구권은 이미 시효로 소멸하였으며, 그렇지 않다 하더라도 이 사건 매매계약은 이미 묵시적으로 합의해제되었다고 항변하였다.

| **판지** |   (1) 계약의 합의해제는 당사자가 이미 체결한 계약을 체결하지 않았던 것과 같은 효과를 발생시킬 것을 내용으로 하는 또 다른 계약으로서, 당사자 사이의 합의로 성립한 계약을 합의해제하기 위하여서는 계약이 성립하는 경우와 마찬가지로 기존 계약의 효력을 소멸시키기로 하는 내용의 해제계약의 청약과 승낙이라는 서로 대립하는 의사표시가 합치될 것을 그 요건으로 하는 것이고, 이러한 합의가 성립하기 위하여는 쌍방 당사자의 표시행위에 나타난 의사의 내용이 서로 객관적으로 일치하여야 하며, 계약의 합의해제는 묵시적으로 이루어질 수도 있으나,

계약이 묵시적으로 합의해제되었다고 하려면 계약의 성립 후에 당사자 쌍방의 계약실현의사의 결여 또는 포기로 인하여 당사자 쌍방의 계약을 실현하지 아니할 의사가 일치되어야만 한다.

이 사건 매매계약의 이행의 정도와 경과 및 이 사건 각 토지의 이용상황 등을 위 법리에 비추어 살펴보면, 원고가 이 사건 매매계약일로부터 약 30년 이상 지난 후에야 비로소 이 사건 소를 제기하였고, 그 동안 매도인인 망 A 또는 그 상속인인 피고 등도 이 사건 각 토지에 관한 소유권이전등기절차에 필요한 서류 등을 제공하지 아니하였다는 등의 사정만으로는 이 사건 매매계약의 당사자 쌍방이 그 계약을 실현하지 아니할 의사가 일치되었다고 할 수 없다.

(2) 부동산에 관하여 인도, 등기 등의 어느 한쪽에 대하여서라도 권리를 행사하는 자는 전체적으로 보아 그 부동산에 관하여 권리 위에 잠자는 자라고 할 수 없다 할 것이므로, 매수인이 목적 부동산을 인도받아 계속 점유하는 경우에는 그 소유권이전등기청구권의 소멸시효가 진행하지 않는다.

- ■ 쟁 점
  이 판결에서는 부동산의 매수인이 목적물을 인도받았으나 30년 넘게 이전등기를 청구하지 않은 것만으로 합의해제가 있은 것으로 되는가 하는 점이 문제되었다.

- ■ 검토할 사항
  □ 甲의 X토지에 대한 소유권이전등기청구권은 시효로 소멸하였는가? 이를 긍정(또는 부정)한다면 그 이유는 무엇인가?
  □ 乙이 이 사건 매매계약의 묵시적 합의해제를 주장한 근거는 무엇이며, 대법원이 이러한 주장을 받아들이지 않은 것은 어떠한 까닭인가?

- ■ 관련사례
  □ 매매계약이 합의해제된 경우 그로 인한 매도인의 원상회복청구권은 소멸시효에 걸리는가? (대판 1982.7.27. 80다2968)
  □ 계약의 합의해제·해지에 법정해제·해지에 관한 민법규정이 적용될 수 있는가? (대판 1997.11.14. 97다6193)
  □ 계약이 합의해제된 경우 상대방은 채무불이행으로 인한 손해배상을 청구할 수 있는가? (대판 1989.4.25. 86다카1147,1148) 각 당사자는 반환할 금전에 받은 날로부터의 이자를 가하여 반환하여야 하는가? (대판 1996.7.30. 95다16011)
  □ 계약을 합의해제하는 경우에도 해제로 인한 원상회복시 제3자의 권리를 해하지

못하도록 한 민법 제548조 제1항 단서가 적용되는가? (대판 2005.6.9. 2005다
6341)

□ 계약 당사자가 약정해제권을 유보하거나 위약벌에 관하여 별도의 특약을 둔 경
우 이로 인해 채무불이행으로 인한 법정해제권이 배제되는가? (대판 1990.3.27.
89다카14110)

■ 참고문헌

□ 김기우, 의사표시에 기한 계약관계의 종료에 관한 고찰: 근로계약에서 사전약정,
합의해지, 기간의 정함을 중심으로, 비교사법 17권 4호(통권 51호), 2010, 173-214.

□ 김동훈, 계약의 합의해제, 고시연구 32권 4호(373호)(2005.4.), 23-45.

□ 오종근, 합의해제의 효과, 민사법학 59호(2012.6.), 239-278.

## (2) 해제조건부 특약(실권약관)

### 대판 1991.8.13. 91다13717

| 사안 |    甲(피고)은 1988.9.29. 乙(원고)에게 甲의 소유인 X토지를 대금 1억
6,800만원에 매도하였다. 乙은 매매계약 체결 당시에 대금지급방법에 대하여 계
약당일 계약금으로 금 1,700만원, 1988.10.25. 중도금으로 금 8,000만원, 같은 해
11.20. 잔금 7,100만원을 각 지급하기로 약정한 후, 계약 당일 甲에게 계약금을 지
급하였다. 그러나 위 중도금 지급기일까지 중도금을 다 준비하지 못하게 되자, 중
도금 지급기일인 위 1988.10.25. 乙은 甲에게 중도금 중 금 1,000만원만을 지급하
면서, 나머지 중도금 7,000만원을 같은 해 11.5.까지 지급하되 만일 하루라도 지연
할 때에는 위 매매계약을 무효로 하며 이미 지급한 위 계약금 1,700만원과 일부 중
도금 1,000만원도 포기하겠다는 취지의 각서를 작성 교부하였다. 甲은 乙이 같은
해 11.5.까지 위 금 7,000만원을 지급하지 않자, 이틀 뒤인 11.7. 乙에게 위 매매계
약을 해제한다는 의사를 표시하였다.

그 후 乙은 중도금을 지급하지 않은 여러 가지 이유를 들어(법원이 받아들이지 않
음) 위 계약해제가 효력이 없음을 주장하면서, 甲을 상대로 위 매매를 원인으로 X
토지의 소유권이전등기절차의 이행을 구하는 소를 제기하였고, 이 사건 소송제기
후인 1989.9.21. 위 금 7,000만원을 甲에게 변제공탁하였다.

그런데, 甲은 이 사건 소송이 계속 중이던 1990.6.7. A에게 X토지를 매도하고

같은 해 6.9. A 명의로 소유권이전등기를 하여 주었다.

| 판지 |   매매계약에 있어서 매수인이 중도금을 약정한 일자에 지급하지 아니하면 그 계약을 무효로 한다고 하는 특약이 있는 경우 매수인이 약정한 대로 중도금을 지급하지 아니하면(해제의 의사표시를 요하지 않고) 그 불이행 자체로써 계약은 그 일자에 자동적으로 해제된 것이라고 보아야 한다.

- **쟁 점**

  이 판결에서는, 매수인의 중도금 지급의무 불이행시 매매계약을 무효로 한다는 특약이 있는 경우 별도의 해제의 의사표시 없이 그 불이행 자체로써 계약이 자동적으로 해제되는지 여부가 문제 되었다.

- **검토할 사항**

  □ 해제조건부 특약(실권약관)과 법정해제, 합의해제는 어떻게 다른가?

  □ 甲과 乙 사이의 위 매매계약은 언제 해제되었다고 볼 수 있는가?

- **관련사례**

  □ 부동산 매매계약에 있어서 매수인이 잔대금지급기일까지 그 대금을 지급하지 못하면 그 계약이 자동적으로 해제된다는 취지의 약정이 있는 경우, 매수인의 대금 미지급으로 자동적으로 매매계약이 해제되는가? (대판 1992.10.27. 91다32022)

- **기타 검토사항**

  □ 乙은 甲에 대한 위 소유권이전등기청구권을 보전하기 위하여 민법 제406조의 사해행위취소권에 기하여 甲을 상대로 甲과 A 사이의 매매계약의 취소 및 A명의의 소유권이전등기의 말소등기절차의 이행을 구할 수 있는가? 이를 긍정(또는 부정)한다면 그 이유는 무엇인가?

- **참고문헌**

  □ 김동훈, 계약의 자동해제조항과 합의해제, 고시연구 30권 5호(350호)(2003.5.), 212-221.

  □ 윤재식, 부동산매매계약상 자동해제특약의 효력, 판례연구 7집(1994.1.), 223-238, 서울지방변호사회.

  □ 정갑주, 1. 매매잔대금에 대한 실권특약에 있어서 잔대금지급기일의 도과만으로 계약이 자동해제되기로 특약하였다고 본 사례, 2. 위 특약에 있어서 잔대금의 이행기에 매도인이 잔대금의 일부만을 받은 경우의 법률관계, 대법원판례해설 18호(92년 하반기)(1993.6.), 401-413.

## 3. 다른 청구권과의 경합

### 대판 1991.8.27. 91다11308

·····································································································

| 사안 |   甲(원고)은 1989.4.21. 乙(피고)로부터 제1~4부동산을 대금 1억 5,000만원에 매수하면서 계약금 1,300만원은 그날 乙에게 지급하였으며, 중도금은 그해 5.10.에 지급하기로 하였다. 그런데 위 매매목적물 중 제1~3부동산은 乙 소유였으나, 제1부동산의 대지인 제4부동산(171평)은 시유지로서 현재 이를 점유하고 있는 乙이 장차 이를 불하받을 것을 기대하여 이른바 연고권을 매수한 것이어서, 관계서류에 하자가 있을 경우 매도인인 乙이 甲에게 그 손해를 배상하기로 약정하였다.

제1부동산은 乙이 1965.9.경 건축허가를 받지 아니한 채 이를 건축하고서 A와의 화해조서에 기해 1967.12.말 소유권보존등기를 마친 이래 이를 소유하여 왔는데, 그 등기부상의 지번은 OO동 13의 1이나 실제로는 OO동 산13의 7 임야의 일부와 제4부동산의 양 지상에 걸쳐 있어 실제지번과 등기부상의 지번이 일치하지 않고 건축물관리대장에도 등재되어 있지 않았다. 그런데 당시에 무허가건물 등의 점유를 근거로 법률에 따라 국유지 등을 불하받기 위해서는 우선 지상건물에 대한 올바른 지번의 등기가 필요하였으며, 불하받을 수 있는 면적은 당해 건물 바닥면적의 2배까지를 한도로 하고 있었다. 그러나, 제1부동산의 바닥면적은 그 면적이 30평 정도에 불과한데다가 그나마 공원용지로서 불하가 불가능한 OO동 산 13의 7 임야와 위 제4부동산의 양 지상에 걸쳐 있어 실제지번과 일치하지 않을 뿐만 아니라 제1부동산을 근거로 불하받을 수 있는 면적은 많아야 60평을 넘지 않는 것인데, 甲과 乙 모두 제1심법원의 사실조회 결과에 의하여 밝혀지기 전까지 이러한 사정을 알지 못한 채 계약을 체결한 것이었다.

甲은 제1부동산의 실제지번이 등기부상의 지번과 다름을 계약체결 후에야 발견하고 중도금 지급기일인 1989.5.10.에 乙에게 중도금을 제시하면서 이를 곧 정정하거나 아니면 서면에 의한 정정 보장 약속을 요구하였다. 이에 乙은 먼저 중도금을 지급하면 잔금 지급기일까지는 고쳐주겠다고 구두로만 약속하면서 서면보장 요구에 응하지 아니하였다.

이에 甲은 1989.7.21. 소를 제기하여, 乙이 자신의 요구를 거절함으로써 계약에 따른 채무이행의 의사가 없음을 명백히 하였으므로 이 사건 소장부본의 송달로써 위 매매계약을 해제한다고 주장하는 한편, 소송 계류 중 준비서면으로 이 사건 제1부동산의 무허가건물관리대장상의 지번과 실제지번의 불일치 및 제4부동산 전부를 불하받을 수 없다는 데에 착오가 있었음을 이유로 이 사건 매매계약을 취소한다는 의사표시를 하였고 이 의사표시는 1990.5.11. 乙에게 도달하였다. 그 사이 乙은 제1부동산에 대한 무허가건물관리대장상의 건물지번과 면적을 정정등재하고 이를 기초로 경정등기한 후 甲에 대하여 중도금 지급을 요구하다가, 甲이 이에 응하지 않는다는 이유로 1990.2.27. 이 사건 매매계약을 해제하는 통고를 하였다.

| 판지 |    원고가 위 매매계약을 취소하기 전에 피고가 원고의 중도금지급채무불이행을 이유로 매매계약을 적법하게 해제하였다 하더라도, 이 사건의 경우 원고로서는 상대방이 한 계약해제의 효과로서 발생하는 손해배상책임을 지거나 이 사건 매매계약에 따른 계약금의 반환을 받을 수 없는 불이익을 면하기 위해서 앞서 본 착오를 이유로 한 취소권을 행사하여 위 매매계약 전체를 무효로 돌리게 할 수 있다고 할 것이다. 따라서 그 후에 원고가 이 계약을 적법하게 취소한 이상 위 계약은 소급하여 무효로 돌아가므로 당초의 계약이 유효함을 전제로 그 매매계약상의 약정에 따른 중도금미지급으로 인한 해제의 효과를 주장하는 피고의 주장은 이유 없다.

- 쟁 점

    이 판결에서는 매도인이 매매계약을 적법하게 해제한 후라도 매수인이 해제의 효과로서 발생하는 불이익을 면하기 위하여 착오를 이유로 매매계약을 취소할 수 있는지 여부가 문제되었다.

- 검토할 사항

    □ 乙의 계약해제와 甲의 매매계약의 취소가 각각 적법한지 그 요건을 검토하라.

    □ 乙의 계약해제가 유효하다면, 해제 후 이루어진 甲의 매매계약의 취소는 그 효력이 어떻게 되는가?

- 참고문헌

    □ 송진현, 계약의 해제와 법률행위의 취소의 경합, 대법원판례해설 16호(91년 하반기)(1992.10), 145-154.

## II. 일반적 법정해제

### 1. 해제권의 발생

### (1) 이행지체의 경우

### ㈎ 부수적 채무의 불이행

**대판 2001.11.13. 2001다20394,20400**

································································································

| 사안 |   甲(피고)은 1996.8.8. A로부터 A의 소유인 X건물을 임차보증금 1억 원, 임차기간 5년으로 정하여 임차하는 계약을 체결한 후, 금 1억 5천만 원을 지출하여 X건물에서 음식점을 운영하는 데 필요한 각종 부대시설과 비품설치공사를 하여 음식점을 운영하기 시작하였다.

乙(원고)은 1997.10.8. 甲과 사이에 X건물에 관하여 전차보증금을 1억 5천만 원, 권리금을 1억 3천만 원, 전대차기간을 47개월로 정하되, 전대차기간이 만료되면 甲이 乙에게 전차보증금 1억 5천만 원만을 반환하기로 하는 내용의 전대차계약을 체결하고, 그날 甲에게 계약금으로 금 2천만 원을 지급하고, 10.18.에 중도금으로 2억 6천만 원을 지급하였다. 한편, 甲은 중도금 지급일인 10.18. 乙과 사이에 乙에 대한 전차보증금의 반환을 담보하기 위하여, 11.5.까지 부산에 있는 甲 소유의 부동산에 관하여 선순위 근저당권설정등기를 마쳐주기로 약정하고도 아직까지 그 부동산에 마쳐져 있는 선순위 근저당권을 말소하여 乙 앞으로 근저당권설정등기를 마쳐주지 아니하였다.

이에 乙은 甲이 약정에 따른 담보제공의무를 이행하지 아니함을 이유로 전대차계약을 해지하는 의사표시를 하고 이 의사표시가 담긴 소장부본이 1998.5.9. 甲에게 송달되었으며, 소장에서 乙은 甲에게 이미 수령한 전차보증금 및 권리금의 합계액인 금 2억 8천만 원을 반환할 것을 청구하였다.

| 판지 |   민법 제544조에 의하여 채무불이행을 이유로 계약을 해제하려면, 당해 채무가 계약의 목적 달성에 있어 필요불가결하고 이를 이행하지 아니하면 계약의 목적이 달성되지 아니하여 채권자가 그 계약을 체결하지 아니하였을 것이라고 여겨질 정도의 주된 채무이어야 하고 그렇지 아니한 부수적 채무를 불이행한 데에

지나지 아니한 경우에는 계약을 해제할 수 없다. 피고는 1997.10.8. 원고와 사이에 앞서 본 내용의 전대차계약을 체결하고 그날 원고로부터 계약금 2천만 원을 수령하였다가 그달 18일에 이르러 중도금 2억 6천만 원을 수령함에 있어 비로소 원고로부터 전차보증금의 반환을 담보하기 위하여 피고 소유의 부동산에 근저당권을 설정하여 달라는 부탁을 받게 되자 이에 선뜻 동의함에 따라 그날 원고에게 피고 소유의 부동산에 근저당권 설정등기를 마쳐주기로 약정하였음을 알 수 있는바, 피고의 근저당권 설정약정이 원고와 피고 간에 이미 전대차계약이 체결된 후에 이루어진 점에서 피고의 근저당권 설정약정이 없었더라면 원고가 피고와 사이에 전대차계약을 체결하지 않았으리라고 보기 어려울 뿐 아니라, 피고의 근저당권 설정등기 의무가 원고와 피고 간의 전대차계약의 목적달성에 필요불가결하다거나 그 의무의 이행이 없으면 원고와 피고 간의 전대차계약이 목적을 달성할 수 없다고 볼 만한 사정을 찾아볼 수 없으므로 피고의 그 약정에 기한 근저당권 설정등기 의무가 원고와 피고 간의 전대차계약에서의 주된 의무라고 보기 어렵다.

- **쟁 점**

  이 판결에서는 부수적 채무의 불이행을 이유로 계약을 해제할 수 있는지 여부가 문제되었다.

- **검토할 사항**

  □ 주된 채무와 부수적 채무는 어떻게 구별되는가?

  □ 乙은 甲이 약정에 따른 담보제공의무를 이행하지 아니함을 이유로 전대차계약을 해지할 수 있는가? 이를 긍정(또는 부정)한다면 그 이유는 무엇인가?

- **기타 검토사항**

  □ 임대차계약에 있어서 권리금은 어떠한 목적으로 지급되는가? 위 사안과 같이, 전대차기간이 만료되면 전대인이 전차인에게 권리금은 반환하지 않고 보증금만 반환하기로 하였으나 계약기간 중에 전대차계약이 해지되어 종료하게 되었다면, 권리금은 어떻게 처리하는 것이 공평에 합당한가?

- **참고문헌**

  □ 최수정, 채무불이행으로 인한 해지권의 발생, Jurist 379호(2002.4.), 38-42.

⑷ 이행의 거절

## 대판 1993.6.25. 93다11821

---

| 사안 | 甲(원고)은 1991.7.7. 乙(피고)과 사이에 토지거래허가의 대상인 乙 소유의 X토지를 대금 1억 8,000만원에 매수하기로 계약을 체결하면서, 계약금 2,000만원은 계약일에, 중도금 8,000만원은 같은 달 30.에 각 지급하고, 잔대금 8,000만원은 같은 해 8.25. 소유권이전등기 소요서류의 교부와 상환으로 지급하며, X토지의 일부가 도로에 편입되더라도 甲으로서는 이의를 하지 아니하기로 약정하였고, 위 계약일에 계약금을 지급하였다.

甲이 위 중도금의 지급기일에 8,000만원을 지참하고 약속장소에서 乙에게 이를 지급하려 하였으나, 乙은 "토지거래허가신청을 하려면 甲의 주민등록등본이 필요하니, 甲이 이를 가져오면 중도금을 받겠다."고 하면서, "합의서"라는 제목에 "서류수속 절차상 X토지 매매중도금을 1991.8.1.까지 연장 지불하기로 합의하고 아래와 같이 기명날인한다."고 적힌 문서에 자기 혼자 서명날인한 것을 甲에게 교부함으로써 그날 중도금 수령을 거절하고, 일방적으로 그 지급기일을 위 날짜까지 연기하였다.

이에 따라 甲은 자신의 주민등록등본을 발급받아 이것과 위 중도금을 지참하고 1991.8.1. 위 약속장소에서 乙을 만나 중도금을 지급하려 하자, 乙은 이번에는 "甲의 주민등록이 타지로 되어 있으니 X토지의 소재지로 옮겨야 한다. 이 상태로는 중도금을 수령할 수 없다."고 하였다. 이에 중개인 등이 "토지거래허가는 잔금 지급기일까지 절차를 밟으면 될 터이니, 우선 중도금을 받으라."고 요구하자, 乙은 중개인 등이 말리는데도 甲과의 만남을 거절하고 그대로 가버렸다.

甲은 그날과 그 다음날 乙의 집에 전화를 하여 乙과 만나려 하였으나 도무지 연락이 닿지 아니하므로, 甲은 乙에게 1991.8.3. 자 내용증명을 보내어 乙의 중도금 수령거절을 이유로 매매계약의 해제를 통고하고 계약금의 반환을 요구하였다. 이에 대하여 乙은 해제의 적법성 및 그 효력을 다툰다.

| 판지 | 피고는 중도금의 수령을 거절한데다가 이 사건 매매계약을 이행할 의사가 없음이 분명한데, 만약 원고가 피고의 중도금 수령거절과 계약이행의 의사가 없음을 이유로 이 사건 매매계약을 해제할 수 없다고 해석한다면, 원고로서는 중

도금을 공탁한 후 잔대금 지급기일까지 기다렸다가 잔대금의 이행제공을 하고 피고가 자신의 의무인 소유권이전등기의무의 이행제공을 하지 아니한 때에야 비로소 위 계약을 해제할 수 있다는 결론에 이르게 되는바, 어차피 피고가 위 소유권이전등기의무의 이행을 제공하지 아니할 것이 분명한 이 사건에서, 원고에게 위와 같은 방법을 취하라고 요구하는 것은 불필요한 절차를 밟고 또 다른 손해를 입도록 강요하는 게 되어 오히려 신의성실에 어긋나는 결과를 초래할 뿐이라고 여겨지므로 원심이 원고로서도 위와 같은 사유를 내세워 이 사건 매매계약을 해제할 수 있다고 판단한 것은 옳다.

- ■ 쟁 점

  이 판결에서는 부동산 매도인이 계약을 이행하지 아니할 의사를 명백히 표시한 경우에 매수인이 이행기일까지 기다릴 필요 없이 이를 이유로 매매계약을 해제할 수 있는지 여부가 문제되었다.

- ■ 검토할 사항

  □ 쌍무계약에서 당사자 일방이 미리 자기 채무를 이행하지 않을 의사를 표시한 경우에, 상대방이 이행의 최고나 자기 채무의 이행제공 없이 계약을 해제할 수 있는가?

  □ 이를 긍정하지 않을 경우 어떠한 불합리가 발생하는가?

- ■ 관련사례

  □ 이행거절의 의사는 묵시적으로 표명하는 것도 가능한가? (대판 2011.2.10. 2010다77385)

  □ 부동산 매매계약에 있어 이행기일을 도과한 후에 이르러 매수인이 매도인에 대하여 계약상 의무 없는 과다한 채무의 이행을 요구하고 있는 경우에는 매도인으로서는 매수인이 이미 자신의 채무를 이행할 의사가 없음을 표시한 것으로 보고 자기 채무의 이행제공이나 최고 없이도 계약을 해제할 수 있는가? (대판 1992.9.14. 92다9463)

  □ 매수인이 잔금 지급을 제공하였음에도 매도인이 자신의 의무에 관하여 스스로 이행지체에 빠진 후에 오히려 매수인의 귀책사유로 자신에 의하여 계약이 해제되었다고 주장하면서 계약금 상당액을 공탁한 경우, 매수인은 이행의 최고 없이 매매계약을 해제할 수 있는가? (대판 2009.3.12. 2008다29635)

- ■ 기타 검토사항

  □ 위 사안에 있어서, 甲과 乙 사이의 위 매매계약이 확정적 무효가 되었다고 볼 여

지는 없는가? 위 본문의 대법원판결은 토지거래허가를 받기 전의 유동적 무효상태에서는 그 토지매매계약은 물권적 효력은 물론 채권적 효력도 발생하지 않으므로 채무불이행으로 인한 계약해제가 인정될 여지가 없다는 또 다른 대법원판결(대법원 1995.1.24. 선고 93다25875 판결; 대법원 1991.12.24. 선고 90다12243 전원합의체판결)과 조화될 수 있는가?

■ 참고문헌

   □ 이성룡, 부동산의 매도인이 중도금의 수령을 거절할 뿐더러 계약을 이행하지 아니할 의사가 명백한 경우 매수인의 해제권의 유무, 대법원판례해설 19-1호(93년 상반기)(1993.12.), 119-133.

   □ 이주원, 이행기 전의 이행거절과 채무불이행, 대법원판례해설 57호(2005 하반기)(2006.7.), 318-330.

   ⑷ 과다최고

## 대판 2004.7.9. 2004다13083

| 사안 |   甲(원고)은 2001.11.7. 乙(피고)로부터 X부동산을 90억 1,500만원에 매수하면서 乙에게 계약금과 중도금으로 16억 5,000만원을 지급하였다. 아울러 X부동산에 관한 임대차보증금 10억원의 반환채무 및 근저당권의 피담보채무인 A은행으로부터의 대출금 40억원의 상환채무를 甲이 인수하고 그 채무액을 매매대금에서 공제하기로 하는 한편, 잔금 23억 6,500만원을 소유권이전등기서류와 상환하여 지급하기로 약정하였다. 그 후 甲과 乙 사이에 乙이 X부동산의 임차인과 약정하였던 동종업종금지특약을 甲이 승계하는지에 대해 다툼이 발생하여, 甲은 乙에게 약속된 날짜에 잔금을 지급하지 아니하였다.

이에 2002.11.26. 및 12.17. 乙은 甲에게 A은행에 대한 대출금 상환채무에 대해서는 아무런 언급 없이 계약금, 중도금 및 임대차보증금 반환채무만을 공제하여 산정한 잔금을 2002.12.20.까지 현금으로 완불할 것을 최고하고, 법무사 사무실에 보관한 소유권이전등기서류를 잔금 지급과 동시에 수령할 것을 통보하였다. 乙은 자신이 요구한 잔금을 2002.12.20.까지 甲이 지급하지 않자 위 이행최고에 근거한 적법한 계약해제를 주장하였다. 이에 대하여 甲은 乙의 해제주장을 배척하였다.

| 판지 |   채권자의 이행최고가 본래 이행하여야 할 채무액을 초과하는 경우에도

본래 급부하여야 할 수량과의 차이가 비교적 적거나 채권자가 급부의 수량을 잘못 알고 과다한 최고를 한 것으로서 과다하게 최고한 진의가 본래의 급부를 청구하는 취지라면, 그 최고는 본래 급부하여야 할 수량의 범위 내에서 유효하다고 할 것이다. 그러나 그 과다한 정도가 현저하고 채권자가 청구한 금액을 제공하지 않으면 그것을 수령하지 않을 것이라는 의사가 분명한 경우에는 그 최고는 부적법하고 이러한 최고에 터잡은 계약의 해제는 그 효력이 없다.

- ■ 쟁 점

  이 판결에서는 본래 급부하여야 할 채무액을 초과하여 과다한 이행을 요구하는 이행최고가 있는 경우 그 최고의 적법 여부와 이러한 최고에 터잡은 계약 해제가 유효한지 여부가 문제되었다.

- ■ 검토할 사항

  □ 본래 급부하여야 할 채무액을 초과하여 이행의 최고를 하였으나 본래 급부하여야 할 수량과의 차이가 비교적 적거나 채권자가 급부의 수량을 잘못 알고 과다한 경우 그 최고의 효력은 어떠한가? 한편, 과다한 정도가 현저하고 채권자가 청구한 금액을 제공하지 않으면 그것을 수령하지 않을 것이라는 의사가 분명한 경우 그 최고는 어떠한 효력이 있는가?

- ■ 관련사례

  □ 당사자 사이에 그 액수에 관한 다툼이 있어 항소심에 소송계속 중인 경우, 매도인이 매수인에게 급부하여야 할 정당한 금액을 이행최고하였다면 적법한 이행최고라고 볼 수 있는가? (대판 2001.4.10. 2000다64403)

- ■ 기타 검토사항

  □ 위 사안에서 甲은 X부동산에 관한 근저당권의 피담보채무를 인수하고 그 채무액을 매매대금에서 공제하기로 그 매도인인 乙과 약정하였는데, 이러한 약정은 어떠한 법적 성질을 가지는가?

  □ 매매목적물에 관한 근저당권의 피담보채무를 인수한 매수인이 인수채무의 일부인 근저당권의 피담보채무의 변제를 게을리함으로써 매매목적물에 관하여 근저당권의 실행으로 임의경매절차가 개시되고 매도인이 경매절차의 진행을 막기 위하여 피담보채무를 변제하였다면, 매도인은 채무인수인에 대하여 어떠한 권리를 가지게 되는가?

  □ 부동산매매계약과 함께 이행인수계약이 이루어진 경우, 매도인이 매수인의 인수채무불이행으로 말미암아 인수채무를 대신 변제하였다면, 매수인의 손해배상채

무 또는 구상채무와 매도인의 소유권이전등기의무는 어떠한 관계에 있는가?

□ 甲은 乙이 과다한 이행최고를 하였음을 이유로 이로 인한 손해배상 청구를 할 수 있는가? (대판 1999.12.10. 99다31407)

□ 변론 종결 후 甲 또는 乙이 변론재개신청을 하였다면 법원은 그에 구속되는가?

■ 참고문헌

□ 이준현, 이행인수의 법률관계, 재산법연구 22권 2호(2005.10.), 57-92.

□ 정태학, 인수채무 불이행을 이유로 계약해제권이 발생하기 위한 요건과 그 판단 기준, 대법원판례해설 71호(2007 하반기)(2008.7.), 224-238.

## (2) 이행불능의 경우

### ㈎ 귀책사유 있는 채무자의 해제 가부

## 대판 2002.4.26. 2000다50497

| 사안 |  甲(원고)은 1995.12.20.경 乙(피고)과 사이에 甲 소유의 부동산을, 그 무렵 乙이 A를 대리한 B로부터 매수한 X부동산 및 乙이 B로부터 매수한 Y부동산과 교환하기로 하는 계약을 체결하였다. 그런데 X부동산은 당시 등기부상 명의와 달리 A의 사실상 소유에 속하는 것이었고, Y부동산 역시 B가 사실상 취득한 부동산이었다(X, Y부동산을 편의상 '乙 소유 부동산'이라 칭한다).

위 교환계약 당시 甲과 乙은, 甲 소유 부동산의 가액을 4억 8천만 원으로, 乙 소유 부동산의 가액을 합계 2억 5천만 원으로 각 평가한 후 乙이 甲에게 그 차액 2억 3천만 원을 지급하는 것으로 하되, 계약 당일에 계약금 명목으로 4천만 원, 1995.12.21.에 중도금 명목으로 5천만 원, 1996.2.28.에 잔금 명목으로 1억 4천만 원을 각 지급하기로 하고, 乙 소유 부동산에 관한 乙 명의의 중간등기는 생략하기로 하며, 아울러 乙은 乙 소유 부동산의 등기이전에 필요한 서류를 위 중도금 지급기일에 甲에게 교부하기로 약정하였다.

그 후 乙은 甲에게 위 차액 2억 3천만 원을 위 교환계약에서 정한 지급기일에 모두 지급하고, 위 잔금 지급시 甲으로부터 甲 소유 부동산의 등기이전에 필요한 서류를 교부받아 1996.2.29. 매매를 원인으로 하여 乙 명의의 소유권이전등기를 경료하였다. 그러나 乙 소유 부동산의 등기이전에 필요한 서류로 각 등기권리증만을 위 중도금 지급기일 무렵에 甲에게 교부하였을 뿐, 등기명의인의 인감증명서는 교부하지 아니하였다.

한편 X부동산은 위 잔금지급기일 이전인 1996.1.18. A의 명의로 소유권이전등기가 경료되었다가, A가 은행으로부터 대출을 받으면서 1996.10.30. 甲의 승낙 없이 설정한 근저당권에 기하여 개시된 임의경매절차에서 1997.4.3. 경락인이 이를 낙찰받았고 같은 해 5.15. 경락인 명의의 소유권이전등기가 경료되었다.

(i) X부동산 관련

그런데, 甲은 X부동산을 타에 전매하여 현금화할 생각을 가지고 있어 이를 인도받거나 그 등기명의를 甲 앞으로 변경할 필요성이 없었다. 그 밖에 甲은 A에게 X부동산을 관리하면서 甲 대신 타에 처분해 현금으로 달라고 부탁한 바 있고, A가 1996.1.18. X부동산에 관하여 A의 명의로 소유권이전등기를 경료할 당시 그 등기비용까지 甲이 부담하였을 뿐만 아니라, X부동산에 설정되어 있던 채무자 A명의의 근저당권을 말소시켜야 X부동산의 매각이 용이할 것으로 생각하고 1996.10.경 A에게 그 말소에 필요한 돈 9천만 원을 제공하기까지 하였다. 그러나 A는 甲의 신뢰를 이용하여 1996.10.30. 위 근저당권을 말소하면서 위에서 본 바와 같이 다시 X부동산을 담보로 제공하고 금원을 대출받아 이를 유용한 것이었다. 甲은 이 사건 교환계약 이후 A가 X부동산에 관하여 1996.10.30. 근저당권설정등기를 마칠 때까지 10개월이라는 장기간 동안 X부동산의 전매만을 시도한 채 甲 앞으로의 소유권이전등기를 미루어 왔고, 그 동안 乙에게 甲 앞으로 소유권이전등기를 경료하여 달라고 요구한 적이 없었다.

(ii) Y부동산 관련

甲은 1997.9.7. 乙에게 Y부동산에 관하여 같은 달 15.까지 甲 앞으로 소유권이전등기를 하여 줄 것을 최고하였으나, 乙이 그 이행을 위해서는 甲의 협력이 필요함에도 불구하고 그 이행의 일시·장소에 관하여는 아무런 언급이 없었다.

(iii) 경과

甲은 ① X부동산에 관하여 이 사건 교환계약상 중도금 지급기일에 소유권이전등기 소요서류를 교부하기로 되어 있음에도 乙이 이를 이행하지 아니하였고 그러한 와중에 X부동산에 관한 乙의 甲 앞으로의 소유권이전등기의무가 확정적으로 이행불능에 이르렀음을 이유로, 그리고 ② Y부동산에 관하여는 기간을 정하여 소유권이전등기의무의 이행을 최고하였음에도 불구하고, 乙이 그 기간 내에 이를 이행하지 아니하였음을 이유로 위 교환계약을 해제하였고, 乙은 X, Y부동산 모두에 관하여 그 해제의 효력을 다툰다.

| 판지 |  [1] 이행불능을 이유로 계약을 해제하기 위해서는 그 이행불능이 채무자의 귀책사유에 의한 경우여야만 한다 할 것이므로(민법 제546조), 매도인의 매매목적물에 관한 소유권이전의무가 이행불능이 되었다고 할지라도, 그 이행불능이 매수인의 귀책사유에 의한 경우에는 매수인은 그 이행불능을 이유로 계약을 해제할 수 없다.(X부동산 관련)

[2] 계약해제를 위한 이행최고를 함에 있어서 그 최고되는 채무가 소유권이전등기를 하는 채무와 같이 그 채무의 성질상 채권자에게도 단순한 수령 이상의 행위를 하여야 이행이 완료되는 경우에는 채권자는 이행의 완료를 위하여 필요한 행위를 할 수 있는 일시·장소 등을 채무자에게 알리는 최고를 하여야 할 필요성은 있다 할 것이나, 위와 같은 채무의 이행은 채권자와 채무자의 협력에 의하여 이루어져야 하는 것이므로, 채권자가 위와 같은 내용을 알리는 최고를 하지 아니하고, 단지 언제까지 이행하여야 한다는 최고만 하였다고 하여 곧바로 그 이행최고를 계약해제를 위한 이행최고로서의 효력이 없다고 볼 수는 없는 것이고, 채권자가 위와 같은 최고를 한 경우에는 채무자로서도 채권자에게 문의를 하는 등의 방법으로 확정적인 이행일시 및 장소의 결정에 협력하여야 한다 할 것이며, 채무자가 이와 같이 하지 아니하고 만연히 최고기간을 도과한 때에는, 그에 이르기까지의 채권자와 채무자의 계약 이행을 위한 誠意, 채권자가 채무자에게 구두로 연락을 취하여 이행 일시와 장소를 채무자에게 문의한 적이 있는지 등 기타 사정을 고려하여, 위의 최고도 유효하다고 보아야 할 경우가 있을 수 있다. (Y부동산 관련)

- 쟁 점
  이 판결에서는 매수인의 귀책사유에 의하여 매도인의 매매목적물에 관한 소유권이전의무가 이행불능이 된 경우, 매수인은 그 이행불능을 이유로 계약을 해제할 수 있는지 여부가 문제되었다.

- 검토할 사항
  □ 매도인의 매매목적물에 관한 소유권이전의무가 이행불능이 되었다면, 매수인은 매도인의 이행불능이 매수인 자신의 귀책사유에 의한 것이라 하더라도 그 이행불능을 이유로 계약을 해제할 수 있는가?

    □ 그 채무의 성질상 채권자에게도 단순한 수령 이상의 행위를 하여야 이행이 완료되는 경우에 채권자가 이행의 완료를 위하여 필요한 행위를 할 수 있는 일시·장소 등을 채무자에게 알리는 최고를 하지 않으면 그 최고는 언제나 효력이 없는가?

■ 관련사례

    □ 일방 당사자의 계약위반을 이유로 상대방이 계약을 해제한 경우, 계약을 위반한 당사자도 계약해제의 효과를 주장할 수 있는가? (대판 2008.10.23. 2007다54979)

■ 기타 검토사항

    □ (Y부동산과 관련해서) 乙이 변론종결에 이르기까지 위 이행최고에서 정한 이행기간이 너무 짧아서 부당하다는 주장만 하였을 뿐 다른 주장을 한 적이 전혀 없었음에도, 법원은 위 이행최고가 이행의 완료를 위하여 필요한 행위를 할 수 있는 일시·장소 등을 乙에게 알리는 최고가 아니어서 부적법하다는 이유로 甲의 계약해제의 주장을 배척할 수 있는가?

■ 참고문헌

    □ 이재목, 법정해제의 귀책사유에 관한 국제적 동향과 우리 민법에서의 논의, 인권과 정의 356호(2006.4.), 142-160.

    □ 김동훈, 쌍무계약에서 채권자 귀책사유의 의의, 법조 54권 8호(통권 587호)(2005.8.), 241-266.

## ⑷ 해제권자의 이행제공 요부

### 대판 2003.1.24. 2000다22850

| 사안 |　A(건축주, 제1심 공동피고)는 1995.5.2. 상가건물의 일정 부분을 甲(원고)에게 분양하는 계약을 체결하였다. 甲은 분양대금의 일부를 A에게 지급하고 해당 건물 부분을 명도받았으며 소유권이전등기는 甲이 대금을 완납함과 동시에 경료받기로 하였다.

　그 후 A는 1996.9.17. 乙(피고. 시공자)에게 분양잔대금채권을 양도하고 이를 甲에게 통지하였다. 甲은 乙에게 나머지 분양대금을 지급하였으나(전액이 지급되었는지에 대해서는 다툼이 있음), 건물 완공 후에도 자신이 분양받은 건물 부분에 관한 소유권이전등기를 경료받지는 못하였다.

　그 후 A의 자금사정이 악화되어 동 건물에는 채권최고액 70억원의 근저당권설정등기와 수 개의 가압류 또는 압류등기가 설정되었다. A가 이를 모두 말소하여 소유권이전등기절차를 이행할 수 없는 무자력상태에 빠졌다고 판단한 甲은 1998. 1.5. A의 소유권이전등기의무가 이행불능임을 이유로 이 사건 분양계약의 해제를 통고하였고, 乙이 채권을 양수받은 이후로부터 甲에게서 지급받은 금원을 반환할 것을 청구하였다.

| **소송의 경과** |  1. 원심은 해제의 효력을 인정하고, 다만 피고는 그가 채권을 A로부터 양수받은 이후에 원고로부터 지급받은 금원을 반환할 의무가 있다고 판시하였다.

2. 피고는 상고이유에서, 첫째 甲의 해제의 효력, 즉 A의 이전등기의무는 불능이 아니며, 설령 불능이라 하더라도 등기의무와 원고의 건물인도의무는 동시이행의 관계인데 원고는 위 의무에 관하여 이행(제공)이 없으므로 해제할 수 없다고 주장하였다. 둘째 해제의 효과는 제3자의 권리를 해할 수 없으므로 해제하더라도 해제로 인한 원상회복의무로서 자신에게 이를 주장(수령한 분양대금의 반환청구)할 수 없다고 주장하였다. 끝으로 설사 자신의 원고에게의 대금반환의무가 인정되더라도, 이 의무는 원고가 계약해제로 인하여 분양계약의 당사자인 A에게 부담하는 이 사건 분양 부분의 명도의무와 동시이행관계에 있다고 주장하였다.

| **판지** |  1. 채무의 이행불능은 단순히 절대적·물리적으로 불능인 경우가 아니라 사회생활에 있어서의 경험법칙 또는 거래상의 관념에 비추어 볼 때 채권자가 채무자의 이행의 실현을 기대할 수 없는 경우를 말한다. 원심은, A가 이 사건 건물에 설정된 채권최고액 70억 원의 근저당권설정등기와 수 개의 가압류 또는 압류등기를 모두 말소하여 소유권이전등기절차를 이행할 수 없는 무자력의 상태에 있으므로 원고가 A의 이행불능을 이유로 분양계약을 해제한 것은 적법하다고 판단하였는바, 원심의 판단은 정당하다.

한편 매도인의 매매계약상의 의무가 이행불능이 되어 이를 이유로 매매계약을 해제함에 있어서는, 상대방인 원고의 잔대금지급의무가 매도인의 위 의무와 동시이행관계에 있다고 하더라도 그 이행의 제공을 필요로 하는 것이 아니므로, 원심판결이 위법하다는 상고이유의 주장은 받아들일 수 없다.

2. 계약상의 채권을 양수한 자는 민법 제548조 제1항 단서에서 규정하는 제3자에 해당하지 않으므로, 계약이 해제된 경우 계약해제 이전에 해제로 인하여 소멸

되는 채권을 양수한 자는 계약해제의 효과에 반하여 자신의 권리를 주장할 수 없음은 물론이고, 나아가 특단의 사정이 없는 한 채무자로부터 이행받은 급부를 원상회복하여야 할 의무가 있다. 그러므로 같은 취지에서 원심이 이 사건 분양계약상의 분양대금채권 중 미수금채권을 양도받은 피고는 원고에게 그 양수 이후 원고로부터 지급받은 판시 금원을 반환할 의무가 있다고 판단한 것은 옳다.

한편 피고는 분양계약상의 매도인의 지위를 양도받은 것이 아니라 분양대금 미수금채권을 양도받았을 뿐이고, 이 사건 계약해제로 인하여 원고가 지급한 분양대금 중 일부만을 원고에게 반환할 의무를 부담하고 있는바, 위와 같은 의무는 원고가 계약해제로 인하여 분양계약의 당사자인 A에게 부담하는 이 사건 분양 부분의 명도의무와 동시이행관계에 있다고 볼 수 없으므로, 같은 취지에서 피고의 동시이행항변을 배척한 원심의 조치 역시 옳다.

- ■ 쟁 점

    이 판결에서는 매매계약상의 의무의 이행불능을 이유로 한 계약해제에서 반대채무의 이행제공이 필요한지 여부가 문제되었다.

- ■ 검토할 사항

    □ 매도인의 매매계약상의 소유권이전등기의무가 이행불능이 되어 매수인이 이를 이유로 매매계약을 해제하려고 할 때, 그 매수인은 반대채무(잔대금지급의무)의 이행의 제공을 하여야 하는가? 계약해제로 인한 乙의 대금반환의무는 A가 甲으로부터 건물을 인도받는 것과 상환으로 이행되어야 하는가?

- ■ 관련사례

    □ 부동산 소유권이전등기 의무자가 그 목적물을 제3자에게 양도하고 아직 그 소유권이전등기를 경유하지 아니한 경우 위 소유권이전등기의무는 이행불능의 상태에 있다고 볼 수 있는가? 위 소유권이전등기의무를 상속한 제3자가 그 명의로 소유권이전등기를 경료하였다면 상속한 소유권이전등기의무가 이행불능이 되었다고는 볼 수 있는가? (대판 1984.4.10. 83다카1222)

    □ 매도인이 매매목적물의 원소유자에 대하여 가지는 소유권이전등기청구권 또는 분양권에 대하여 가압류 또는 처분금지가처분 집행이 되어 있는 경우, 매매에 따른 소유권이전등기가 이행불능인 것인가? 매도인이 위 가압류 또는 가처분 집행을 모두 해제할 수 없는 무자력 상태에 있다고 인정되는 경우에는 매수인이 매도인의 소유권이전등기의무가 이행불능임을 이유로 매매계약을 해제할 수 있는가? (대판 2006.6.16. 2005다39211)

- **기타 검토사항**

  □ 乙은 A로부터 분양잔대금채권을 양수한 1996.9.17. 이래 甲으로부터 지급받은 금원 전부를 甲에게 반환하여야 하는가?

- **참고문헌**

  □ 양창수, 매매대금채권 일부의 양수인이 대금을 수령한 후에 매매계약이 해제된 경우 그 금전반환의무는 매수인의 목적물인도의무와 동시이행관계에 있는가?, 민법연구 제7권, 박영사, 2005, 367-376.

  □ 전재우, 매수인이 매매잔대금채권 양수인에게 일부 변제 후 당해 매매계약을 해제한 경우 원상회복청구의 상대방, 법률신문 3686호(2008.10), 14.

## 2. 해제권의 행사(해제의 불가분성)

### 대판 1995.3.28. 94다59745

| 사안 |　甲(원고) 및 A는 대리인 B를 통하여 乙(피고 1)과 사이에 매매계약을 체결하고, 그들이 각 2분의 1의 지분비율로써 공유하고 있는 X부동산을 乙에게 매도하였다. 이 매매계약은 X부동산 전체에 대하여 하나의 매매계약으로 체결된 것이고 매매대금도 매도인별로 특정되지 아니한 채 공유물 전체에 관하여 하나의 금액으로 결정되었으며, 매매대금의 지급도 乙로부터 甲과 A에게 개별적으로 지급한 것이 아니라 대부분 乙이 매도인들의 대리인인 B에게 지급하고 B가 甲과 A 각자에게 乙로부터 지급받은 대금을 전달하는 방법으로 지급되었다. 또한 甲과 A는 매매계약 체결 당시에 乙이 X부동산 위에 LPG가스충전소를 신축하여 운영하려고 이를 매수하려 한다는 사실, 즉, 그 매수목적상 X부동산에 대한 각 공유지분이 불가분의 관계에 있다는 사정을 알고 있었다. 甲 및 A는 X부동산에 관하여 소유권이전등기에 필요한 서류를 乙에게 교부하였고, 그 후 乙이 丙(피고 2)에게 X부동산을 명의신탁하여 丙 명의의 소유권이전등기가 경료되었다(부동산실명법 시행 이전의 사안임).

　그런데 乙이 A에 대하여는 매매대금 중 그 공유지분에 상응하는 대금을 전액 지급하였으나, 甲에 대하여는 그 매매대금 중 일부를 지급하지 못하였다. 이에 甲은 乙의 위 채무불이행을 이유로 위 매매계약 해제의 의사표시를 하였고, 이 의사표시는 그 무렵 乙에게 도달하였다. 이 해제가 해제권의 불가분성을 규정한 민법 제

547조에 반하지 않는가에 관하여 甲과 乙·丙 사이에 다툼이 발생하였다.

원심법원은 위 매매계약은 형식상 하나의 매매계약서가 작성되었지만 실질상은 甲 및 A의 각 공유지분에 관하여 별개로 성립된 두 개의 매매계약이라는 것을 전제로 하여, X부동산 중 甲의 소유지분에 관한 甲과 乙 사이의 매매계약은 乙의 위 채무불이행을 원인으로 하여 甲이 한 해제의 의사표시로써 적법하게 해제되었다고 보았으며, 따라서 乙은 甲에게 위 매매계약의 해제에 따른 원상회복으로서 甲에게 X부동산에 관한 2분의 1 지분에 관하여 소유권이전등기절차를 이행할 의무가 있고, 甲이 乙에 대한 위 소유권이전등기청구권의 보전을 위하여 乙을 대위하여 丙에 대하여 행한 명의신탁 해지의 의사표시에 의하여 위 명의신탁은 적법하게 해지되었다고 판시하였다. 이에 대하여 피고들이 상고하였다.

| 판지 |  하나의 부동산을 수인이 공유하는 경우 각 공유자는 각 그 소유의 지분을 자유로이 처분할 수 있으므로, 공유자 전원이 공유물에 대한 각 그 소유지분 전부를 형식상 하나의 매매계약에 의하여 동일한 매수인에게 매도하는 경우라도 당사자들의 의사표시에 의하여 각 지분에 관한 소유권이전의무, 대금지급의무를 불가분으로 하는 특별한 사정이 없는 한 실질상 각 공유지분별로 별개의 매매계약이 성립되었다고 할 것이고, 일부 공유자가 매수인의 매매대금 지급의무 불이행을 원인으로 한 그 공유지분에 대한 매매계약을 해제하는 것은 가능하다고 할 것이다.

그러나 이 사건 매매계약의 경우 위 사실관계와 같은 이유로 이 사건 매매계약이 체결되었던 사정이 엿보이는바, 그렇다면 이 사건 매매계약은 당사자들의 의사표시에 의하여 각 지분에 관한 소유권이전의무, 대금지급의무를 불가분으로 하는 실질상으로도 하나의 매매계약이라고 할 것이고 따라서 매도인 중 한 사람인 원고가 그의 지분비율에 상응하는 매매대금 중 일부를 매수인으로부터 지급받지 못하였다 할지라도 이를 이유로 자신의 지분에 관한 매매계약 부분만을 해제할 수는 없다고 할 것이다(이 사건 매매계약 전체에 대한 해제의 의사표시는 매도인 전원이 하여야 할 것이다).

■ 쟁 점

이 판결에서는, 공유자 전원이 공유물에 대한 각자의 지분을 형식상 하나의 매매계약에 의하여 동일한 매수인에게 매도한 경우 해지·해제권의 불가분성을 규정한 민법 제547조에 따라 공유자 중 1인은 자신의 지분에 관한 매매계약 부분을 해제할 수 없는지 여부가 문제되었다.

■ 검토할 사항

□ 해지·해제권의 불가분성을 규정한 민법 제547조 규정은 강행규정인가 아니면 임의규정인가?

□ 공유자 전원이 공유물에 대한 각자의 지분을 형식상 하나의 매매계약에 의하여 동일한 매수인에게 매도한 경우, 공유자 중 1인은 자신의 지분에 관한 매매계약 부분을 해제할 수 있는가?

□ 위 사안에 있어서, 우리 대법원이 위 매매계약을 당사자들의 의사표시에 의하여 각 지분에 관한 소유권이전의무, 대금지급의무를 불가분으로 하는 실질상으로도 하나의 매매계약이라고 본 까닭은 무엇인가?

■ 관련사례

□ 매도인이 매매목적물을 공동매수인에게 매도한 후 공동매수인 중 1인이 약정한 지급기일까지 매매잔대금을 지급하지 않았다는 이유로 그 1인에 대해서만 매매계약을 해제할 수 있는가? (대판 1994.11.18. 93다46209)

□ 수탁자의 사망으로 인하여 수탁자의 지위가 공동상속되었을 때 신탁해지의 의사표시가 그 공동상속인 일부에게만 이루어진 경우, 그 의사표시의 효력은 어떠한가? (대판 1992.6.9. 92다9579)


## 3. 해제의 효과

### (1) 원상회복의무

#### ㈎ 원상회복과 물권변동

#### 대판 1977.5.24. 75다1394

· · · · · · · · · · · · · · · · · · · · · · · · · · · · · · · · · · · · · · · · · · · · · · · · · · · · ·

| 사안 |  甲(원고)은 1971.5.8. 이 건 물건들을 포함한 위 "○○주유소"의 시설물 일체와 위 주유소 설치 허가 명의 및 위 주유소 운영에 따른 채권·채무 등을 A에게 양도하고, 이 건 물건들을 포함한 위 시설물 일체를 A에게 인도하였다가, A의 계약의무 불이행을 이유로 같은 해 7.10. 위 양도계약 해제의 의사표시를 하였다. A는 그 후에도 이 건 물건들을 甲에게 반환하지 않고 있다가 1972.4.3. 사망하였고, A의 상속인인 B가 이를 점유하면서 위 주유소를 경영하고 있다가, 위 주유소 대지의 소유자인 乙(피고)에 대한 금 1,100,000원 정도의 임대료채무에 대한 대물

변제로서 1974.2.15. 이 건 물건들의 소유권을 乙에게 이전하여 주었다.

그 후 乙이 이 건 물건들을 위 사정을 모르는 제3자에게 처분해 버리자, 甲은 乙을 상대로 하여 소유권침해를 원인으로 한 불법행위로 인한 손해배상을 청구하였다.

**| 원심 |** 원고의 이 건 물건들에 관한 A와 사이의 위 양도계약이 적법하게 해제되었다고 하더라도, 위 양도계약 해제는 A 또는 그 상속인들과 원고 사이에 있어 원상회복 의무 등 채권적 효과를 발생할 뿐, 위 양도계약의 목적물인 이 건 물건들의 소유권이 당연히 원고에게로 복귀된 것이라고는 할 수 없으니, 위 A의 상속인들로부터 적법하게 이 건 물건들의 소유권을 취득한 피고에게는 위 양도계약 해제의 효력을 주장할 수 없다 할 것이고, 따라서 피고로서는 이 건 물건들의 정당한 소유자로서, 이를 처분한 행위가 불법처분이라고는 할 수 없다.

**| 판지 |** 민법 제548조 제1항 본문에 의하면 계약이 해제되면 각 당사자는 상대방을 계약이 없었던 것과 같은 상태에 복귀케 할 의무를 부담한다는 뜻을 규정하고 있는바, 계약에 따른 채무의 이행으로 이미 등기나 인도를 하고 있는 경우에 그 원인 행위인 채권계약이 해제됨으로써 원상회복된다고 할 때 그 이론 구성에 관하여 해제가 있더라도 이행행위 그 자체는 그대로 효력을 보유하고 다만 그 급부를 반환하여 원상회복할 채권·채무관계가 발생할 뿐이라는 소위 채권적 효과설과 이미 행하여진 이행행위와 등기나 인도로 물권변동이 발생하고 있더라도 원인행위인 채권계약이 해제되면 일단 이전하였던 물권은 당연히 복귀한다는 소위 물권적 효과설이 대립되어 있다. 우리의 법제가 물권행위의 독자성과 무인성을 인정하고 있지 않는 점과 민법 제548조 제1항 단서가 거래안정을 위한 특별규정이란 점을 생각할 때 계약이 해제되면 그 계약의 이행으로 변동이 생겼던 물권은 당연히 그 계약이 없었던 원상태로 복귀한다고 봄이 타당하다 할 것이다.

그러므로 원심판결이 위에서 본 바와 같이 계약해제의 효력이 채권적 효과밖에 없다 하여 원고와 A 간의 이 사건 물건에 관한 양도계약이 해제되었더라도 원고는 그 물건을 인도받기 전에는 아직 이에 대한 소유권이 복귀되지 아니한다고 판시하였음은 계약해제에 관한 법리를 오해한 위법이 있다 할 것이니 이 점에 관한 논지는 이유 있어 원심판결은 파기를 면할 수 없다.

■ 쟁 점

이 판결에서는 계약이 해제되면 그 계약의 이행으로 변동이 생겼던 물권이 어떻게 되는지가 문제되었다.

■ 검토할 사항

□ 계약이 해제되는 경우, 그 계약의 이행으로 변동이 생겼던 물권을 어떻게 처리할 것인지에 대해서는 어떠한 견해들이 존재하는가?

□ 계약이 해제되면 그 계약의 이행으로 변동이 생겼던 물권은 당연히 그 계약이 없었던 원상태로 복귀하는가? 이를 긍정(또는 부정)한다면 그 까닭은 무엇인가?

■ 관련사례

□ 甲회사에 대한 채권자 乙이 甲회사를 인수함에 있어 그 채권액을 위 인수계약금 및 중도금 일부로서 상계하였으나 그 후 위 인수계약이 해제되었다면 그 인수대금채권은 어떻게 되는가? (대판 1980.8.26. 79다1257,1258)

□ 甲이 그 소유의 토지에 관하여 乙로 하여금 건물을 신축하는 데 사용하도록 승낙하였고 乙이 이에 따라 136세대에 이르는 규모로 견고하게 건물을 신축하여 丙 등에게 분양한 후에 甲이 乙과의 토지매매계약을 적법하게 해제하였다면, 甲은 수분양자인 丙 등에게 그 건물의 철거를 요구할 수 있는가? (대판 1993.7.27. 93다20986,20993)

□ 매매계약이 합의해제된 경우에, 합의해제에 따른 매도인의 원상회복청구권은 소멸시효에 걸리는가? (대판 1982.7.27. 80다2968)

□ 타인간의 계약에 있어 그 계약상의 당사자의 일방을 위하여 그 계약을 보증한 보증인은, 피보증인의 채무불이행으로 인하여 그 계약이 해제된 경우, 상대방에 대하여 피보증인의 원상회복의무에 대하여도 책임을 지는가? (대판 1972.5.9. 71다1474)

■ 참고문헌

□ 송덕수, 물권행위의 무인성 인정여부와 제3자 보호, 고시계 48권 2호(552호)(2003.2.), 100-111.

□ 홍성재, 물권행위의 유인·무인성론과 계약해제의 효과, 민법판례해설: 물권법 2 (1992.8.), 32-46, 경세원.

㈏ 원상회복과 제3자 보호(제548조 제1항 단서)

(a) '제3자'의 의미

■ 판례 1

## 대판 2000.4.11. 99다51685

| 사안 |  (1) A회사는 1993.12.6. 甲(피고)과 사이에 甲이 신축, 분양하는 OO빌딩의 13층 전부를 금45억원(계약금은 계약시 7억원, 중도금은 1994.5.1, 12.1, 1995.3.1, 6.1. 4회에 걸쳐 각 7억원씩, 나머지 잔금은 입주지정일에 지급하기로 함)에 매수하기로 하는 계약을 체결하였다.

(2) 乙(원고)은 1994.11.9. A회사와 위 빌딩 13층 2호의 분양계약을 체결하고, 분양대금으로 2억원을 일시불로 지급하였다.

(3) 乙은 1994.11.29. 청구금액 3억원, 청구채권의 내용 약속어음, 채무자 A회사, 제3채무자 甲으로 하여 A회사가 甲에 대하여 갖고 있는 위 매매계약에 기한 위 빌딩 13층 전부에 대한 소유권이전등기청구권의 가압류결정을 받았고, 또한 1995.4.27. 집행력있는 공정증서정본에 기하여 청구금액 2억원, 채무자 A회사, 제3채무자 甲으로 하여 A회사가 甲에 대하여 갖고 있는 위 매매계약에 기한 위 빌딩 13층 전부에 대한 소유권이전등기청구권의 압류명령을 받았다. 위 가압류 및 압류명령은 각 결정 즉시 甲에게 송달되었다.

(4) 甲은 1995.12.7. 위 빌딩 13층 전부에 관하여 위 매매계약에 기하여 A회사에게 소유권이전등기를 경료하여 주었다.

(5) A회사는 위 매매계약 체결 후 매매대금으로 甲에게 17억원만을 지급하였다. 나머지 매매대금을 지급하지 못하고 있던 A회사는 甲에게 위 빌딩 13층의 소유권이전등기를 하여 주면 이를 금융기관에 담보로 제공하고 대출을 받아 나머지 매매대금을 변제하겠다고 제안하였고, 이에 甲은 1995.12.7. 앞서 본 바와 같이 A회사에게 위 빌딩 13층의 소유권이전등기를 경료하여 주었으나, A회사는 소유권이전등기를 경료받은 후에도 甲에게 매매잔대금을 지급하지 아니하였다.

(6) 그 후 甲은 A회사를 상대로 매매잔대금의 지급을 수차에 걸쳐 최고하였으나 A회사는 이를 이행하지 아니하였고, 甲이 이를 이유로 1997.4.16. 위 매매계약 해

제의 의사표시를 하였다.

(7) 乙은 甲이 위 매매계약을 해제할 수 없음을 주장하였고, 설사 위 매매계약이 해제되었더라도 압류채권자인 자신은 민법 제548조 제1항에서 말하는 계약의 해제로 그 권리를 해할 수 없는 '제3자'에 해당한다고 주장하였다.

| 판지 |  소유권이전등기청구권의 가압류나 압류가 행하여지면 제3채무자로서는 채무자에게 등기이전행위를 하여서는 아니 되고, 그와 같은 행위로 채권자에게 대항할 수 없다 할 것이나, 가압류나 압류에 의하여 그 채권의 발생원인인 법률관계에 대한 채무자와 제3채무자의 처분까지도 구속되는 것은 아니므로 기본적 계약관계인 매매계약 자체를 해제할 수 있고, 이와 같이 계약이 해제되는 경우 민법 제548조 제1항 단서에서 말하는 제3자란 일반적으로 그 해제된 계약으로부터 생긴 법률효과를 기초로 하여 해제 전에 새로운 이해관계를 가졌을 뿐 아니라 등기, 인도 등으로 완전한 권리를 취득한 자를 말하므로, 계약상의 채권을 양수한 자나 그 채권 자체를 압류 또는 전부한 채권자는 여기서 말하는 제3자에 해당하지 아니한다.

원심은 피고가 압류명령에 위배한 불법행위를 하였다는 원고의 주장에 대하여, 소외 회사가 피고에 대하여 가지는 위 소유권이전등기청구권은 매매계약의 해제로 인하여 소멸하였고, 이를 대상으로 하는 압류명령 또한 실효될 수밖에 없으므로 불법행위를 구성하지 아니한다고 판단하고, 매매계약이 해제되었더라도 원고는 민법 제548조 제1항의 제3자에 해당한다는 주장에 대하여는 원고와 같은 채권에 대한 압류권자는 제3자에 해당하지 않는다고 판단하였는바, 원심의 위와 같은 판단은 앞서의 법리에 따른 것으로 정당하다.

- 쟁 점

  이 판결에서는, 채무자의 제3채무자에 대한 매매계약에 기한 소유권이전등기청구권이 채권자에 의해 압류 또는 가압류된 후 채무자 또는 제3채무자가 그 매매계약 자체를 해제할 수 있는지 여부 및 이를 긍정한다 하더라도 계약상의 채권을 양수하거나 그 채권 자체를 압류 또는 전부한 채권자가 민법 제548조 제1항 단서 소정의 '제3자'에 해당하는지 여부가 문제되었다.

- 검토할 사항

  □ 민법 제548조 제1항 단서에서 말하는 '제3자'란 일반적으로 어떠한 사람을 말하는가?

□ 채무자의 제3채무자에 대한 매매계약에 기한 소유권이전등기청구권이 채권자에 의해 압류나 가압류된 후에 제3채무자가 채무자에게 매매계약에 기하여 그 매매목적물의 소유권이전등기를 하여 주었다면 그 효력은 어떠한가?

□ 채권자가 채무자의 제3채무자에 대한 매매계약에 기한 소유권이전등기청구권을 압류나 가압류한 후에는 그 채무자 또는 제3채무자는 그 매매계약 자체를 해제할 수 없는가?

□ 그렇다면, 채무자의 제3채무자에 대한 계약상의 채권을 양수하거나 그 채권 자체를 압류나 전부한 채권자는 민법 제548조 제1항 단서에서 말하는 '제3자'에 해당하는 것으로 볼 수 있는가? 이를 긍정(또는 부정)한다면 그 이유는 무엇인가?

■ 관련사례

□ 계약이 해제되기 이전에 계약상의 채권을 양수하여 이를 피보전권리로 하여 처분금지가처분결정을 받은 경우, 그 양수채권자는 민법 제548조 제1항 단서 소정의 해제의 소급효가 미치지 아니하는 '제3자'에 해당하는가? (대판 2000.8.22. 2000다23433)

□ 매도인이 토지를 매도하였다가 대금지급을 받지 못하여 그 매매계약을 해제한 경우에, 그 토지 위에 신축된 건물의 매수인은 위 계약해제로 권리를 침해당하지 않을 제3자에 해당하는가? (대판 1991.5.28. 90다카16761)

□ 건물매수인이 소유권을 취득하지 아니한 채 매도인의 동의를 얻어 제3자에게 임대하였으나 매수인(임대인)의 채무불이행으로 매매계약이 해제된 경우, 매도인의 건물명도청구에 대하여 임차인은 민법 제548조 제1항 단서의 제3자로서 대항할 수 있는가? 이것이 부정됨을 전제로 할 경우, 임차인의 건물명도의무와 매수인(임대인)의 보증금반환의무는 동시이행의 관계에 있다고 볼 수 있는가? (대판 1990.12.7. 90다카24939)

■ 기타 검토사항

□ 乙은, 乙이 A회사로부터 위 빌딩의 13층 2호를 분양받은 후 A회사가 甲에 대하여 갖고 있는 위 매매계약에 기한 소유권이전등기청구권을 압류 또는 가압류 하였으므로 甲은 A회사에게 소유권이전등기절차를 이행하여서는 아니 됨에도 이를 이행함으로써 A회사가 소유권이전등기를 경료 받은 후 타에 소유권이전등기 등을 경료하였고, 따라서 乙이 A회사로부터 위 분양계약에 따른 소유권이전등기를 받을 수 없게 됨으로써 乙에게 위 분양대금 상당의 손해를 입게 하였다고 주장하였고, 따라서 甲은 乙에게 이를 배상할 책임(불법행위책임)이 있다고 주장하였다. 乙의 주장은 타당한가?

■ 참고문헌

□ 김동훈, 계약해제와 제3자의 보호, 고시연구 27권 11호(320호)(2000.11.), 44-55.

■ 판례 2

## 대판 2000.1.14. 99다40937

| 사안 |   甲(원고)이 A에게 X부동산을 매각하고 이전등기를 경료하였으며, 乙(피고)은 A에 대한 금전채권을 보전하기 위하여 X부동산에 대하여 가압류를 해 두었다. 그리고 乙이 가압류를 집행하여 위 부동산에 경매절차가 진행되었다. 그런데 A가 채무를 불이행하여 甲이 A와의 매매계약을 해제하는 한편, 해제에 의하여 A 앞으로 이전등기되었던 위 부동산의 소유권이 소급하여 자신에게 복귀되었으므로, 乙이 A에 대한 채권을 보전하기 위하여 위 부동산에 대하여 하는 가압류집행은 A 아닌 甲 자신의 부동산에 대하여 한 셈이 되어 결과적으로 부당하므로 불허되어야 한다고 하면서, 乙을 상대로 제3자이의의 소를 제기하였다.

| 판지 |   민법 제548조 제1항 단서에서 말하는 제3자란 일반적으로 해제된 계약으로부터 생긴 법률효과를 기초로 하여 별개의 새로운 권리를 취득한 자를 말하는 것인바, 해제된 계약에 의하여 채무자의 책임재산이 된 계약의 목적물을 가압류한 가압류채권자는 그 가압류에 의하여 당해 목적물에 대하여 잠정적으로 그 권리행사만을 제한하는 것이나 종국적으로는 이를 환가하여 그 대금으로 피보전채권의 만족을 얻을 수 있는 권리를 취득하는 것이므로 그 권리를 보전하기 위하여서는 위 조항 단서에서 말하는 제3자에는 위 가압류채권자도 포함된다고 보아야 할 것이다.

원심은 해제에 의하여 그 권리를 해할 수 없는 제3자에는 그 계약에 기한 급부의 목적인 부동산을 가압류한 가압류채권자도 포함되므로 원고는 피고에 대하여 계약해제의 소급효를 주장할 수 없고, 따라서 원고의 위 주장은 이유 없다고 판단하였는 바, 원심의 이러한 판단은 타당하다.

■ 쟁 점

위 판결에서는 해제된 매매계약에 의하여 채무자의 책임재산이 된 부동산을 가압류

집행한 가압류채권자도 민법 제548조 제1항 단서에 규정된 '제3자'에 해당하는지 여부가 문제되었다.

■ 검토할 사항

□ 민법 제548조 제1항 단서를 둔 까닭은 무엇인가? 동 규정 단서에 규정된 '제3자'란 어떠한 사람을 말하는가?

□ 해제된 매매계약에 의하여 채무자의 책임재산이 된 부동산을 가압류 집행한 가압류채권자도 민법 제548조 제1항 단서에서 말하는 '제3자'에 해당하는가? 이를 긍정(또는 부정)한다면 그 이유는 무엇인가?

■ 관련사례

□ 위 사안은 해제된 계약상의 의무의 이행으로 채무자에게 이전한 부동산 자체를 압류한 채권자에 관한 것이다. 그러면 같은 압류채권자이지만, 해제된 계약에 의하여 발생한 채권 자체를 압류한 채권자도 마찬가지로 여기에서의 제3자에 해당하는가? (대판 2000.4.11. 99다51685)

□ 계약 해제 전에 그 해제와 양립되지 않는 법률관계를 가진 제3자가 그 계약이 해제될 가능성이 있음을 알았거나 알 수 있었다면, 계약을 해제하게 된 계약당사자 일방은 그 제3자에게 해제의 법률효과를 주장할 수 있는가? (대판 2010.12.23. 2008다57746)

□ 제3자를 위한 계약관계에서 낙약자와 요약자 사이의 법률관계(이른바 기본관계)를 이루는 계약이 해제된 경우, 낙약자는 계약해제에 기한 원상회복을 원인으로 제3자를 상대로 이미 제3자에게 급부한 것의 반환을 구할 수 있는가? (대판 2005.7.22. 2005다7566,7573)

□ 상속재산 분할협의가 공동상속인 전원의 합의에 의하여 해제된 다음 다시 새로운 분할협의가 있은 경우, 당초의 분할협의에 의하여 대상 토지에 관하여 근저당권을 취득한 자는 새로운 분할협의에 따라 소유권을 취득한 자에 대하여 그 근저당권을 주장할 수 있는가? (대판 2004.7.8. 2002다73203)

■ 기타 검토사항

□ 乙의 X부동산에 관한 가압류등기가 있기 전, A가 X부동산에 대하여 소유권이전등기의 말소청구권을 보전하기 위한 처분금지가처분등기를 경료한 다음, B회사를 상대로 그 매매계약의 해제를 주장하면서 소유권이전등기 말소소송을 제기하여 승소의 확정판결을 얻었다면, 위 가압류채권자인 乙은 민법 제548조 제1항 단서에서 말하는 제3자로 볼 수 있는가?

■ 참고문헌

□ 심준보, 선행가처분 있는 가압류의 채권자가 민법 제548조 제1항 단서의 제3자

에 해당하는지, 대법원판례해설 54호(2005 상반기)(2006.1.), 221-231.
□ 정병호, 부동산의 가압류채권자가 계약의 해제에 있어 보호되는 제3자에 해당하는지 여부, 저스티스 91호(2006.6.), 211-226.

(b) 제3자 범위의 확장

## 대판 2000.4.21. 2000다584

| 사안 |　甲(원고)과 A(건설회사)는 1991.12.20. 甲소유의 X토지에 관하여 甲이 A 명의로 매매를 원인으로 한 소유권이전등기를 하여 주는 대신 A는 1년 이내에 X토지 위에 연립주택을 건축하여 준공검사를 받은 후 그 분양수입금을 甲에게 지급하되, 만약 A의 귀책사유로 약정기간 내에 연립주택을 건립하지 못할 경우 위 매매를 무효로 하여 A 명의의 소유권이전등기를 말소하기로 하는 계약을 체결하였다. 이에 따라 甲은 1991.12.24. X토지에 관하여 A 명의로 소유권이전등기를 마쳐주었다. 그런데 A가 공사를 지체하면서 약정기간이 넘도록 연립주택을 건립하지 못하게 되자 甲은 이를 이유로 A와의 계약을 해제하였다.
　그 후 乙(피고 1. 관할구청)은 A가 개발부담금 등을 체납하였음을 이유로 1994.2.14.과 1996.10.18. X토지에 관하여 압류등기를 하였고, 丙(피고 2. 국가)도 A가 법인세와 농어촌특별세를 체납하였음을 이유로 1996.10.12. X토지에 관하여 압류등기를 하였다. 한편 甲은 A가 약정한 기간 내에 연립주택을 건립하지 못하였음을 이유로 1996.11.8. A를 상대로 하여 소유권이전등기 말소 청구소송을 제기하여 1997.6.5. 승소하였고, 이 판결은 같은 해 7.3. 확정되었다. 이어서 甲은 乙과 丙을 상대로 압류등기의 말소를 청구하였다. 이에 乙과 丙은 자신들이 민법 제548조 제1항 단서에 의하여 보호받는 제3자에 해당한다며 항변하였다.

| 원심 |　甲과 A 사이의 당초 소유권이전 약정은 당시 합의한 바에 의하여 무효가 되었거나 해제에 의하여 소급적으로 소멸되었으므로, X토지에 대한 A 명의의 소유권이전등기도 처음부터 효력을 발생하지 않는 것으로 봄이 상당하고, 비록 등기부상 소유 명의가 아직 甲에게 회복되지 않고 있다 하더라도 이 사건 토지의 소유권자는 甲이라고 할 것이며, 나아가 甲이 A 명의의 소유권이전등기의 말소를 구하는 판결이 확정되어 있으므로, A에 대한 체납처분을 원인으로 A 명의의 X토지에 대하여 각 압류등기를 한 乙과 丙은 A에 대한 과세처분이 적법한지 여부에 관계없

이 위 소유권이전등기의 말소등기에 대하여 승낙의 의사표시를 할 의무가 있다고 판단한 다음, 민법 제548조 제1항 단서를 내세우는 乙과 丙의 주장에 대하여 일반적으로 압류는 강제집행의 한 절차에 불과하고 새로운 권리를 취득하는 것은 아니며 달리 乙과 丙이 이 사건 압류에 의하여 새로운 권리를 취득하는 것이라고 인정할 증거도 없으므로, 결국 乙과 丙과 같은 압류채권자는 민법 제548조 제1항 단서에 의하여 보호되는 제3자에 해당하지 아니한다고 하였다.

| 판지 |  계약 당사자의 일방이 계약을 해제하였을 때에는 계약은 소급하여 소멸하고 각 당사자는 원상회복의 의무를 지게 되나, 이 경우 계약해제로 인한 원상회복등기 등이 이루어지기 전에는 계약의 해제를 주장하는 자와 양립되지 아니하는 법률관계를 가지게 되었고 계약해제 사실을 몰랐던 제3자에 대하여는 계약해제를 주장할 수 없으며, 이러한 법리는 이 사건과 같은 실권특약부 매매계약이 그 특약에 의하여 소급적으로 실효되는 경우에도 마찬가지로 적용되는 것이다.

그런데 이 사건에 있어서 乙과 丙은 甲과 A 사이에 체결된 계약에 기하여 A의 책임재산이 된 X토지를 체납처분의 일환으로 압류하고 그 등기까지 마침으로써 X토지를 환가하여 그 대금으로 조세채권의 만족을 얻을 수 있는 별개의 새로운 권리를 취득하였으므로, 앞서 본 제3자에 포함되는 것으로 보아야 할 것이고, 甲과 A 사이의 계약의 효력이 실권특약이나 계약해제에 따라 소급적으로 소멸되었다는 사정을 乙과 丙이 알면서 X토지를 압류하였음을 인정할 만한 자료는 기록상 나타나지 아니한다. 따라서 이 사건에 있어서 甲으로서는 원심이 내세우는 실권특약에 의한 계약의 실효나 계약해제의 효과 등으로써 乙과 丙에게 대항할 수는 없다.

- **쟁 점**

  이 판결에서는, 실권특약부 매매계약에 기하여 매수인 앞으로 소유권이전등기가 경료된 후 그 매매계약이 그 특약에 의하여 소급적으로 실효된 경우에 매수인에 대한 체납처분의 일환으로 압류등기를 경료한 자가 민법 제548조 제1항 단서 소정의 제3자에 해당하는지 여부가 문제되었다.

- **검토할 사항**

  □ 계약 당사자의 일방이 계약을 해제한 경우 이로 인한 각 당사자의 원상회복으로부터 제3자가 보호되어야 하는 까닭은 무엇인가? 이러한 제3자는 일반적으로 어떠한 자를 말하는가?

□ 계약해제로 인한 원상회복등기 등이 이루어지기 전에 계약해제 사실을 모르고 계약의 해제를 주장하는 자와 양립되지 아니하는 법률관계를 가지게 된 제3자도 민법 제548조 제1항 단서 소정의 제3자로서 보호되는가? 그 까닭은 무엇인가? 이러한 법리는 실권특약부 매매계약이 그 특약에 의하여 소급적으로 실효되는 경우에도 마찬가지로 적용되게 되는가?

□ 乙과 丙은 甲의 소유권에 기한 압류등기의 말소 청구에 대항할 수 있는가? 이를 긍정(또는 부정)한다면, 그 까닭은 무엇인가?

■ 참고문헌

□ 김동훈, 계약해제시 해제자와 제3자의 이익충돌, 고황법학 3권(2001.5.): 여송 이희배 박사 정년 및 인재 임정평 박사 화갑 기념, 233-247.

⑷ 원상회복과 동시이행

## 대판 1996.7.26. 95다25138,25145

┈┈┈┈┈┈┈┈┈┈┈┈┈┈┈┈┈┈┈┈┈┈┈┈┈┈┈┈┈┈┈┈┈┈

| 사안 |   甲(원고)은 乙(피고)의 주문에 따른 카탈로그를 제작하여 납품하기로 乙과 계약을 체결하고, 이 사건 카탈로그의 제작을 위하여 필요한 카탈로그 원부 및 사진필름 등을 乙로부터 제공받았다. 그러나 계약체결 얼마 후에 乙은 甲을 상대로 자신이 계약에 따른 대금지급의무를 이행하지 않겠다는 의사를 명백히 표시하였고, 이에 甲이 최고 없이 계약 해제의 의사표시를 함으로써 위 계약은 적법하게 해제되었다.

계약의 해제 후 乙이 甲을 상대로 하여 이 사건 카탈로그의 제작을 위하여 甲에게 교부한 카탈로그 원부 및 사진필름 등의 반환을 요구하자, 甲은 위 계약해제로 인하여 甲이 입은 손해, 즉 甲이 이미 제작에 착수하여 지출한 비용 상당의 손해를 배상받기 전에는 위 물품들을 반환할 수 없다고 주장하였다.

원심은 甲이 부담하는 위 물품 등의 반환의무와 乙의 이 사건 손해배상의무는 쌍무계약상의 고유의 대가관계에 있는 채무가 아닐 뿐만 아니라, 구체적 계약관계에서 당사자 쌍방이 부담하는 채무 사이에 대가적 의미가 있어 이행상의 견련관계를 인정하여야 할 사정이 있는 경우에 해당한다고 볼 수도 없다는 취지의 이유로 甲의 항변을 배척하였다.

| 판지 |   계약이 해제되면 계약당사자는 상대방에 대하여 원상회복의무와 손해

배상의무를 부담하는데, 이때 계약당사자가 부담하는 원상회복의무뿐만 아니라 손해배상의무도 함께 동시이행의 관계에 있다.

- ■ 쟁 점

  이 판결에서는 계약해제로 인하여 발생하는 원상회복의무와 손해배상의무가 함께 동시이행관계에 있는지 여부가 문제되었다.

- ■ 검토할 사항

  □ 계약이 해제되는 경우 이로 인하여 발생하는 계약당사자 간의 원상회복의무는 상대방의 손해배상의무와도 함께 동시이행관계에 서는가? 이를 긍정(또는 부정) 한다면 그 이유는 무엇인가?

- ■ 관련사례

  □ 부동산에 관한 매매계약을 체결한 후 매수인 앞으로 소유권이전등기를 마치기 전에 매수인으로부터 그 부동산을 다시 매수한 제3자의 처분금지가처분신청으로 매매목적 부동산에 관하여 가처분등기가 이루어진 상태에서 매도인과 매수인 사이의 매매계약이 해제된 경우, 가처분등기의 말소와 매도인의 대금반환의무가 동시이행의 관계에 있는가? (대판 2009.7.9. 2009다18526)

  □ 쌍무계약에 있어서 그 이행청구에 표시된 이행기가 일정한 기간 내로 정하여진 경우와 일정한 기일로 정해진 경우, 동시이행관계에 있는 의무자 일방이 상대방의 이행지체를 이유로 한 해제권을 취득하기 위한 이행의 제공은 어떻게 차이가 있는가? (대판 1981.4.14. 80다2381)

  □ 쌍무계약의 당사자 일방이 이행기에 한 번 이행 제공을 하여서 상대방을 이행지체에 빠지게 한 경우, 상대방에 대하여 이행의 최고를 함에 있어서 계속하여 이행의 제공을 하여야 하는가? (대판 1982.6.22. 81다카1283,1284)

- ■ 참고문헌

  □ 김상용, 해제의 효과에 관한 법리의 재구성, 법조 49권 2호(통권 521호)(2000. 2.), 76-114.

(라) 원상회복과 이자의 지급

**대판 2013.4.26. 2011다50509**

∙∙∙∙∙∙∙∙∙∙∙∙∙∙∙∙∙∙∙∙∙∙∙∙∙∙∙∙∙∙∙∙∙∙∙∙∙∙∙∙∙∙∙∙∙∙∙∙∙∙∙∙∙∙∙∙∙∙∙∙∙∙∙∙∙∙∙∙∙∙∙∙∙∙∙∙∙∙

| 사안 |　　甲(피고. 건설회사)은 아파트를 건축하여 분양하기로 하고, 乙(수분양자.

원고)과 사이에 이 사건 아파트 한 세대에 관하여 분양계약을 체결하였다. 甲과 乙이 체결한 분양계약서의 내용은 다음과 같았다.

> 제2조 ③ 수분양자는 甲의 귀책사유로 인해 입주예정일로부터 3월 이내에 입주할 수 없게 되는 경우 이 계약을 해제할 수 있다.
>
> 제3조 ② 제2조 제3항에 해당하는 사유로 이 계약이 해제된 때에는 甲은 수분양자에게 공급대금 총액의 10%를 위약금으로 지급한다.
>
> ③ 제1항과 제2항의 경우 甲은 수분양자에게 이미 납부한 대금(단 제1항의 경우에는 위약금을 공제한다)에 대하여는 각각 그 받은 날로부터 반환일까지 연리 3%에 해당하는 이자를 가산하여 수분양자에게 환급한다.

그런데 이 사건 분양계약의 수분양자인 乙은 甲의 귀책사유로 인한 공사지연으로 분양계약상 입주예정일인 2008.12.경으로부터 3월 이내에 입주할 수 없게 되었다.

이에 乙은 甲의 귀책사유로 인한 입주지연을 이유로 이 사건 분양계약을 해제하고 이미 지급한 분양대금의 반환과 위약금의 지급을 청구하는 소를 제기하였고, 그 소장부본이 2009.3.25. 甲에게 송달됨으로써, 이 사건 분양계약은 아파트 입주예정일인 2008.12.경부터 3개월이 경과한 2009.4.1.경 적법하게 해제되었다.

위 분양대금 반환채무 및 위약금 지급채무에 대한 이자 또는 지연손해금에 관하여는 乙은 다음과 같이 청구하였다.

> 청구 내용: ① 분양대금 반환채무에 관해서는, 각 분양대금 지급일부터 이 사건 소장부본 송달일(2009.3.25.)까지는 이 사건 분양계약서 제3조 제3항에 의한 연 3%의 약정이율에 의한 금액, 그 다음날부터 다 갚는 날까지는 「소송촉진 등에 관한 특례법」(이하 '소촉법'이라 한다)에 의한 연 20%의 비율에 의한 금액의 지급, ② 위약금에 관해서는, 이 사건 소장부본 송달 다음날부터 다 갚는 날까지 위 소촉법에 의한 연 20%의 비율에 의한 금액의 지급

이에 대해서 제1심(판결선고일: 2010.1.29.) 및 원심(판결선고일: 2011.5.20.)은 다음을 인용하고 나머지 부분을 기각하였다.

> 원심의 인용 금액: ① 분양대금 반환채무에 대해서는 각 분양대금 지급일부터 원심판결 선고일(2011.5.20.)까지는 연 3%, 그 다음날부터 다 갚는 날까지

는 연 20%의 비율에 의한 금액 인용, ② 위약금에 대해서는 해제일(2009. 4.1.)부터 원심판결 선고일까지는 연 5%, 그 다음날부터 다 갚는 날까지는 연 20%의 비율에 의한 금액 인용.

이에 乙은 원심판결 중의 원고패소 부분의 파기를 구하면서 상고하였고, 대법원은 계약해제로 인한 원상회복에 가산할 이자와 지연손해금의 구분 등과 관련해서 다음과 같이 판결하였다.

| 판지 |  1. 당사자 일방이 계약을 해제한 때에는 각 당사자는 그 상대방에 대하여 원상회복의무가 있고, 이 경우 반환할 금전에는 그 받은 날로부터 이자를 가산하여 지급하여야 한다. 여기서 가산되는 이자는 원상회복의 범위에 속하는 것으로서 일종의 부당이득반환의 성질을 가지는 것이고 반환의무의 이행지체로 인한 지연손해금이 아니다. 따라서 당사자 사이에 그 이자에 관하여 특별한 약정이 있으면 그 약정이율이 우선 적용되고 약정이율이 없으면 민사 또는 상사 법정이율이 적용된다. 반면 원상회복의무가 이행지체에 빠진 이후의 기간에 대해서는 부당이득반환의무로서의 이자가 아니라 반환채무에 대한 지연손해금이 발생하게 되므로 거기에는 지연손해금률이 적용되어야 한다. 그 지연손해금률에 관하여도 당사자 사이에 별도의 약정이 있으면 그에 따라야 할 것이고, 설사 그것이 법정이율보다 낮다 하더라도 마찬가지이다.

한편 계약해제시 반환할 금전에 가산할 이자에 관하여 당사자 사이에 약정이 있는 경우에는 특별한 사정이 없는 한 이행지체로 인한 지연손해금도 그 약정이율에 의하기로 하였다고 보는 것이 당사자의 의사에 부합한다. 다만 그 약정이율이 법정이율보다 낮은 경우에는 약정이율에 의하지 아니하고 법정이율에 의한 지연손해금을 청구할 수 있다고 봄이 상당하다. 계약해제로 인한 원상회복 시 반환할 금전에 그 받은 날로부터 가산할 이자의 지급의무를 면제하는 약정이 있는 때에도 그 금전반환의무가 이행지체 상태에 빠진 경우에는 법정이율에 의한 지연손해금을 청구할 수 있는 점과 비교해 볼 때 그렇게 보는 것이 논리와 형평의 원리에 맞기 때문이다.

2. 위 법리에 따라 원심이 한 판단을 살펴보면, 피고의 분양대금 반환채무에 대한 부분(즉 위약금 지급채무 부분을 제외한 나머지 원본채무 부분)에 관하여는 아래와 같이 일부 잘못된 부분이 있다.

(1) 우선 원고 등의 각 분양대금 지급일부터 이 사건 분양계약의 해제로 인하여 분양대금 반환의무가 발생한 2009.4.1.까지 동안에 발생하는 이자는 이 사건 분양계약서 제3조 제3항에 의한 연 3%의 약정이율에 의하여야 할 것이다. 원심의 결론도 위 기간에 대해서는 동일하다.

(2) 그러나 원고 등이 위 각 분양대금의 반환을 청구하여 피고가 이행지체에 빠진 이후 기간의 지연손해금 비율에 관한 원심의 판단은 다음 이유로 수긍할 수 없다.

이 사건 분양계약서 제3조 제3항은 민법 제548조 제2항에 관한 특약으로서 이 사건 분양계약의 해제시 피고가 반환할 분양대금에 가산할 이자를 정한 원상회복의 범위에 관한 것일 뿐 이행지체에 빠진 이후의 지연손해금에 관한 약정으로 볼 수 없다. 게다가 그 약정이율은 법정이율보다 낮으므로 피고가 분양대금 반환의무의 이행을 지체하기 시작한 때부터는 위 약정이율이 아니라 법정이율이 적용된다고 봄이 상당하다.

한편 원고 등이 이 사건 분양계약을 해제하고 분양대금 등의 지급을 구하는 이 사건 소장부본이 2009.3.25. 피고에게 송달되고, 그에 따라 이 사건 아파트 입주예정일로부터 3개월이 경과한 2009.4.1.경 이 사건 분양계약이 해제됨으로써, 피고는 그 다음날인 2009.4.2.부터 원고 등에 대한 분양대금 반환의무 등을 지체하게 되었다.

따라서 피고는 원고 등에게 반환할 분양대금에 대하여 이행지체 책임이 발생한 2009.4.2.부터 피고가 그 이행의무의 존부와 범위에 관하여 항쟁함이 상당하다고 인정되는 때까지는 원고 등이 구하는 바에 따라 연 5%의 민사 법정이율에 의한 지연손해금을 가산하여 지급할 의무가 있다.

3. 결론으로, 피고는 원고 등에게 각 분양대금에 대하여 이행지체 책임 발생일인 2009.4.2.부터 제1심판결 선고일인 2010.1.29.까지는 연 2%(연 5% - 연 3%)의, 그 다음날부터 원심판결 선고일인 2011.5.20.까지는 연 17%(연 20% - 연 3%)의 각 비율에 의한 지연손해금을, 각 위약금에 대하여 제1심판결 선고일 다음날인 2010.1.30.부터 원심판결 선고일인 2011.5.20.까지 연 15%(연 20% - 연 5%)의 비율에 의한 지연손해금을 각 지급할 의무가 있다.

■ 쟁 점

이 판결에서는, ① 계약해제로 인한 원상회복의무가 이행지체에 빠진 이후의 지연손해금률에 관하여 당사자 사이에 별도의 약정이 있는 경우 그 지연손해금률이 법정이율보다 낮더라도 약정에 따른 지연손해금률이 적용되는지 여부 그리고 ② 계약해제 시 반환할 금전에 가산할 이자에 관하여 당사자 사이에 약정이 있는 경우 이행지체로 인한 지연손해금에 관하여도 그 약정이율이 적용되는지 여부 및 이때 약정이율이 법정이율보다 낮은 경우에 법정이율에 의한 지연손해금을 청구할 수 있는지 여부가 문제되었다.

■ 검토할 사항

□ 당사자 일방이 계약을 해제한 때에 각 당사자가 원상회복을 목적으로 상대방에게 반환할 금전에 받은 날로부터 이자를 가산하여 지급하여야 하는(제548조 제2항) 까닭은 무엇인가? 이 이자는 반환의무의 이행지체로 인한 지연손해금으로 볼 수 있는가?

□ 甲의 분양대금 반환채무에 대한 부분(즉 위약금 지급채무 부분을 제외한 나머지 원본채무 부분)에 관한 원심판결은 적절한가? 잘못된 부분이 있다면 그 부분을 지적하고 옳게 수정하라.

■ 관련사례

□ 부동산 매매계약이 법정해제된 경우 매도인은 그 수령한 금전에 받은 때로부터 법정이자를 부가하여 반환하여야 하는 바(제548조 제2항), 이러한 법정이자의 부가는 어떠한 법적 성질을 가지는가? 위 법정해제로 인해 매도인의 매매대금 반환의무와 매수인의 소유권이전등기 말소등기절차 이행의무가 동시이행의 관계에 있는 때에는 매도인은 그 반환하여야 할 매매대금에 대하여 법정이자를 부가하여 지급할 필요가 없는가? (대판 1996.4.12. 95다28892; 대판 2000.6.9. 2000다9123)

□ 계약해제로 인한 원상회복의 경우에 그 반환할 금전에 받은 날로부터의 이자를 가산하도록 하는 민법 제548조 제2항에 있어서, 그 이자에 「소송촉진 등에 관한 특례법」 제3조 제1항에 의한 이율을 적용할 수 있는가? 계약해제로 인한 원상회복의무의 이행으로 금전의 반환을 구하는 소송이 제기된 경우 법원이 원상회복의무의 이행으로 금전의 반환을 명하는 판결을 선고하려면 그 이자에는 위 「소송촉진 등에 관한 특례법」 제3조 제1항에 의한 이율을 적용하여야 하는가? (대판 2003.7.22. 2001다76298)

□ 오피스텔 분양자인 甲회사가 乙과 분양계약을 체결하면서 "계약 해제에 따른 원상회복으로 甲회사가 이미 받은 분양대금을 반환할 경우 이자지급을 배제한다"는 취지의 약관을 둔 다음 乙 명의로 대출을 받아 중도금에 충당하면서 대신 대출이자를 납부하였는데, 그 후 분양계약이 해제되자 乙이 이미 납부한 분양대금과 이에 대하여 민법 제548조 제2항에서 정한 이자의 반환을 구한 경우, 위 약관

조항의 효력은 어떠한가? (대판 2012.4.12. 2010다21849)

■ 기타 검토사항

ㅁ 소촉법 제3조 제2항은 "채무자에게 그 이행의무가 있음을 선언하는 사실심 판결이 선고되기 전까지 채무자가 그 이행의무의 존재 여부나 범위에 관하여 항쟁하는 것이 타당하다고 인정되는 경우에는 그 타당한 범위에서 제1항의 규정을 적용하지 아니한다."고 규정하고 있다. 본문 사안의 경우 乙의 분양대금 및 위약금청구에 대하여 제1심판결이 선고된 후 피고인 甲이 이에 항소하면서 그 이행의무의 존부와 범위에 대하여 합리적인 근거 없는 주장을 하다가 그 주장이 모두 배척당하였다면, 소촉법이 정한 연 20%의 비율에 의한 지연손해금이 가산되는 때는 언제부터인가?

#### ⒟ 손해배상

### 대판 2002.6.11. 2002다2539

| 사안 |　甲(피고. 주택재개발조합)은 X토지 위에 아파트 10개동을 건축하는 한편, 이 아파트 중 일부세대에 대하여 1996.11.1. 조합원이 아닌 일반인에 대한 분양(일반분양)을 실시하였다.

　乙(원고)은 1996.12. 경 甲으로부터 주택재개발사업으로 신축하는 아파트의 1세대를 일반분양 받았으나, 甲이 건축한 아파트의 일조방해, 조명방해, 사생활침해 및 시야차단 등으로 인한 생활이익 침해가 수인한도를 넘은 것으로 판정되었다. 이에 乙은 甲의 채무불이행을 원인으로 하여 甲과의 분양계약을 적법하게 해제하고, 아울러 乙이 이 사건 아파트를 분양받기 위하여 국민주택채권을 매입하였다가 액면금액의 34%에 매각함으로써 액면가액의 66%에 상당하는 손해를 입었음을 이유로 그 차액 상당의 손해배상을 청구하였다. 이에 대해 원심은 위 손해는 특별한 사정으로 인한 손해인데 甲이 그 사정을 알았거나 알 수 있었다고 인정할 근거가 없다고 판단하여 乙의 위 청구를 기각하였다.

| 판지 |　채무불이행을 이유로 계약해제와 아울러 손해배상을 청구하는 경우에 그 계약이행으로 인하여 채권자가 얻을 이익 즉 이행이익의 배상을 구하는 것이 원칙이지만, 그에 갈음하여 그 계약이 이행되리라고 믿고 채권자가 지출한 비용 즉 신뢰이익의 배상을 구할 수도 있다고 할 것이고, 그 신뢰이익 중 계약의 체결과

이행을 위하여 통상적으로 지출되는 비용은 통상의 손해로서 상대방이 알았거나 알 수 있었는지의 여부와는 관계없이 그 배상을 구할 수 있고, 이를 초과하여 지출되는 비용은 특별한 사정으로 인한 손해로서 상대방이 이를 알았거나 알 수 있었던 경우에 한하여 그 배상을 구할 수 있다고 할 것이고, 다만 그 신뢰이익은 과잉배상금지의 원칙에 비추어 이행이익의 범위를 초과할 수 없다. [이 사건 아파트와 같은] 채권입찰제 분양아파트를 당첨취득한 경우 그 주택채권의 매입비용은 아파트를 당첨받는 데 있어 필수적으로 필요한 부대비용이라고 보아야 할 것이다. 따라서 원고가 이 사건 아파트를 채권입찰제의 방식으로 분양받아 그 매입예정 주택채권을 액면가로 매입하였다가 그 액면가에 미달하는 금액으로 매각한 후 피고의 채무불이행으로 인하여 아파트분양계약이 해제된 이상, 원고로서는 주택채권의 매입가와 그 시세에 상당하는 매각대금의 차액을 신뢰이익으로서의 통상의 손해로서 그 배상을 청구할 수 있다고 할 것이다.

■ 쟁  점

이 판결에서는 계약당사자 일방이 상대방의 채무불이행을 이유로 계약해제와 아울러 손해배상을 청구하는 경우에 이행이익이 아닌, 신뢰이익의 배상을 구할 수 있는지 여부 및 그 신뢰이익의 배상 범위가 문제되었다.

■ 검토할 사항

□ 당사자 일방이 상대방과의 계약을 해제 또는 해지하는 경우, 계약의 해제 또는 해지와는 별도로 상대방에게 손해배상의 책임을 물을 수 있는가?

□ 상대방의 채무불이행을 이유로 계약해제와 아울러 손해배상을 청구할 수 있다면, 그 손해의 배상은 이행이익의 배상으로 한정되는가?

■ 관련사례

□ 동업계약으로 인한 의무를 이행하지 아니하여 그 동업계약을 해지하는 경우에 있어서, 일방이 출자의무의 이행으로 소요된 비용에 대해 채무불이행으로 인한 손해의 배상을 구할 수 있는가? (대판 1983.5.24. 82다카1667) (이 판결은 위 본문의 대법원판결과 그 법리가 모순되는 것으로 보임)

■ 참고문헌

□ 김동훈, 이행이익과 신뢰이익, 고시연구 29권 11호(344호)(2002.11.), 202-212.

□ 이상완, 계약의 해제로 인한 손해배상의 범위로서의 신뢰이익, 부산법조논집 2호(2007.1.), 132-141, 부산지방변호사회.

## 제1절 이전형 계약

### 제1관 매 매

### 제1항 총 칙

Ⅰ. 예 약

1. 예약의 요건

**대판 2006.6.29. 2005다41603**

| 사안 | 甲(피고, 경기도 광주시)은 산하 상수도 사업소에서 배수지로 사용하던 제1토지와 그 지상 건물, 그리고 제2토지(제1토지의 진입로)를 잡종재산으로 관리하여 오다가, 다른 곳에 배수지를 신설함에 따라 2003.8. 배수지로서의 용도를 폐지하고 위 부동산을 일반공개경쟁입찰을 거쳐 매각하기로 하였다. 이에 기해서 甲은 위 부동산을 '현상태대로 매각'한다는 취지로 입찰공고를 냈으며, 입찰에서 乙(원고)이 낙찰자로 결정되어 입찰금액을 모두 지급하였다. 그런데 제2토지 남쪽에 접한 일단의 토지에서는 A의 아파트 건설공사가 진행되어 甲이 제2토지를 위 아파트단지의 진입도로로 사용하는 것을 승인한 바 있고, 아파트 완성 후에도 이

토지를 제외하고는 진입로를 개설하는 것이 사실상 불가능한 상황이어서, A는 甲에게 이 토지의 매각을 철회할 것을 요청하였다. 그리하여 甲의 담당공무원이 乙에게 매매계약서에 "乙이 제2토지를 일반인에게 제공한다"는 내용을 추가할 것을 요구하였으나 乙이 이에 불응하였으며, 그리하여 甲은 다시 제2토지를 乙이 매수하여 기부채납하는 안을 제시하였으나 乙은 이 수정안도 거부하였다. 그런데 위입찰공고에 낙찰자는 낙찰일로부터 10일 이내에 매매계약서에 의거하여 매매계약을 체결하여야 한다고 규정되어 있었다. 이에 甲은 이 기간이 넘도록 매매계약서가 작성되지 않았음을 이유로 乙에게 입찰취소 통지를 하였다. 그러자 乙이 甲에 대하여 위 낙찰대금을 완납함으로써 위 부동산에 대한 매매계약이 체결되었다고 하면서 그 이전등기를 청구하였다. 그리고 후에 위 부동산의 입찰에 따른 청약에 대하여 승낙의 의사표시를 하라는 예비적 청구를 추가하였다.

**| 소송의 경과 |** 1. 원  심

1) 지방자치단체가 사경제 주체로서 사인과 사법상의 계약을 체결함에 있어서는 국가계약법에 따라 계약서를 작성하여 그 담당공무원과 계약상대자가 계약서에 기명 날인함으로써 계약이 확정되는 것으로, 계약서를 작성하지 않은 경우에는 그 계약은 효력이 없으므로, 이 사건 부동산에 대한 매매계약의 성립을 전제로 한 원고의 청구는 이유 없다.

2) 입찰과 낙찰행위가 있은 후에 더 나아가서 본 계약을 따로 체결하는 경쟁입찰에 있어서 입찰시행자가 낙찰자를 결정한 경우에는 낙찰자와 입찰시행자 사이에는 편무예약이 성립되고, 낙찰자는 입찰시행자에게 본계약체결청구권을 가진다고 할 것인바, 이 사건에서도 원고와 피고 사이에 매매예약이 성립되었다고 할 것이어서, 특별한 사정이 없는 한 피고는 원고의 청약에 대하여 승낙의 의사표시를 할 의무가 있다.

3) 지목이 도로인 이 사건 도로를 현상태로 이용하는 것과 불특정 다수인의 통행에 무상제공하는 것은 동일한 것이 될 수 없으므로, 피고가 입찰 당시 공고하지도 않은 조건을 내세워 매매계약 체결을 요구하고 이에 불응하자 계약체결기간이 경과하였다는 이유로 입찰을 취소한 것은 부당하여 무효이며, 아파트 입주민들과의 분쟁이 예상된다는 사정만으로 원고가 피고에게 매매계약의 체결을 구하는 것이 권리남용이라고 볼 수도 없다.

2. 상고이유

1) 이 사건 입찰공고 제11조는 이 사건 부동산을 현상태대로 매각하는 것이라고 규정하고, 위 제10조는 피고가 정한 매매계약서에 의하여 매매계약을 체결하여야 한다고 규정하는 바, 위 각 규정에 따른 피고의 매매계약 체결 요구에 원고가 불응하여 피고가 정당하게 입찰을 취소함으로써 원고의 입찰은 효력을 상실하였다.

2) 제2토지는 원고가 소유권이전을 받더라도 도로로밖에는 사용할 수 없는데도 원고가 대금감액과 무상사용 제의마저 거절한 것은, 원고에게 별다른 이익이 없는데도 소위 알박기를 하여 아파트 입주민에게 막대한 손해를 끼치려는 것으로 권리남용에 해당한다.

| 판지 |   1. 지방재정법 제63조가 준용하는 국가계약법 제11조는 지방자치단체가 당사자로서 계약을 체결하고자 할 때에는 계약서를 작성하여야 하고 그 경우 담당공무원과 계약상대자가 계약서에 기명날인 또는 서명함으로써 계약이 확정된다고 규정함으로써, 지방자치단체가 당사자가 되는 계약의 체결은 계약서의 작성을 성립요건으로 하는 요식행위로 정하고 있으므로, 이 경우 낙찰자의 결정으로 바로 계약이 성립된다고 볼 수는 없어 낙찰자는 지방자치단체에 대하여 계약을 체결하여 줄 것을 청구할 수 있는 권리를 갖는 데 그치고, 이러한 점에서 국가계약법에 따른 낙찰자 결정의 법적 성질은 입찰과 낙찰행위가 있은 후에 더 나아가 본계약을 따로 체결한다는 취지로서 계약의 편무예약에 해당한다.

이와 같이 낙찰자의 결정으로는 예약이 성립한 단계에 머물고 아직 본계약이 성립한 것은 아니라고 하더라도, 그 계약의 목적물·계약금액·이행기 등 계약의 주요한 내용과 조건은 지방자치단체의 입찰공고와 최고가(또는 최저가) 입찰자의 입찰에 의하여 당사자의 의사가 합치됨으로써 지방자치단체가 낙찰자를 결정할 때에 이미 확정되었다고 할 것이므로, 지방자치단체가 계약의 세부사항을 조정하는 정도를 넘어서서 계약의 주요한 내용 내지 조건을 입찰공고와 달리 변경하거나 새로운 조건을 추가하는 것은 이미 성립된 예약에 대한 승낙의무에 반하는 것으로서 특별한 사정이 없는 한 허용될 수 없다고 할 것이다.

이 사건에서 피고가 토지 2필지와 건물에 대하여 '현상태대로 매각'한다는 취지로 입찰공고를 하고 최고가로 입찰한 원고를 낙찰자로 결정하였으므로, 원고는 피고에 대하여 입찰공고에 정한 바에 따른 내용과 조건에 원고의 입찰가격을 계약금액으로 한 본계약의 체결을 청구할 수 있다고 할 것이고, 피고가 원고로부터 낙찰대금 전액을 받은 다음 그 계약서를 작성함에 있어서 비로소 매각대상 토지 중 지목이 도로인 1필지를 일반인에게 무상으로 제공한다는 조항을 삽입할 것을 요구하고(이는 '현상태대로 매각'한다는 입찰공고의 조건과 달리 '현상태대로 사용'할 것을 강제하는 셈이고, 나아가 일반인에게 무상으로 제공하라는 것은 단지 도로라는 현상태대로 이용하라는 것보다도 더 소유권을 제약하여 사실상 소유권을 행사하지 못하게 되는 결과가 된다), 원고가 불응하자 낙찰자가 10일 이내에 매매계약을 체결하지 않았다는 이유를 들어 입찰을 취소한 것은, 피고 스스로 정한 입찰공고의 내용과 양 당사자 사이의 의사합치에 따라 성립된 예약에 대한 승낙의무에 반하는 것으로 그 효력이 없다고 할 것이다.

  2. 제2토지는 인근에 A회사가 건립중인 아파트 단지의 유일한 출입구로 이용되고 있어 원고가 그 소유권을 취득할 경우 그 아파트 입주민들과의 분쟁이 예상되기는 하지만, 그러한 사정만으로는 원고가 피고에 의하여 실시된 입찰절차에서 정당하게 낙찰받은 토지에 대한 매매계약의 체결을 구하는 것이 권리남용에 해당한다고 보기 어렵다.

- ■ 쟁 점
  위 판결은 공개입찰을 통한 국가계약에서 낙찰자의 결정의 성질이 문제된 것이다.

- ■ 검토할 사항
  - □ 위 판결은 낙찰자의 결정을 예약이라고 하였는 바, 그 이유는 무엇인가?
  - □ 위 판결은 그럼에도 갑은 예약에서 정해진 내용을 변경할 수 없다고 한 이유는 무엇인가?

- ■ 관련사례
  - □ 민법 제564조의 일방예약이 성립하기 위해서는 예약에 터잡아 맺어질 본계약의 요소가 되는 내용이 확정되어 있거나 적어도 확정될 수 있어야 하는가? (대판 1988. 2. 23. 86다카2768. 그 외에 대판 1993. 5. 27. 93다4908,4915,4922)

- ■ 기타 검토사항
  - □ 예약의 형태와 차이를 살피시오.

## 2. 예약완결권

### 대판 1995.11.10. 94다22682,22699

. . . . . . . . . . . . . . . . . . . . . . . . . . . . . . . . . . . . . . . . . . . . . . . . . . . . . . . . . . . . . . . . . . . . . . . .

| **사안** | 甲(원고)은 1977.1.부터 3차례에 걸쳐 乙(피고)에게 도합 900만원을 대여하였다. 乙이 이를 변제하지 아니하자, 甲과 乙은 1980.5.1. 대여원금과 그간의 이자를 1천만원으로 정하고 乙소유의 이 사건 토지를 대물변제하기로 약정하였으며, 5.13. 매매예약을 원인으로 한 소유권이전청구권 보전의 가등기를 경료하였다. 다만 甲과 乙은 1980.8.19. 위 예약완결권을 1985.3.26.부터 행사하기로 합의하였다.

甲은 1992.8.6. 매매예약 완결권을 행사하여 위 가등기에 기한 본등기절차의 이행을 소구하였다. 그러자 乙은 반소로서, 매매예약 완결권이 제척기간의 도과로 소멸하였으므로 위 가등기는 원인이 소멸되었다고 하여 가등기의 말소를 청구하였다. 이에 대하여 甲은 위 예약완결권을 1985.3.26.부터 행사하기로 합의하였으므로 행사기간은 그때로부터 진행하고, 따라서 아직 그 기간이 만료되지 않았다고 항변하였다.

| **판지** | 매매의 일방예약에서 예약자의 상대방이 매매예약 완결의 의사표시를 하여 매매의 효력을 생기게 하는 권리, 즉 매매예약의 완결권은 일종의 형성권으로서, 당사자 사이에 그 행사기간을 약정한 때에는 그 기간 내에, 그러한 약정이 없는 때에는 그 예약이 성립한 때로부터 10년 내에 이를 행사하여야 하고, 그 기간을 지난 때에는 예약완결권은 제척기간의 경과로 인하여 소멸하는 것이다. 제척기간은 권리자로 하여금 당해 권리를 신속하게 행사하도록 함으로써 법률관계를 조속히 확정시키려는 데 그 제도의 취지가 있는 것으로서, 소멸시효가 일정한 기간의 경과와 권리의 불행사라는 사정에 의하여 권리소멸의 효과를 가져오는 것과는 달리 그 기간의 경과 자체만으로 곧 권리소멸의 효과를 가져오게 하는 것이므로, 그 기간 진행의 기산점은 특별한 사정이 없는 한 원칙적으로 권리가 발생한 때이고, 당사자 사이에 위와 같이 위 매매예약 완결권을 행사할 수 있는 시기를 특별히 약정한 경우에도 그 제척기간은 당초 권리의 발생일로부터 10년간의 기간이 경과되면 만료되는 것이지 그 기간을 넘어서 위 약정에 따라 권리를 행사할 수 있는 때로부터 10년이 되는 날까지로 연장된다고 볼 수 없다. 따라서 원·피고 사이

에 위와 같은 매매예약 완결권의 행사시기에 관한 합의가 있었다 하여, 그 제척기간이 그 약정시기인 1985.3.26.부터 10년이 경과되어야 만료된다고 할 수 없다.

- ■ 쟁 점

  이 사안은 甲이 乙과 사이에서 대물변제의 예약을 하고 다만 일정시기 이후에 예약완결권을 행사하기로 약정한 경우에, 甲의 예약완결권의 행사기간 그리고 이의 기산점이 문제된 것이다.

- ■ 검토할 사항

  □ 판결은 甲의 예약완결권의 행사기간 그리고 이의 기산점을 어떻게 해석하였는가? 그리고 그 근거는 무엇인가?

  □ 법률은 예약완결권에 관하여 제척기간을 규정하지 않음에도 판례와 다수설은 이를 인정한다. 그러나 이를 부인하는 견해도 있다. 양 입장의 논거는 무엇인가?

  □ 판례와 다수설은 예약완결권의 행사기간을 제척기간이라고 한다. 그러나 이를 소멸시효기간이라고 하는 견해도 있다. 양 입장의 논거는 무엇인가?

- ■ 관련사례

  □ 민법 제564조의 일방예약이 성립하기 위해서는 예약에 터잡아 맺어질 본계약의 요소가 되는 내용이 확정되어 있거나 적어도 확정될 수 있어야 하는가? (대판 1988.2.23. 86다카2768. 그 외에 대판 1993.5.27. 93다4908,4915,4922)

  □ 예약목적물인 부동산을 인도받은 경우에도 매매예약 완결권이 제척기간의 경과로 소멸하는가? (대판 1992.7.28. 91다44766,44773; 대판 1997.7.25. 96다47494, 47500)

  □ 예약완결권에는 시효의 중단이 인정되는가? 즉 예약의무자가 예약권리자에게 목적토지에 대한 후자의 지분을 인정하는 합의각서를 작성하여 준 경우에, 이때부터 행사기간이 다시 진행하는가? (대판 2003.1.10. 2000다26425)

  □ 매매예약완결권의 제척기간이 도과하였는지 여부는 소위 직권조사 사항으로서 이에 대한 당사자의 주장이 없더라도 법원이 당연히 직권으로 조사하여 재판에 고려하여야 하는가? (대판 2000.10.13. 99다18725)

- ■ 참고문헌

  □ 김학동, 형성권에 관한 제척기간, 판례월보 322호(1997.7.), 7-13.

  □ 양창수, 매매계약완결권의 행사기간의 기산점, 인권과 정의 241호(1996.9.), 130-141.

## II. 계약금

### 대판 2006.2.10. 2004다11599

| 사안 |  건설회사 甲(원고)은 2001.11.13. 종중 乙(피고)로부터 이 사건 토지를 대금 135억 2,820만원(평당 105만원)에 매수하면서, 계약금 13억 5,282만원은 당일 지급하였으며, 중도금 40억 5,846만원은 2002.4.13.에, 잔금 81억 1,692만원은 2002.9.13.에 각 지급하기로 하였다. 그리고 계약 내용에는 다음과 같은 점이 담겨 있었다: "甲이 중도금 지급기일까지 중도금을 지급하지 못할 때에는 본 계약은 당연히 해지되며, 甲은 계약금을 포기하고 계약금은 乙에게 귀속키로 하고, 乙이 계약 개시일 이후 사업추진에 필요한 서류거부 지연 등 본 계약을 위반한 때에는 乙은 甲에게 위약금으로 본 토지매매 계약금 및 甲이 본 사업의 추진을 위하여 투입한 금액을 배상키로 한다."

이 사건 토지는 공항 주위에 위치하여 고도제한을 받을 뿐만 아니라, 진입로가 없는 맹지이고 게다가 인·허가 제한까지 받고 있는 상황이어서 주택신축사업의 추진이 쉽지가 않아, 乙은 여러 차례 매수인들과 계약을 체결하려 하였으나 번번이 무산된 바 있다. 그런데 고도제한 완화에 대한 주민들의 요청이 계속되었고 "당국에서 이를 검토중이며, 조만간 완화될 것이다"라는 소문이 위 매매계약 이전부터 계속 퍼져 있었다. 甲은 아파트 신축사업을 추진하기 위하여 매매계약을 체결하였는데, 계약체결 후 이 사건 토지로 진입할 수 있는 진입로로 사용하기 위하여 그 주변 토지를 26억 5천만원에 매수하였고, 아파트 건립을 위한 설계비로 6억원 정도를 지출한 바 있다.

그런데 2002.1.2.경 국방부 장관의 고도제한조치 완화방침이 발표되었다(그 후 2002.8.26. 군용항공기지법이 개정되어 비행안전구역에서의 건축물의 고도제한이 지표면으로부터 12m 높이에서 45m 높이로 완화되었다). 그러자 乙의 대표자는 위 발표로 이 사건 토지의 가치가 급격하게 상승하였음을 이유로 2002.1.9.경 甲에게 매매대금의 증액을 요청하였는데, 甲 측은 구체적인 답변 없이 구두로 "검토해 보겠다"는 취지의 답변만 하였다. 다만 위 증액요청에서는 구체적인 금액을 제시하지 않았으며, 위 요청은 종중 이사회의 결의에 기한 것도 아니며, 단지 식사를 하는 자리에서 구두로 한 것이었다.

甲은 2002.2.20. 예고없이 乙의 종중 사무실을 방문하여 중도금으로 수표를 제시하면서 수령을 요구하였으나, 乙은 수령을 거절하였다. 이에 甲은 "중도금을 제공한 사실을 명확히 하겠다"고 하면서 위 수표 2장을 복사한 다음 거기에 乙의 서명을 받아갔고, 같은 날 乙에게 "매수인 측이 제공한 중도금 전액을 즉시 수령할 것과 인·허가용 토지사용승낙서를 발급하여 줄 것을 요청한다"는 취지의 내용증명을 보냈다. 그리고 甲은 다음 날 乙을 상대로 이 사건 토지에 관하여 처분금지가처분 신청을 하여 2002.2.26. 그 가처분등기가 경료되었다.

乙은 2002.2.22. 종중 이사회를 개최하여 매매계약을 해제하기로 결의한 후, 2002.2.25. 계약금 배액을 공탁하고 甲에게 매매계약의 해제를 통지하였다. 그리고 乙은 다시 2002.4.10.에 개최된 종중 이사회에서 매매대금을 15억원~20억원 정도 증액하여 주면 재계약을 하기로 결의하고, 그 내용을 甲에게 통보하였다. 그러나 甲은 중도금 지급기일 하루 전인 2002.4.12. 중도금을 공탁하였다. 그리고 甲은 乙을 상대로 잔금을 수령함과 동시에 이 사건 토지에 관하여 매매를 원인으로 한 소유권이전등기절차를 이행하라는 소를 제기하였다. 이에 대하여 乙은 제565조 1항에 의하여 계약금의 배액을 공탁하여 매매계약을 적법하게 해제하였다고 항변하였다.

그 외의 사정으로, 乙은 2002.5.22. 위 토지를 A(소외 1)에게 199억 7,020만원에 매도하였다가, 계속 지가가 상승하자 2003.9.8. B(소외 2)에게 283억 4,480만원에 매도하고 A에게 계약을 해제하니 계약금 배액을 수령하라는 통지를 하였다.

**| 소송의 경과 |** 1. 제1심 판결(원고 패소)

이 사건 매매계약을 체결한 이후 고도제한 해제라는 이 사건 토지의 가치를 증가시킨 중대한 사정변경이 발생하였고, 이에 피고가 원고에게 대금의 증액을 요청하자 원고 담당자가 비록 구두이기는 하나 검토해 보겠다는 취지로 답변하여 피고로 하여금 교섭 결과에 따라 매매대금이 어느 정도 상향될 것으로 기대하게 한 점, 고도제한조치 완화로 인해 이 사건 토지의 가치는 약 60~70억원 정도 상승하여 원고와의 협상이 원활치 않을 경우 피고가 계약금의 배액을 공탁하고 계약을 해제하는 방법도 고려하였을 것으로 보이고 원고도 이를 충분히 예상할 수 있었던 점, 원고가 사전 약속 없이 40억원이 넘는 거액을 중도금 지급기일을 1달 이상 앞둔 시점에 지급하고자 하면서 그 수령을 거절하자 이를 제공하였다는 증거를 남기기 위해 그 수표 사본에 피고 종중 총무의 서명을 요구하는 것은 극히 이례적인 일에 속하여, 실제로 이를 이행할 의사였다기보다는 이행의 착수를 통하여 피고로 하여금 계약금 배액 공탁에 의한 해제권 행사를 봉쇄할 의도였던 것으로 보이는 점 등, 이 사건 토지의 시가와 사정변경에 따른 가치의 변화, 피고의 증액요구에 대한 원고의 반응 및 원고의 중도금 이행제공의 경과 등 이 사건에 나타난 여러 사정을 종합해 보면, 이 사건 중도금 지급기일은 원고와 피고가 대금증액에 관하여 협의할 시간적 여유와 피고로 하여금 계약해제 여부를 결정할 숙려기간의 의미를 갖는 것으로서 피고를 위하여서도 기한의 이익이 있다고 봄이 상당하고, 원고는 피고의 의사에 반하여 지급기일 전에 이행에 착수할 수 없다고 보아야 할 것이므로, 원고의 중도금 이행제공은 이행의 착수로서 효력이 없고, 결국 피고가 2002.2.25. 계약금의 배액을 공탁하고 한 해제의 의사표시는 적법하다.

2. 원심판결(원고 승소)

(1) 원고의 기일 전의 중도금 제공이 이행의 착수에 해당하는가?

"계약은 유지되어야 한다"는 계약법상의 대원칙과 아울러 계약의 구속력을 강화시키기 위하여 계약금을 수수한다는 당사자의 의사를 고려하고, 이와 모순되는 민법 제565조의 해약금 제도는, 불가피하게 계약에서 벗어나야만 하는 측의 해제권 행사를 최소한 보장하는 범위 내에서만 목적론적으로 해석하여야 하므로, '이행의 착수'의 개념은 완화하여 해석하여야 하는바, 원고가 사전통보 없이 불시에 피고 종중 사무실을 방문하였다거나, 피고 대표자가 현장에 없었고 단지 전화로 연결되었다거나, 중도금 전액이 현금으로 제공된 것이 아니었다거나 하는 사유들은, 원고가 '중도금 전액을 제공함으로써 이행에 착수하였다'고 인정하는 데에 아무런 장애가 되지 않는다(이는 원고가 아파트 신축사업을 위해 매매계약을 체결하였는데, 계약 체결 후 맹지인 토지로 진입할 수 있는 진입로로 사용하기 위해 주변 토지를 매수하고 설계비를 지출한 점을 감안해 보면 그 결론의 정당성을 더욱 확고하게 한다).

따라서 원고가 이행에 착수하였다고 인정되는 이상, 피고는 더 이상 계약금 배액 공탁이라는 방법으로 해제권을 행사할 수 없다.

(2) 이행의 착수로 인정된다 하더라도, 이행기 전에 이루어진 이행의 착수를 허용해서는 안 되는 '특별한 사정'이 피고에게 있는지 여부

① 피고가 해제권을 행사하게 된 이유가 단순히 고도제한조치 완화라는 우연한 사정이 후발적으로 발생하여 그로 인하여 이 사건 토지의 시가가 급격히 상승하였다는 사정 이외에는 별다른 계약 존속을 위협하는 불가피한 사정은 없는 점, ② 고

도제한조치 완화방침도 갑작스럽게 이루어진 것이 아니라 계속적으로 소문이 있었고 피고도 이를 알고 있었던 상황인 점, ③ 그와 같은 시가상승만을 이유로 피고가, 이 사건 매매계약을 해제하겠다거나 계약금의 배액을 지급하겠으니 이를 수령하라는 등의 아무런 의사표시나 그 이행제공도 없이, 단순히 원고에게 위 고도제한조치 완화방침 발표 후 불과 7일 만에 매매대금의 증액을 요청한 것 자체가, 자유로운 의사에 기하여 체결한 계약의 구속력을 인정하여야 하는 민법 원칙에 어긋나 부당한 것이므로, 원고가 이를 수용하지 않았다거나 확답을 하지 않은 것에 어떠한 잘못이 있다거나 신의칙에 위배된다고도 볼 수 없는 점, ④ 피고로서는 고도제한조치 완화방침 발표(2002.1.2.) 이후에 원고와의 협상이 원활치 않을 경우 계약금의 배액을 공탁하고 계약을 해제하는 방법도 고려하고 있었을 것이므로, 원고가 이행에 착수하기(2002.2.20.) 전에 스스로 먼저 해제권을 행사할 충분한 시간이 있었음에도 불구하고 이를 행사하지 않은 점, ⑤ 비록 원고가 사전약속 없이 40억 원이 넘는 거액을 중도금 지급기일을 한 달 이상 앞둔 시점에 지급하고자 한 것이 다소 이례적이기는 하나, 계약을 유지하고자 하는 원고로서는 적극적으로 이행에 나아가는 것만이 당시 취할 수 있는 최선의 방법이었던 점, ⑥ 피고는 시가상승을 이유로 이 사건 매매계약 이후에도 이 사건 토지에 관한 매매계약을 2차, 3차 거듭 체결하고 이 사건에서와 같이 계약금 배액상환이라는 동일한 방법으로 중복된 계약을 해제하는 등, 해약금 제도를 이용하여 스스로 체결한 계약의 효력을 계속 상실시키고 있는 점 등을 종합하여 보면, 이 사건에서 단지 시가상승이라는 이유만으로는 이 사건 매매계약의 체결 후 그 기초적 사실관계가 변경되었다고는 볼 수 없어 '피고를 당초의 계약에 구속시키는 것이 특히 불공평하다'거나 '피고에게 계약내용 변경요청의 상당성이 인정된다'고 할 수 없고, 그 밖에 원고에 의한 이행기 전의 이행의 착수가 허용되어서는 안 될 만한 불가피한 사정이 있었다고도 판단되지 않는다.

| 판지 |  민법 제565조가 해제권 행사의 시기를 당사자의 일방이 이행에 착수할 때까지로 제한한 것은 당사자의 일방이 이미 이행에 착수한 때에는 그 당사자는 그에 필요한 비용을 지출하였을 것이고, 또 그 당사자는 계약이 이행될 것으로 기대하고 있는데 만일 이러한 단계에서 상대방으로부터 계약이 해제된다면 예측하지 못한 손해를 입게 될 우려가 있으므로 이를 방지하고자 함에 있고, 이행기의 약정이 있는 경우라 하더라도 당사자가 채무의 이행기 전에는 착수하지 아니하기로

하는 특약을 하는 등 특별한 사정이 없는 한 이행기 전에 이행에 착수할 수 있다.

원심은 여러 가지 사실을 종합적으로 고려하여, 매수인측인 원고가 이행기 이전인 2002.2.20. 중도금 전액을 자기앞수표로 마련하여 피고 종중 사무실에 찾아가 피고 종중의 총무에게 이를 지급하려고 하였고, 피고 대표자 및 총무가 그 수령거절의 의사를 분명히 표시한 이상, 원고가 '중도금 전액을 제공함으로써 이행에 착수하였다'고 인정되므로, 피고는 더 이상 계약금 배액 공탁이라는 방법으로 해제권을 행사할 수 없다고 판단하였다.

나아가 원심은 여러 가지 사정을 고려하여 원고에 의한 이행기 전의 이행의 착수가 허용되어서는 안 될 만한 불가피한 사정이 있다고도 할 수 없다고 판단하였다.

위의 법리에 비추어 보면, 원심의 이러한 판단은 정당하여 그 판단에 이행의 착수에 관한 법리나, 이행기 전에는 이행에 착수할 수 없는 특별한 사정에 관한 법리를 오해한 위법이 없다. 그러므로 상고를 기각한다.

- **쟁  점**

  토지매매계약이 체결된 이후에 고도제한을 완화한다는 발표가 있자 매도인이 구두로 매매대금의 증액을 요청하였는데, 매수인은 이에 대한 확답 없이 며칠 후 이행기 이전에 중도금을 제공한 경우에, 이행의 제공이 있은 것이 되어 매도인은 계약을 해제할 수 없는가 하는 점이 문제된 것이다.

- **검토사항**

  □ 민법 제565조에서 해제권 행사의 시기를 당사자의 일방이 이행에 착수할 때까지로 제한한 취지는 무엇인가? 그리고 '이행의 착수'의 개념은 완화하여 해석해야 하는가? 그 이유는 무엇인가?

  □ 이행기의 약정이 있는 경우, 이행기 전에 이행에 착수할 수 있는가?

  □ 甲이 중도금 기일 전에 중도금을 제공한 것이 이행의 착수에 해당한다고 한 이유, 그리고 이행기 전의 이행(제공)은 특별한 사정이 있는 때에는 이행의 착수로 인정되지 않는 바, 이 사안에서 그러한 특별한 사정이 없다고 한 이유 등을 정리하시오.

  □ 판결에 대한 각자의 의견을 정리하시오.

- **관련사례**

  □ 한국토지공사(갑)가 1990.6.22. 을에게 토지를 34억여원에 매도하였는데, 갑의 감사실로부터 위 매매계약이 부당하다는 지적이 있어 갑이 을과 합의해제를 꾀

하였으나 실패하였다. 그리하여 갑이 1990.7.13. 을에게 "제565조에 의거 계약해제를 통지하니 계약보증금의 2배에 해당하는 변제금을 동년 7.18.까지 수령하라, 변제금을 기한내에 미수령시는 공탁처리한다"고 하는 해제통지와 함께 공탁금 수령을 위한 제반서류를 발송하였다. 그러자 을이 7.16. 중도금의 일부(13억 중 2억원)를 갑의 거래은행에 무통장입금하였으며, 갑은 위 통지에 따라 7.19.에 해약금을 공탁하였다. 을은 중도금 지급 후에 갑이 제565조에 기하여 해제하였으므로 그 해제는 효력이 없다고 주장하였다. 타당한가? (대판 1993.1.19. 92다31323)

□ 매매당사자 간에 계약금을 수수하고 계약해제권을 유보한 경우에, 매도인이 계약금의 배액을 상환하고 계약을 해제하기 위해서는 계약해제의 의사표시 외에 계약금 배액의 이행의 제공이 있으면 족한가, 아니면 만약 상대방이 이를 수령하지 않으면 이를 공탁해야 하는가? (대판 1981.10.27. 80다2784; 대판 1992.5.12. 91다2151)

□ 민법 제565조의 해약권은 당사자 간에 다른 약정이 없는 경우에 한하여 인정되는 것이고, 당사자는 제565조의 해약권을 배제하기로 하는 약정을 할 수 있는가? (대판 2009.4.23. 2008다50615)

□ 매매계약에서 매수인이 계약금을 지급하되 매도인이 계약을 위반하였을 때에는 그 배액을 배상받고, 매수인이 계약을 위반하였을 때에는 계약금을 포기하여 반환을 청구하지 않기로 약정하였으나, 매수인이 당시 계약금을 미처 준비하지 못하였던 관계로 일단 계약금을 지급하였다가 되돌려 받아 보관하고 있는 것으로 처리하기로 하여 계약금 상당액의 현금보관증을 작성하여 매도인에게 교부한 경우에, 만약 그 후 매수인이 계약을 위반하였다면 실제로 계약금을 지급하지 않았다 하더라도 약정한 위약금을 지급할 의무가 있는가? (대판 1999.10.26. 99다48160)

□ 당사자가 계약금의 일부만을 먼저 지급하고 잔액은 나중에 지급하기로 약정하거나 계약금 전부를 나중에 지급하기로 약정하였으나 교부자가 계약금의 잔금이나 전부를 약정대로 지급하지 않은 경우에, 계약금계약은 성립하지 않는가? (대판 2008.3.13. 2007다73611)

□ 유상계약을 체결함에 있어서 계약금이 수수되었으나 이를 위약금으로 하기로 하는 특약이 없는 경우에, 만약 계약이 당사자 일방의 귀책사유로 인하여 해제되면 상대방은 계약불이행으로 입은 실제 손해만을 배상받을 수 있을 뿐인가, 아니면 제565조에 따라 계약금이 위약금으로 되어 상대방에게 당연히 귀속되는가? (대판 1996.6.14. 95다54693; 대판 1992.11.27. 92다23209; 대판 2006.1.27. 2005다52078,52085)

□ 매수인이 계약금을 지급한 경우에는, 매도인의 이행착수가 없더라도 매수인은 매매계약을 해제할 수 없는가? (대판 2000.2.11. 99다62074)

■ 참고문헌

□ 고재민, 민법 제565조의 해제권 행사와 이행의 착수, 판례연구 19집, 2008, 535-570, 부산판례연구회.

□ 남효순, 계약금약정에 관한 몇 가지 쟁점, 서울대 법학 39권 2호(107호), 1998, 265-295.

□ 홍성무, 민법 제565조 제1항에 의한 이행의 착수와 이행기의 약정, 대법원판례해설 19-1호, 1993, 139-149.

# 제2항 매매의 효력

## Ⅰ. 일 반

### 대판 2004.4.23. 2004다8210

| 사안 | 甲(원고)이 2001.11.27. 乙(피고들)로부터 이 사건 토지와 건물을 매수하였으며(58억원), 계약금 중 일부는 계약 당일에 지급하였고, 나머지 계약금은 2001.11.30.까지, 중도금은 2002.1.20.에 지급하기로 하고, 잔금은 甲 명의로 소유권이전등기를 마친 후 시중은행의 대출을 받아 2002.4.30.에 지급하기로 하되, 乙은 甲에게 잔금 지급기일인 2002.4.30.까지 토지와 건물을 명도하여 주고, 잔금 지급기일은 은행의 대출절차에 따라 지연될 수 있으므로 쌍방 협의로 조정할 수 있도록 하면서, 乙은 계약금을 수령함과 동시에 토지와 건물에 관하여 甲 앞으로 가등기에 필요한 제반 서류와 등기에 관한 사항에 적극 협조하기로 약정하였다. 이에 따라 甲은 乙에게 약정대로 계약금 중 나머지 및 중도금을 지급하였고, 乙의 요청에 따라 잔금 중 일부를 乙 명의의 은행 계좌로 2002.2.5.에 입금하였다.

그런데 乙이 2002.4.30.까지 甲에게 토지와 건물을 명도하여 주기로 약정하였음에도 불구하고, 이를 이행하지 않고 있다. 그리하여 甲이 乙에게 매매잔대금을 더 이상 지급하지 않았으며, 나아가 乙에 대하여 소유권이전등기절차의 이행 및 4.30. 이후의 차임 상당액의 손해배상을 청구하였다. 이에 대하여 乙은 甲으로부

터 잔대금을 지급받을 때까지는 甲에 대한 소유권이전등기절차의 이행을 거절한 다는 동시이행의 항변을 제기하였다.

| 판지 |  1. 원심은, 원고의 잔대금지급의무와 피고의 소유권이전등기절차이행의 무가 동시이행의 관계에 있다고 인정하기에 부족하다고 하여 피고의 동시이행의 항변을 배척하였는바, 원심의 위와 같은 판단은 정당하다.

2. 원고의 손해배상청구 부분에 관하여

(1) 원심은, 피고들이 2002.4.30.까지 원고에게 이 사건 토지와 건물을 명도하여 주기로 약정하였음에도 불구하고, 이를 이행하지 아니한 사실을 인정한 다음, 특별 한 사정이 없는 한 피고들은 연대하여 원고가 이 사건 토지와 건물을 명도받지 못 하여 사용·수익하지 못함으로써 입은 손해를 배상할 책임이 있고, 피고들의 명도 의무 불이행으로 인하여 원고가 입은 통상의 손해는 특별한 사정이 없는 한 이 사 건 토지와 건물의 차임 상당액이라고 하여, 원고의 위 청구를 일부인용하였다.

(2) 그러나 원심의 위와 같은 판단은 다음과 같은 이유에서 수긍할 수 없다.

민법 제587조에 의하면, 매매계약 있은 후에도 인도하지 아니한 목적물로부터 생긴 과실은 매도인에게 속하고, 매수인은 목적물의 인도를 받은 날로부터 대금의 이자를 지급하여야 한다고 규정하고 있는바, 이는 매매당사자 사이의 형평을 꾀하 기 위하여 매매목적물이 인도되지 아니하더라도 매수인이 대금을 완제한 때에는 그 시점 이후의 과실은 매수인에게 귀속되지만, 매매목적물이 인도되지 아니하고 또한 매수인이 대금을 완제하지 아니한 때에는 매도인의 이행지체가 있더라도 과 실은 매도인에게 귀속되는 것이므로, 매수인은 인도의무의 지체로 인한 손해배상 금의 지급을 구할 수 없다고 할 것이다.

원심이 적법하게 확정한 바와 같이, 피고들이 2002.4.30.까지 원고에게 이 사건 토지와 건물을 명도하여 주기로 약정하였음에도 불구하고 이를 이행하지 아니하 였다고 하더라도, 원고가 피고들에게 매매잔대금을 전부 지급하였다는 입증이 없 는 이 사건에서 특별한 사정이 없는 한 매수인인 원고는 매도인인 피고들에 대하 여 매매목적물의 인도의무의 이행지체를 원인으로 한 손해배상을 청구할 수는 없 다고 보아야 한다.

■ 쟁 점

이 사안에서는 잔금기일까지 매도인이 목적부동산을 명도하기로 하였으나 이를 이행하지 않은 경우에, 매수인의 잔금지급의무와 매도인의 부동산명도의무가 동시이행관계에 있는가, 그리고 매도인이 명도하지 않으면 매수인은 대금을 완납하지 않았더라도 손해배상을 청구할 수 있는가 하는 점이 문제된 것이다.

■ 검토할 사항

▫ 통상적으로는 매수인의 잔금지급의무와 매도인의 부동산명도의무는 동시이행관계에 있다. 그런데 이 사안에서 판결이 이를 부인한 이유는 무엇인가?

▫ 통상적으로는 매도인이 부동산명도의무를 이행하지 않으면 그로 인한 손해배상책임을 진다. 그런데 이 사안에서 판결이 이를 부인한 이유는 무엇인가?

■ 관련사례

▫ 갑이 소유 부동산을 을에게 매도하였는데, 당시에 이를 A가 점유하면서 가등기를 해 둔 상태여서, 갑은 중도금기일까지 위 가등기를 말소하고, 잔금지급기일에 이전등기를 경료하고도 A가 부동산의 명도를 거부할 때에는 을이 갑의 비용으로 을 명의로 A를 상대로 명도청구의 소를 제기하여 부동산을 명도받기로 약정하였다. 그 후 A가 위 부동산을 명도하지 아니할 의사를 분명히 하자, 갑·을은 중도금 지급과 동시에 을에게 A의 가등기 말소 대신 미리 소유권이전등기를 경료하였고, 을은 A를 상대로 명도소송을 제기하여 승소판결을 받고 위 부동산을 명도받음과 아울러 임료상당 부당이득금을 지급받았다. 그런데 을이 잔대금 지급기일에 이를 지급치 않았으며, A로부터 위 부당이득금을 수령한 사실도 알리지 않았다. 그리하여 갑이 잔금지체로 인한 손해배상 및 A로부터 받은 임료상당 부당이득금의 반환을 청구하였다. 이에 대하여 을은 잔금지급 전이라도 이미 을 명의로 소유권이전등기가 경료된 이상 위 부동산으로부터 발생하는 과실의 수취권은 자신에게 있다고 하면서 후자의 지급을 거절하였다. 을의 주장은 타당한가? (대판 1992.4.28. 91다32527)

▫ 갑이 을에게 부동산을 팔고 대금완납 이전에 이전등기를 경료하였는데, 을이 설정한 저당권이 실행되어 병이 이를 경락받고, 갑에 대하여 위 부동산의 인도를 청구하였다. 갑은 유치권에 기해서 이의 인도를 거절할 수 있는가? (대결 2012.1.12. 2011마2380)

▫ 부동산매매에서 부동산의 명도의무도 잔대금지급의무와 동시이행의 관계에 있는가? (대판 1980.7.8. 80다725)

▫ 매도인이 말소하여야 할 매매목적물상의 근저당권을 말소하지 못한 경우, 매수인이 대금지급을 거절할 수 있는 범위는 어떠한가? (대판 1996.5.10. 96다6554)

■ 참고문헌

▫ 김호윤, 부동산매매에 있어 목적물의 인도 전에 미리 매수인 명의로 소유권 이전

등기가 경료된 경우 과실의 수취권자, 대법원판례해설 17호, 1992, 369-374.

□ 명순구, 부동산매매목적물로부터 발생한 과실: 그 수취권의 판단, 고려법학 36 호, 2001, 371-390, 고려대학교 법학연구원.

## II. 담보책임

### 1. 권리의 하자

#### (1) 타인의 소유인 경우

⑺ 손해배상의 범위

### 대판(전) 1967.5.18. 66다2618

**| 사안 |**  甲(원고)이 1961.3.22. 乙(피고)로부터 밭 67평을 3,000원에 매수하고 대금을 완납하였다. 그리고 甲은 위 토지를 택지로 조성하였다. 그런데 이 토지는 A의 소유인데, 乙이 이를 자신의 소유로 잘못 알고 매도한 것이었다. 그리하여 乙이 이를 甲에게 이전해 주지 못할 이행불능 상태에 놓였다. 그리하여 甲이 위 매매계약을 해제하고, 乙에 대하여 손해배상을 청구하였다.

**| 원심 |**  피고는 원고에게 대하여 자기의 과실로 인하여 소유권이전등기의무를 이행하지 못함으로써 원고가 입은 손해를 배상해 줄 의무가 있다.

나아가 원고가 입은 손해액을 살펴 보면, 이 사건과 같은 토지매매에 있어서 매도인이 목적물의 소유권이전등기와 인도를 하지 못하게 됨으로써 채권자에게 손해를 배상하게 될 때에는 통상 계약 당시에 있어서 채권자가 대금으로 출연한 손해뿐만 아니라 시일의 경과에 따라 계약의 목적물의 시세가 앙등할 때에는 매도인이 계약 당시 이러한 사정을 예상하거나 또는 예상할 수 있을 때에는 손해액의 범위를 목적물의 시가 상당액으로 확장시킬 것인 바, 이 사건에서 피고는 그러한 사정을 알 수 있는 지위에 있다고 볼 것이며, 이 경우에 있어서 손해액의 범위를 정할 시기는 변론종결시의 가액을 표준으로 할 것이다. 변론에 나타난 제반 사정을 모두어 보면 피고가 원고에게 지급할 손해액은 50,000원으로 함이 상당하다.

**| 판지 |**  매매의 목적이 된 권리가 타인에게 속한 경우에 매도인이 그 권리를 취

득하여 매수인에게 이전할 수 없을 때에는 매매의 목적이 된 권리가 매도인에게 속하지 아니함을 알지 못한 매수인이 매도인에게 손해배상을 청구함에는 매도인은 계약이 완전히 이행된 것과 동일한 경제적 이익을 배상함이 상당할 것이므로, 그 손해는 매수인이 입은 손해뿐만 아니라 얻을 수 있었던 이익의 상실도 포함된다고 해석할 것이다.

따라서 이 견해에 배치되는 대법원 1960.4.21. 선고 1961민상 제385호 사건에 표시된 본원의 견해를 변경한다.

위 경우의 손해액의 산정은 일반 채무불이행으로 인한 손해배상액의 확정시기와 마찬가지로 원칙으로 매매의 목적이 된 권리를 취득하여 이전함이 불능하게 된 때의 싯가를 표준으로 하여 결정할 것이고, 원고가 피고에게 매매계약을 이행할 의사가 없음이 명백하다고 하여 매매계약의 해제를 전제로 이행에 대신하는 전보배상을 청구하는 본건에 있어서, 매도인이 본건 토지의 소유권을 취득하여 매수인에게 이전하지 못하므로 매매계약이 해제된 경우에는 매수인은 해제시까지는 목적물의 급여청구권을 가지며 해제에 의하여 비로소 이 청구권이 상실되므로 특별한 사정이 없는 한 매수인이 받을 이행에 대신하는 손해배상액은 해제 당시의 목적물의 시가를 표준으로 하여 결정할 것이고, 원심과 같이 경제적 일반 추세에 따르는 목적물 시세 앙등사정은 당사자에게 당연 예견 또는 예견가능성이 있다는 전제로 변론종결 당시의 시가에 의하여 손해액을 산정할 것이 아니다.

- ■ 쟁 점
  위 판결에서는 추탈담보책임에서의 손해배상청구권의 범위가 문제되었다.

- ■ 검토할 사항
  - □ 손해배상 범위를 이행이익의 손해라고 하는 이유는 무엇인가?
  - □ 목적물 가액 상당액이 이행이익의 손해인가?

- ■ 관련사례
  - □ A가 B에게 토지를 매각하고 이전등기를 경료하였는데 그 후 C가 제기한 소송에서 위 토지가 C의 소유임이 밝혀져, A가 B에게 제570조에 의하여 손해배상의무를 지게 되었는데, 원심은 A의 이행불능으로 인한 손해배상은 불법행위로 인한 손해배상과 차이가 없다고 전제하고, B가 위 토지를 A의 소유로 믿고 이를 매수하기 위하여 출연한 금액, 즉 B가 지급한 매매대금이 B가 입은 손해액이라고 판

단하였다. 이의 판단은 타당한가? (대판 1993.1.19. 92다37727)

▫ 원래 A市의 소유인 토지를 국가 소속 기관(B)이 이를 C에게 매도하였고, C는 B의 동의를 얻어 이를 갑(원고)에게 매각하여 갑이 원래 받던 위 토지에 뽕나무를 심고 잠실과 주택을 건축하여 사용하였는데, A가 위 토지를 H에게 매도하여 갑이 위 토지를 추탈당하였다. 그리하여 갑이 매매계약을 해제하고 국가에 대하여 손해배상으로서 해제 당시의 토지의 시가 그리고 토지상의 뽕나무와 건물 등의 철거로 인한 손해 등을 청구하였다. 타당한가? (대판 1973.3.13. 72다2207)

■ 참고문헌

▫ 남효순, 타인권리의 매매와 매도인의 담보책임, 고시계 39권 6호(448호) (1994.5.), 112-132.

▫ 김학동, 매도인의 담보책임, 사법연구 5집, 2000, 81-154, 청헌법률문화재단.

⒝「이전할 수 없는 때」의 의미

## 대판 1981.5.26. 80다2508

| 사안 |  A가 甲(피고)으로부터 X 등 수 개 필지의 토지를 매수하고 이전등기를 마친 후, 이를 乙에게 전매하였다. 그런데 이 중 X토지는 A와 甲 간의 위 계약체결 이전인 1977.3.25. 이미 특별법에 의거하여 국가의 수용결정이 있었다. A가 甲에게 매수토지 중 X토지의 평수에 상당하는 대금의 감액을 요구하였으나, 甲은 X토지에 대한 보상금이 지급되지 않았고 X토지가 아직도 등기부상 자신의 명의로 남아 있다는 이유를 들어 A의 감액요구를 거부하였다. 그리고 甲은 A에게 매매대금의 이행을 최고한 뒤 1978.3.29. 계약을 해제하기에 이르렀고, 반면에 A는 甲이 계속 자신의 감액요구를 거부하므로 (매매대금 중 감액을 주장하는 액수를 제외한 나머지의) 매매대금을 공탁하였다. 그리고 乙이 A와 甲 간의 매매계약이 유효하게 존속함을 전제로 해서 A를 대위하여 甲에게 위 토지에 대하여 이전등기를 청구하였다. 이에 대하여 甲은—먼저 자신와 A간의 이 사건 계쟁토지를 포함한 부동산매매계약은 A의 계약불이행으로 적법하게 해제되었다고 주장하고 그 외에—이 사건 매매목적물 중 일부 토지에 대한 수용결정이 있었다고 하더라도 그 대금이 토지소유자에게 지급되거나 기타의 방식으로 변제되기까지는 종전의 토지소유자가 그 소유권을 상실하는 것이 아니며, 또 매매목적물에 이와 같은 하자가 있었다고 하

더라도 그와 같은 사실을 알았거나 이를 알지 못하였음에 과실이 있는 매수인은 민법 제572조의 규정에 의한 계약의 해제나 감액청구를 할 수 없다고 주장하였다.

| 판지 |  1) 매매의 목적이 된 권리의 일부가 타인에게 속함으로 인하여 매도인이 그 권리를 취득하여 매수인에게 이전할 수 없을 때에는 매수인은 그 부분의 비율로 대금의 감액을 청구할 수 있고, 또 매수인이 잔존한 부분만이면 이를 매수하지 아니하였을 때에는 선의의 매수인은 계약 전부를 해약할 수 있다는 민법 제572조 제1항 및 제2항의 규정은 매매에 있어서 매수인의 보호를 위한 규정으로, 일반 사회거래 통념상 매수인에게 감액청구나 계약해제권을 행사시키는 것이 형평에 타당하다고 인정되는 정도의 이행장애만 있으면 이를 행사케 하는 것이 상당하다고 해석할 것이므로, 위 특별법에 의한 국가의 토지수용 결정이 있었다면 그 절차와 그 소유권이 언제 확정적으로 국가에 귀속되느냐를 가릴 필요없이 매매의 목적이 된 권리의 일부가 타인에 속함으로 인하여 매도인이 그 권리를 취득하여 매수인에게 이전할 수 없는 때에 해당한다고 할 것이다.

2) 소론 논지가 지적하는 매도인의 하자담보책임과 위의 감액청구권이나 계약해제권과는 그 요건을 달리하는 것으로, 선의·악의에 따라 그 권리행사의 제척기간의 기산이 다를 뿐 매수인의 일방적 의사에 의하여 감액청구 또는 계약해제를 하는 제572조 소정의 경우 제580조 단서 적용의 여지가 없음은 명문상 분명하다.

- 쟁 점

  위 판결에서는 매매목적 토지에 대하여 국가의 수용결정이 있으면 아직 그 소유권이 국가에 확정적으로 귀속되지 아니하였어도 매도인의 이전의무는 불능으로 되느냐, 그리고 매수인이 그러한 점을 알 수 있는 때에는 매도인의 담보책임이 배제되는가 하는 점이 문제되었다.

- 검토사항

  □ 제570조·제572조가 규정하는 "매도인이 그 권리를 취득하여 매수인에게 이전할 수 없는 때"(이전불능)의 의미를 살피시오.
  □ 목적물의 일부가 매도인의 소유가 아님을 매수인이 알았거나 알 수 있는 때에는, 매도인의 담보책임이 배제되어 매수인은 대금감액도 청구할 수 없는가?

- 관련사례

  □ 원인무효의 등기를 믿고 부동산을 매수한 자(갑)가 진정한 소유자(병)로부터 추

탈당하게 되자 생활터전인 부동산을 그대로 보유하기 위하여 병으로부터 이를 매수한 경우에, 매도인(을)의 이전의무는 불능으로서 따라서 갑은 을에 대하여 담보책임을 물을 수 있는가? (대판 1982.12.28. 80다2750)

□ 갑이 자신의 토지 및 A로부터 대물변제로서 받은 건물을 을에게 매각하고 토지에 관해서는 등기서류를 교부하고 건물에 관해서는 A로부터 교부받은 등기서류를 교부하였다. 을은 위 토지에 관해서는 곧 이전등기를 마쳤으나, 건물에 관해서는 등기를 미루다 인감증명의 유효기간이 지나 A에게 이의 재교부를 요구하였으나, A는 세금관계상의 이유로 이를 거절하였다. 그러는 사이에 A의 채권자 B가 위 건물에 강제집행을 하여, 을이 위 건물을 취득하지 못하게 되었다. 을은 갑에 대하여 제570조에 기한 담보책임을 물을 수 있는가? (대판 1979.6.26. 79다564)

□ 건물과 그 대지가 매매계약의 목적물인데 건물의 일부가 경계를 침범하여 이웃 토지 위에 건립되어 있는 경우에, 매도인이 그 경계 침범의 건물부분에 관한 대지부분을 취득하여 매수인에게 이전하지 못하는 때에는 매수인은 매도인에 대하여 민법 제572조를 유추적용하여 담보책임을 물을 수 있는가? (대판 2009.7.23. 2009다33570)

■ 참고문헌

□ 김성룡, 타인의 권리의 매매를 둘러싼 당사자들의 책임의 요건과 범위, 인권과 정의 213호(1994.5.), 69-83.

□ 박원철, 타인의 권리매매와 이행불능, 사법논집 5집, 1974, 147-175.

### (다) 추탈의 경우

#### 대판 1993.4.9. 92다25946

| 사안 |  이 사건 토지는 원래 일본인 A소유의 농지로서, 귀속재산처리법에 따라 소유권이 국가에게 귀속되었고, 6.25 사변 이후 상당기간까지 미육군 의료창의 부지로 사용됨으로써 그 무렵 이미 대지로 되어 농지개혁법의 분배대상의 농지가 될 수 없었다. 그럼에도 B가 위 토지의 公簿상의 지목이 여전히 답으로 되어 있음을 기화로, 자신이 自耕者인 것처럼 관계서류를 꾸며 농지분배신청을 하고 이를 분배받아 대금상환을 완료한 후 1957.12.24. 자기 명의로 소유권이전등기를 경료하였다. 그리고 B는 甲(피고)에게 이를 매각하고 1958.1.7. 甲 앞으로 소유권이전등기를 넘겨주었으며, 甲은 1960.11.1. C에게, C는 1967.6.5. 乙(원고)에게 이를 각각

매도하고 소유권이전등기를 넘겨주었다. 그리하여 乙이 그곳에서 자동차정비업을 해오고 있었다. 그런데 국가는 B가 위 대지를 부정하게 분배받은 사실을 알게 되어, B 명의의 등기와 이에 터잡은 甲·C·乙 명의의 각 등기가 모두 원인무효라는 이유로 이들을 상대로 말소등기청구소송을 제기하여 제1심에서 승소판결을 받았다. 그런데 甲과 C는 이 판결에 불복하지 않아, 이들에 대하여는 1981.1.6.에 위 판결이 확정되었다. 그러나 乙은 위 판결에 불복하여 상소하였으며, 결국 1989.4.11.에 대법원의 판결에 의하여 확정되었다. 그러자 乙이 C를 대위하여 甲에 대하여 담보책임에 기한 손해배상을 청구하였다.

소송에서는 甲의 손해배상의무 유무 및 이의 범위가 다투어졌다. 그 외에도 甲이 다음과 같이 항변함으로써 그 당부가 문제되었다.

① 乙과 매매계약을 체결할 때 이 사건 대지의 소유권이 자신에게 있지 아니함을 알지 못하였고 또 위 매매계약도 국가의 승소판결이 확정됨으로써 이행불능으로 되었으므로 자신도 제571조 제1항에 따라 위 매매계약을 해제할 수 있으며, 그리하여 甲 자신은 준비서면의 송달로 위 매매계약을 해제하였으니 乙은 해제로 인한 원상회복의무로서 대지인도의무를 지는 바, 이 의무와 자신의 손해배상의무는 동시이행의 관계에 서는 바, 따라서 乙이 대지를 인도하기 전에는 乙의 손해배상청구에 응할 수 없다.

② C는 피고 甲으로부터 이 사건 대지를 매수하고 소유권이전등기를 마친 1962.4.28.부터 이를 점유·사용하다가 1967.6.7. 원고인 乙에게 매도하여 원고가 즉시 그 명의로 소유권이전등기를 경료하고서 이를 인도받아 현재까지 점유·사용하여 오고 있고, 등기부취득시효에서는 전자의 점유기간은 물론 그 등기보유기간도 합산할 수 있으므로, 원고는 1962.4.29.부터 10년이 경과한 1972.4.29. 등기부취득시효가 완성되어 이 사건 대지의 소유권을 취득하였다 할 것이다. 다른 한편으로 비록 원고가 위 소송에서 패소확정판결을 받았다 하더라도 그 기판력은 말소등기청구권에만 미칠 뿐 소유권 자체에는 미치지 않는다. 그러므로 원고는 취득시효 완성을 근거로 국가를 상대로 이 사건 대지의 소유권확인 및 이를 전제로 하여 진정한 소유명의로의 등기회복을 원인으로 자신 앞으로 소유권이전등기를 구하는 소송을 제기하여 승소판결을 받을 수 있다. 그리고 이에 의하여 원고는 이 사건 대지의 소유권을 회복할 수 있으므로, 결코 소유권을 상실하였다고 할 수 없다. 따라서 소유권을 상실하였음을 전제로 하는 원고의 청구는 이유 없다.

| 판지 | 1. 원심은, 피고와 C, C와 원고 간에 체결된 각 매매의 목적물인 이 사건 대지는 각 매도인의 소유가 아니라 국가의 소유라는 사실이 드러난 만큼, 이들 매매는 결과적으로 민법 제569조에 정한 타인의 권리매매이므로, 각 매도인으로서는 각 매수인 앞으로 소유권이전등기가 경료되어 있는 이상 각 소유권이전등기가 말소되지 아니하고 유효하게 존속하도록 할 의무가 있으나, 이들 의무는 그 각 말소를 명하는 판결이 확정됨으로써 이행불능상태에 이르렀으므로, 각 매도인은 각 매수인에게 위 이행불능 당시 이 사건 대지의 시가 상당액을 배상할 책임이 있고, 원고는 채권자대위권에 터잡아 자신의 소외 C에 대한 손해배상채권을 보전하기 위해 C를 대위하여 그의 피고에 대한 손해배상채권을 자기 명의로 행사할 수 있다고 판단하고 나서, 그 손해액에 관하여는, 원고가 피고에 대하여 행사하는 손해배상채권은 C의 피고에 대한 그것이고, 그 구체적인 내용이 위 소송에서 C의 패소판결이 확정된 1981.1.6. 당시 이 사건 대지의 시가 상당액이라고 하였다.

이 사건과 같이, 부동산을 매수하고 소유권이전등기까지 넘겨받았지만, 진정한 소유자가 제기한 등기말소청구소송에서 매도인과 매수인 앞으로 된 소유권이전등기의 말소를 명한 판결이 확정됨으로써 매도인의 소유권이전의무가 이행불능된 경우, 그 손해배상액 산정의 기준시점은 위 판결이 확정된 때라 함이 당원의 확립된 견해이고, 또한 원고가 피고에 대해 행사하는 손해배상채권은 원고의 C에 대한 그것이 아니라 C의 피고에 대한 손해배상채권이고, 따라서 그 배상액은 피고와 C의 패소판결이 확정된 1981.1.6. 당시 이 사건 대지의 시가 상당액이라 할 것이므로, 원심의 이러한 판단은 정당하다.

2. 원심은 피고의 항변 ②에 대하여, 원고가 이 사건 대지의 소유권을 상실하는 손해는 원고가 위 소송에서 패소확정됨으로써 구체적, 확정적으로 발생하였고, 원고가 현재 피고 주장과 같은 소유권 회복방법을 취하지 않고 있을 뿐더러 가사 이러한 조치를 취하더라도 향후 판결이 어떻게 될지 확실히 예측할 수 없는 이상 위 손해가 없다고 할 수 없다는 이유로 이를 배척하였음은 옳고, 거기에 소론과 같이 기판력의 객관적 범위와 부동산의 시효취득에 관한 법리를 오해함으로써 피고의 주장에 대한 판단을 유탈한 위법은 없다.

3. 가. 원심은 피고의 동시이행 항변(①)에 대하여, 피고가 C와 매매계약을 체결할 때 이 사건 대지의 소유권이 자기에게 있지 아니함을 알지 못하였고 또 위 매매계약도 1981.1.6. 이행불능되었으므로, 피고는 민법 제571조 제1항에 따라 위 매

매계약을 해제할 수 있어 피고의 1991.7.4. 준비서면의 송달에 의한 해제는 적법하지만, 그로 인한 원상회복의무인 원고의 이 사건 대지의 인도의무와 피고의 담보책임인 이 사건 손해배상의무는 그 발생원인이 전혀 다른 점, 이 사건 대지를 종국적으로 점유할 자는 소유자인 국가이어서 피고로서는 인도를 받더라도 국가에 다시 인도하여 주어야 하므로 인도받을 실익이 없는 점, 그리고 위와 같은 여러 사정을 고려하여 민법 제583조도 위 양 의무에 관해서는 동시이행의 규정을 적용하지 아니하고 있는 점에 비추어 볼 때, 이들 의무는 동시이행의 관계에 있다고 할 수 없다는 이유를 들어, 이 항변도 배척하였다.

나. 민법 제583조는 매도인이 매매계약을 해제한 경우(민법 제571조)에는 민법 제536조를 준용한다는 명문을 두지 아니하고 있다. 따라서 매도인이 타인 소유의 부동산에 관하여 매매계약을 체결하고 이를 인도한 후 민법 제571조에 따라 매매계약을 해제한 경우에는 매수인의 목적물인도의무와 매도인의 손해배상의무 사이에 동시이행관계가 없다고 해석할 여지가 생길 수 있고, 원심도 이러한 이유를 들어 동시이행관계를 부정하므로, 그 당부를 살피기로 한다.

다. 민법 제571조의 취지는, 선의의 매도인에게 무과실의 손해배상책임을 부담하도록 하면서, 그의 보호를 위하여 특별히 해제권을 부여한다는 것인바, 그 해제의 효과에 대하여 특별한 규정은 없지만 일반적인 해제와 달리 해석할 이유가 전혀 없다. 왜냐하면 해제로 인하여 매매가 소급적으로 효력을 상실한 결과로서, 계약당사자에게 그 계약에 기한 급부가 없었던 것과 동일한 재산상태를 회복시키기 위하여는 매수인으로 하여금 인도받은 목적물 자체와 해제할 때까지 이를 사용함으로써 얻은 이익을 반환시킬 필요가 있는바, 이 결론은 매도인이 목적물에 관하여 사용권한을 취득하지 아니하고 따라서 매수인이 반환한 사용이익을 궁극적으로 정당한 권리자에게 반환하여야 할 입장이라 하더라도 아무런 영향이 없다고 할 것이기 때문이다. 그러므로 위 규정에 따라 매매계약이 해제되면, 매도인은 매수인에게 손해배상의무를 부담하는 반면에, 매수인은 매도인에게 목적물을 반환할 의무는 물론이고 목적물을 사용하였으면 그 사용이익을 반환할 의무도 부담한다 할 것이다.

라. 나아가 위와 같은 쌍방의 의무 사이에 동시이행관계가 있는지 여부를 살펴보면, 제583조의 취지는, 매도인은 민법 제583조에서 명시한 규정들에 터잡아 이미 지급받은 대금의 전부나 일부의 반환의무, 손해배상의무, 하자 없는 물건의 지

급의무가 있는 반면, 매수인은 매도인에게서 수령한 목적물이 있다면 원상회복의무로서 이를 반환할 의무가 있는데, 이러한 쌍방 당사자의 의무는 하나의 쌍무계약에서 발생한 것은 아닐지라도, 동일한 생활관계에서 발생한 것으로 서로 밀접한 관계에 있어 그 이행에 견련관계를 인정함이 공평의 원칙에 부합하기 때문에, 일반 해제의 경우와 마찬가지로(민법 제549조 참조) 이들 경우에도 민법 제536조를 준용한다는 것이다. 그런데 비록 피고의 이 사건 손해배상의무와 원고의 이 사건 대지인도의무는 그 발생원인이 다르다 하더라도, 위에서 본 이행의 견련관계는 위 양 의무에도 그대로 존재하므로, 원고와 피고의 의무 사이에는 동시이행관계가 있다고 인정함이 공평의 원칙에 합치한다고 할 것이다.

마. 그러므로 원심이 위와 같은 이유로 피고의 동시이행항변을 배척한 데에는, 타인의 권리 매매계약이 해제된 경우 쌍방 당사자의 각 원상회복의무가 동시이행관계에 있는지 여부에 관한 법리를 오해하여 판결에 영향을 미친 위법이 있고, 따라서 이 점을 탓하는 논지는 이유있다.

- **쟁 점**

  이 판결은 원인무효의 등기에 기초하여 甲으로부터 乙이 부동산을 매수하였다가 진정한 소유자로부터 이를 추탈당한 경우에, 乙의 손해배상의 범위, 그리고 선의인 甲이 제571조에 기해서 매매계약을 해제하였다면 그로 인한 乙의 원상회복의무(토지명도의무)와 甲의 손해배상의무와의 동시이행관계 유무 등이 문제된 것이다.

- **검토사항**

  □ 甲의 손해배상액 산정의 기준시기, 특히 이 사안에서와 같이 乙이 자신의 매매계약의 상대방인 C를 대위하여 그의 전매도인 甲에 대하여 손해배상을 청구하는 경우 손해산정의 기준시기를 살피시오.

  □ 제583조는 매도인이 제571조에 기해서 매매계약을 해제한 경우에 발생하는 매수인의 의무(원상회복의무=토지명도의무)와 매도인의 의무(손해배상의무 등)와 사이에 동시이행의 항변권에 관한 규정(536조)을 준용하지 않는다. 그럼에도 판결이 이를 인정하는 근거는 무엇인가?

㈐ 미등기전매의 경우

### 대판 1993.11.23. 93다37328

| 사안 |  부동산중개업자 甲(피고)은 1990.4.18. A로부터 임야를 매수하고 계약금을 지급하였으며(잔금지급일 6.30.), 다음 날 임야를 6필지로 나누어 특정한 다음, 1990.4.19.부터 5.1.사이에 乙 등 수인(9명)에게 위 임야를 공장부지로 조성해 준다는 조건하에 매도하였다(각 잔금지급일은 1990.6.30.).

1990.6.15. 위 임야를 포함한 그 일대의 토지가 국토이용관리법상의 규제지역으로 지정되었는데, 乙 등은 위 매매에도 토지거래허가를 받아야 하는 것으로 착각하고 잔대금지급기일이 경과할 때까지 甲에 대하여 잔대금의 지급을 미루었고, 그 여파로 별다른 자금동원능력이 없던 甲도 또한 A에게 잔대금을 지급하지 못하였다.

A는 1990.7.14. 위 임야에 관하여 이용목적을 광산개발로 하여 토지거래허가를 받고, 1990.7.18.에 甲에게 7.23.까지 잔대금을 지급할 것을 최고하였다. 그런데 乙 등은 위 임야에 자동차부품공장을 지을 의도로 이의 일부씩을 매수하였기 때문에 광산개발을 목적으로 한 위 토지거래허가만으로는 장차 위 임야에 대한 소유권을 취득하더라도 공장부지로의 전환이 불가능하다는 이유로 甲에게의 잔대금지급을 거절하다가, A가 이 사건 임야를 다른 사람에게 팔기 위하여 또 다시 매물로 내어 놓았다는 풍문을 듣고 甲에게 잔대금지급기일을 1990.8.30.까지 연장해 줄 것을 요청하였다. 甲은 이 요청을 승낙하고 A에게 위 날짜까지 잔대금지급기일을 연장해 줄 것을 요청하였으나, A는 이를 거절하고, 오히려 위 최고기간(7.23.) 내에 잔대금의 지급이 없음을 이유로 1990.8.3. 甲과의 위 매매계약을 해제하였다. 그리하여 甲이 乙 등에게의 위 임야의 소유권 이전이 불가능하게 되자, 乙 등이 甲과의 위 매매(전매)계약을 해제하고 甲에 대하여 이미 지급했던 대금의 반환과 아울러 손해배상을 청구하였다.

| 원심 |  1) 피고가 A로부터 이 사건 임야에 대한 소유권을 이전받아 원고들에게 이전해 주는 것이 불가능하게 되었으므로, 피고와 원고들 사이의 매매(전매)계약은 적법히 해제되었다.

2) 피고와 원고들 간의 전매계약은 민법 제569조 소정의 타인의 권리의 매매에

해당하는데, 각 전매계약시 원고들은 이 사건 임야의 소유권이 피고에게 속하지 아니함을 알고 있었으므로, 매도인의 담보책임을 묻는 경우에는 민법 제570조 단서 조항에 따라 피고에게 그로 인한 손해배상을 청구할 수 없는 것이나, 그러한 경우에도 매도인의 귀책사유로 인하여 매도인의 채무이행이 불능이 된 때에는 매수인은 그 이행불능을 이유로 하는 손해배상을 청구할 수 있다(대판 1970.12.29. 70다 2449 참조). 위에서 인정한 사실에 의하면, 피고가 A로부터 이 사건 임야의 소유권을 취득하여 위 매수인들에게 이전해 줄 수 없게 된 사유는, 피고가 A와의 매매계약에 정한 잔금지급기일 또는 A의 이행최고일까지 그 잔대금을 지급하지 못한 데 기인하므로, 원고들 역시 그 잔금지급기일까지 그들의 잔대금이행을 하지 못한 점을 감안한다 하더라도, 위 각 전매계약에 의한 피고의 소유권이전등기의무의 이행불능은 피고의 귀책사유로 인한 것이라 할 것이니, 원고들은 위 각 전매대금의 반환과 아울러 위 이행불능으로 인한 손해배상을 구할 수 있다.

| 판지 |  타인의 권리를 매매의 목적으로 한 경우에 있어서 그 권리를 취득하여 매수인에게 이전하여야 할 매도인의 의무가 매도인의 귀책사유로 인하여 이행불능이 되었다면, 매수인이 매도인의 담보책임에 관한 민법 제570조 단서의 규정에 의해 손해배상을 청구할 수 없다 하더라도 채무불이행 일반의 규정에 쫓아서 계약을 해제하고 손해배상을 청구할 수 있다고 할 것이다. 이 사건 사실관계가 원심이 인정한 바와 같다면 피고의 소유권이전등기의무의 이행불능은 피고의 귀책사유로 인한 것이라고 보아야 할 것이고, 그 이행불능이 피고의 귀책사유로 인한 것인 이상 피고로서는 민법 제546조, 제390조 소정의 이행불능으로 인한 손해배상책임을 면할 수 없다. (상고이유의) 논지는 이 사건에서의 이행불능은 원·피고들의 공동귀책사유에 기인한다는 것이나, 피고가 내심으로 원고들로부터 잔대금을 지급받아 제3자인 A에게 잔대금을 지급할 의사를 가지고 있었다 하더라도 A에 대한 잔대금지급의무는 근본적으로 피고에게 있는 것이므로, 원고들이 매매의 목적이 된 이 사건 임야의 소유권이전등기가 불가능할 것을 염려하여 피고에 대한 잔대금의 지급을 미룬 사실을 들어 이행불능의 귀책사유가 원고들에게 있다고 할 수 없고, 설사 그 귀책사유가 원·피고들 모두에게 있다고 하더라도 피고의 귀책사유가 인정되는 이상 피고는 그로 인한 책임을 면할 수 없는 것이므로, 받아들일 수 없다.

- **쟁 점**

이 사안은 갑이 A로부터 매수한 토지를 미등기인 채로 을에게 전매하였는데, 을의 잔금지체로 갑도 A에게 잔금을 지급치 못하여 A가 매매계약을 해제함으로써 갑이 을에게 이전등기를 해줄 수 없게 된 경우에, 을은 갑에 대하여 손해배상을 청구할 수 있는가 하는 점이 문제된 것이다.

- **검토사항**

  - ☐ 판결은 갑·을 간의 전매계약은 타인의 권리의 매매로서 따라서 570조가 적용되어 동조 단서에 의하여 악의인 을은 담보책임에 의해서는 손해배상을 받을 수 없다고 한다. 그러면서도 판결이 을의 손해배상청구를 인정한 근거는 무엇인가?

  - ☐ 이의 사안은 甲이 A로부터 매수한 부동산을 미등기인 채로 乙에게 전매한 경우인데, 위 판결은 이를 타인의 권리의 매매라고 한다. 그런데 유사한 사안에서 이를 타인의 권리의 매매가 아니라고 한 판례도 있다. 이러한 판례를 검토하시오 (이러한 판례는 다음의 관련사례에서 소개함)

  - ☐ 甲이 A에게 잔금을 지급하지 못한 것은 乙이 잔금을 지체하였기 때문인데, 판결은 그럼에도 A에게의 대금지급의무는 근본적으로 甲이 지는 것이라는 이유로 甲에게 손해 전부에 대한 배상책임을 인정한다. 이의 타당성을 검토하시오.

  - ☐ 甲의 손해배상책임이 담보책임이 아니라 일반적인 채무불이행책임에 기한 것이라면, 여기에는 과실상계의 법리가 적용되며, 그런데 을의 잔금지체는 갑의 채무불이행을 발생시킨 사유이므로 이 법리에 의하여 甲의 손해배상의 범위가 경감될 것이다. 그런데 판결은 甲의 책임 경감을 인용하지 않았다. 이를 어떻게 설명할 수 있을까?

- **관련사례**

  - ☐ 갑이 A로부터 부동산을 매수하고 인도를 받아 이전등기를 하지 않은 채 점유 사용하다가, 미등기인 채로 이를 을에게 매각하고 인도하였다. 그런데 아직 소유자로 등기되어 있던 A가 위 부동산에 저당권을 설정하였는데, A가 그 저당채무를 변제하지 않아 위 부동산이 경매되었으며, 그리하여 을이 경락인에게 위 부동산을 명도하였다. 을은 악의이므로 갑에게 손해배상을 청구할 수 없는가? (대판 1972.11.28. 72다982. 그 외에 대판 1970.12.29. 70다2449)

  - ☐ 원래 국가의 소유인 토지를 A가 허위서류를 각성하여 마치 이를 자신이 분배받은 것처럼 하여 이전등기를 경료하고 이를 B에게 양도하였으며, 그 후 B로부터 위 토지를 미등기인 채로 전득받은 갑이 이를 을에게 양도하고 합의에 기해서 B로부터 을에게로 이전등기를 경료하였는데, 을이 국가로부터 위 토지를 추탈당하였다. 그리하여 을이 이를 국가로부터 다시 매수한 후 갑에 대하여 손해배상을

청구하였다. 타당한가? (대판 1982.1.26. 81다528)

□ 갑이 A로부터 건물을 매수하고 이전등기를 하지 않은 채 이를 을에게 전매하고 이전등기를 경료하였으나, 그 이전등기 전에 A가 위 건물에 근저당권을 설정하였으며 그런데 이 근저당권이 실행되자 을이 자신의 출재로 근저당권을 소멸시켰다. 을은 갑에 대하여 이의 상환을 청구할 수 있는가? (대판 1996.4.12. 95다55245—이 판결은 후술함)

□ 갑이 타인의 소유인 부동산을 자기 소유라고 하면서 을에게 매도한 경우에, 을은 사기를 이유로 매매계약을 취소할 수 있는가? (대판 1973.10.23. 73다268)

□ 원래는 A소유의 비자경농지였으나 도시계획법에 의하여 주거지역으로 지정되어 농지개혁법이 적용을 받지 않게 되었는데, 국가가 이러한 사실을 모른 채 위 토지를 경기도에게 매도하였는데, 경기도가 A로부터 위 토지를 추탈당하여, 국가에 대하여 손해배상을 청구하였다. 이에 대하여 국가는 경기도가 위 토지가 위와 같은 사정으로 농지개혁법의 적용을 받지 않음을 알 수 있었다고 하여 배상액의 감액을 주장하였다. 타당한가? 즉 매수인이 그 물건의 소유권이 매도인에게 속하지 아니함을 알지 못한 것이 매수인의 과실에 기인한 경우에, 매도인의 배상액을 산정함에 있어서 이를 참작하여야 하는가? (대판 1971.12.21. 71다218)

■ 기타 검토사항

□ 담보책임과 채무불이행책임과의 관계를 살피시오.

■ 참고문헌

□ 김재형, 부동산의 미등기전매가 타인의 권리매매에 해당하는지 여부, 인권과 정의 260호(1998.4.), 72-89.

## (2) 수량부족의 경우

### 대판 1996.12.10. 94다56098

............................................................................

| 사안 |  甲(피고, 대한주택공사)은 1987.6.경 일간신문에 상계주공아파트(제7단지부터 제12단지까지 및 제15, 제16단지 등 모두 8개 단지 17,123세대)의 입주자모집공고를 하였는데, 여기에는 분양대상 아파트의 평형별 세대당 면적(전용면적, 공용면적), 공유대지면적(공유지분) 및 분양가격과 입주금 납부시기 및 방법, 입주예정일 등의 사항이 기재되었다. 乙 등(원고) 다수인이 추첨에서 당첨되어 1987.7.15.~16. 甲과 분양계약을 체결하였다. 그런데 분양계약서에는 분양아파트의 동호수와

건물 분양면적(전용면적, 공용면적) 및 분양가격 등만이 기재되었을 뿐 공유대지면적 표기란은 공란이었고, 계약서에는 "공유대지에 관한 지분소유권이전등기는 피분양자가 분양가격을 완납하고 공부정리가 완료된 후에 이행하되, 위치를 지정 또는 할당(구획표시)하지 아니하고 공유대지에 관한 공부정리 결과 공유대지의 증가나 감소가 있을 경우 이에 대한 상당 금액을 서로 청구하지 아니한다"(제3조 제2항)라는 면책조항이 있었다.

甲은 아파트를 완공하고 1989.3.경부터 5.경까지 사이에 각 분양아파트 건물 중 전용면적에 대한 각 소유권이전등기를 경료해 주고, 1992.3.18.부터 같은 해 4.2.경까지 사이에 공유대지지분에 관하여 공유대지권 등기를 경료해 주었다. 그런데 8개 단지 중에서도 유독 제12단지에 관해서는, 甲이 여러 차례에 걸쳐 택지개발계획을 변경하면서 분양공고 및 분양계약 당시보다 아파트 대지면적을 축소하여 그 부분을 서울시에 기부채납하도록 되어 있는 도시계획도로, 공원 등 새로이 설치하는 공공시설용지로 편입시켜 공공시설용지를 확대함에 따라, 12단지 전체 면적은 분양공고 및 분양계약 당시 계획면적인 70,300㎡에서 10,000여㎡가 축소된 59,801.6㎡로 되었고, 각 세대별 공유대지면적은 2.98㎡ 내지 4.92㎡씩 감소되었다.

이에 乙 등은 위 분양계약은 제574조에서의 수량을 지정한 매매인데 목적물이 그 지정된 것에 부족하다고 하여 동조에 기하여 매매대금의 감액을 청구하고, 혹은 甲에게 위 분양공고상의 공유대지면적을 이전할 분양계약상의 의무가 있음에도 그 일부를 이전하지 않았으므로 그 부분에 관하여 분양계약을 해제한다고 하면서 원상회복으로써 위 감소된 공유지분에 상당하는 대금의 반환을 청구하였다.

| 판지 |  1. 입주자모집공고(분양공고)는 주택공급계약(분양계약)의 청약 그 자체는 아니지만, 분양계약자들과 피고는 분양계약을 체결함에 있어서 공유대지면적에 관하여는 분양공고의 내용을 계약내용의 일부로 흡수시키기로 하는 묵시적인 합의가 있었다고 보아야 하므로, 분양공고상의 공유대지면적은 원고들과 피고 사이의 약정 분양면적이 된다.

2. 원심은, 이 사건 아파트 분양계약상 평형별 세대당 건물면적이나 공유대지면적의 기재가 단순히 계약목적물을 특정하기 위한 방편에 불과하다고는 할 수 없고 이 사건 아파트 분양계약은 그 목적물이 일정한 면적(수량)을 가지고 있다는 데 주안을 두고 그 대금도 그 면적을 기준으로 하여 정한 경우로서 이른바 수량을 지정한 매매이므로 원고들로서는 민법 제574조의 규정에 따라서 그 부족분의 비율로

대금의 감액을 구할 수 있다고 판단하였다.

그러나 가사 이 사건 각 아파트 분양계약이 수량을 지정한 매매에 해당된다 하더라도, 원고들에게 이전등기된 각 공유지분이 부족하게 된 원인이 분양계약 당시 분양계약자들과 피고가 공유지분 산정의 기초가 되는 아파트 대지를 실제와 다르게 잘못 알고 있었기 때문이 아니라, 피고가 분양계약 당시 공유지분 산정의 기초가 된 아파트 대지 중 일부를 분양계약 후에 비로소 공용시설용 대지에 편입하여 서울시에 기부채납하였기 때문이라면, 피고에 대하여 민법 제574조에 의한 담보책임을 물을 수는 없다 할 것이므로, 원심판결에는 위 담보책임에 관한 법리를 오해한 위법이 있다 할 것이다.

다만 이 사건 각 아파트 분양계약에 따른 피고의 각 대지공유지분 이전의무는 위와 같이 감소된 지분 범위 내에서는 이행불능이 된 것으로 보아야 할 것이므로, 위 각 아파트 분양계약은 해제의 의사표시를 담은 원고들의 1994.6.16.자 청구취지확장 및 청구원인보정신청서가 피고에게 송달됨으로써 위 감소된 공유지분 범위 내에서는 적법하게 해제되었다 할 것이고, 따라서 피고는 원상회복으로써 원고들에게 위 감소된 각 공유지분에 상당하는 대금을 반환할 의무가 있다 할 것이니, 원심판결의 위와 같은 위법은 판결 결과에 영향을 미친 것이라고 볼 수 없다.

3. 원심은, 아파트 분양계약 체결 당시에 작성된 분양계약서상의 위 면책조항과 관련해서, 이 사건 아파트 분양계약은 피고가 다수의 분양신청자들과 계약을 체결하기 위하여 일정한 형식에 의하여 미리 마련된 정형화된 계약서에 의하여 이루어진 것인데, 위 조항은 분양면적의 변경권을 사업주체인 피고에게 일방적으로 부여하고 불가피한 면적의 증감에 대하여 분양신청자들이 예상할 수 있도록 그 사유와 정도를 사전에 정하여 명기하지도 아니하고 사업주체인 피고가 자의로 변경할 수 있도록 정하고 있을 뿐만 아니라 상당한 이유 없이 피고의 담보책임을 배제 또는 제한하는 것이어서 분양신청자에게 부당한 피해를 줄 우려가 있으므로 형평의 원칙 및 신의칙상 무효라고 아니할 수 없다고 판단하였다.

그러나 대규모의 공동주택분양사업에서는 사업주체가 분양계약 당시 계획한 아파트 단지의 대지면적을 사후에 의도적으로 증감시키거나 또는 사업계획 및 시행상의 착오나 실수로 인하여 그 대지면적이 증감되는 경우가 아니라고 할지라도, 그 대지에 관하여 지적법의 규정에 따라 전답이나 임야를 택지로 전환하거나 지적확정측량을 하는 등 지적공부를 정리한 결과 근소하게나마 그 면적이 증감될 수 있음을 능히 예상할 수 있는바, 이에 비추어 보면 위 계약조항에서 "공유대지에 대한 공부 정리 결과 공유대지의 증가나 감소가 있을 경우"라 함은 바로 분양계약 당시 계획된 아파트 단지의 대지에 대하여 위와 같은 순수한 지적공부 정리 결과 객관적으로 불가피하게 발생하는 증감만을 뜻하는 것으로 해석하여야 할 것이고, 이와 같이 해석하는 한 위 면책조항이 형평의 원칙이나 신의칙에 반한 것이어서 무효라고 할 수는 없다 할 것이므로, 원심판결에는 면책조항의 해석을 그르친 위법이 있다 할 것이다.

다만 이 사건의 경우 피고가 계획한 아파트 단지의 대지 중 일부를 분양계약 체결 후 다른 용도로 사용함으로써 그 공유대지 면적이 감소된 것이어서 피고가 위 면책조항에 의하여 면책될 수 없음이 분명한 이상, 원심판결의 위와 같은 위법은 판결 결과에 영향을 미친 것이라고 볼 수 없다.

■ **쟁 점**

아파트를 분양받았으나 세대별 공유대지면적이 아파트분양공고에 나타난 것보다 적은 경우에, 아파트분양계약은 제574조가 규정하는 수량을 지정한 매매로서 따라서 수분양자는 그 부족분의 비율로 대금의 감액을 청구할 수 있는가 하는 점이 문제되었다.

■ **검토할 사항**

□ 아파트 분양공고에 담겨진 사항은 그 이후 아파트 분양계약에 담겨지지 않았더라도 분양계약의 내용이 되는가?

□ 세대당 건물면적이나 공유대지면적이 아파트 분양계약의 내용인 경우에, 그 분양계약은 수량을 지정한 매매가 되는가?

□ 위 분양계약이 수량을 지정한 매매라면, 실제로 분양받은 공유대지면적(수분양자에게 이전등기된 공유지분)이 분양공고에서의 그것보다 적은 경우에, 부족하게 된 원인이 무엇이건 불문하고 수분양자는 분양자에 대하여 담보책임(감액청구)을 물을 수 있는가?

□ 만약 수분양자가 부족부분에 대하여 담보책임을 물을 수 없다면, 이들은 담보책임 아닌 다른 근거에 의하여 감소된 공유지분에 상당하는 대금반환을 청구할 수 없는가?

□ 판결이 아파트 분양계약서상의 위 면책조항은 수분양자에게 일방적으로 불리한 것임에도 이를 무효가 아니라고 한 이유는 무엇인가? 그리고 그럼에도 이 사건에서 甲은 위 면책조항에 의하여 면책될 수 없다고 한 이유는 무엇인가?

- **관련사례**
  - 위 기본판례와 동일한 사안에서, 공유대지면적이 부족했던 원인으로, 기본판례에서 나타난 것 이외에, 분양공고에서 과다공고한 점 그리고 최초의 사업계획을 변경한 점 등(도로·공원 등의 공공시설이 제12단지에 특히 많이 설치되게 되었음에도 8개 단지 전체를 기준으로 분양공고하고는 등기시에는 단지별로 공유대지면적을 계산하였으며, 아울러 필요한 공공시설 면적을 실제보다 적게 계획하였다가 후에 이를 변경한 점)에도 있다면, 이러한 이유에 의한 부족분은 분양계약이 체결되기 전에 이미 확정되어 있던 원시적 이행불능으로 인한 것이 된다. 그렇다면 이러한 원인에 의한 부족분에 대해서는 제574조가 적용되어, 을 등은 그 부족분의 비율로 대금의 감액을 구할 수 있는가? 그리고 이 경우에 을 등은 담보책임 이외에 갑에 대하여 채무불이행책임을 물을 수도 있는가? (대판 2002. 11.8. 99다58136)
  - 갑이 을의 14필지의 토지를 매수하면서 을이 말한 평수를 기초로 하여 평당 2만원으로 계산하여 매매대금을 결정하였으나 실제 면적이 부족하다. 그런데 위 매매계약을 체결함에 있어서 갑은 사전에 현장을 답사하여 중개인으로부터 토지현황 설명을 들었으며, 위 14필지는 대지·답·전 등으로 되어 있어 각 지목별로 가격 차이가 큼에도 개별적으로 필지별로 가격을 정한 것이 아니고, 또한 평당 가격도 계약서에 기재되지는 않았다. 위 매매는 수량을 지정한 매매라고 할 수 있는가? (대판 1993.6.25. 92다56674) 또 매매계약서에 토지의 면적을 등기부상의 기재에 따라 기재하고 위 면적에 평당 가액을 곱하여 매매대금을 결정하였으나 측량 결과 토지의 실제 면적이 이보다 부족하다. 그런데 위 토지는 도로·잡목·대지 등으로 이루어졌고 인근 토지와 경계가 구분되어 있으며, 매수인이 토지를 현장답사하여 현황을 확인한 후 매매계약을 체결한 바 있다. 위 매매를 수량을 지정한 매매라고 할 수 있는가? (대판 1998.6.26. 98다13914)
  - 부동산임의경매에서 경매법원이 경매목적인 토지의 등기부상 면적과 감정인이 산정한 평당 단가를 기초로 하여 경매토지의 최저낙찰가격을 정하였고, 갑은 경매법원이 공고한 평수를 중요한 기준으로 삼아 경매에 참가하여 경매 부동산을 낙찰받았다. 그런데 경매목적물 중 대지의 실측면적이 등기부상 표시면적보다 부족하다. 갑은 경매채권자인 피고에 대하여 을이 제578조, 제574조에 따라 배당받은 금원 중 일부를 반환청구할 수 있는가? (대판 2003.1.24. 2002다65189)
- **기타 검토사항**
  - 수량부족의 경우 담보책임을 물을 수 있는 권리행사기간은 매수인이 '사실을 안 날'로부터 1년인데(제574조에 의한 제573조의 준용), 여기에서의 사실을 안 날의 의미는? 즉 단지 수량부족 사실을 안 때부터 위 기간이 진행하는가, 아니면 수량

부족이 원시적인 것으로서 따라서 담보책임이 성립함을 안 때부터 진행하는가?
▫ 수량부족은 권리의 하자에 속하는가?

■ 참고문헌
▫ 길기봉, 민법 제574조의 적용범위, 대법원판례해설 27호, 1997, 138-145.
▫ 안정호, 아파트 분양공고보다 공유대지면적이 감소된 경우의 법률관계, 민사판례연구 21권, 1999, 219-259.

## (3) 저당권 등이 존재하는 경우

### 대판 1996.4.12. 95다55245

| 사안 |  A회사가 신축 중이던 오피스텔을 甲(피고)이 1991.9.26.경 분양받았으며, 위 오피스텔이 완공되어 A회사 명의로 소유권보존등기가 경료되었다. A회사의 대표이사 B는 1992.9.30.에 K로부터 위 오피스텔을 담보로 금전을 차용하고 K에게 근저당권설정등기(채권최고액 6천만원)를 경료하였다.

乙(원고)은 1993.2.22. 위 오피스텔에 근저당권이 존재함을 모른 채 甲으로부터 이를 매수하였으며, 그에 따른 소유권이전등기는 A회사로부터 甲을 거치지 않고 직접 乙에게 경료하기로 약정하였고, 3.24. 위 약정에 따라 위 오피스텔에 관하여 乙명의로 소유권이전등기가 경료되었다.

그런데 A회사와 B가 K에게 차용금채무를 변제하지 아니하여, K가 1994.1.18. 위 근저당권을 실행하여 위 오피스텔에 관하여 경매절차가 진행되었다. 그리하여 오피스텔에 위와 같은 근저당권이 설정되어 있음을 알게 된 乙은 이에 대한 자신의 소유권을 보존하기 위하여 1994.6.2. K에게 위 근저당권의 채무원리금 등을 지출하였다. 그리고 乙은 甲에 대하여 위 지출한 금원의 상환을 청구하였다. 이에 대하여 甲은, 乙과 甲 사이의 위 매매계약은 타인의 권리의 매매에 해당하는데 甲은 제569조에 따라 위 오피스텔에 관하여 乙 명의로 소유권이전등기절차를 경료함으로써 채무를 이행하였으므로, 乙이 위 오피스텔의 소유권을 보존하기 위하여 출재한 금원을 상환할 의무가 없다고 항변하였다. 그리고 설령 상환의무가 있다 하더라도, 오피스텔을 매수하는 乙로서는 위 매매계약을 체결하기 전에 등기부를 열람할 의무가 있고 그 이후에라도 그와 같은 열람을 하여 늦어도 乙이 소유권이전등기를 경료한 1993.3.24. 이전에 위와 같은 근저당권이 설정되어 있는 사실을

甲 또는 A에게 통지하였더라면 甲이 위 매매계약을 해지하였거나 다른 구제책을 강구할 수 있었을 것임에도 불구하고, K가 오피스텔에 대하여 경매신청을 한 1994.2. 경까지도 乙이 위 근저당권설정등기가 경료되어 있었던 사실을 몰랐다고 하는 것은 乙의 중대한 과실에 해당하므로, 甲의 乙에 대한 손해배상액 산정에서 이와 같은 사정을 참작하여야 한다고 하면서, 상환액을 감액할 것을 항변하였다.

| 판지 |  1) 부동산을 매수한 후 그 소유권이전등기를 하지 아니한 채 이를 다시 제3자에게 매도한 경우에는 그것을 민법 제569조에서 말하는 '타인의 권리 매매'라고 할 수 없다.

피고가 A회사로부터 오피스텔을 분양받은 후 그 소유권이전등기를 하지 아니한 채 원고에게 이를 매도하였다면, 그 매도인인 피고는 오피스텔을 사실상 처분할 수 있을 뿐 아니라 법률상으로도 처분할 수 있는 권원에 의하여 원고에게 매도한 것이므로 이를 민법 제569조 소정의 타인의 권리의 매매에 해당한다고 해석할 수는 없다 할 것인바, 같은 취지의 원심판결은 옳다.

2) 부동산의 매수인이 소유권을 보존하기 위하여 자신의 출재로 피담보채권을 변제함으로써 그 부동산에 설정된 저당권을 소멸시킨 경우에는, 매수인이 그 부동산 매수시 저당권이 설정되었는지의 여부를 알았든 몰랐든 간에 이와 관계없이 민법 제576조 제2항에 의하여 매도인에게 그 출재의 상환을 청구할 수 있다 할 것이다.

원심이 원고가 오피스텔에 관한 소유권을 보존하기 위하여 출재한 금원에 대하여 민법 제576조 제2항에 의하여 그 상환을 구하기 위하여 이 사건 청구를 하고 있으므로, 피고가 주장하는 사유만으로는 피고가 원고에게 상환할 채무액을 감액할 수 없다고 판단한 것은 위에 설시한 법리에 따른 것으로 옳다고 여겨지고, 거기에 상고이유의 주장과 같은 과실상계의 법리를 오해한 위법이 있다고 할 수 없다.

- ■ 쟁 점

  이 사안은 甲이 A로부터 건물을 매수하고 이전등기를 하지 않은 채 이를 乙에게 전매하고 이전등기를 경료하였으나 그 이전등기 전에 A가 위 건물에 근저당권을 설정하였고 이 근저당권이 실행되자 乙이 자신의 출재로 저당권을 소멸시킨 경우에, 乙은 甲에 대하여 이의 상환을 청구할 수 있는가 하는 점이 문제된 것이다.

- ■ 검토사항

  □ 이 사안은 부동산매수인이 미등기로 이를 제3자에게 전매한 경우인데, 판결은

이를 '타인의 권리의 매매'라고 한다. 이와 유사한 사안에서 다른 판례의 태도를 살피고, 이 판결의 타당성을 검토하시오.

□ A가 甲에게 건물을 팔고 나서 여기에 근저당권을 설정한 경우에 그 근저당권은 유효한가?

□ 甲이 乙에게 이전등기를 해 주었음에도 甲이 매수인으로서의 의무를 다 이행하지 않은 것이 되는 이유는 무엇인가?

□ 乙이 甲에게 저당권을 소멸시키기 위하여 들인 비용의 상환을 청구할 수 있는 근거는 무엇인가?

□ 乙이 부동산을 매수하면서 부동산등기부를 확인하지 않은 것은 적어도 거래상의 주의의무를 다하지 않은 것이 된다. 그럼에도 판결은 이를 고려해서 甲의 상환의무를 경감하지 않았다. 그렇게 판시한 근거가 무엇인가를 살피고, 이의 타당성을 검토하시오.

■ 관련사례

□ B의 가등기가 있는 토지의 소유자 A가 토지를 C에게 이전하였는데, C에 대한 채권자에 의하여 위 토지가 경매되어 갑이 이를 경락받고 이를 을에게 1천만원에 매도하여, 을이 이전등기를 마쳤다. 그런데 B의 가등기가 본등기도 됨으로써, C·甲·乙 명의의 이전등기가 1990.8.17 직권말소되었다. 그리하여 을이 갑에 대하여, 가등기에 기하여 본등기가 행해지고 그로 인하여 매수인이 소유권을 상실한 경우는 타인의 권리의 매매에 해당한다고 하면서, 제576조가 아니라 제570조에 기해서 이행이익의 배상(즉 이행불능이 된 1990.8.17. 당시의 시가 상당액)을 청구하였다. 타당한가? (대판 1992.10.27. 92다21784)

□ 가압류 목적이 된 부동산을 매수한 사람이 그 후 가압류에 기한 강제집행으로 부동산 소유권을 상실한 경우에, 제576조를 준용하여 매수인은 이의 1항에 따라 매매계약을 해제할 수 있고, 3항에 따라 손해배상을 청구할 수 있는가? (대판 2011. 5.13. 2011다1941)

■ 참고문헌

□ 김재형, 부동산의 미등기전매가 타인의 권리매매에 해당하는지 여부, 인권과 정의 260호, 1998, 72-89.

□ 남효순, 가등기에 기한 본등기경료로 인한 매도인의 담보 책임에 있어서 적용규정과 손해배상의 범위, 민사판례연구 16권, 1994, 84-108.

## 2. 물건의 하자

### (1) 하  자

**대판 2000.10.27. 2000다30554,30561**

. . . . . . . . . . . . . . . . . . . . . . . . . . . . . . . . . . . . . . . . . . . . . . . . . . . . . . .

| **사안** |   甲(원고)은 乙(피고)에게 이 사건 기계의 카탈로그와 검사성적서를 제시하여, 乙이 1997.9.5. 위 기계를 매수하는 매매계약을 체결하였으며, 甲은 乙로부터 계약금 일부를 지급받고 10.21. 乙에게 기계를 인도하였다. 그런데 甲이 제시한 검사성적서에는 이 기계의 와이(Y)축 가공오차 한계는 허용치가 20/1,000으로 기재되어 있고 甲에 의한 측정치는 18/1,000로 기재되어 있으나, 실제로 위 기계를 10분간 운전시 와이(Y)축 가공오차가 50/1,000 정도 발생하고, 20분간 운전시 그 가공오차가 150/1,000 이상이었다. 그리하여 甲과 乙은 위 기계를 보수하고 다시 가공작업을 하였으나 개선되지 않았으며, 甲은 그러한 가공오차는 기계를 장시간 사용하는 경우 주축헤드의 열변위로 인하여 발생하는 것으로서 범용헤드인 위 기계 자체의 구조 및 용량면에서 본래 갖고 있던 한계로 인한 것이어서 위 가공오차 문제를 근원적으로 해결하는 것이 사실상 기술적으로 불가능하다면서 더 이상의 보수를 포기하였고, 乙은 그 이후 기계를 사용하지 않은 채 기계에 하자가 있다고 하면서 나머지 계약금 및 잔금을 지급하지 않고 이를 점유하고 있다. 그리하여 甲이 乙의 매매잔대금 지급채무의 이행지체를 원인으로 계약을 해제한다고 하면서 원상회복으로서 위 기계의 인도를 청구하였다. 이에 대하여 乙은 하자를 이유로 인도를 거절하는 한편, 나아가 반소로서 甲에 대하여 위 기계의 하자로 인하여 입게 된 손해의 배상을 청구하였다.

| **판지** |   매도인이 매수인에게 공급한 기계가 통상의 품질이나 성능을 갖추고 있는 경우, 그 기계에 작업환경이나 상황이 요구하는 품질이나 성능을 갖추고 있지 못하다 하여 하자가 있다고 인정하기 위하여는, 매수인이 매도인에게 제품이 사용될 작업환경이나 상황을 설명하면서 그 환경이나 상황에 충분히 견딜 수 있는 제품의 공급을 요구한 데 대하여, 매도인이 그러한 품질과 성능을 갖춘 제품이라는 점을 명시적으로나 묵시적으로 보증하고 공급하였다는 사실이 인정되어야만 할 것임은 물론이다.

그러나 매도인이 매수인에게 기계를 공급하면서 당해 기계의 카탈로그와 검사성적서를 제시하였다면, 매도인은 그 기계가 카탈로그와 검사성적서에 기재된 바와 같은 정도의 품질과 성능을 갖춘 제품이라는 점을 보증하였다고 할 것이므로, 매도인이 공급한 기계가 매도인이 카탈로그와 검사성적서에 의하여 보증한 일정한 품질과 성능을 갖추지 못한 경우에는 그 기계에 하자가 있다고 보아야 할 것이다.

사정이 위와 같다면, 비록 이 사건 기계의 주축헤드가 범용헤드로 이루어져 장시간 사용하는 경우 주축헤드의 열변위로 인하여 가공오차가 발생하는 성능상의 한계가 있다고 하더라도, 원고는 기계의 매도에 있어서 피고에게 위 주축회전수의 범위 내에서 이 사건 기계를 사용하여 가공작업을 하는 경우 그 작업시간에 관계없이 와이(Y)축의 가공오차가 18/1,000 정도라고 기계의 성능을 보증하였다고 보아야 할 것인바, 그럼에도 불구하고 기계를 사용한 가공작업을 10분 이상 계속하는 경우 실제로는 와이(Y)축의 가공오차가 그와 같이 발생한다면, 이 사건 기계는 매도인인 원고가 보증한 성능을 결여한 것으로서 하자가 있다고 하지 않을 수 없다.

- ■ 쟁  점

  이 사안은 매도인이 매수인에게 기계를 공급하면서 카탈로그와 검사성적서를 제시한 경우, 그 기계에 하자가 있는지 여부의 판단 기준이 문제된 것이다.

- ■ 검토할 사항

  □ 매도인이 매매목적물이 일정한 품질과 성능을 갖추었다는 점을 보증하지 않은 통상적인 경우에, 목적물에 하자가 있는지 여부의 판단 기준은 무엇인가?

  □ 이 사안에서 하자가 있다고 판단한 이유는 무엇인가?

- ■ 관련사례

  □ 아파트 각 동·세대의 방위나 높이, 구조 또는 다른 동과의 인접 거리 등으로 인하여 일정 시간 이상의 일조가 확보되지 아니하고 조망이 가려지며 사생활이 노출되는 경우에, 아파트매수인은 아파트건설회사에 대하여 담보책임을 물을 수 있는가? (대판 2010.4.29. 2007다9139)

  □ 매도한 차량이 매도인의 불법운행으로 인하여 150일간 운행정지처분된 것인 때에는, 그러한 점은 제580조에서의 하자에 해당하는가? (대판 1985.4.9. 84다카2525)

  □ 주식회사가 매도인인데, 매매목적물에 존재하는 하자를 고지하지 아니하여 담보책임이 문제되는 경우, 위 주식회사의 하자 인식 여부에 대한 판단 기준은 누구

인가? (대판 2007.3.29. 2006다79742)

- 기타 검토사항
  □ 제580조에서의 하자는 물리적 하자를 뜻하는가?
- 참고문헌
  □ 김대정, 매도인의 하자담보책임에 관한 판례의 동향, 민사법학 15호, 1997, 264-304.
  □ 김학동, 물건의 하자에 대한 매도인의 담보책임, 사법연구 6집, 2001, 133-158, 청헌법률문화재단.

## (2) 법률적 장애

### 대판 2000.1.18. 98다18506

| 사안 |   甲(원고)이 乙(피고)로부터 지상에 아파트를 건축할 목적으로 토지를 매수하였는데, 매매계약 당시에는 위 토지가 도시계획법상 건축이 제한되는 시설녹지가 아니었고 또한 건물을 신축하는 데 관하여 법률상의 제한이 있지 않았다. 그런데 甲이 잔금지급 및 건축허가절차를 지체하던 중 사업계획을 변경함에 따라 비로소 위 토지가 주택건설촉진법상의 주택건설사업계획사전결정신청의 대상으로 되었으며, 그리하여 甲이 이에 따른 신청을 하였으나 부결되었다. 또 서울특별시장이 위 토지를 북한산자연공원구역에 편입시키는 도시계획변경결정을 하였다. 그리하여 甲이 위 토지에 목적대로 아파트를 건축할 수 없게 되자, 제580조에 기하여 乙에 대하여 매매계약을 해제하고 계약금의 반환을 소구하였다.

| 판지 |   매매의 목적물이 거래통념상 기대되는 객관적 성질·성능을 결여하거나 당사자가 예정 또는 보증한 성질을 결여한 경우에 매도인은 매수인에 대하여 그 하자로 인한 담보책임을 부담한다 할 것이고, 한편 건축을 목적으로 매수한 토지에 대하여 건축허가를 받을 수 없어 건축이 불가능한 경우 위와 같은 법률적 제한 내지 장애 역시 매매목적물의 하자에 해당한다 할 것이나, 다만 위와 같은 하자의 존부는 매매계약 성립시를 기준으로 판단하여야 할 것이다.

원심은 위 도시계획변경결정 전에 이 사건 토지에 공법상의 부담이 있었다고 할 수 없고, 위 도시계획변경결정은 피고들을 대리한 성업공사가 이 사건 매매계약을

해제한 이후에 비로소 이루어진 것이라는 이유로, 이 사건 토지에 하자가 있음을 원인으로 한 원고들의 매매계약 해제 및 원상회복에 관한 주장을 배척하였다.

이 사건 매매계약 당시 이 사건 토지 위에는 공법상의 부담이 있었다고 볼 수 없다는 원심의 판단은 결과에 있어 정당하고, 거기에 매매목적물의 하자에 관한 법리오해의 위법이 있다고 할 수 없다.

■ 쟁  점

이 사안은 법률적 제약(법률적 장애) 때문에 매수인이 목적물을 의도했던 용도대로 사용할 수 없는 경우에, 이는 제580조에서의 하자에 해당하는가 하는 점이 문제된 것이다.

■ 검토사항

□ 판결은 법률적 장애를 제580조에서의 하자로 본다. 그 이유는 무엇인가?

□ 판결이 법률적 장애를 제580조에서의 하자로 보면서도, 이 사안에서는 매수인의 담보책임 주장을 배척하였다. 그 이유는 무엇인가?

□ 법률적 장애를 제580조에서의 하자로 보느냐 여부에 따라 실제상 어떠한 차이가 생기는가?

■ 관련사례

□ 국가 소유의 토지에 관하여 지방자치단체가 이를 주차장과 운동장 용도로 지정하였는데, 갑이 위 토지상에 공동주택 및 호텔을 건축하기 위하여 이를 매수하였다. 그러나 위와 같은 용도지정 때문에 갑이 이를 위와 같은 용도로 사용할 수 없다. 그런데 국가가 위 토지의 공매공고시에 이에 관한 각종 토지이용관계 법령에 의한 토지이용제한 상태 그대로 매각하는 것임을 조건으로 하였었다. 갑은 국가에 대하여 하자담보책임을 물을 수 있는가? 그 외에 갑은 공동주택 신축에 관하여 인허가가 나올 것으로 예상하였으나 실제로 그러한 예상이 빗나갔음을 이유로 착오에 기하여 취소할 수 있는가? (대판 2007.8.23. 2006다15755)

□ 갑이 대지를 매수하였는데 상당 부분이 도시계획상 도로에 편입되어 토지대장에 대지와 분할되어 있는 경우에, 그러한 점은 제580조에서의 하자에 해당하는가? 갑이 등기부 기타 공부를 조사하지 않았다면, 갑이 하자를 알지 못한 것에 과실이 있다고 할 것인가? (대판 1979.7.24. 79다827)

■ 기타 검토사항

□ 매매목적물에 법률적 장애가 있어서 의도했던 용도대로 사용할 수 없는 경우에, 이는 착오에 해당하기도 한다. 담보책임과 착오를 이유로 한 취소와의 관계를 살

피시오. 그리고 착오를 이유로 한 취소의 허용 여부에 관한 판례를 살피시오.

■ 참고문헌

　□ 김범철, 매매계약상 하자의 존재시기, 민사법학 20호, 2001, 349-365.
　□ 김학동, 법률적 장애에 관한 판례 고찰, 성균관법학 19권 2호, 2007, 57-72.

## (3) 손해배상청구권

■ 판례 1

### 대판 1997.5.7. 96다39455

| 사안 |　甲(원고)은 농업용 난로 등의 제조·판매업자이고, 乙(피고)은 산업용 실리콘 등을 제조·판매하는 자인데, 甲은 乙로부터 1988년부터 커플링을 공급받아 왔으며, 1994.9.2. 乙로부터 'D/K 커플링' 800개를 개당 1,000원에 공급받아 농업용 난로를 제작·판매하였다.

A는 1994.10.24. 甲으로부터 농업용 난로를 구입하여 가동하였는데, 12.5. 1시경까지 난로가 이상 없이 작동하는 것을 확인하였으나, 5시경 비닐하우스 안에 들어가 보니 난로가 작동하지 않았고, 이로 인하여 농작물이 냉해피해를 입었다. 그리하여 甲은 A에게 10,000,000원을 손해배상으로 지급하였다. B도 1994.10.13. 甲으로부터 농업용 난로를 구입하여 가동하였는데, 1995.2.2. A의 경우와 비슷하게 난로가 작동하지 않아 농작물 피해를 입었으며, 그리하여 甲은 B에게 15,000,000원을 손해배상으로 지급받았다.

乙이 甲에게 공급한 '커플링'은 버너의 모터와 오일펌프를 연결하여 모터의 동력을 충격 없이 오일펌프에 전달하는 조그마한 동력전달장치인데, 위 냉해사고를 발생케 한 난로의 버너 부분을 분해한 결과 커플링 샤프트의 한 부분(마구리)이 마모되어 오일펌프의 축과 커플링이 헛도는 현상이 발생하여 오일펌프에 동력이 전달되지 아니함으로써 위 농업용 난로가 가동되지 않았음이 밝혀졌다. 그리하여 甲은 乙이 급부한 커플링의 하자로 인하여 A·B에게 위와 같은 손해배상을 하는 손해를 입었다고 하면서, 乙에 대하여 제581조에 기하여 손해배상을 청구하였다.

그런데 커플링의 샤프트 부분의 탄성체에 사용되는 재료로는 크게 플라스틱과 고무의 두 가지가 있는데, 플라스틱은 강인성과 내구성이 뛰어난 대신 내한성(耐

寒性)이 약하고, 고무는 플라스틱보다 강인성과 내구성은 떨어지지만 내한성이 뛰어나며, 샤프트에 내한성이 없으면 온도가 낮을수록 硬度(경도)가 높아져 샤프트가 탄성을 상실하게 되고 그에 따라 충격을 흡수하는 능력도 떨어지는바, 플라스틱으로 만든 샤프트라도 그 재료의 배합 비율이나 첨가제의 종류에 따라 내한성이 달라지고, 고무제품이라도 내구성과 강인성을 향상시키기 위하여 여러 가지 특수합성고무가 개발되어 있는 실정이므로, 사용목적에 따라서는 플라스틱이 고무보다 더 나은 경우도 있다.

乙은 개당 1,000원 짜리 'D/K 커플링'외에, 특수고무로 제작한 개당 2,000원 내지 금 3,500원 짜리 커플링도 판매하고 있었으며, 1994년도에 약 18,000개 정도의 'D/K 커플링'을 제작·판매하였으나 내한성이 문제된 경우로는 이 사건 농업용 난로에 사용된 2개뿐이었다. A의 위 1차 사고가 발생하였을 때 甲이 乙에게 사고사실을 통보하자, 乙은 기존의 'D/K 커플링'과 교체할 수 있게끔 甲에게 개당 3,500원 짜리 특수고무커플링 800개를 개당 2,000원에 공급하였다.

그 외에 이 사건 농작물 냉해 피해가 발생한 날의 기온은 다른 날에 비하여 유난히 낮았다.

| 원심 |  위와 같이 마구리 부분이 마모된 원인은 커플링의 샤프트 부분이 모터의 회전충격을 충분히 흡수하지 못함으로써 마구리 부분에 과도한 부하가 걸렸기 때문이고, A와 B가 구입하여 설치한 농업용 난로는 피고가 원고에게 판매한 커플링의 위와 같은 하자로 인하여 제대로 작동하지 않은 것이라고 하면서, 결국 이 사건 냉해사고는 피고가 판매한 커플링의 하자로 인하여 발생하였다 할 것이므로 피고는 원고가 냉해로 인한 손해배상금으로 지급한 금액 상당을 원고에게 배상할 의무가 있다고 판단하였다.

| 판지 |  1) 커플링의 샤프트 부분의 탄성체에 사용되는 재료로는 플라스틱과 고무의 두 가지가 있는데 양자는 위에서 서술한 바와 같이 서로 장단점이 있으며, 어느 것이건 재료의 배합 비율이나 첨가제의 종류에 따라 성질이 달라지고 사용목적에 따라 어느 것이 나은지 달라지는 등, 커플링의 용도를 떠나서는 하자의 유무를 판단하기 어려운 점, 피고는 'D/K 커플링' 외에 특수고무로 제작한 커플링도 판매하고 있었으며, 1994년도에 제작·판매된 'D/K 커플링' 중에 내한성이 문제된 경우는 이 사건 농업용 난로에 사용된 2개뿐인 점, 이 사건 농작물 냉해피해가 발생

한 날의 기온이 다른 날에 비하여 유난히 낮았던 점, 그리고 위 농작물 피해가 발생할 때까지 원고가 제작하여 판매한 농업용 난로가 상당 기간 동안 아무 이상 없이 잘 가동되다가 갑자기 날씨가 추워진 날에 비로소 가동이 중단된 점 등을 함께 고려하면, 이 사건 'D/K 커플링' 2개가 플라스틱을 주된 재료로 하여 제작한 커플링의 샤프트가 통상 갖추어야 할 품질이나 성능조차 갖추지 못한 것이었다고는 볼 수 없을 것이다.

　2) 그러므로 피고가 원고에게 하자 있는 커플링을 공급하였다고 인정할 수 있기 위하여는, 원고가 피고에게 농업용 난로가 사용될 환경을 설명하면서 그 환경에 충분히 견딜 수 있는 내한성 있는 커플링의 공급을 요구한 데 대하여, 피고가 이 사건 'D/K 커플링'이 그러한 품질과 성능을 갖춘 제품이라는 점을 명시적으로나 묵시적으로 보증하고 공급하였다는 사실이 인정되어야만 할 것이고, 특히 이 사건과 같이 매매목적물의 하자로 인하여 확대손해 내지 2차 손해가 발생하였다는 이유로 매도인에게 그 확대손해에 대한 배상책임을 지우기 위하여는 채무의 내용으로 된 하자 없는 목적물을 인도하지 못한 의무위반 사실 외에 그러한 의무위반에 대하여 매도인에게 귀책사유가 인정될 수 있어야만 할 것이다.

　그런데 여러 해 동안 커플링을 사용하여 농업용 난로의 버너를 제작하여 온 원고가, 커플링의 재질에 따라 그 등급과 가격 및 용도에 차이가 있다는 사실을 모르고 있었다고는 보기 어려울 터인데, 원고는 1988.경 피고로부터 처음 커플링을 공급받을 당시에 피고가 어떠한 품질과 성능을 보장하였는지에 관하여 아무런 주장·입증을 하지 않으면서, 단지 그동안의 거래관행에 따라 품명과 수량만으로 구두로 발주하여 이 사건 'D/K 커플링'을 공급받아 왔다고 자인하고 있고, 그 밖에 이 사건 커플링에 대하여 피고가 원고에게 어떠한 품질과 성능을 보증하였는지에 관한 자료를 발견할 수가 없다.

　뿐만 아니라 이 사건의 유일한 감정인의 의견에 의하면 이 사건 마구리 부분의 마모원인이 오로지 샤프트의 탄성상실 때문이라고 단정할 수도 없다.

　그럼에도 불구하고 원심이 원고의 직원 혹은 대표이사의 증언이나 진술만으로 피고가 공급한 커플링의 하자가 이 사건 농작물 피해발생의 원인이라고 인정한 것은 매매목적물의 하자나 그로 인한 손해배상책임에 관한 법리를 오해한 것으로 위법하다.

■ 쟁 점

이 사안은 甲이 乙로부터 공급받은 재료로 난로를 제작 판매하였으나, 이를 구입한 A 및 B가 특히 심하게 추운 날에 난로가 작동하지 않아 냉해피해를 입어 甲이 이들에게 손해배상을 한 경우에, 乙은 그로 인한 甲의 손해에 대하여 배상책임을 지는가 하는 점이 문제된 것이다.

■ 검토사항

□ 판결이 乙이 공급한 재료('D/K 커플링')에 하자가 있음을 부인한 이유는 무엇인가?

□ 甲이 A 및 B에게 손해배상을 지급함으로 인하여 생긴 손해는 하자 자체로 인한 손해(직접적 손해)에 해당하는가? 이러한 손해에 대하여 乙에게 배상책임을 지우기 위해서는 어떤 요건이 갖추어져야 하는가?

■ 관련사례

□ 갑은 유리온실에 장미나무를 식재하여 장미재배업을 하여 왔는데, 유리온실 내 기름보일러에 설치된 농업용 공기조화기의 모터 과열로 그 권선의 절연이 파괴되어 화재가 발생하여 온실의 내부시설과 장미나무 등이 모두 소실되는 확대손해를 입었다. 이 공기조화기는 농업협동조합 을이 A회사에 의하여 제조된 것을 납품받아 갑에게 매도하여, A회사가 이를 유리온실 내에 설치한 것이었다. 갑은 을의 이행보조자인 A사가 하자 있는 공기조화기를 제작, 설치함으로써 화재가 발생하고 그로 인하여 위 확대손해를 입었다고 하면서, 을에게 확대손해의 배상을 청구하였다. 그런데 을에게는 하자없는 물건을 인도하지 못한 주의의무 위반 사실 외에 그러한 의무위반에 대하여 귀책사유가 있는 것은 아니다. 갑의 위 청구는 타당한가? (대판 2003.7.22. 2002다35676)

□ 갑은 을로부터 감자종자를 매수하여 식재하였는데, 이것에서 자란 감자가 잎말림병과 검은무늬썩음병에 감염되어 수확량이 예년에 비하여 현저하게 줄었다. 그런데 그 원인의 절반 가량은 잎말림병에 감염된 감자종자에 기인한 것으로 인정된다. 갑은 을에게 위 하자로 인한 손해배상을 청구할 수 있는가? 이러한 청구를 위해서는 그 하자가 을의 귀책사유로 인한 것이어야 하는가? 손해배상범위는 어떠한가? (대판 1989.11.14. 89다카15298)

■ 참고문헌

□ 김동훈, 하자확대손해에 대한 매도인의 배상책임, 고시연구 30권 11호(356호), 2003.11, 105-112.

□ 남효순, 하자담보책임상 귀책사유 있는 매도인의 손해배상책임: 손해배상의 범위와 채무불이행책임의 경합, 판례실무연구 VII, 2004, 434-464.

□ 윤영훈, 하자로 인한 확대손해의 배상, 재판실무연구 1997, 1998, 161-182, 광주
　지방법원.
□ 이은영, 하자로 인한 확대손해의 배상, 고시계 42권 10호(488호), 1997.9, 48-55.

■ **판례 2**

## 대판 1995.6.30. 94다23920

| **사안** |　甲(원고)은 신발류를 수입하여 일본 국내에서 판매하는 일본국 회사로
서, 일본국의 등산화 제조업체인 A회사에게 판매하기 위하여 한국의 신발류제조
업체인 L로부터 제조자가 주문자로부터 제공받은 규격·사양·품질에 맞추어 물
품을 제작한 다음 주문자의 상표를 그 물품에 부착하여 주문자에게 납품·판매하
는 소위 오이엠(OEM)방식에 따라 등산화를 제작·납품받기로 하는 계약을 체결
하였다. 그리고 L은 종합무역상사인 乙(피고)에게 수출대행을 의뢰하였다. L은 수
출대행자 乙로부터 공급받은 원단을 사용하여 A의 외주 사양서에 따라 등산화를
제작한 후 이를 선적하여 甲에게 납품하였다. 甲은 납품받은 위 등산화를 A에게
판매하였으나, 그 등산화에는 당초 견본과 달리 그 뒷부분의 상부와 하부 사이에
보강라이닝이 넣어져 있지 않을 뿐만 아니라 제대로 접착이 되지 않아 모든 소재
가 따로 움직이는 바람에 보행시 굴절작용이 발생하거나 등산시 조금만 힘이 가해
져도 그 힘이 외피에만 집중됨으로써 등산화가 파열되는 하자가 있었다. 그리하
여 甲은 A로부터 이를 전부 반품받고 A에게 매매대금을 손해배상금으로 지급하
였다. 그리고 甲은 乙에 대하여 A에게 지급한 위 금원 전액 상당의 손해배상을 청
구하였다.

| **소송의 경과** |　1. 원심은, 환송판결[1]의 취지에 따라 피고를 이 사건 등산화의
수출대행자로서 매도인의 지위에 있다고 판단하고, 피고에 대하여 제581조, 제
580조의 규정에 따라 위 등산화의 하자로 인한 손해배상으로서 원고가 A에게 지
급한 위 금원 전액상당의 지급을 명하였다.

---

1) 위 대법원의 판결에 앞서 내려진 환송판결(대판 1993.11.23. 92다13103)에서는 수출대행자
　인 乙이 수입자 甲에 대한 관계에서 매도인의 지위에 있는지가 문제되었고, 위 판결은 이를
　긍정하였다.

2. 피고는 상고이유에서, 원고에게 하자를 발견하지 못한 잘못으로 손해를 확대시킨 과실이 있다고 하면서, 법원은 배상의무자가 배상권리자의 과실에 따른 상계항변을 하지 않더라도 손해배상의 범위를 정함에 있어서 그러한 과실을 참작하여야 한다고 주장하였다.

| 판지 |   1) 민법 제581조, 제580조에 기한 매도인의 하자담보책임은 법이 특별히 인정한 무과실책임으로서 여기에 민법 제396조의 과실상계 규정이 준용될 수는 없다 하더라도, 담보책임이 민법의 지도이념인 공평의 원칙에 입각한 것인 이상 하자발생 및 그 확대에 가공한 매수인의 잘못을 참작하여 손해배상의 범위를 정함이 상당하다 할 것이고, 이 사건과 같이 하자담보책임으로 인한 손해배상사건에서 배상권리자에게 그 하자를 발견하지 못한 잘못으로 손해를 확대시킨 과실이 인정된다면, 법원은 손해배상의 범위를 정함에 있어서 이를 참작하여야 하며, 손해배상책임을 다투는 배상의무자가 배상권리자의 과실에 따른 상계항변을 하지 않더라도 소송에 나타난 자료에 의하여 과실이 인정되면 법원은 직권으로 이를 심리·판단하여야 한다는 점은 상고이유에서 지적하는 바와 같다.

  2) 그런데 이 사건 등산화의 하자는 결국 L이 A에서 보낸 견본과는 달리 등산화를 제작하면서 보강라이닝을 넣지 아니하고 접착을 제대로 하지 않음으로써 생긴 것으로 L의 제작과정에서 생긴 것인데, 이 사건 등산화는 L과 일본내 실수요자인 A와의 사이에 견본요청·견본제작 및 견본송부 등을 거듭한 끝에 그 제작납품계약이 이루어진 것이고, 이 사건과 같이 피고와 원고 사이에 피고의 재료에 의하여 원고가 제시한 견본에 따른 제품을 제작공급하기로 한 계약에서는 피고는 당연히 계약내용에 따른 하자 없는 완전한 제품을 제작·공급할 의무가 있는 것이므로, 제작과정에서의 하자에 대하여 기술상의 이유 등 특수한 사정으로 원고가 하자 발견의무를 부담하는 특약을 하였다면 몰라도, 그러한 특약을 하지 않은 이 사건에서 그 하자를 발견하지 못한 데 대하여 원고에게 과실이 있다고 말할 수는 없다. 또한 이 사건 등산화의 하자는 육안으로도 쉽게 확인될 수 있는 정도의 간단한 것도 아니고 제품을 해체하여 보지 않으면 발견하기 어려운 성질의 것인 점에 비추어 볼 때, 위와 같은 숨은 하자를 발견하지 못한 점에 과실이 있다고 할 수도 없다. 그러므로 상고이유에서 지적하는 바와 같은 사정만으로는 원고측이 이 사건 하자의 발생이나 확대에 영향을 미쳤다고 볼 수 없어 이를 과실상계의 사유로 삼을 수 없다. 그 밖에 원고측이 하자의 발생이나 확대에 기여한 잘못이 있음을 인정할 아

무런 자료도 없다. 그러므로 원심이 이 사건 하자의 발생이나 확대에 기여한 원고 측의 과실이 있는지에 관하여 심리·판단하지 아니하였다 하더라도 무슨 위법이 있다고 할 수 없다. 상고이유는 받아들일 수 없다.

- **쟁 점**

  이 사안은 매도인의 하자담보책임에서 매수인이 하자의 존재를 과실로 모른 경우에 배상범위를 정함에 있어서 그러한 점을 고려해야 하는가 하는 점이 문제된 것이다.

- **검토사항**

  □ 판결이 매수인의 잘못을 고려해야 한다고 한 근거는 무엇인가?

  □ 법원은 매수인의 잘못 여부를 직권으로 참작해야 하는가?

  □ 판결이 매수인에게 손해 전부에 대한 배상청구를 인정한 이유는 무엇인가?

- **참고문헌**

  □ 문용선, 매매목적물의 하자로 인한 확대손해에 대한 책임추급, 민사판례연구 21권, 1999, 260-305.

## (4) 권리행사기간

### 대판 2011.10.13. 2011다10266

**| 사안 |**  甲(한국토지공사)은 1998.7.21. 乙회사(피고)로부터 X부동산을 매수하고 9.14. 이전등기를 마쳤으며, 1998.8.29. 丙(피고)의 피상속인 丙'으로부터 Y부동산을 매수하고 10.16. 이전등기를 마쳤다. 위 부동산을 A, B가 순차로 甲으로부터 매수하였으며, 다시 K가 이를 매수하였다. K는 2006.8. 초순경 위 부동산 지하에 다량의 건설폐기물이 매립되어 있는 것을 발견하고, 2006.8.7.경 甲에게 그 사실을 통지하였으며, 甲은 위 통지를 받고 2006.8.17.과 8.23. 및 8.31. 3회에 걸쳐 乙및 丙'에게 폐기물의 발견 사실과 乙및 丙'이 위 폐기물을 처리하여 줄 것과 미처리 시 손해배상을 청구할 예정이라는 내용의 내용증명우편을 발송하였다. K는 스스로 폐기물을 처리한 후 甲을 상대로 2006.11.9. 그 처리비용 상당의 손해배상청구의 소를 제기하였고, K가 승소판결을 받아 甲이 2008.10.2. K에게 손해배상금을 지급하였으며, 위 판결은 2009.1.15. 확정되었다. 甲은 2009.8.7. 乙및 丙에게 하자담보책임에 기한 손해배상으로서 甲이 폐기물 처리비용 상당액으로 K에게

기지급한 금원의 배상을 청구하였다.

**| 판지 |** 매도인에 대한 하자담보에 기한 손해배상청구권에 대하여는 민법 제582조의 제척기간이 적용되고, 이는 법률관계의 조속한 안정을 도모하고자 하는 데에 그 취지가 있다. 그런데 하자담보에 기한 매수인의 손해배상청구권은 그 권리의 내용·성질 및 취지에 비추어 민법 제162조 1항의 채권 소멸시효의 규정이 적용된다고 할 것이고, 민법 제582조의 제척기간 규정으로 인하여 위 소멸시효 규정의 적용이 배제된다고 볼 수 없으며, 이때 다른 특별한 사정이 없는 한 무엇보다도 매수인이 매매의 목적물을 인도받은 때부터 그 소멸시효가 진행한다고 해석함이 상당하다.

위와 같은 사실관계를 앞서 본 법리에 비추어 살펴보면, 원고의 이 사건 하자담보에 기한 손해배상청구권은 원고가 피고 乙 및 丙'로부터 이 사건 부동산을 인도받았을 것으로 보이는 1998.9.14. 내지 1998.10.16.부터 소멸시효가 진행된다고 할 것인데, 원고는 그로부터 10년이 경과한 2009.8.7.에서야 피고들에게 이를 구하는 이 사건 소를 제기하였음이 기록상 분명하므로, 원고의 하자담보책임에 기한 손해배상청구권은 이 사건 소 제기 이전에 이미 소멸시효 완성으로 소멸되었다고 할 것이다.

■ 쟁 점

이 사안은 하자담보책임에 의하여 매수인이 가지는 손해배상청구권은 제582조에서의 권리행사기간과는 별도로 독립하여 소멸시효가 진행하는가, 긍정된다면 이의 기산점은 언제인가 하는 점이 문제된 것이다.

■ 검토할 사항

□ 제582조가 단기의 권리행사기간을 둔 취지는 무엇인가?

□ 제582조는 권리행사기간의 기산점을 「사실을 안 날」이라고 하는 바, 여기에서의 사실은 목적물에 하자가 있다는 사실을 뜻한다. 그런데 甲이 그러한 사실을 안 것은 K로부터 2006.8.7. 이를 통지받은 때이다. 그리고 甲은 위 통지를 받고 6개월 내인 2006.8.17.에 하자를 제거할 것을 청구하였다. 그렇다면 甲은 제582조에서 규정한 권리행사기간을 준수한 것이 된다. 그럼에도 위 판결은 위 규정과는 별도로 하자담보책임에 의하여 매수인이 가지는 손해배상청구권에 관하여 독립적인 소멸시효를 인정할 뿐만 아니라, 이의 기산점을 목적물을 인도받은 때라고 하여, 甲의 청구를 배척하였다. 이 판결과 제582조는 과연 조화되는가?

□ 제582조의 기간의 성질은 제척기간인가?

■ 관련사례

□ 갑은 을로부터 굴삭기 1대를 36개월 할부로 매수하고 1984.10.23. 이를 인수하였다. 그런데 위 굴삭기가 처음부터 작동고장으로 가동이 불가능하였고 그후에도 10여 차례 고장이 발생하여 하자보수를 받았는데, 수리 담당자가 1985.12.28. 수리를 포기하고 이를 방치하였다. 갑은 1984.11.7. 을에게 위 굴삭기를 교체하여 달라고 한 바 있으나, 위와 같이 을이 수리를 포기하고 방치하자, 계약을 해제한다고 하면서 지급했던 대금의 반환을 요구하였다. 그런데 갑은 1991.7.6.에 이르러 다시금 을에게 계약해제 통보서를 보내고, 1991.7.25. 을을 상대로 대금반환을 구하는 소를 제기하였다. 이에 대하여 을은, 갑이 해제일로부터 5년이 경과한 후 소를 제기하였으므로 갑의 해제로 인한 원상회복청구권은 상사소멸시효가 완성되었다고 항변하였다. 갑의 청구는 타당한가? (대판 1993.9.14. 93다21569)

■ 참고문헌

□ 이성훈, 원상회복청구권과 상사시효, 상사판례연구 I권, 1996, 150-158.

## (5) 하자담보책임과 채무불이행책임

### 대판 2004.7.22. 2011다10266

⎯⎯⎯⎯⎯⎯⎯⎯⎯⎯⎯⎯⎯⎯⎯⎯⎯⎯⎯⎯⎯⎯⎯⎯⎯⎯⎯⎯⎯⎯⎯⎯⎯⎯⎯⎯⎯

| 사안 | 甲(원고, 한국수자원공사)은 안산시 일대의 토지에 관하여 신도시 2단계 건설사업 계획을 승인받았다. 위 사업시행지 내에 토지를 소유하고 있던 乙(피고)은 1992.6. 인근 도로 및 지표면보다 약 1m 이상 낮은 자신의 토지에 대한 보상가격을 높이기 위하여 대지조성공사를 하였는데, 그 과정에서 토사와 함께 산업폐기물 등을 매립하기로 A 등과 공모하고 1992.6.경부터 1993.11. 하순경 사이에 다량의 폐기물을 단속이 뜸한 심야에 집중적으로 실어 운반한 후 자신의 토지 일부(매립지)에 구덩이를 파서 쏟아 붓고 그 위에 다량의 토사를 덮어 외견상으로는 쉽게 발견되지 않도록 하는 방법으로, 폐기물을 은밀히 매립하였다.

甲을 대리한 안산시장은 법령에 따라 1995.5.16. 乙로부터 위 토지를 8,758,541,900원에 협의취득하고 1995.9.22. 甲 명의로 소유권이전등기를 마쳤으며, 甲은 1996.7.경까지 이 사건 매립지 전부에 대한 소유권을 취득하였다.

그런데 1996.4.25.경 방송을 통하여 위와 같은 폐기물 매립사실이 알려졌다. 甲

은 1996.10.22. 乙에 대하여 위 토지를 관계 법령의 기준에 맞게 정상적으로 복구하기 위하여 드는 비용(16,350,000,000원) 상당의 손해배상을 청구하였다.

| **소송의 경과** |　1. 원고는 처음에는 불법행위를 이유로 손해배상을 청구하였다. 이에 대하여 원심은, "피고는 이 사건 매립지에 폐기물을 불법 매립한 불법행위자로서, 그 후 위 매립지의 소유권을 취득한 원고가 그 폐기물을 제거하기 위하여 입은 손해를 배상할 책임이 있다"고 하면서 피고에게 폐기물 처리비용의 지급의무가 있다고 판시하였다.

그러나 대법원(2002.1.11. 선고 99다16460 판결)은 "피고가 자신의 소유였던 이 사건 토지에 폐기물 등을 매립한 행위는 피고 자신에 대한 행위로서 제3자에 대한 행위가 아니므로 불법행위가 성립하지 아니할 뿐만 아니라 피고가 이 사건 토지에 폐기물 등을 매립한 행위 자체만으로는 당연히 원고에게 어떤 손해가 발행하였다고 볼 수는 없으므로, 피고가 자신의 소유였던 이 사건 토지에 폐기물 등을 매립하였다는 사실만으로는 그 후 이 사건 토지에 관한 소유권을 취득한 원고에 대하여 불법행위를 구성하는 것은 아니라고 할 것이며, 위 폐기물 매립행위로 인하여 이 사건 토지와 인접한 토지 소유자나 거주자에게 손해를 가한 경우 그에 대한 불법행위는 성립할 수 있어도 그 토지의 새로운 취득자인 원고에 대하여까지 불법행위가 성립한다거나 당연히 그 손해배상청구권이 승계되는 것은 아니다"라고 판시하여 원심을 파기 환송하였다.

2. 원고는 환송심에서, 피고의 폐기물매립행위 및 그 이후 일련의 행위는 채무불이행, 불법행위, 하자담보책임의 요건을 충족한다고 주장하면서, 선택적으로 이를 근거로 매립지에 대한 복구비용의 지급을 구하였다.

원심은 공공용지취득및손실보상에관한특례법에 따른 협의취득은 공공기관이 사경제주체로서 행하는 사법상 매매 내지는 사법상 계약의 실질을 가지는 것임을 전제로, 다음과 같이 판단하였다.

1) 채무불이행에 기한 손해배상책임에 대하여

매매계약에 있어 매도인은 특별한 사정이 없는 한, 하자가 없는 정상적인 물건을 인도할 의무가 있다고 할 것인바, 통상 예견할 수 있는 범위를 넘어서는 엄청난 양의 폐기물이 매립되어 있는 것은 하자에 해당하고, 매도인인 피고는 위 하자를 직접 제거하거나 아니면 원고가 이를 제거하기 위하여 지출하여야 하는 비용을 손해로서 배상할 의무가 있다.

2) 불법행위로 인한 손해배상청구에 대하여

피고가 원고에게 불법폐기물이 매립된 토지를 매도한 행위는 피고의 기망에 의하여 원고가 실제보다 훨씬 높은 가격으로 토지를 매수하게 한 것으로서 불법행위를 구성한다. 이 때 원고가 입은 손해는 피고의 폐기물 매립행위 자체를 불법행위로 보지 않는 이상, 원고가 피고의 토지를 매수하기 위하여 지출한 매매대금 중 그 실제 가치를 초과하여 지급한 부분, 즉 매수가격과 시가의 차액에 그친다. 그런데 그 차액은 채무불이행으로 인한 손해배상액을 초과하지 않는다.

3) 하자담보책임에 기한 손해배상청구에 대하여

엄청난 폐기물이 매립되어 있는 것은 토지의 하자에 해당하므로 피고는 민법 제580조에 기하여도 원고가 입은 손해를 배상할 책임이 있다. 원고는 1996.4.25.경 방송을 통하여 폐기물 매립사실을 알게 되었던 것으로 보이고, 그로부터 6개월 이내인 1996.10.22. 이 사건 소를 제기하였으므로 민법 제582조 소정의 제척기간은 문제가 되지 않는다. 다만 하자담보책임에 기한 손해배상의 범위에 있어 신뢰이익의 배상이냐 이행이익의 배상이냐에 대하여 학설상 다툼이 있으나, 매도인이 무과실일 때에는 신뢰이익의 배상에 그치지만 매도인에게 고의·과실이 있을 때 즉 매도인에게 귀책사유가 있을 때에는 이행이익까지 배상하여야 한다고 해석할 것인바, 이행이익의 배상을 명하는 경우 결국 위에서 인정한 채무불이행으로 인한 손해배상액과 같게 되어 민법 제580조의 하자담보책임을 인정하더라도 채무불이행에 기하여 손해배상책임을 인정하는 경우와 마찬가지 결과가 된다.

| 판지 |  매도인이 성토작업을 기화로 다량의 폐기물을 은밀히 매립하고 그 위에 토사를 덮은 다음 도시계획사업을 시행하는 공공사업시행자와 사이에서 정상적인 토지임을 전제로 협의취득절차를 진행하여 이를 매도함으로써 매수자로 하여금 그 토지의 폐기물처리비용 상당의 손해를 입게 하였다면 매도인은 이른바 불완전이행으로서 채무불이행으로 인한 손해배상책임을 부담하고, 이는 하자 있는 토지의 매매로 인한 민법 제580조 소정의 하자담보책임과 경합적으로 인정된다고 할 것이다.

한편 피고가 스스로 법령에 의하여 요구되는 정도와 방법에 부합하도록 폐기물을 처리하여 판시 토지를 정상적으로 복구할 것을 기대하기 어려워 원고가 그 처리비용 상당의 손해배상을 구하는 이 사건에서 원고에게 피고가 스스로 폐기물을 처리할 것만을 청구하거나 손해배상청구에 앞서 이러한 청구를 먼저 행사하여야

할 의무는 없는 것이고, 나아가 폐기물처리비용이 매매대금을 초과한다는 사정은 원고의 손해배상청구권 행사에 아무런 장애가 되지 않는다.

따라서 피고에게 손해배상책임이 있다고 한 원심의 인정 및 판단은 정당하다.

- **쟁 점**

이 사안은 乙이 자신의 토지가 甲이 시행하는 공공사업의 대상지역에 포함된 사실을 알고 매매대금을 높힐 의도로 매매계약 전에 토지에 폐기물을 다량 매립한 경우에, 甲은 乙에 대하여 어떤 근거로 손해배상을 청구할 수 있는가 하는 점이 문제된 것이다.

- **검토할 사항**

  □ 이 사안에서는 하자가 乙의 고의의 폐기물 매립으로 인하여 생긴 것이므로 乙은 하자담보책임뿐만 아니라 채무불이행책임도 지는 것이다. 그러면 하자가 채무자의 귀책사유 없이 생긴 경우에도 양 책임이 모두 성립할 것인가?
  □ 乙의 매립행위가 채무불이행책임 및 하자담보책임의 요건을 모두 충족시키는 경우에, 채무불이행책임을 근거로 손해배상을 청구함에는 제582조에서의 권리행사기간의 제한을 받지 않는가?

- **참고문헌**

  □ 김대정, 하자담보책임과 채무불이행책임의 경합, 민사법학 28호, 2005, 153-200.
  □ 송인권, 매도인의 담보책임과 채무불이행책임의 경합, 법조 55권 4호(통권 595호)(2006.4.), 203-236.

## 3. 경매의 경우

### (1) 담보책임의 성립 여부

**대판 1993.5.25. 92다15574**

. . . . . . . . . . . . . . . . . . . . . . . . . . . . . . . . . . . . . . . . . . . . . . . . . . . . . . . . . . . .

| **사안** |  A는 대지 및 그 지상의 건물(구건물)을 소유하던 중, 1985.1. 건물을 헐고 동일 대지상에 새로운 건물(신건물)을 신축하였다. A는 관할 관청으로부터는 증·개축허가만을 받았으나, 실제로는 토지 굴착으로 옆집과의 다툼이 있을 것을 염려하여 위 구 건물 중 일부 외벽만을 남기고 그 밖의 벽과 지붕 등을 헐어 내어 신건물을 신축한 것이다. 그리고 A는 신건물에 관하여 새로운 소유권보존등기를

하지 않은 채 소유하고 있었다. 이런 상태에서 A는 甲(피고)에 대한 채무의 담보로서 1985.5.13. 위 대지 및 건물 위에 근저당권을 설정하였다. 그런데 A가 채무를 이행치 않아 위 대지 및 그 지상의 건물에 대하여 경매가 개시되었는데, 경매대상인 건물은 근저당권의 목적물인 등기부상의 (구)건물로 되어 있으나 실제로는 신건물에 대하여 경매절차가 진행되었다. 乙(원고)이 1987.3.26. 위 대지 및 건물을 경락받았으며, 甲 등이 경락대금으로부터 배당을 받았다. 그런데 후에 이르러 건물의 신축사실이 밝혀져 신건물에 대한 임의경매절차가 무효로 되어, 乙이 건물에 대한 소유권을 잃게 되었다. 그리하여 乙이 甲에 대하여 그가 받은 배당금은 부당이득이라고 하면서 이의 반환을 청구하였다. 이에 대하여 甲은, 乙은 제578조의 규정에 따라 경매채무자인 A와의 사이에서 매매의 해제나 대금감액 등의 청구를 거쳐 그 대금의 반환을 청구할 수 있을 뿐 배당채권자인 자신이 받은 배당금을 부당이득금이라 하여 그 반환을 구할 수는 없다고 주장하였다.

| 판지 |   1. 원심은, 등기부상 표시된 위 구건물은 멸실되었고 그 자리에 신축된 신건물은 구건물과는 그 재료·위치·구조까지 전혀 다른 별개의 건물이며, 또 신축건물의 물권변동에 따른 등기를 멸실 건물의 등기부에 기재하여도 그 등기는 무효라 할 것이고 멸실된 구건물을 표상한 등기가 신건물에 유용될 수 없으므로, 멸실된 구건물에 대한 근저당권설정등기에 의하여 신축된 건물에 대한 근저당권이 설정되었다고는 할 수 없고, 따라서 위 근저당권등기에 기하여 진행된 경매절차에서 신건물을 감정평가하여 원고가 이를 경락받았다 하더라도 신건물의 소유권을 취득할 수는 없다는 취지로 판단하였다.

원심이 구건물과 신축된 신건물 사이에 동일성이 없다고 본 사실인정은 정당하고, 이러한 경우 멸실된 구건물에 대한 근저당권등기는 무효이며 이에 기하여 진행된 임의경매절차에서 신건물을 경락받았다 하더라도 그 소유권을 취득할 수 없다고 판단한 것은 정당하다.

2. 민법 제578조 제1항, 제2항은 매매의 일종인 경매에서 그 목적물의 하자로 인하여 경락인이 경락의 목적인 재산권을 완전히 취득할 수 없을 때에는 매매의 경우에 준하여 매도인의 위치에 있는 경매의 채무자나 채권자에게 담보책임을 부담시켜 경락인을 보호하기 위한 규정으로서, 그 담보책임은 매매의 경우와 마찬가지로 경매절차는 유효하게 이루어졌으나 경매의 목적이 된 권리의 전부 또는 일부가 타인에게 속하는 등의 하자로 경락인이 완전한 소유권을 취득할 수 없거나 이

를 잃게 되는 경우에 인정되는 것이고, 경매절차 자체가 무효인 경우에는 경매의 채무자나 채권자의 담보책임은 인정될 여지가 없다.

원심이 같은 취지에서 피고의 주장, 즉 원고는 민법 제578조의 규정에 따라 경매채무자인 A와의 사이에서 매매의 해제나 대금감액 등의 청구를 거쳐 그 대금의 반환을 청구할 수 있을 뿐 배당채권자인 피고에게 그가 받은 배당금을 부당이득금이라 하여 그 반환을 구할 수 없다는 주장을 배척한 것은 정당하다.

- **■ 쟁 점**

  이 사안은 건물을 헐고 동일 대지 위에 신건물을 신축했으나 등기부에는 여전히 구건물이 등기된 상태에서 건물에 저당권(채권자 甲)이 설정되고 그 저당권이 실행되었는데, 후에 건물신축 사실이 밝혀져 경매절차가 무효로 되어 건물의 경락인(乙)이 소유권을 잃게 된 경우에, 제578조 1항·2항이 적용되는가 하는 점이 문제된 것이다.

- **■ 검토사항**

  □ 제578조 1항은 경매의 경우에 매도인의 담보책임에 관한 제570조 내지 제577조의 규정을 준용한다. 그 이유는 무엇인가?

  □ 제578조 1항은 제570조 이하를 준용하도록 하면서도, 2항에서 채무자가 자력이 없는 경우에는 경락인은 대금의 배당을 받은 채권자에 대하여 그 대금 전부나 일부의 반환을 청구할 수 있다고 규정한다(즉 타인의 권리의 매매에 관한 일반적인 담보책임과 달리 규정한다). 그 이유는 무엇인가?

  □ 등기된 건물을 헐고 새 건물을 신축한 경우에, 멸실된 구건물을 표상하던 등기는 신건물에 유용되는가? 즉 관계 당사자(이 사안에서 A와 甲)는 새 건물에 관하여 다시 보존등기를 하지 않고 구건물에 관한 등기를 새 건물에 대한 것으로 하기로 합의한 경우에, 그러한 합의는 유효한가?

  □ 乙이 경매절차에서 건물을 경락받고 경락대금을 완납하였음에도 건물의 소유권을 취득하지 못하게 된 이유는 무엇인가?

  □ 제578조 1항 혹은 2항은 경매절차가 유효한가 여부를 불문하고 적용되는가?

  □ 경매절차가 무효인 경우에는 경락인은 어떤 권리를 가지는가? 그 이유는 무엇인가?

- **■ 관련사례**

  □ 제578조 1항의 채무자에는 임의경매에서의 물상보증인도 포함되고, 따라서 경락인이 물상보증인에 대하여 적법하게 계약해제권을 행사했을 때에는 물상보증인

은 경락인에 대하여 원상회복의 의무를 지는가? (대판 1988.4.12. 87다카2641)

□ 위조된 약속어음공정증서를 채무명의로 하여 강제경매절차가 진행되어 갑이 경락받았는데 약속어음공정증서가 위조된 것임이 밝혀져 갑이 경락물을 잃은 경우에, 갑은 배당채권자에게 직접 일반의 부당이득반환을 청구할 수 있는가? (대판 1991.10.11. 91다21640)

□ A 소유인 토지와 주택에 관하여 1992.11.13. 근저당권자 갑의 근저당권설정등기가 경료되었고, 그 후 A의 채권자 을의 신청에 의하여 위 부동산에 강제경매절차가 행해져, 병이 이를 낙찰받았다. 그리고 낙찰대금은 우선특권자 다음으로 갑, 을 등(그외에 또 다른 압류채권자 정, 무)에게 배당되었다. 그 후 병은 당시 위 부동산에 세들어 살던 P를 상대로 건물명도청구소송을 제기하였는데, P는 1991. 11.7. A와 임대차계약을 체결하고 대항요건을 갖춘 자여서, 병은 임대인(A)의 지위를 승계한 것이 되어 P에게 보증금을 지급하고 이를 명도받았다(양자는 동시이행관계). 그리하여 병이 위 경매절차에서 배당금을 받은 A의 채권자 갑·을 등을 상대로 부당이득반환을 청구하였다. 타당한가? 즉 경락인(병)이 경매절차가 종료된 이후 경매절차에서 배당받지 못한 대항력 있는 임차권자(P)에게 임차보증금을 지급한 경우에, 병은 제578조 및 제575조에 따라 경매(매매계약)를 해제하지 않고 곧바로 배당채권자에 대하여 일반의 부당이득반환을 청구할 수 있는가? (대판 1996.7.12. 96다7106)

□ A가 토지의 소유자이고 그 지상에 건물을 신축하던 중 자금이 부족하여 토지와 건축중의 건물을 팔았으며, B가 수인을 거쳐 이를 전매하여 건물을 완성하고 토지에는 이전등기를, 건물에는 소유권보존등기를 마쳤다. B에 대한 채권자 갑은 위 토지와 건물에 저당권을 설정하였는데 B가 채무를 이행하지 않아 저당권이 실행되었으며, 이의 경매절차에서 을이 이를 경락받았으며, 경락대금에서 갑이 배당받았다. 그런데 위 경매절차 진행 중에 A가 건물에 관한 B의 보존등기의 말소청구소송을 제기하였는데, 이 소송에서 이의 소유권이 원시적으로 A에게 귀속되었음을 이유로 A의 승소확정판결이 내려졌다. 그리하여 을이 갑에 대하여 배당받은 금전 상당의 부당이득반환을 청구하였다. 타당한가? 이의 당부의 관건은 무엇인가? (대판 2004.6.24. 2003다59259)

□ 채무자가 경매절차가 개시된 이후 낙찰기일 이전에 경매목적물인 자수기로부터 중요부품을 분리하여 반출·은닉함으로써 자수기가 작동될 수 없게 된 경우에, 이는 경매목적물의 일부가 이미 멸실된 경우에 해당하므로 경락인은 제578조, 제574조에 의하여 계약(경매)을 해제할 수 있는가? (대판 2001.6.12. 99다34673)

■ 참고문헌

□ 김학준, 경매절차의 무효와 담보책임, 대법원판례해설 49호, 2004, 172-185.

□ 송인권, 경매와 매도인의 담보책임: 채무자가 형식적으로는 경매목적물의 소유
자로 등재되어 있으나 실질적으로는 소유권을 취득하지 못한 경우를 중심으로,
저스티스 91호, 2006, 197-210.

□ 양창수, 채무자 소유 아닌 부동산에 대한 경매와 담보책임, 경영법무 통권 123호
(2004.12.), 35-39, 한국경영법무연구소.

### (2) 채무자의 손해배상의무

**대판 2003.4.25. 2002다70075**

| 사안 |  甲(피고) 소유의 이 사건 아파트에는 1998.5.29. 및 1999.10.18. 각기 A
및 B의 근저당권 등기가 각 경료되었으며, C는 1999.6.경 위 아파트를 임차하여
입주하고 6.29. 전입신고를 마쳤다. 甲에 대한 채권자 K의 신청(1999.12.23.)에 의
하여 위 아파트에 강제경매절차가 개시되어, 乙(원고)이 2000.12.13. 낙찰받고 대
금지급기일이 2001.1.10.로 지정되었다.

위 경매절차가 진행되자 C는 아직 임대차기간이 남아 있음에도 甲에게 임차보
증금의 반환을 요구하였는데, 甲은 이에 응하지 못하다가, 임차권의 대항력이라도
유지될 수 있도록 선순위 근저당권을 말소하여 달라는 C의 간청에 따라 2001.1.
5. 선순위 근저당권자인 A에게 피담보채무를 변제하고 1.6. 근저당권등기를 말소
시켰다.

乙은 입찰대금지급기일인 1.10. 대금을 지급하고 아파트의 소유권을 취득하였
다. 그런데 C가 3.8. 乙을 상대로 임차보증금 반환청구의 소를 제기하여, 승소판
결이 9.30. 확정되었다. 그리하여 乙이 C에게 이를 지급한 후, 甲에 대하여 甲이
자신에게 위와 같은 사정(선순위 저당권을 소멸시켰다는 점 그리하여 C의 임차권의 대
항력이 존속하게 되었다는 점)을 고지하지 아니하였음을 이유로 제578조 3항에 의
한 손해배상을 청구하였다. 즉 乙 자신은 A의 선순위 근저당권의 존재로 후순위
인 C의 임차권이 소멸하는 것으로 알고 부동산을 낙찰받았으나, 그 후 甲이 A에게
피담보채무를 변제하여 근저당권을 소멸시키고도 이 점에 대하여 낙찰자 자신에
게 아무런 고지도 하지 않아, 자신은 대항력 있는 임차권이 존속하게 된다는 사정
을 알지 못한 채 대금지급기일에 낙찰대금을 지급하였으므로, 甲은 제578조 제3
항의 규정에 의하여 낙찰자가 입게 된 손해를 배상할 책임이 있다고 하면서 위와

같은 청구를 하였다.

| **원심** |  피고는 강제경매를 당하는 채무자로서 경매절차에 별 관심이 없었을 뿐만 아니라 법률전문가도 아닌 관계로 C의 독촉에 밀려 선순위 근저당권을 소멸시키면서도 그로 인하여 임차권의 대항력이 유지되어 낙찰자에게 대항할 수 있게 되고, 낙찰자인 원고로서는 그 임차보증금반환채무를 인수하게 되어 동액 상당의 손해가 발생한다고 하는 구체적인 사실 내지 법적 효과에 대하여 확실히 알고 있었다고 볼 수 없으므로, 원고에게 이러한 사정을 고지하지 아니하였다고 하여 피고에게 손해배상책임을 물을 수는 없고, 한편으로는 경매의 특성상 경매에 참가하고자 하는 자는 자신의 위험부담 하에 경매목적물에 관한 권리관계를 분석하여 자신의 책임으로 입찰하는 것이라는 점에서도 피고에게 손해배상책임을 물을 수 없다고 판단하였다.

| **판지** |  원심의 판단은 다음과 같은 점에서 수긍할 수 없다.

부동산의 경매절차에서 주택임대차보호법 제3조에 정한 대항요건을 갖춘 임차권보다 선순위의 근저당권이 있는 경우에는, 낙찰로 인하여 선순위 근저당권이 소멸하면 그보다 후순위의 임차권도 선순위 근저당권이 확보한 담보가치의 보장을 위하여 그 대항력을 상실하는 것이지만, 낙찰로 인하여 근저당권이 소멸하고 낙찰인이 소유권을 취득하게 되는 시점인 낙찰대금지급기일 이전에 선순위 근저당권이 다른 사유로 소멸한 경우에는, 대항력이 있는 임차권의 존재로 인하여 담보가치의 손상을 받을 선순위 근저당권이 없게 되므로 임차권의 대항력이 소멸하지 않는다. 그리고 선순위 근저당권의 존재로 후순위 임차권이 소멸하는 것으로 알고 부동산을 낙찰받았으나, 그 후 채무자가 후순위 임차권의 대항력을 존속시킬 목적으로 선순위 근저당권의 피담보채무를 모두 변제하고 그 근저당권을 소멸시키고도 이 점에 대하여 낙찰자에게 아무런 고지도 하지 않아 낙찰자가 대항력 있는 임차권이 존속하게 된다는 사정을 알지 못한 채 대금지급기일에 낙찰대금을 지급하였다면, 채무자는 민법 제578조 제3항의 규정에 의하여 낙찰자가 입게 된 손해를 배상할 책임이 있다.

원심이 인정한 사실관계를 위와 같은 법리에 비추어 볼 때, 피고가 채무자로서 경매목적물인 이 사건 아파트에 C의 대항력 있는 임차권의 존속이라는 부담이 발생하게 된 사정을 잘 알면서도 낙찰자인 원고에게 이를 고지하지 아니한 이상, 이로 인하여 원고가 입게 된 손해를 배상할 책임이 있다.

한편 경매에 참가하고자 하는 자는 자기의 책임과 위험부담 하에 경매공고, 경매물건명세서 및 집행기록 등을 토대로 경매목적물에 관한 권리관계를 분석하여 경매참가 여부 및 매수신고가격 등을 결정하여야 하나, 경매기일이 지난 후에 발생한 위에서 본 바와 같은 사정변경에 대하여는 그로 인한 부담을 경락인에게 귀속시킬 수는 없다.

- ■ 쟁 점
  강제경매의 채무자(甲)가 낙찰대금지급기일 직전에 선순위 근저당권을 소멸시켜 후순위 임차권의 대항력을 존속시키고도 이를 낙찰자(乙)에게 고지하지 아니하여 乙이 대항력 있는 임차권의 존재를 알지 못한 채 낙찰대금을 지급한 경우, 甲은 제578조 제3항에 의하여 손해배상책임을 지는가 하는 점이 문제된 것이다.

- ■ 검토사항
  □ 경매부동산에 대항력 있는 임차권보다 선순위의 근저당권이 있는 경우에, 부동산이 경매되어 선순위 근저당권이 소멸하면 임차권도 소멸(대항력 상실)하도록 하는 소위 소거주의의 취지는 무엇인가?
  □ 근저당권의 목적물이 낙찰됨으로써 근저당권이 소멸하고 낙찰인이 소유권을 취득하게 되는 시점은 언제인가?
  □ 제578조 3항은 채무자가 권리의 흠결을 알고 고지하지 않은 경우에 손해배상책임을 부과한다. 만약 甲이 A에게 피담보채무를 변제함으로써 C측의 임차권의 대항력이 존속하리라는 점을 알았으나, 그로 인하여 乙이 C측에게 보증금을 지급해야 한다는 점까지는 알지 못하였다면, 甲은 권리의 흠결을 모른 것이 되는가?
  □ 사안에서와는 달리 만약 甲이 A의 저당권을 소멸시키지 않았거나 혹은 乙의 낙찰대금지급기일 이후에 소멸시켰다면, C의 법적 지위는 어떻게 되는가?

- ■ 참고문헌
  □ 김병선, 부동산경매에서 중간임차권의 취급과 매수인의 구제, 사법행정 49권 6호(2008.8.), 51-67.
  □ 민일영, 경매와 담보책임의 법리 : 임차주택의 경매를 중심으로, 민사재판의 제문제 12권, 2003, 231-259.
  □ 조원철, 강제경매절차에 있어서 채무자의 담보책임, 대법원판례해설 44호, 2004, 336-344.

# 제3항 특수한 매매

## Ⅰ. 소유권유보부매매

### 대판 1999.9.7. 99다30534

| 사안 |  甲(피신청인)은 자신이 생산하는 철강재를 A에게 계속적으로 공급하기로 하는 내용의 계약을 체결하면서, 이의 대금이 완납될 때까지는 담보목적으로 소유권을 甲이 유보하고, A에게 부도가 발생하거나 파산하는 경우에는 甲이 이에 대하여 환취권을 갖기로 하는 내용의 약정을 하였다. 甲이 이에 기해서 A에게 위 물품을 공급하다가 A의 재산상태가 악화되자 거래를 종료하였으며, A는 甲에 대한 위 물품대금 중 일부를 지급치 못하였다.

그런데 A가 부도를 낼 상태에 이르자, 이의 대표이사 B와 영업부장 C가 乙회사(신청인)를 설립하고, A가 다른 채권자들로부터 빌린 차용금채무의 변제에 갈음하여 위 철강재를 乙회사에 대물변제로 양도하였다. 이에 甲이 乙회사에 대하여 위 철강재에 대한 인도청구권의 보전을 위하여 A가 점유하는 철강재에 대하여 처분금지 가처분결정을 받았다. 이에 대하여 乙이 위 철강재에 관하여 자신이 A로부터 정당하게 대물변제받은 것이니 甲에게 이를 인도할 의무가 없다고 하면서 가처분에 대하여 이의를 제기하였다.

| 원심 |  1. 철강재에 대한 소유권의 귀속

A가 甲에 대하여 철강재의 대금을 변제하지 못하고 부도를 낸 이상 철강재는 위 특약에 따라 甲의 소유라고 할 것이니, 乙회사가 A에 대한 차용금채무의 변제에 갈음하여 이를 양도받았다고 하더라도 무권리자로부터 양도받은 것으로서 그 소유권을 취득할 수 없다. 그러므로 甲은 乙회사에 대하여 철강재의 인도를 청구할 권리가 있다.

2. 그 외에 乙의 주장과 그에 대한 판단

(1) 乙은 위 철강재는 A가 甲 이외의 다른 회사로부터 공급받은 철강재와 혼장되어 있어 특정이 불가능하다고 주장하나, 이를 인정할 증거가 없다.

(2) 乙은 소유권 유보의 특약은 매수인의 기업활동을 극도로 제한하여 사회상규나 공정거래에관한법률에 위반되는 무효의 조항이라고 주장하나, 그러한 특약은

매수인의 기업활동을 극도로 제한하는 것이 아니므로 무효가 아니다.

(3) 乙은 철강재를 정상적인 거래관계로 대물변제를 받은 것이므로 이를 선의취득하였다고 주장하나, A의 대표이사 B와 영업부장 C가 乙회사를 설립하고 이를 양도받았으므로, B와 C는 이의 소유권이 대금완제시까지 甲에게 유보되어 있음을 충분히 알고 있었다고 할 것이므로, 이는 이유 없다.

| 판지 |  동산의 매매계약을 체결하면서, 매도인이 대금을 모두 지급받기 전에 목적물을 매수인에게 인도하지만 대금이 모두 지급될 때까지는 목적물의 소유권은 매도인에게 유보되며 대금이 모두 지급된 때에 그 소유권이 매수인에게 이전된다는 내용의 이른바 소유권유보의 특약을 한 경우, 목적물의 소유권을 이전한다는 당사자 사이의 물권적 합의는 매매계약을 체결하고 목적물을 인도한 때 이미 성립하지만 대금이 모두 지급되는 것을 정지조건으로 하므로, 목적물이 매수인에게 인도되었다고 하더라도 특별한 사정이 없는 한 매도인은 대금이 모두 지급될 때까지 매수인뿐만 아니라 제3자에 대하여도 유보된 목적물의 소유권을 주장할 수 있다. 이와 같은 법리는 소유권유보의 특약을 한 매매계약이 매수인의 목적물 판매를 예정하고 있고, 그 매매계약에서 소유권유보의 특약을 제3자에 대하여 공시한 바 없고, 또한 그 매매계약이 종류물인 철강재를 목적물로 하더라도 다를 바 없다.

이와 같은 취지의 원심 판단은 정당하다.

■ 쟁  점

이 사안은 甲이 A회사에게 철강재를 외상으로 매각 인도하면서 대금완납시까지는 이의 소유권을 보유한다는 특약을 하였는데 A회사의 임원 B 등이 乙회사를 설립하고 위 철강재를 乙회사에게 대물변제로 양도한 경우에, 甲은 위 철강재에 대한 소유권을 보유하는가 하는 점이 문제된 것이다.

■ 검토사항

□ 소유권유보의 특약을 하는 취지, 그리고 그러한 특약을 한 경우에 목적물에 대한 소유관계를 살피시오.

□ 소유권유보부 매매와 정지조건부 매매와의 차이는 무엇인가?

□ 매수인이 목적물의 판매를 예정하고 이를 구입한 경우에도 소유권유보의 효력이 유지되는가? 즉 예컨대 A가 甲으로부터 구입한 철강재를 ─이의 구입목적에 따라─ K 등에게 팔고 인도한 경우에도, 甲은 이의 소유권을 가지는가? 〈판매예정의 매수〉

□ 매수인이 소유권유보 하에 매수한 물건을 제3자에게 전매한 경우에, 제3자는 유효하게 소유권을 취득하는가?

■ 관련사례

□ A는 B에게 이 사건 기계를 1천 8백만 원에 매도하고, B는 잔금 1천 3백만원을 매월 1백만원씩 분할하여 지급하기로 하되 그 대금의 완제까지는 기계의 소유권을 A에게 유보하기로 하는 약정 아래 이 사건 기계를 인도받았다. 그러나 B는 위 할부기간이 경과하도록 할부금 중 일부를 지급하지 못하였다. 그런데 B는 채권자 갑에게 위 기계를 매각하고 인도하면서, 그 대금을 자신의 채무금 중 일부에 충당하였다. 그러자 A의 사위 을이 갑의 공장에 있던 위 기계를 가져왔다. 그러자 갑이 위 기계는 자신이 유효하게 양도받았더나 또는 선의취득함으로써 소유권을 취득하였다고 주장하면서, 을에 대하여 소유권 침해를 이유로 손해배상을 청구하였다. 그런데 갑은 B로부터 위 기계를 인도받을 당시 B가 기계를 A로부터 할부로 매수하였는데 할부금 중 일부가 지급되지 못하고 있음을 알았던 사실이 인정된다. 갑의 청구는 타당한가? (대판 2010.2.11. 2009다93671)

□ 건설업자 B가 C로부터 공장신축의 도급을 맡아(C 명의로 건축허가를 받음) 신축공사를 함에 있어서, 철강판매업자 A로부터 외상으로 그리고 소유권유보 하에 매수한 철강제품을 건축자재로서 사용하였다. 그런데 B가 자금사정이 악화되어 A에 대한 철강대금을 완납하지 못한 상태에서 공사를 중단하였으며(기성고 80% 정도인 상태였음), 결국 C가 잔여공사를 진행하여 공장을 완공하고 자신 명의로 등기를 마쳤다. 그러자 A는 공장 건물에 사용된 철강제품은 소유권유보 하에 B에게 매도한 것으로서 따라서 원래는 자신의 소유라고 하면서, 1) 철강에 대한 소유권에 기해서 이의 반환을 청구하고, 2) 만약 철강이 C의 위 공장건물에 부합됨으로써 자신이 이에 대한 소유권을 보유하지 못한다면 제261조에 기해서 부당이득반환청구권을 가지는 바, C는 철강제품의 매매대금 미납액 상당의 이득을 얻고 자신은 그만큼의 손해를 입었다고 하면서, 미납된 철강대금 상당액에 관하여 부당이득반환을 청구하였다. 甲의 청구는 타당한가? (대판 2009.9.24. 2009다15602)

□ A로부터 중기를 외상으로 소유권유보 하에 매수한 B는 C에게 이를 지입하여 중기등록원부에 C를 소유자로 등록하였으며, C는 B의 A에 대한 중기대금채무를 담보하기 위하여 위 중기에 A명의의 근저당권을 설정하였다. 그리고 위 중기는 B가 점유하고 있었다. 그런데 A의 직원 갑이 승낙없이 위 중기를 가져갔다. 갑의 행위는 C의 소유권을 침해하는 것으로서 절도죄가 성립하는가? (대판 1989.11.14. 89도773)

□ 소유권 이전을 위하여 등기나 등록을 요하는 재산에 대하여 소유권유보부매매가

성립할 수 있는가? 즉 갑이 을로부터 덤프트럭을 할부매수함에 있어서 갑이 이를 인도받고 나아가 갑을 소유자로 등록하면서, 다만 이의 소유권은 할부금 완납시까지 할부금융사 병이 유보한다는 약정을 한 경우에, 그러한 소유권유보의 약정은 유효하고 따라서 병은 제3자에 대하여도 목적물의 소유권을 주장할 수 있는가? (대판 2010.2.25. 2009도5064)

- ■ 기타 검토사항
  - □ 이 사안에서는 甲과 A는 A의 파산시에 甲이 환취권을 가진다는 점도 약정하였다. 만약 이러한 약정이 없다면 어떻게 되는가? 파산시의 권리관계를 당사자간의 약정에 의하여 정할 수 있는가?
  - □ 소유권유보의 특약을 하였는데 매수인의 채무불이행으로 매도인이 계약을 해제한 경우에, 그 법률관계를 살피시오. 그리고 그러한 특약이 없는 경우와 비교하시오.
  - □ 소유권유보의 특약을 하였는데 매수인의 채권자가 유보목적물에 대하여 강제집행을 하는 경우에, 매도인이 취할 수 있는 조치를 살피시오. 그리고 그러한 특약이 없는 경우와 비교하시오.
  - □ 乙이 주장하는 것처럼 A가 甲으로부터 구입한 철강재와 다른 회사로부터 구입한 철강재를 뒤섞어 점유(혼장)하고 있어서 어떤 것이 甲의 소유인지를 분별하기 어렵다면, 甲은 자신이 공급한 철강재에 대한 소유권을 보유할 수 없는가?
  - □ A가 철강재를 점유하는 중에 자연력에 의하여 멸실된 경우에, 매수인은 대금지급의무를 면하는가?
  - □ 매수인이 목적물을 다른 물건에 부합시키거나 혹은 이를 재료로 삼아 새로운 물건을 만든 경우에, 매도인은 여전히 그 첨부된 물건에 관하여 소유권(공유지분)을 가지는가? 만약 가지지 않는다면 매도인은 어떤 방법으로 자신의 권리를 확보할 수 있는가?
  - □ 앞서 말한 판매예정의 매수의 경우에, A로부터 이를 매수한 자(K 등)가 甲의 소유권유보 사실을 알지 못하였다면 이의 소유권을 취득한다. 만약 A가—甲과 마찬가지로—K 등이 대금을 완납할 때까지 소유권을 유보한다는 특약(연장된 소유권유보)을 하였다면, 이러한 특약은 유효한가? 이런 경우를 대비해서 甲이 대금채권을 담보하기 위한 방법은 무엇인가?

- ■ 참고문헌
  - □ 김학동, 소유권유보부매매의 법률관계, 민사법학 27호, 2005, 469-520.
  - □ 박종두, 사실적 소유권의 개념과 그 보호, 민사법학 39-1호, 2007, 41-84.
  - □ 양형우, 소유권유보부 동산매매계약의 법적 성질과 그 목적물의 소유권귀속관

계, 판례월보 372호(2001.9.), 18-29.

□ 이병준, 소유권이 유보된 재료의 부합과 부당이득의 삼각관계, 대법원판례해설
81호, 2010, 89-132.

## II. 환 매

### 대판 2002.9.27. 2000다27411

┄┄┄┄┄┄┄┄┄┄┄┄┄┄┄┄┄┄┄┄┄┄┄┄┄┄┄┄┄┄┄┄┄┄┄┄┄┄┄┄┄┄┄┄┄┄┄┄┄┄┄┄┄┄┄┄

| 사안 |  국가(甲) 산하 지방산림관리청 소속 공무원 A가 乙(원심공동피고) 사이에
서 이 사건 국유림을 乙 소유의 임야와 교환하는 계약을 체결하면서, 乙이 위 국유
림을 5년 이내에 허가 없이 교환목적 이외의 용도로 전용하거나 제3자에게 양도
하는 경우 교환 당시의 가격으로 환매할 수 있다는 특약을 하였으며, 이러한 환매
특약부 교환에 기하여 위 토지에 관하여 이전등기(환매등기)가 경료되었다. 그런
데 乙이 등기 후 1개월이 지나서 교환으로 취득한 위 국유림을 분할하여 丙·丁
등 수인(피고)에게 양도하였다. 그리고 丙은 상호신용금고 戊(피고)에서 금전을 대
출받고 담보로 위 양수한 토지에 근저당권을 설정하였으며, 丁은 위 양수토지에
건물을 신축하여 살고 있다. 그런데 감사원으로부터 甲이 위 국유림을 乙의 임야
와 교환한 것은 위법하다는 지적을 받았다. 그리하여 甲은 乙이 위 국유림을 교환
목적대로 사용하지 않고 이를 제3자에게 양도하여 다른 용도로 전용함으로써 교
환계약상의 환매특약조건이 성취되었음을 이유로 乙에게로의 이전등기의 말소를
청구하고, 아울러 丙 및 丁에 대해서도 이전등기의 말소를 청구하였다. 그리고 戊
에 대하여는 위 환매등기 후에 설정된 저당권은 환매권 행사로 소멸(효력 상실)하
였다고 하여 저당권등기의 말소를 청구하였다. 그런데 소송계속 중에 戊가 파산
(1998.10.26.)하여 파산관재인 己가 소송을 수계하였다.

甲의 청구에 대하여 乙·丙·丁은 위 환매특약이 무효라고 항변하였으며, 己는
甲의 근저당권말소청구권은 파산채권에 해당하고 따라서 파산절차에 따라 행사
되어야 하는데 단지 일반채권과 같이 행사되어 효력이 없다고 항변하였다.

원심은 乙 등의 무효항변은 배척하고, 己의 항변은 인용하였다.

| 판지 |  1. 원고의 상고이유에 대한 판단

원심은, 원고가 파산선고 전에 환매권을 행사함에 따라 파산자에 대하여 가지게

된 근저당권설정등기의 말소등기청구권은 파산채권으로서 파산절차에 의하여만 행사할 수 있는데, 원고가 파산법원에 말소등기절차의 이행청구권을 파산채권으로 신고하여 그 확정절차를 거치지 않은 사실을 자인하는 한편 채권확정의 소로 청구를 변경하지 않고 이행의 소를 유지하고 있으므로 소의 이익이 없어 부적법하다고 판단하였다.

그러나 부동산의 매매계약에 있어서 당사자 사이의 환매특약에 따라 소유권이전등기와 함께 민법 제592조에 따른 환매등기가 마쳐진 경우, 매도인이 환매기간 내에 적법하게 환매권을 행사하면 환매등기 후에 마쳐진 제3자의 근저당권 등 제한물권은 소멸하는 것이므로, 환매권 행사 후 근저당권자가 파산선고를 받았다고 하더라도 매도인이 파산자에 대하여 갖는 근저당권설정등기 등의 말소등기청구권은 파산법 제14조에 규정된 파산채권에 해당하지 아니하며, 매도인은 파산법 제79조 소정의 환취권 규정에 따라 파산절차에 의하지 아니하고 직접 파산관재인에게 말소등기절차의 이행을 청구할 수 있다고 할 것이다.

그럼에도 불구하고 원심이 원고의 파산자에 대한 근저당권설정등기의 말소등기청구권이 파산채권에 해당한다고 판단하여 원고의 이 부분 소를 각하한 것은, 환매의 법률적 효과와 파산채권의 범위에 관한 법리를 오해한 것이다.

2. 피고들의 상소이유에 대한 판단

1) 비진의의사표시 항변에 대하여

원심은, 위와 같은 사실만으로는 원고와 乙 등이 실제로는 환매특약의 효력을 발생시킬 의사가 없었음에도 형식적으로 환매특약을 하였다는 점을 인정하기에 부족하다고 하여 위 항변을 배척하였는 바, 이러한 판단은 정당하다.

2) 환매특약조항의 무효 항변에 대하여

이 사건 교환계약 체결 당시 시행되던 구 산림법상 교환의 경우에도 환매특약을 할 수 있도록 하는 명문규정이 없었다고 하더라도 구 산림법시행규칙 제69조에 환매특약을 하도록 하는 규정을 두고 있어 그에 따라 사경제주체로서 사법상 계약인 교환계약을 체결하면서 乙 등과의 의사합치로 환매특약을 계약의 내용으로 넣게 되었다면, 산림법에 환매특약에 관한 근거규정이 없다는 이유만으로 교환계약상의 환매특약이 무효라고 할 수는 없다. 그리고 이 사건 환매특약은 산림법에 정하여진 수의계약에 의한 매각이나 교환을 악용하여 산림의 무분별한 개발과 훼손을 막기 위한 것으로서 산림의 보호육성을 통한 국토의 보전을 위하여 제정된 산림법의 입법취지에 부합하는 것인 점과, 수급자에게 선택의 여지가 없는 독점적인 용역의 제공과 달리 이 사건에서 乙 등은 이미 환매특약의 부담을 알면서도 이 사건 국유림을 취득하기를 원하여 교환계약을 체결한 점 등에 비추어 볼 때, 이 사건 환매특약이 약관의규제에관한법률 제6조 제2항 제1호, 제3호가 정하는 고객에 대하여 부당하게 불리한 조항 또는 약관의 목적을 달성할 수 없을 정도로 본질적 권리를 제한하는 조항이라고 볼 수 없다.

3) 신의칙 위반 또는 권리남용 항변에 대하여

원심은, 위 피고들이 환매권 등기가 있음을 알면서도 이 사건 국유림을 양수 또는 증여받은 이상 원고의 환매권 행사로 인하여 이 사건 국유림상에 건물을 신축하는 등 투입한 비용을 회수하지 못하게 되는 손해를 입게 된다고 하더라도 이는 환매권 행사에 따른 필연적인 결과일 뿐이므로, 그것만으로는 이 사건 소제기가 신의칙에 반한다거나 권리의 남용이라고 볼 수 없고 달리 이를 인정할 증거가 없다고 판단하였다. 원심의 위와 같은 판단은 정당하다.

■ 쟁 점

이 판결은 국가(甲)와 乙 간의 임야교환계약시에 약정한 환매특약사유가 생겨 甲이 환매한 경우에, 교환계약의 효력 그리고 乙과 위 임야에 관하여 법률관계를 맺은 자들의 지위가 문제된 것이다.

■ 검토사항

▢ 산림법에 환매특약에 관한 근거 규정이 없음에도 국가가 사인과의 사이에서 국유림과 사유림을 교환하면서, 국유림을 5년 이내에 허가 없이 교환목적 이외의 용도로 전용하거나 제3자에게 양도하고자 하는 경우 교환 당시의 가격으로 환매할 수 있다는 특약을 한 경우에, 그러한 특약은 유효한가?

▢ 환매등기가 마쳐진 경우, 매도인이 환매기간 내에 적법하게 환매권을 행사하면 환매등기 후에 마쳐진 제3자에게의 이전등기 혹은 근저당권등기 등의 효력은 어떠한가?

▢ 환매등기가 행해져 있고 매도인이 적법하게 환매권을 행사하였는데 그 사이에 제3자의 근저당권등기가 행해진 경우에, 만약 환매권 행사 후 근저당권자가 파산선고를 받았다면 매도인이 파산자에 대하여 갖는 근저당권등기의 말소등기청구권은 파산채권에 해당하는가? 따라서 매도인은 파산법상의 환취권 규정에 따라 파산절차에 의해서만 파산관재인에게 말소등기절차의 이행을 청구할 수 있는가?

- 관련사례

  □ 나대지상에 환매특약의 등기가 마쳐진 상태에서 대지 소유자가 그 지상에 건물을 신축하고 환매권의 행사에 따라 토지와 건물의 소유자가 달라진 경우, 건물소유자가 관습상의 법정지상권을 취득하는가? (대판 2010.11.25. 2010두16431)

- 기타 검토사항

  □ 민법상의 환매의 제도적 의의 그리고 이것과 이 사건에서의 환매와의 차이를 살피시오.

  □ 징발재산정리에관한특별조치법 제20조 소정의 환매권의 행사로 인하여 발생하는 소유권이전등기청구권은 환매권의 행사기간 내에 행사해야 하는가, 아니면 환매권을 행사한 때로부터 일반채권과 같이 민법 제162조 제1항 소정의 10년의 소멸시효 내에 행사하면 되는가? (대판 1991.2.22. 90다13420; 대판 1992.10.13. 92다4666)

- 참고문헌

  □ 김용한, 환매이론의 재검토, 민사법학 7호, 1988, 192-212.

  □ 서민, 환매의 법적 성질, 충남대 사회과학연구소 논문집 제2권 2호, 1975, 201-218.

# 제2관 증 여

## 1. 서면에 의한 증여

■ 판례 1

### 대판 1998.9.25. 98다22543

| 사안 |  A는 자신이 소유하고 있는 X부동산의 진입로로 사용하기 위하여 1993. 6. 15. 乙(피고)로부터 이에 인접한 이 사건 Y토지를 매수한 뒤 대금을 모두 지급하였지만, 소유권이전등기는 경료하지 않았다. 그 후 A는 처 B로부터 이혼 및 재산분할 청구소송을 제기당하여 1994.5.20. A·B 그리고 A의 내연녀 C 사이에서, A가 소유하는 또 다른 부동산 Z를 B와 子 甲(원고)에게 양도하고, B와 甲은 나머지 재산에 대한 일체의 상속권을 포기한다는 내용의 조정이 성립되었다. 그 무렵

A는 X부동산을 D(A와 C 사이에서 출생한 子)에게 상속하여 줄 의사를 표명하면서 Y토지에 관한 소유권이전등기청구권도 D에게 양도하기로 하고, 그 양도의사를 乙에게 수차에 걸쳐 통지하였다. 다만 1994.7.26. X부동산에 관해서만 D에게 증여를 원인으로 하여 소유권이전등기를 경료하였다. 그 후 A가 사망하자 A의 상속인 甲은 A의 D에게의 Y토지에 대한 증여계약은 서면에 의하지 않았다는 이유로 증여계약을 해제하고, 乙을 상대로 Y토지의 소유권이전등기를 청구하는 소를 제기하였다.

| 원심 | 서면에 의한 증여라고 하기 위하여는 증여자가 자신의 재산을 상대방에게 준다는 증여의사가 문서를 통하여 확실히 알 수 있는 정도로 서면에 나타나 있으면 충분하고, 그 서면은 반드시 당사자 간에 작성 또는 교환된 형식의 것일 필요는 없으며 당사자 간의 관여 또는 이해하에 작성된 것이라도 상관없다고 전제한 뒤, 위 조정에 있어서 분쟁의 한쪽 당사자라고 할 B 및 원고에 대하여는 Z부동산만을 분배하여 주고, 이 사건 토지를 포함한 나머지 재산은 그 대상에서 제외함으로써 이를 분쟁의 다른 당사자라고 할 D에게 분배한다는 의사를 간접적으로 드러냈다고 할 것이므로 위 조정조서에 의하여 이 사건 토지에 관한 권리를 D에게 분배(증여)한다는 의사가 표시되었다는 취지로 판단하면서, 원고의 해제 주장을 배척하였다.

| 판지 | 서면에 의한 증여란 증여계약 당사자 간에 있어서 증여자가 자기의 재산을 상대방에게 준다는 증여의사가 문서를 통하여 확실히 알 수 있는 정도로 서면에 나타난 증여를 말하는 것으로서, 비록 서면의 문언 자체는 증여계약서로 되어 있지 않더라도 그 서면의 작성에 이르게 된 경위를 아울러 고려할 때 그 서면이 바로 증여의사를 표시한 서면이라고 인정되면 이를 민법 제555조에서 말하는 서면에 해당한다고 보아야 할 것이나, 위 증여의 의사표시는 수증자에 대하여 서면으로 표시되어야 할 것이다.

기록에 의하면 위 조정의 당사자는 A와 B 및 C임을 알 수 있으므로 그들 사이에서, B 및 원고에 대하여는 Z부동산만을 분배하여 주고, 이 사건 토지를 포함한 나머지 재산은 그 대상에서 제외하였다는 사정만으로는 그 조정절차에 D가 참가하지 아니한 위의 조정에서 A의 증여의 의사표시가 D에게 서면으로 표시되었다고 보기 어렵다 할 것이고, 따라서 이 부분 원심 판단은 잘못이다.

그러나 한편 민법 제558조에 의하면 서면에 의하지 아니한 증여의 해제는 이미 이행한 부분에 대하여는 영향을 미치지 않는 것인데, 앞서 본 바와 같이 A는 이 사건 토지에 관한 소유권이전등기청구권을 D에게 양도하고 피고에 대한 양도통지까지 마쳤으므로 그 이후의 상속인들에 의한, 서면에 의하지 아니한 증여라는 이유의 해제는 이에 아무런 영향을 끼치지 않는다고 할 것이므로, 원심의 위의 잘못은 판결 결과에는 영향이 없다 할 것이다.

■ 쟁  점

이 판결은 수증자(D)가 당사자가 아닌 조정에서 D에게의 증여의사를 간접적으로 표시한 것은 서면에 의한 증여가 되는가, 그리고 증여자(A)가 매수토지에 대한 이전등기청구권의 양도사실을 매도인에게 통지한 것은 증여를 이행한 것이 되는가 하는 점이 문제된 것이다.

■ 검토할 사항

□ 서면에 의한 증여란 어떠한 요건이 필요한가?

□ 위 사안에서, A의 丙에 대한 증여를 서면에 의한 증여라고 해석한 원심판결이 파기된 이유는 무엇인가?

□ 위 사안에서, A의 丙에 대한 증여가 서면에 의한 증여는 아니지만 해제할 수 없다는 논거는 무엇인가?

※ 토지에 대한 증여(서면에 의하지 않은 증여)는 증여자의 의사에 기하여 수증자에게 소유권이전등기가 경료됨으로써 이행이 완료되므로, 증여자가 그 이행 후 증여계약을 해제하였다고 하더라도 증여계약이나 그에 의한 소유권이전등기의 효력에 아무런 영향을 받지 아니한다(대판 2005.5.12. 2004다63484).

■ 관련사례

□ 매매를 가장하여 증여의 의사가 작성된 경우, 그 매매계약서 또는 매도증서는 제555조의 서면에 해당하는가? (대판 1988.9.27. 86다카2634).

□ 수증자 명의로 건물을 신축하여 증여한 경우, 증여시기는 수증자 명의의 보존등기 종료시가 되는가, 아니면 준공검사서의 준공일이 되는가? (대판 1989.11.28. 89누5898)

■ 기타 검토사항

□ A가 D에게 이 사건 토지에 대한 소유권이전등기청구권을 양도한 행위는 미등기 전매행위에 대하여 형사처벌을 규정한 부동산등기특별조치법 제2조 제2항 및 제8조 제1호에 저촉되므로 사법상 효력이 부인되는가?

## ■ 판례 2

### 대판 2001.9.18. 2001다29643

··················································································

| **사안** |  A는 자신의 병세가 악화됨에 따라 근 20년간 자신과 동거하여 온 乙(피고)에게 이 사건 부동산을 증여하기로 마음먹고 인감증명 등을 발급받아 乙에게 이전등기를 할 준비를 해 두었다. 그 후 1999.10.13. A는 자신의 사망이 임박하였음을 느끼고 乙에게 인감증명과 인감도장을 보관해 둔 곳을 가르쳐 주며 이 사건 부동산에 대한 소유권이전등기를 하라고 지시하였으며, 이에 따라 乙은 A가 사망한 후 A 명의로 이 사건 부동산에 대한 소유권 이전등기를 신청하여 그 부동산의 소유권이전등기를 경료하였다. 이에 A의 상속인 甲 외 5인(원고)은, 乙 명의의 소유권이전등기는 등기명의인인 망 A가 사망한 후 A 명의의 신청에 의하여 이루어진 것이므로 원인무효의 등기라는 이유로, 혹은 A의 乙에 대한 증여는 서면에 의하지 않은 것이므로 이를 해제한다고 하면서, 乙을 상대로 소유권말소등기를 청구하는 본 소를 제기하였다.

| **판지** |  1) 원심은, 피고가 위 증여계약의 이행으로서 마친 소유권이전등기는 당사자의 실질적인 관계에 상응하는 것으로서, 그 등기과정에서 이미 사망한 사람의 명의로 등기신청서를 작성한 절차상의 하자는 있으나 실체관계에 부합하는 유효한 등기라고 할 것이어서, 망인의 상속인들인 원고들은 위 등기의 말소를 구할 수 없다고 판단하였다. 원심의 판단은 정당하다.

　2) 증여의 의사가 서면으로 표시되지 아니한 경우라도 망인이 생전에 부동산을 증여하고 그의 뜻에 따라 그 소유권이전등기에 필요한 서류를 제공하였다면, 망인이 사망한 후에 그 등기가 경료되었다고 하더라도 위 망인의 의사에 따른 증여의 이행으로서의 소유권이전등기가 경료되었다 할 것이므로 증여는 이미 이행되었다 할 것이어서, 망인의 상속인이 서면에 의하지 아니한 증여라는 이유로 증여계약을 해제하였다 하더라도 이에 아무런 영향이 없다고 할 것이다.

　이 사건에 관하여 보건대, 망인은 생전에 피고에게 이 사건 부동산을 증여하고 소유권이전등기에 필요한 인감도장과 인감증명 등을 제공하면서 소유권이전등기를 경료하라고 하여 망인이 사망한 후에 피고가 그 등기를 경료하였으니, 앞서 본 법리에 비추어보면 망인의 상속인이 서면에 의하지 아니한 증여라는 이유로 이 사건 증여계약을 해제하였다 하더라도 이미 증여의 이행으로 경료된 소유권이전등기의 효력에는 아무런 영향을 미치지 않는다고 할 것이다.

■ 쟁 점

이 판결은 증여자 A가 사망한 후에 수증자 乙이 A의 생전에 제공받은 서류로 목적 부동산에 관한 소유권이전등기를 경료한 경우, A의 상속인 甲은 증여계약을 해제할 수 있는가 하는 점이 문제된 것이다.

■ 검토할 사항

□ 증여자가 사망한 후에 수증자 乙이 단독으로 목적물의 소유권이전등기를 경료한 행위가 유효한 논거는?

□ 위 사안에서, A의 상속인인 원고들이 서면에 의하지 않은 증여라는 이유로 증여 계약의 해제를 주장하였으나 배척된 이유는?

□ 위의 사안에서, 수증자 乙이 사망한 A 명의로 이전등기를 청구한 것이 절차상의 하자가 문제시 되지 않은 이유는 무엇인가?

■ 기타 검토사항

□ 증여자가 증여계약을 체결한 후에 반신불수가 되었다면 그 증여계약을 해제할 수 있는가? (대판 1976.10.12. 76다1833).

■ 판례 3

## 대판 2003.4.11. 2003다1755

| 사안 | A가 1977.9.29. 아들 B(원고인 甲의 남편)에게 이 사건 토지 중 52/92 지분(92평 중 52평)을 증여하였는데, A는 과중한 세금부담을 덜기 위하여 일단 30/92 지분에 관해서만 이전등기를 경료하였다. A는 1995.5.14. 사망하여 B와 乙(제1심 공동피고) 및 丙(피고) 등이 A의 재산을 공동상속하였다. B는 2001.6.9. 사망하여, 처 甲(원고) 및 자식 丁(원고)이 공동상속하였다. 甲 및 丁이 乙 및 丙을 상대로 (주위적 청구로서) 위 증여를 원인으로 위 토지 중 아직 소유권이전등기가 경료되지 아니한 22평에 관하여 소유권이전등기절차의 이행을 청구하였다. 乙·丙은, 위 증여가 서면에 의하지 않은 것이므로 제555조에 의하여 이를 해제한다고 하여, 위 청구를 거절하였다. 이에 대하여 甲 등은, 위 해제권은 형성권으로서 10년의 제척

기간이 적용되는데 乙 등은 위 증여계약이 성립한 때로부터 10년이 훨씬 지난 후에 해제하였으므로 효력이 없다고 주장하였다.

| **원심** | 1) A의 위 증여의 의사표시는 서면으로 표시되지 않았으므로, 위 증여계약은 피고의 상속지분에 한하여 적법하게 해제되었다.

2) 민법 제555조는 증여자가 경솔하게 증여하는 것을 방지함과 동시에 증여자의 의사를 명확하게 하여 후일에 분쟁이 생기는 것을 피하기 위하여 마련한 규정으로서, 증여자의 의사가 서면으로 표시되지 않은 경우에는 아직 이행되지 않은 부분에 한하여 각 당사자가 언제든지 임의로 이를 철회하여 그 증여계약의 구속력에서 벗어날 수 있도록 한 것이므로, 위 규정에서 말하는 해제는 일종의 특수한 '철회'일 뿐 민법 제543조 이하에서 규정한 본래의 의미의 해제와는 다르다고 할 것이고, 위 민법 제555조에 의한 해제권은 제척기간의 작용을 받지 않으므로, 원고들의 위 주장은 받아들일 수 없다.

| **판지** | 1. 민법 제555조에서 말하는 해제는 일종의 특수한 철회일 뿐 민법 제543조 이하에서 규정한 본래 의미의 해제와는 다르다고 할 것이어서 형성권의 제척기간의 적용을 받지 않는다고 할 것이다. 따라서 민법 제555조 소정의 해제권은 형성권으로서 10년의 제척기간이 적용됨을 전제로 판시 증여계약이 성립된 때로부터 10년이 경과한 후에 이루어진 피고의 증여계약 해제의사표시는 효력이 없다는 원고들의 주장을 배척한 원심의 판단은 정당하고, 거기에 형성권의 제척기간에 관한 법리를 오해한 위법이 없다.

2. 망인이 생전에 서면에 의하지 아니한 의사표시로 부동산의 지분을 증여하고 그의 뜻에 따라 증여한 부동산의 지분 중 일부 지분에 대하여만 소유권이전등기를 경료하고, 나머지 지분은 소유권이전등기를 경료하지 않은 채 사망하였다면, 증여계약에 따른 권리의무를 승계한 상속인은 이미 이행된 지분에 관하여는 증여의 의사표시를 해제할 수 없다고 하겠으나, 아직 이행되지 아니한 지분에 관한 증여의 의사표시는 민법 제555조에 의하여 이를 해제할 수 있다고 할 것이다. 같은 취지의 원심의 판단은 정당하다.

■ **쟁 점**
이 판결은 증여자의 상속인이 증여 후 20여 년이 지나서 서면에 의하지 않은 증여부분을 해제할 수 있는가 하는 점이 문제된 것이다.

■ 검토할 사항

□ 증여의사가 수증자 이외의 자에 대하여 표시된 때에는 제555조의 서면에 의한 증여가 성립될 수 없는가? 예컨대, 증여자가 부동산을 증여하고 그 증여의 의사를 강제집행의 방법으로 실현하기 위하여 스스로 선임료를 지급하고 소송대리인을 선임하여 당해 부동산에 가압류신청을 하고 나아가 자신을 상대로 사실혼관계 해소에 따른 위자료 지급을 구하는 조정신청을 하도록 하였다는 사정만으로 그 증여의 의사표시가 서면으로 표시되었다고 볼 수 있는가? (대판 1996.3.8. 95다54006).

□ 서면에 의한 증여가 성립되기 위하여 필요한 서면작성의 시기는 법률상 아무런 제한이 없는가? 즉 증여계약 체결 시에 작성되지 않더라도 그 후 계약이 존속하는 동안에 작성되면 되는가?

□ 서면에 의하지 않은 증여의 해제의 법적 성질은 무엇인가?

□ 서면에 의하지 않은 증여계약의 해제권 행사에는 제척기간이 적용되는가?

□ 수증자의 이행청구권은 10년의 소멸시효에 걸리게 되더라도, 증여자의 해제권은 여전히 존재할 수 있는가?

■ 관련사례

□ 서면에 의하지 않은 증여이지만, 증여자의 의사에 기하지 않은 원인무효의 등기가 이루어진 경우에도 증여계약은 해제될 수 없는가? (대판 2009.9.24. 2009다37831)

■ 기타 검토사항

□ 甲 등은 그 외에 예비적 청구로서 점유취득시효를 원인으로 소유권이전등기절차의 이행을 청구하였다. 그런데 이들이 증여받았다는 52평이 위 토지 중 어느 부분인지가 특정되지 않았다면, 甲의 위 청구는 타당한가?

■ 참고문헌

□ 김진우, 서면에 의한 증여와 해제, 민사법학 56호, 2011, 333 이하.

□ 명순구, 서면에 의한 증여와 그 해제, 민사법학 제42호, 2008, 285 이하.

□ 양창수, 매도증서의 교부와 서면에 의한 증여, 민법연구 제2권, 1991, 203 이하.

## 2. 부담부증여

### 대판 1996.1.26. 95다43358

| 사안 |    甲은 슬하에 아들 없이 딸만 두고 있어 향후 자신과 처 丙(원고)의 부양과 선조의 제사봉행의 문제로 고민하다가, 甲이 76세 되던 1981.경 자신의 조카의 아들인 乙(피고)에게 자신이 나이가 더 들어 거동이 불편하게 되면 甲 부부를 부양하고 선조의 제사봉행을 해 줄 것을 조건으로, 이 사건 토지를 증여하기로 약정하고 1983.3.23.경까지 乙 명의로 소유권이전등기를 해 주었다. 甲은 그 이후에도 위 토지 중 논을 직접 경작하였고 임야를 관리하면서 제세공과금을 납부하여 왔다. 그 후 甲과 丙이 노쇠하여 거동이 불편하게 되고 특히 丙이 백내장으로 고생하고 있었는데도, 乙은 甲 부부를 전혀 돌보지 아니하였고 선조의 제사봉행도 하지 아니하였다. 이에 甲은 이 사건 소송을 제기하기 2개월 정도 전인 1993.11.경 乙을 찾아가 자신들을 부양하여 주거나 그렇지 않으면 이 사건 토지를 돌려 달라고 요구하였다. 그러나 甲의 이러한 요구에도 불구하고 乙은 여전히 甲 부부를 돌보지 아니하자, 甲은 1994.1.11. 乙을 상대로 자신이 증여한 토지의 소유권이전등기를 청구하는 본 소를 제기하였다. 이에 대하여 乙은, 증여가 이행되었다는 점 혹은 제556조 2항에서의 해제권 행사기간이 경과되었다는 점 등을 이유로 해제할 수 없다고 주장하였다. 소송 진행 중에 甲이 사망하여 丙과 甲의 상속인 등이 소송을 受繼하였다.

| 판지 |    원심은 다음과 같이 판시하는데, 이는 정당하다.
  (1) 甲은 자신 등의 부양과 선조의 제사봉행을 조건으로 피고에게 이 사건 토지를 증여한 것이어서 甲의 위와 같은 증여행위는 상대 부담 있는 증여로서 부담부증여에 해당한다 할 것이고, 부담부증여에는 민법 제561조에 의하여 쌍무계약에 관한 규정이 준용되므로 상대방이 부담의 내용인 의무를 이행하지 아니한 경우에는 부담부증여를 해제할 수 있는바, 피고는 甲의 이행최고를 받고도 위 증여의 조건이 되는 부담을 이행하지 아니하였으므로, 위 부담부증여계약은 적법하게 해제되었다. 따라서 피고는 위 증여계약의 해제에 따른 원상회복의무로 甲의 상속인들인 원고들에게 이 사건 토지에 관하여 경료된 피고 명의의 소유권이전등기의 말소등기 절차를 이행할 의무가 있다.

(2) 부담부증여에서는 쌍무계약에 관한 규정이 준용되어 부담의무 있는 상대방이 자신의 의무를 이행하지 아니할 때에는 비록 증여계약이 이행되어 있다 하더라도 그 계약을 해제할 수 있다. 그리고 민법 제556조 제1항 제2호에 규정되어 있는 '부양의무'라 함은 민법 제974조에 규정되어 있는 직계혈족 및 그 배우자 또는 생계를 같이하는 친족간의 부양의무를 가리키는 것으로서, 이 사건과 같이 위와 같은 친족간이 아닌 당사자 사이의 약정에 의한 부양의무는 이에 해당하지 않는다. 이와 같이 이 사건 부담부증여에는 민법 제556조 제2항이나 민법 제558조가 적용되지 않는다. 그러므로 피고의 위 주장은 부당하다.

- **쟁  점**

  이 판결은 부양의무를 조건으로 부동산을 이전하였는데 수증자가 부양의무를 게을리한 경우에, 증여자는 증여계약을 해제할 수 있는가 하는 점이 문제된 것이다.

- **검토할 사항**

  □ 부담부증여의 수증자가 부담의 내용인 의무를 이행하지 않을 때에 증여계약을 해제할 수 있는 논거는 무엇인가?

  □ 부담부증여의 경우에는 이미 증여계약이 이행되었더라도 증여계약을 해제할 수 있는가? (대판 1997.7.8. 97다2177)

  □ 민법 556조 제1항 2호의 부양의무란 어떠한 유형의 부양에 속하는가?

- **기타 검토사항**

  □ 증여에 의한 이행이 완료된 후에는 증여계약을 해제하더라도 그 영향이 미치지 않는 경우를 살피시오.

  □ 당사자가 사망한 경우 소송절차의 중단과 수계(민소법 233조 이하)에 대하여 살펴보시오.

  □ 이혼소송이 진행되는 과정에서 이혼을 청구한 당사자가 사망한 경우, 병합된 재산분할청구소송과 위자료청구소송은 그대로 상속이 되는가?

  □ 증여에 상대부담 등의 부관이 붙어 있는지 또는 증여와 관련하여 상대방이 별도의 의무를 부담하는 약정을 하였는지 여부에 관한 증명책임은 누가 부담하는가? (대판 2010.5.27. 2010다5878).

  □ 유증의 방식에 관한 민법 제1065조 내지 제1072조는 사인증여에 준용되는가?

  □ 포괄유증의 효력에 관한 민법 제1078조는 포괄적 사인증여에도 준용되는가? (대판 1996.4.12. 94다37714, 37721).

■ 참고문헌

　　□ 윤철홍, 부담부증여에 관한 소고, 민사법학 42호, 2008, 493 이하.

# 제3관 교 환

## 대판 1996.6.25. 95다6601

**| 사안 |**　종친회 甲(원고)의 부회장 A는 1986.12.19. 乙(피고)과 사이에서, 甲의 소유인 제1토지와 乙의 소유인 제2토지를 교환하여 1986.12.31.까지 서로 소유권 이전등기를 경료하기로 약정하였다. 그런데 그 각 소유권이전등기가 경료되지 않고 있던 중 위 각 토지가 한국토지개발공사가 시행하는 택지개발의 사업지구에 편입되었다. 그리하여 乙은 1991.8.16. 제2토지를 위 공사에 협의매도하여, 1991.8. 19. 이에 관하여 위 공사 명의로 소유권이전등기를 경료하여 주고 그 대가로 금 157,500,000원을 받았다. 甲도 1991.10.15. 제1토지 중 5/6지분을 위 공사에 협의매도하여 1991.10.16. 그 토지지분에 관하여 위 공사 명의로 소유권이전등기를 경료하여 주고, 나머지 1/6지분은 1992.11.11. 수용되어, 甲은 제1토지에 대한 대가로 합계 금 98,501,439원을 지급받았다.

그 후 甲은, 위 교환계약에 따라 乙이 자신에게 이전하기로 한 제2토지에 대한 보상금은 대상청구권에 의하여 乙이 자신에게 지급할 의무가 있고, 자신이 乙에게 이전하기로 한 제1토지에 대한 보상금은 자신이 乙에게 지급할 의무가 있으므로, 乙은 법률상 원인 없이 그 차액 금 58,998,561원 상당의 이익을 얻고 이로써 자신에게 동액 상당의 손해를 입혔다고 하면서, 위 부당이득금의 반환을 청구하였다.

**| 소송의 경과 |**　1. 원 심

피고의 주장과 같이, 쌍무계약인 위 교환계약의 목적물이 공사에 협의취득 또는 수용됨으로써 쌍방의 채무가 책임 없는 사유로 불능으로 되었으므로, 민법 제537조의 채무자위험부담주의의 원칙에 따라 쌍방의 의무는 모두 소멸되었다고 하여, 쌍방의 각 소유권이전등기의무가 소멸되지 않았음을 전제로 하여 그 대상인 위 각 보상금의 차액의 반환을 구하는 원고의 청구는 이유없다고 판단하였다.

## 2. 상고이유

쌍무계약에서 당사자 일방의 채무가 당사자 쌍방의 책임 없는 사유로 이행할 수 없게 됨으로써 대상청구권이 인정되는 경우에는 민법 제537조의 채무자위험부담주의를 적용하여 당해 교환계약을 실효시킬 것이 아니고 각 토지의 대상인 보상금이 교환목적물에 갈음하여 대체된 것으로 보아 채권자가 이 보상금을 청구할 수 있게 하여 당해 교환계약의 법률관계를 유지하게 하는 것이 타당하다. 나아가 이 사건과 같이 교환계약의 쌍방의 목적물이 모두 수용된 경우에도 형평상 일방 당사자(원고)는 상대방(피고)에 대하여 제1토지에 대한 대상인 보상금을 반대급부로 제공하고 상대방에 대하여 제2토지에 대한 대상인 보상금의 지급을 청구할 수 있다고 보아야 하며, 따라서 피고는 원고에게 위 각 보상금의 차액을 지급하여야 한다.

| 판지 |　공공사업의 시행자가 공공용지의취득및손실보상에관한특례법에 따라 그 사업에 필요한 토지를 협의취득하는 행위는 토지수용의 경우와는 달리 사경제 주체로서 하는 사법상의 법률행위에 지나지 아니하여 토지소유자는 그 협의매수의 제의에 반드시 응하여야 할 의무가 있는 것은 아니라 할 것이므로, 제1토지의 5/6지분 및 제2토지가 각 위 특례법에 따라 협의취득된 것이라면 피고는 제2토지에 관한 소유권이전등기의무의 이행불능에 대하여, 원고는 제1토지의 5/6지분에 관한 소유권이전등기의무의 이행불능에 대하여 각 귀책사유가 없다고 단정할 수는 없다. 원심이 제1토지 및 제2토지가 모두 위 공사에 협의취득 또는 수용되었다는 이유만으로 곧바로 이 사건 교환계약에 기한 원·피고의 각 소유권이전등기의무가 모두 쌍방에게 책임 없는 사유로 이행불능이 되었다고 본 것은 잘못이다.

　　그러나 나아가, 가사 쌍무계약의 당사자 일방이 상대방의 급부가 이행불능이 된 사정의 결과로 상대방이 취득한 대상에 대하여 급부청구권을 행사할 수 있는 경우가 있다고 하더라도, 그 당사자 일방이 대상청구권을 행사하려면 상대방에 대하여 반대급부를 이행할 의무가 있다고 할 것인바, 이 경우 당사자 일방의 반대급부도 그 전부가 이행불능이 되거나 그 일부가 이행불능이 되고 나머지 잔부의 이행만으로는 상대방의 계약목적을 달성할 수 없는 등 상대방에게 아무런 이익이 되지 않는다고 인정되는 때에는, 상대방이 당사자 일방의 대상청구를 거부하는 것이 신의칙에 반한다고 볼 만한 특별한 사정이 없는 한, 당사자 일방은 상대방에 대하여 대상청구권을 행사할 수 없다고 봄이 상당하다.

따라서 원고의 주장을 배척한 원심판결의 결론은 위 인정의 사실관계에 비추어 옳다.

■ 쟁 점

이 판결은 甲과 乙이 서로 교환하기로 약정한 토지에 관하여 협의취득이 이루어져 공공사업자에게 이전된 경우에, 쌍방의 소유권이전등기의무는 책임사유 없이 이행불능으로 된 것인가, 그리고 그 일방은 타방에 대하여 대상청구권을 행사할 수 있는가 하는 점이 문제된 것이다.

■ 검토사항

□ 甲과 乙의 이전등기의무는 각기 책임사유 없이 이행불능으로 된 것인가?

□ 일방은 타방에 대하여 대상청구권을 행사할 수 있는가? 그 근거는?

■ 관련사례

□ 토지의 교환계약 후 교환목적토지에 관하여 계약당사자의 처 앞으로 소유권이전등기가 된 경우, 소유권이전등기의무는 이행불능으로 되었다고 할 것인가? (대판 1992. 10. 13. 91다34394)

□ 부동산 교환계약의 일방 당사자의 상속인은 타방 당사자의 권리를 승계한 자에게 직접 이전등기를 이행할 의무가 있는가? (대판 1983. 12. 13. 83다카881)

□ 교환계약의 당사자가 목적물의 시가를 묵비하거나 허위로 높은 가액을 시가라고 고지한 경우 불법행위가 성립하는가? (대판 2001. 7. 13. 99다38583)

□ 갑과 을이 부동산을 교환하면서 갑의 부동산에 설정된 근저당권의 피담보채무를 을이 인수하기로 약정한 경우, 을은 갑의 저당채무를 인수한 것이 되는가? 만약 을이 인수채무를 불이행하여 갑이 이를 변제한 때에는, 갑은 을의 채무불이행을 이유로 교환계약을 해제할 수 있는가? (대판 1998. 7. 24. 98다13877)

■ 참고문헌

□ 유남석, 쌍무계약 당사자 쌍방의 대가적 채무가 모두 이행불능이 된 경우 대상청구권 행사의 가부, 대법원판례해설 26호, 1996, 111-123.

# 제2절 대차형 계약

## 제1관 소비대차

### 1. 소비대차의 성립

**대판 2002.4.12. 2001다55598**

......................................................................................................................................

| **사안** | 의류도매업자 甲(원고)은 의류소매업을 하는 乙(공동피고)과 의류거래를 하던 중 乙로부터 금전을 대여하여 달라는 요청을 받고는, 乙로부터 약속어음 8장 (액면 합계 4,000만원) 및 당좌수표 4장(액면 합계 6,300만원)을 교부받으면서, 그 액면금액 상당(선이자 공제)을 乙에게 교부하였다. 그런데 위 수표와 어음은 乙이 甲으로부터 자금을 융통받기 위하여 발행한 것이다. 그리고 乙의 직원 丙(공동피고)은 乙의 지시에 따라 위 수표와 어음을 甲에게 교부하고 甲으로부터 돈을 받아 乙에게 전달하는 과정에서 위 수표와 어음에 배서하였다. 甲은 乙에게 위 어음 및 수표의 액면금을 대여하였고, 丙은 乙의 차용금채무를 연대보증하였다고 하면서, 乙·丙은 연대하여 그 차용원리금을 지급하라고 청구하였다.

| **원심** | 위와 같은 사정만으로는 원고가 피고 乙에게 당좌수표와 약속어음의 액면금을 대여하였다거나, 피고 丙이 피고 乙의 차용금채무를 연대보증하였다고 인정하기에 부족하다. 원고는 단지 피고 乙에게 어음·수표를 할인해 준 것일 뿐 그와 사이에 이의 액면금액에 대한 다른 원인관계 계약을 인정할 수 없다고 하여, 원고의 피고들에 대한 청구를 모두 배척하였다.

| **판지** | 1. 통상 어음할인이란 아직 만기가 도래하지 아니한 어음의 소지인이 상대방에게 어음을 양도하고 상대방이 어음의 액면금액에서 만기까지의 이자 기타 비용을 공제한 금액을 할인의뢰자에게 교부하는 거래를 말하는 것인데, 수표의 경우에는 만기가 없으므로 어음할인과 같은 엄격한 의미에서의 수표할인은 존재할 수 없으나, 특정기일 전까지 지급제시를 하지 않기로 하고 수표금액에서 그 기간까지의 이자를 공제하는 방법에 의한 수표할인은 가능한바, 그와 같은 형태의 어

음 또는 수표의 할인이 금융기관이 아닌 사인 간에 이루어진 경우 그 성질이 소비대차에 해당하는 것인지 아니면 어음의 매매에 해당하는 것인지의 여부는 그 거래의 실태와 당사자의 의사에 의하여 결정되어야 할 것이다.

금융기관이 아닌 원고가 거래관계로 알게 된 피고 乙로부터 자금의 융통을 요청받고는 피고가 발행인으로 된 융통어음과 수표를 교부받으면서 그 액면금액에서 만기 등까지의 이자를 공제한 나머지 금액을 그 피고에게 교부하였다면, 원고로서는 그 어음 또는 수표 자체의 가치에 중점을 두고 이를 매수한 것이 아니라 어음 또는 수표의 할인의뢰인인 피고 乙의 신용이나 자력을 믿고서 그 피고에게 어음 또는 수표를 담보로 금전을 대여하여 주었다고 봄이 상당하다. 그러므로 원고와 위 피고간에는 이 사건 어음 및 수표의 액면 상당 금액에 대한 원인관계인 계약이 체결되고, 이 사건 어음 및 수표는 그와 같은 각 계약상의 채무를 담보하기 위하여 교부된 것으로 볼 여지가 많아 보인다.

그럼에도 원고와 피고 을 사이에 어음·수표의 할인 이외에 다른 원인관계 계약을 인정할 수 없다고 한 것은 금전거래의 성격, 당사자의 의사표시의 해석 또는 어음할인에 관한 법리를 오해한 것이다.

2. 다른 사람이 발행 또는 배서양도하는 약속어음에 배서인이 된 사람은 그 배서로 인한 어음상의 채무만을 부담하는 것이 원칙이고, 특별히 채권자에 대하여 자기가 그 발행 또는 배서양도의 원인이 된 채무까지 보증하겠다는 뜻으로 배서한 경우에 한하여 그 원인채무에 대한 보증책임을 부담한다. 피고 丙은 피고 乙의 지시에 따라 수표·어음과 금전을 교부 내지 전달하는 과정에서 배서하였을 뿐, 피고 乙이 위의 수표와 어음들을 담보로 원고로부터 빌린 차용금에 대하여 자신이 연대보증할 의사로 배서하였다고 볼 만한 자료를 찾아보기 어렵다. 그러므로 이에 관한 원심의 판단은 정당하다.

- ■ 쟁 점

  위 판결은 금융기관이 아닌 사인간에서 어음 또는 수표의 할인이 이루어진 경우, 양자 간에 원인계약(소비대차계약)이 존재하고 어음 등은 그에 기한 채무를 담보하기 위하여 교부된 것으로 볼 수 있는가 하는 점이 문제된 것이다.

- ■ 검토할 사항

  ㅁ 어음이나 수표의 할인과 어음이나 수표를 담보로 제공하고 금전을 대여하는 행

위의 차이는 무엇인가?

■ 관련사례

□ 금융기관이 대출금을 자기앞수표로 지급한 후 그 수표에 대한 피사취신고를 함으로써 차용인이 그 수표를 금융기관에게 반환한 경우에도 소비대차의 성립을 인정할 수 있는가? (대판 2003.5.16. 2002다65745)

□ 금융기관 아닌 시중에서 일람출급성인 수표를 특정기일 전까지 지급제시를 하지 않기로 하면서 그 기간까지의 이자를 공제하는 내용의 수표할인이 이루어진 경우, 이러한 수표할인을 수표금 상당의 소비대차계약이라고 볼 수 있는가? 이 경우 수표의 교부는 어떤 법적 효과를 가지는가? (대판 1997.4.25. 97다6636)

□ 생명보험계약의 약관에 따라 보험계약자가 보험계약의 해약환급금의 범위 내에서 보험회사로부터 대출을 받는 것은 소비대차에 해당하는가? [대판(전) 2007.9.28. 2005다15598]

■ 기타 검토사항

□ 소비대차가 성립하기 위한 요건은 무엇이며, 소비대차가 성립하기 위해서는 현실적인 금전의 수수가 있어야 하는가? (대판 1991.4.9. 90다14652)

□ 금전을 대여하면서 이자나 변제기에 관한 약정을 하지 않은 경우에도 소비대차계약의 성립을 인정할 수 있는가? (대판 1992.10.9. 92다13790)

□ 채무자가 채권자에게 기존채무의 이행에 관하여 수표를 교부하는 경우, 이로 인하여 기존채무가 소멸한다고 볼 수 있는가? (대판 2003.5.30. 2003다13512)

□ 이미 발생한 이자에 관하여 채무자가 이행을 지체한 경우에는 그 이자에 대한 지연손해금을 청구할 수 있는가? (대판 1996.9.20. 96다25302)

□ 당사자 간에 약정이자 또는 약정지연이자의 정함이 있는 경우에도 소송촉진 등에 관한 특례법 제3조 제1항의 규정에 따라 소장 등이 송달된 날 다음날부터는 대통령령으로 정하는 이율에 따른 지연손해금의 지급을 청구할 수 있는가? (대판 2002.10.11. 2002다39807)

■ 참고문헌

□ 김문재, 어음·수표법 판례의 변화와 전망, 상사판례연구 23집 1권, 2010, 287-340.

□ 김홍기, 어음할인의 기능과 법리, 상사판례연구 23집 2권, 2010, 265-294.

□ 심준보, 어음배서인이 원인채무까지 보증하였는지 판단하는 기준, 대법원판례해설 51호, 2005, 153-163.

□ 정진세, 사인간 어음할인의 법적성질, Jurist 385호(2002.10.), 2002, 54-58.

## 2. 준소비대차

### 대판 1998.2.27. 97다16077

| 사안 |   甲(원고, 신용보증기금)은 1987.4.10. 회사 乙(제1심 공동피고)이 A은행으로부터 금 50,000,000원을 대출받음에 있어서 신용보증계약(보증기간 1988.4.9.까지)을 체결하였으며, 당시 乙회사의 이사였던 丙(피고)은 대표이사 B 및 같은 이사인 C 등과 함께 甲이 위 대출금채무를 대신 변제하는 경우에 甲이 갖게 될 乙회사에 대한 구상채무를 연대보증하였다. 이에 기해서 乙회사는 1987.4.10. 위 은행으로부터 50,000,000원(변제기 1988.4.9.)을 일반자금으로 대출받았다. 그 후 乙회사는 변제기에 대출금을 변제하지 못하여 甲이 乙회사의 요청에 따라 위 신용보증기간을 1989.4.9.까지로 연장하였으며, 그에 따라 위 은행은 위 대출금의 상환기한을 위 기간까지로 연장하였으며, 그 후에도 1991.4.30.까지 해마다 같은 방식으로 그 상환기한을 연장하여 주었다. 그러던 중 1992년에 이르러 乙회사는 기존의 대출금채무에 상당하는 신규대출을 일으켜 기존의 대출금채무에 변제충당하는 이른바 대환처리를 받기 위하여, 甲과 사이에서 연대보증인으로 丙이 빠진 새로운 신용보증계약을 체결하였다. 그리하여 위 은행은 1992.5.7. 그동안 수차례 상환기간을 연장하여 온 乙회사의 위 1987.4.10.자 대출금채무에 관하여 대환처리를 하였다. 그 후 위 은행은 당초의 신용보증계약이 유효하게 존속함을 전제로 甲에게 신용보증기간 연장계획서를 제출하는 한편, 乙회사도 이에 맞추어 甲에 대하여 신용보증기간을 연장하여 줄 것을 요구하자, 甲은 1992.5.28. 종전의 신용보증기간을 1993.4.30.까지 연장하여 주었으며, 그에 따라 위 은행은 당초의 대출금채무에 대한 상환기한을 1993.4.30.까지 연장하였다. 그리고 그 후에도 위 은행은 1993.4.30. 및 1994.4.30. 마찬가지로 위 대출금채무의 상환기한을 1년씩 연장하였다. 그런데 乙회사가 발행한 당좌수표가 1994.11.4. 부도처리되었다. 이에 甲은 1995.2.10. 위 대출금(및 이자)을 위 은행에 대위변제하고, 丙에 대하여 구상채무의 이행을 청구하였다(제1심에서는 乙 및 B에 대해서도 구상채무의 이행을 청구하였었다).

| 판지 |   위 은행이 1992.5.7. 수차 상환기간을 연장하여 온 乙회사의 1987.4.10.자 대출금채무에 관하여 일단 신규대출을 일으켜 대환처리를 한 것으로 인정한 원심의 사실판단은 수긍이 간다. 한편 현실적인 자금의 수수 없이 형식적으로만 신

규대출을 하여 기존 채무를 변제하는 이른바 대환은 특별한 사정이 없는 한 형식적으로는 별도의 대출에 해당하나 실질적으로는 기존 채무의 변제기의 연장에 불과하므로 그 법률적 성질은 기존 채무가 여전히 동일성을 유지한 채 존속하는 준소비대차로 보아야 하고, 이러한 경우 채권자와 보증인 사이에 있어서 사전에 신규 대출 형식에 의한 대환을 하는 경우 보증책임을 면하기로 약정하는 등의 특별한 사정이 없는 한 기존 채무에 대한 보증책임이 존속된다고 할 것이다.

기록에 의하면, 이 사건 대환에 의하여 새로이 발생한 乙회사의 대출금채무는 기존 채무에 비하여 대출과목과 대출금액이 동일하고 다만 대출기한만이 1992. 7.31.로 연장된 것에 지나지 아니하므로, 그 성질은 경개가 아니라 준소비대차라고 보아야 할 것이다. 그러함에도 원심은 이 사건 대환으로 원고의 기존의 보증책임이 소멸하고 대신 새로운 보증책임이 성립하였으며 그로 인하여 신용보증약정상의 연대보증인이 교체된 점을 들어 그 성질을 양 채무 사이에 동일성이 없는 경개로 보았는바, 이 사건에서는 대출금채무의 신용보증인도 원고로 동일하며 다만 원고가 장차 채무자인 乙회사에 대하여 취득할 구상금채권의 연대보증인만이 바뀐 것에 지나지 아니한 점에 비추어 볼 때, 위와 같은 원심 판단에는 대환 또는 경개에 관한 법리오인의 위법이 있다

그러나 원고는 1987.4.10. 乙회사를 통하여 위 은행에 앞서 본 신용보증서를 제출할 당시 신용보증약관을 첨부하였고, 그 약관 제4조 제2항 및 제14조 제7호에는 개별보증의 경우 채권자는 신용보증조건 변경통지에 의하여 신규대출에 의한 대환 취급을 할 수 없으며, 채권자가 이에 위반하였을 때에는 신용보증인인 원고는 면책된다고 규정하고 있다. 이러한 면책약관의 취지는 일단 신규대출 형식에 의한 대환처리를 한 때에는 그 대환의 성질이 준소비대차로서 그 후에 남게 되는 채무가 기존 채무와 동일성을 유지하는 경우에도 원고의 보증책임이 면책된다는 뜻이라고 볼 것이므로, 위 은행이 앞서 본 바와 같이 일단 대환처리를 한 이상 이로써 원고의 기존 보증채무가 면책되었다고 볼 것이므로, 이 사건 신용보증에 기한 구상채권은 생기지 않는다. 그러므로 원심 판단은 결과에 있어서 정당하다.

**▪ 쟁 점**

위 판결은 금융기관(채권자)에서 대출금채무에 관하여 행한 대환의 성질이 준소비대차인가 경개인가 하는 점이 문제된 것이다.

■ 검토할 사항

　□ 갱개와 준소비대차의 같은 점과 다른 점은 무엇인가?

　□ 대환, 즉 현실적인 자금의 수수 없이 형식적으로만 신규대출을 하여 기존 채무를 변제하는 것은 그 법률적 성질이 준소비대차인가 경개인가?

　□ 위 판결에서 丙의 구상채무가 부인된 이유는 무엇인가?

■ 관련사례

　□ 대환이 수출지원금융의 변제기한을 연장할 목적으로 이루어진 경우(즉 수출어음 대출금채무를 일반자금대출금채무로 대환한 경우)에, 이의 성질은 여전히 준소 비대차인가? 따라서 이의 보증인은 대환에 의한 채무에 대해서도 보증책임을 지는가? (대판 1991.12.10. 91다24281; 대판 2006.12.22. 2004다37669)

　□ 갑이 을로부터 상당기간 동안 금전을 대출받는 등 채무를 지고 있었는데, 갑과 을이 갑의 채무액을 확정하면서 이를 39개월에 걸쳐 매달 일정 금액씩 지급하기로 하는 등의 약정을 맺은 경우에, 이는 준소비대차에 해당하는가? (대판 1996.9.20. 96다25302)

　□ 갑이 을로부터 부동산을 매수하고 계약금 및 중도금을 지급한 후, 을과 사이에서 잔대금은 을이 갑에게 대출해 주는 것으로 약정한 경우에, 이러한 약정도 준소비 대차에 해당하는가? 그리고 여기에도 민법 제607조, 608조가 적용되어, 비록 위 약정상의 변제기에 갑이 대출금을 변제치 못하였더라도 을이 청산금을 지급하지 않은 이상 갑은 대출원리금을 변제하고 위 부동산의 이전등기를 청구할 수 있는가? (대판 1997.3.11. 96다50797)

　□ 기존채무에 대하여 채권가압류가 마쳐진 후 채무자와 제3채무자 사이에 준소비 대차 약정이 체결된 경우, 그 준소비대차 약정은 유효한가? (대판 2007.1.11. 2005다47175)

　□ 갑이 을과 공동사업을 하다가 동업관계에서 탈퇴하면서, 을이 갑에게 교부할 정 산금 중 일부를 차용한 것으로 하기로 약정한 경우에, 이러한 약정은 준소비대차 인가? 만약 을이 상인이라면 을의 위 차용금채무의 소멸시효에는 상법이 적용되는가? (대판 1989.6.27. 89다카2957)

■ 기타 검토사항

　□ 준소비대차가 성립하기 위해서는 어떤 요건이 갖추어져야 하는가?

　□ 준소비대차는 기존채무가 소비대차일 경우에도 성립하는가? 준소비대차가 성립 하는 경우 기존채무에 따른 담보가 소멸하는가? (대판 1994.5.13. 94다8440)

　□ 준소비대차계약의 당사자는 기존 채무의 당사자이어야 하는가? (대판 2002.12.6. 2001다2846)

□ 이자제한법 소정의 제한이율을 초과하는 이자에 대하여 준소비대차계약을 체결한 경우 초과 부분에 대한 효력은 인정되는가? (대판 1998.10.13. 98다17046)
□ 회사에 대한 노임채권에 관하여 준소비대차계약이 체결된 경우, 그 소멸시효기간은 얼마인가? (대판 1981.12.22. 80다1363)

■ 참고문헌

□ 강민성, 대환 및 어음개서에 관한 소고, 인권과 정의 317호(2003.1.), 91-102.
□ 이재환, 상호신용금고의 어음할인의 성격과 어음할인으로 인한 채무가 대환된 경우 연대보증인의 보증책임 존속 여부, 대법원판례해설 21호, 1994, 145-155.
□ 이혁, 준소비대차와 경개, 판례연구(부산판례연구회) 20집, 2009, 35-84.

## 3. 대물반환의 예약

### 대판 1998.4.10. 97다4005

| 사안 |  丙(제1심 공동피고)이 A은행에게 이 사건 부동산에 관하여 채권최고액 합계 금 37,500,000원 상당의 근저당권을 설정하여 주고 금전을 차용하였는데, 丙이 그 돈을 갚지 못하자, 위 은행의 신청으로 임의경매절차가 진행되었다. 그러자 丙이 乙(피고)로부터 1986.7.23. 45,000,000원 및 같은 달 말경 추가로 5,000,000원을 각 차용하여 위 은행 빚을 변제하고 위 근저당권설정등기를 말소하였다. 丙은 1986.7.23.자로 乙과 사이에서 45,000,000원을 대금으로 하여 위 부동산을 乙에게 일시불로 매도하는 내용의 매매계약서를 작성하고, 같은 달 30. 乙 앞으로 소유권이전등기를 경료하였다. 그런데 위 매매계약서 작성 당시 丙이 1991.7.23.까지 5년 이내에 위 차용금 및 이에 대한 은행이자 상당을 일시불로 乙에게 지급하면 부동산을 반환받기로 하되, 위 기간이 경과하도록 위 금원을 지급하지 아니하면 위 약정은 무효가 된다는 내용의 합의를 하였다. 그런데 위 약정 당시 위 부동산의 가액은 58,129,900원 정도이다. 甲(원고)이 1993년에 이르러 乙에게 위 차용금 및 이자 상당액을 지급하면서, 위 이전등기의 말소를 청구하였다.

| 판지 |  기존의 채무를 정리하는 방법으로 다른 재산권을 이전하기로 하면서 일정 기간 내에 채무 원리금을 변제할 때에는 그 재산을 반환받기로 하는 약정이 이루어졌다면, 다른 특단의 사정이 없는 한 당사자 간에는 그 재산을 담보의 목적으로 이전하고 변제기 내에 변제가 이루어지지 않으면 담보권 행사에 의한 정산절차

를 거쳐 원리금을 변제받기로 하는 약정이 이루어진 것으로 해석하여야 한다.

원심은 丙과 피고 사이에는 이 사건 부동산에 관하여 50,000,000원을 피담보채무로 하여 정산절차를 예정한 약한 의미의 양도담보 약정이 이루어진 것으로 보아야 하며, 가사 이를 대물변제의 예약으로 본다 하더라도 예약 당시의 차용 원리금은 50,000,000원으로서 당시 이 사건 부동산의 가액이 그 차용 원리금을 초과하므로 대물변제의 예약 자체는 무효이고, 다만 양도담보로서의 효력만이 인정되어 채권자인 피고로서는 여전히 가등기담보등에관한법률 소정의 청산절차를 거쳐야 한다고 판단하였다. 이러한 원심의 판단은 정당하다.

그리고 丙과 피고 사이에 이 사건 부동산에 관하여 정산절차를 예정한 약한 의미의 양도담보 약정이 이루어졌다면 피고는 위 채무의 변제기 후 반드시 담보권 실행을 위한 정산절차를 거쳐야만 하는 것이고, 丙으로서는 피고가 담보권을 실행하여 정산절차를 마치기 전에는 채무를 변제하고 이 사건 부동산에 대한 피고 명의의 소유권이전등기의 말소를 구할 수 있다고 할 것인바, 이는 위 양도담보 약정 당시 이 사건 부동산의 시가가 채권 원리금에 미달한다 하더라도 마찬가지라고 할 것이다.

- **쟁 점**

  위 판결은 乙로부터 금전을 차용한 丙이 부동산을 乙에게 양도하면서, 일정 기간 내에 차용원리금을 변제하고 부동산을 반환받기로 한 경우에, 그러한 약정의 의미가 무엇인가 하는 점이 문제된 것이다.

- **검토할 사항**

  □ 민법 제607조, 608조가 적용되기 위한 요건은 무엇인가?

  □ 丙은 1991.7.23.까지 차용원리금을 乙에게 지급하면 부동산을 반환받되, 위 기간이 경과하도록 지급하지 않으면 반환받지 못하는 것으로 합의하였음에도, 위 기간이 지난 후에 차용원리금을 반환하고 부동산을 반환받을 수 있는가? 있다면 그 근거는 무엇인가?

- **관련사례**

  □ 대물반환의 예약의 무효사유로서 재산 가액이 차용원리금을 초과하는지 여부의 판단 기준 시점은 언제인가? (대판 1996.4.26. 95다34781)

  □ 차주의 재산에 선순위 근저당권이 설정되어 있는 경우의 민법 제607조 소정의 재산가액은 어떤 방법으로 계산해야 하는가? (대판 1991.2.26. 90다카24526)

■ 기타 검토사항

□ 대물변제의 경우에도 민법 제607조와 제608조가 적용되는가? (대판 1992.2.28. 91다25574)

□ 채권의 담보 목적으로 양도받은 주식이 귀속청산의 방법으로 실행되어 채권자에게 확정적으로 이전되기 위해서는 어떤 요건을 갖추어야 하는가? (대판 1999.12. 10. 99다14433)

■ 참고문헌

□ 김상용, 민법 제607조, 제608조 및 가등기담보법의 운용상의 문제점과 그 해결, 이영준박사 화갑기념논문집 I , 1999, 453-474.

□ 박경량, 가등기담보 등에 관한 판례의 동향, 민사법학 15호, 1997, 240-263.

# 제2관  임대차

## Ⅰ. 임대차의 성립과 존속

### 1. 임대차의 성립

### (1) 타인의 물건의 임대

**대판 1996.9.6. 94다54641**

--------------------------------------------------------

ㅣ**사안**ㅣ  이 사건 건물과 그 부지는 모두 소외 국가의 소유인데, 甲(원고)이 1989. 6.9. 乙(피고)에게 위 부동산을 임대하였다. 乙이 차임을 연체하자, 甲이 이를 이유로 임대차계약을 해지하고, 乙에 대하여 건물의 반환 및 연체차임의 지급을 청구하였다. 이에 대하여 乙은 위 건물은 국가 소유이므로 甲이 乙에 대하여 그러한 청구를 할 수 없다고 항변하였다. 그런데 국가는 乙에 대하여 위 건물의 명도 혹은 부당이득반환을 청구한 바 없다.

ㅣ**판지**ㅣ  임대차는 당사자 일방이 상대방에게 목적물을 사용·수익하게 할 것을 약정하고 상대방이 이에 대하여 차임을 지급할 것을 약정함으로써 성립하는 것으로(민법 제618조 참조), 나아가 임대인이 그 목적물에 대한 소유권 기타 이를 임대

할 권한이 없다고 하더라도 임대차계약은 유효하게 성립하고, 따라서 임대인은 임차인으로 하여금 그 목적물을 완전하게 사용·수익케 할 의무가 있고, 또한 임차인은 이러한 임대인의 의무가 이행불능으로 되지 아니하는 한 그 사용·수익의 대가로 차임을 지급할 의무가 있다고 할 것이며, 그 임대차관계가 종료되면 임차인은 임차목적물을 임대인에게 반환하여야 할 계약상의 의무가 있다. 다만 이러한 경우 임차인이 진실한 소유자로부터 목적물의 반환청구나 임료 내지 그 해당액의 지급요구를 받는 등의 이유로 임대인이 임차인으로 하여금 사용·수익케 할 수가 없게 되면 임대인의 채무는 이행불능으로 되고 임차인은 이행불능으로 인한 임대차의 종료를 이유로 그 때 이후의 임대인의 차임지급 청구를 거절할 수 있다.

이 사건의 경우, 피고가 이 사건 임대차계약의 목적물인 이 사건 부동산의 소유자인 국가로부터 이 사건 부동산의 반환청구 또는 그 변상금 내지는 대부료의 청구를 받게 되어 임대인인 원고가 임차인인 피고로 하여금 이 사건 부동산을 사용·수익케 할 의무가 이행불능이 되었다고 보기에는 부족하다. 따라서 이 사건 부동산이 원고의 소유가 아니라 국가의 소유라고 하더라도 원고와 피고 사이의 이 사건 부동산에 관한 임대차계약이 피고의 차임 연체로 인하여 해지되었다면, 특별한 사정이 없는 한 피고는 원고에게 이 사건 부동산을 명도하고 해지로 인한 임대차 종료시까지의 연체차임 및 그 이후부터 위 명도 완료일까지 이 사건 부동산의 점유·사용에 따른 차임 상당의 부당이득금을 반환할 의무가 있다.

- **쟁 점**

  이 판결은 타인 소유의 부동산을 임대한 경우, 임차인은 임대인에게 차임지급의무를 지는가 하는 점이 문제된 것이다.

- **검토할 사항**

  □ 타인의 물건에 대한 임대차계약이 유효한 이유는 무엇인가?

  □ 乙이 甲에 대하여 차임지급의무를 지는 이유는 무엇인가? 그리고 어떤 경우에 차임지급의무가 소멸하는가?

- **관련사례**

  □ A는 甲으로부터 임대차보증금 상당액을 차용하여 乙의 건물을 임차하였는데, 임대차계약의 체결에 있어서 A는 甲에 대한 차용금채무를 담보하기 위하여(즉 임대차 종료 이후에 甲이 보증금을 반환받도록 하기 위하여) 자신이 甲인 것처럼

행위하면서 임차인 명의를 甲으로 하였다. 위 임대차계약이 종료되자, 甲이 乙에 대하여 보증금의 반환을 청구하였다. 타당한가? (대판 1974.6.11. 74다165)

▫ A가 자신의 처 乙 명의로 B와 임대차계약을 체결하고 乙로 하여금 임차건물에서 식당을 운영하게 하였으며, 다만 A와 乙 간에서는 A가 실질적인 임차인이며 따라서 임차인으로서의 권리 일체를 A에게 환원하기로 약정하였다. 그런데 A에 대하여 채권을 가지고 있던 甲(원고)이 乙의 B에 대한 보증금반환채권을 압류하고 전부명령을 받고, 나아가 B를 대위하여 건물명도를 청구하였다. 타당한가? (대판 1993.4.27. 92다55497)

■ 참고문헌
▫ 김태우, 타인의 물건을 임대한 임대인이 임대차계약 종료후에 임차인에 대하여 차임 상당액의 부당이득반환을 청구할 수 있는가, 판례연구 7집, 1997, 79-95, 부산판례연구회.
▫ 제철웅, 소유물반환청구권자 및 그 밖의 반환청구권자에 대한 권원없는 점유자의 책임, 민사판례연구 21권, 1999, 306-336.

## (2) 채권추심을 목적으로 하는 경우

### 대판 2001.5.8. 2001다14733

| 사안 | A 소유의 X주택에 관하여 1997.2.23. 甲은행(원고) 앞으로 근저당권설정등기(채권최고액 2억 4,000만원)가 경료되었다. 乙(피고)이 A에게 1997.7.22.에 1,000만원, 1997.10.30.에 1,000만원, 1997.12.1.에 5,000만원을 대여하였으나 이를 변제받지 못하게 되자, 방 1칸에 관하여 1997.12.20. 임대차계약(임차보증금 1,500만원)을 체결하고 1997.12.24. X주택을 가압류하였으며 임대차보증금은 지급함이 없이 1997.12.27. 전입신고를 마치고 거주하였다. 그 후 甲은행이 임의경매를 신청하여 1998.4.27. 경매개시결정이 내려져 1998.4.29. 기입등기가 경료되었다. 이에 乙은 소액임차인으로서 1,200만원에 관한 배당을 요구하였다. 1998.12.23. 낙찰허가결정이 내려지고 1999.1.28. 경매법원은 乙에게 1,200만원을 배당하였다. 그러자 甲은행은, 乙과 A 사이의 위 임대차계약은 기존 채권의 추심을 위한 수단으로 체결된 것에 불과하므로 乙은 주택임대차보호법상의 보호대상인 소액임차인이 될 수 없다고 주장하며 乙을 상대로 배당이의의 소를 제기하였다.

| 원심 |　피고와 A의 위 임대차계약은 기존 채권의 추심을 위한 수단으로 체결된 것에 불과하므로, 피고는 주택임대차보호법상의 보호대상인 소액임차인이 될 수 없다.

| 판지 |　채권자가 채무자 소유의 주택에 관하여 채무자와 임대차계약을 체결하고 전입신고를 마친 다음 그곳에 거주하였다고 하더라도 실제 임대차계약의 주된 목적이 주택을 사용수익하려는 것에 있는 것이 아니고, 실제적으로는 소액임차인으로 보호받아 선순위담보권자에 우선하여 채권을 회수하려는 것에 주된 목적이 있었던 경우에는 그러한 임차인을 주택임대차보호법상 소액임차인으로 보호할 수 없다.

■ 쟁 점

　　이 판결은 채권자가 채무자 소유의 주택에 관하여 채무자와 임대차계약을 체결하고 전입신고를 마친 다음 그곳에 거주한 경우 주택임대차보호법상 소액임차인으로서 보호받을 수 있는지가 문제된 것이다.

■ 검토할 사항

　　□ 임대차란 무엇을 목적으로 하는 계약인가?

　　□ 1997.12.20.에 A와 乙간에 체결된 계약의 목적은 무엇인가?

　　□ 乙은 임차인인가?

■ 관련사례

　　□ A가 소유하는 X주택에 B 명의의 근저당권(채권최고액 1억 800만원)설정등기가 경료된 후 2004.3.25. C가 임대차보증금을 7,000만원으로 정하여 X주택을 임차하였다. A는 C로부터 지급받은 임대차보증금으로 B에 대한 채무를 변제하기로 약정하였고 C는 A에게 계약금 및 중도금조로 1,550만원을 교부하였다. 그러나 A는 B에 대한 채무를 일부도 상환하지 아니하였다. C는 2004.5.15. X주택을 인도받아 2004.5.17. 전입신고를 마치고 2004.6. 임대차계약서를 다시 작성하였는데 임대차보증금을 4,000만원으로 기재하였다. 그러나 C가 A에게 2,450만원을 지급하지는 않았고 2004.6.11. 위 임대차계약서에 확정일자를 받았다. 2004.7.8. X주택에 대한 임의경매개시결정이 내려지고 2004.7.15. 임의경매개시결정등기가 경료되었다. 이 경우 C는 주택임대차보호법상 소액임차인으로서 보호받을 수 있는가? (대판 2008.5.15. 2007다23203)

　　□ A가 임대인 B와 임대차계약을 체결함에 있어서 C신용금고로부터 융자받은 채무

를 담보하기 위하여 임차인 명의를 D(C신용금고의 직원)로 하여 임대차계약서를 작성하였다. 이 경우 B에 대한 임차보증금반환채권이 실질적으로 A에게 있다고 하여 A의 채권자가 위 임차보증금반환채권을 압류 전부받은 것은 유효한가? (대판 1983.11.22. 82다카1696)

□ 丙은 자신의 주거공간을 구하기 위해 X주택을 임차하여 거주하기로 하였다. 그런데 丙은 처의 병수발을 드느라 자리를 뜰 수 없었기 때문에 출가한 딸인 乙에게 甲회사와의 임대차계약 체결을 부탁하였다. X주택은 장기임대 후 분양되는 주택으로 일정 조건을 갖춘 임차인은 임대차기간 만료후에 우선분양을 받을 권리가 있는 주택이었다. 丙은 그러한 조건을 충족하지만 乙은 그러한 조건을 충족하지 못함에도 불구하고, 乙은 법적 권리에 관하여 정확한 지식과 정보를 갖지 못하였기 때문에 丙의 이름이 아닌 乙의 명의로 임대차계약을 체결하고 丙으로부터 받은 임차보증금을 甲회사에 지급하였다. 그 후 임대차계약기간이 만료하여 甲회사가 乙과 丙에게 X주택의 명도와 퇴거를 요구하자, 乙과 丙은 실질적 임차인은 丙임을 주장한다. 乙과 丙의 주장은 타당한가? (대판 2009.4.23. 2006다81035)

■ 기타 검토사항

□ 목조, 경량철골 스레트 2층 5동 2,941㎡ 143개 점포를 소유한 A회사가 B시 소유의 시장 부지를 점유, 사용하여 왔는데 B시가 A회사를 상대로 부당이득금반환청구소송을 제기하여 승소 확정판결을 받아 판결인용금액을 수령하고 1978.3. 15 임대차계약을 체결하여 1978.7.8까지 차임을 지급받았다. 그런데 나중에 시장부지 867평 중 415평이 A주식회사 소유인 것으로 확정되었다. B시가 A회사를 상대로 부당이득금의 반환을 청구하는 소송을 제기하자 A회사는 상계항변을 하였다. 위 임대차계약이 당연무효이므로 A회사가 임대차계약에 의하여 B시에 지급한 금원을 돌려받아야 한다는 것이다. A회사의 주장은 타당한가? (대판 1992.6.26. 92다10425)

□ 임대주택법에 의하면 임대사업자가 임대주택에 대한 임대차계약을 체결하는 경우 '임대보증금, 임대료, 임대차계약기간 등'이 기재된 표준임대차계약서를 작성하여야 하고(제32조), 위 임대조건에 관한 사항(변경내용 포함)을 관할 시장, 군수 또는 구청장에게 신고하여야 하며(제26조 제1항), 만일 임대사업자가 임대조건을 신고하지 않는 경우에는 1년 이하의 징역 또는 금 1천만 원 이하의 벌금형에, 표준임대차계약서를 작성하지 않고 임대차계약을 체결한 경우에는 금 1,000만 원 이하의 과태료에 각 처하도록(제42조 제4호, 제44조 제1항 제4호) 각 규정하고 있다. 그런데 임대사업자 A건설은 B와 임대차계약을 체결함에 있어서 표준임대차계약서를 사용하지 않았고 임대조건을 신고하지도 않았다. 이에 B는 위 임

대차계약의 무효확인을 구하는 소송을 제기하였다. AB간의 계약은 임대주택법상
의 위 규정들에 위반하여 무효인가? (대판 2000.10.10. 2000다32055, 32062)

▫ A가 그 소유인 X토지 위에 다가구주택을 신축하는 공사를 B에게 도급을 주었다.
완성된 다가구주택의 소유권은 A에게 귀속시키기로 하고, B가 A의 이름으로 신
축건물을 분양하여 그 분양대금으로 수급인의 공사대금에 충당하기로 약정하였
다. B가 다가구주택을 완공한 후 A의 대리인임을 자처하면서 C와 임대차계약을
체결한 경우 그 임대차계약의 효력은 A에게 미치는가? (대판 1995.9.26. 95다
23743; 대판 2000.9.29. 2000다25972; 대판 2001.8.21. 2001다35150, 35167)

▫ 병원 주차장을 임차하려고 한 B가 병원을 운영하는 A를 상대로 A 명의의 임대차
계약서, 영수증, 이행각서 및 지불각서를 증거로 하여 임대차계약의 체결, 임대차
계약금의 지급 및 위약시 계약금의 배액지급 약정 등이 있었음을 주장하면서 그
에 기한 금원지급을 구하는 소를 제기하였다. 이 때 A는 위 서면들이 자신의 외
사촌동생인 C에 의해 무단으로 작성되어 진정하게 성립된 것이 아니라는 확인을
별소로써 구할 수 있는가? (대판 2007.6.14. 2005다29290)

■ 참고문헌

▫ 남해광, 주택임대차보호법상의 소액임차인과 관련하여, 재판실무연구 2003,
2004, 77-92, 광주지방법원.

▫ 이은희, 임대차에 있어서 소비자 보호, 충북대 법학연구 19권 2호, 2008, 59-100.

## 2. 임대차의 존속

### (1) 임대차기간

**대판 2003.8.22. 2003다19961**

**| 사안 |** 1997.1. 甲(원고)이 민자로 건설된 乙(피고)역사 백화점 지하 1층 매장에
입점하면서 乙회사에게 30년의 임대차기간에 해당하는 임대료를 선납한 뒤 매월 임
대료를 공제하는 방식의 임대차계약을 체결하였다. 그리고 계약을 해지하는 경우
乙은 잔여임차기간에 해당하는 임대료를 반환하지 아니하며 임차인은 이를 그로부
터 양수 또는 전차하는 자로부터 직접 변제받기로 하는 내용의 약정을 하였다.

甲은 乙회사를 상대로 강행법규에 위반하여 무효인 임대차기간(10년)에 해당하
는 선납임대료의 반환을 구하는 소송을 제기하였다. 이에 乙회사는 다음과 같은

주장을 하였다. 첫째, 이 사건 계약은 배타적인 점용권 유사의 권리의 매매라는 일종의 무명계약에 해당하므로 민법 제651조 제1항을 적용할 수 없다. 둘째, 민법 제651조 제1항이 강행법규라고 하더라도 임대인을 위한 편면적 강행법규로 보아야 한다. 셋째, 임대료 선납은 비채변제에 해당하여 그 반환을 청구할 수 없다. 넷째, 甲이 이 사건 소를 제기하는 것은 신의칙 내지 금반언의 원칙에 반하는 것이다.

| 판지 |  1) 민법 제651조 제1항은 그 입법취지가 너무 오랜 기간에 걸쳐 임차인에게 임차물의 이용을 맡겨 놓으면 임차물의 관리가 소홀하여지고 임차물의 개량이 잘 이루어지지 않아 발생할 수 있는 사회경제적인 손실을 방지하는 데에 있는 점 및 약정기간이 20년을 넘을 때는 그 기간을 20년으로 단축한다는 규정형식에 비추어 볼 때, 위 규정은 개인의 의사에 의하여 그 적용을 배제할 수 없는 강행규정이라고 봄이 상당하며, 민법 제651조 제1항이 민법 제652조에 포함되어 있지 않다거나, 임차물이 견고한 철근콘크리트 건물이고 임대인이 임차인으로부터 관리비를 징수하면서 임차물을 관리하고 있다거나, 민법 제651조 제1항이 제정될 당시에 비하여 현재 건축기술이 발달하여 건물이 훨씬 견고해졌다는 사유만으로 달리 해석할 것은 아니다.

2) 민법상 신의성실의 원칙은 법률관계의 당사자는 상대방의 이익을 배려하여 형평에 어긋나거나, 신뢰를 저버리는 내용 또는 방법으로 권리를 행사하거나 의무를 이행하여서는 아니된다는 추상적 규범으로서, 신의성실의 원칙에 위배된다는 이유로 그 권리의 행사를 부정하기 위하여는 상대방에게 신의를 공여하였다거나, 객관적으로 보아 상대방이 신의를 가짐이 정당한 상태에 있어야 하고, 이러한 상대방의 신의에 반하여 권리를 행사하는 것이 정의관념에 비추어 용인될 수 없는 정도의 상태에 이르러야 하며, 또한 특별한 사정이 없는 한, 법령에 위반되어 무효임을 알고서도 그 법률행위를 한 자가 강행법규 위반을 이유로 무효를 주장한다 하여 신의칙 또는 금반언의 원칙에 반하거나 권리남용에 해당한다고 볼 수는 없다.

- **쟁 점**
  이 판결은 민법 제651조에서 정하는 최장기간을 넘는 임대차기간의 약정이 무효인지 여부가 문제된 것이다.
- **검토할 사항**
  □ 민법 제651조가 임대차에 관하여 최장기간을 정한 이유는 무엇인가?

□ 강행규정에 관한 민법 제652조에 제651조가 언급되어 있는가?

□ 대법원이 민법 제651조가 강행규정이라고 한 이유는 무엇인가?

■ 관련사례

□ 재건축조합 A는 B와 '임대분양계약'을 체결하였는데, 임대차기간을 특정하지 않고 임대분양할 점포의 층수와 면적만을 특정한 채 점포의 각 층별로 임대차보증금, 차임, 개발촉진비, 분양수수료를 일괄적으로 정하고 이 임대분양계약서에 상가의 위치는 추첨에 의하여 결정하고(제1조), 개발촉진비와 분양수수료는 상가개발을 위하여 사용할 금액이므로 임차인은 임대인에게 어떠한 명목으로도 그 반환을 청구할 수 없으며(제2조), 잔금불입과 동시에 분양계약서는 무효가 되고 각 상가의 소유자와 개별적으로 작성하는 임대차계약서로 대체되며, 분양계약서에는 개발촉진비와 분양수수료를 제외하고 임대차보증금만 기재하기로 명시하였다(제3조, 제4조). 그 후 건물이 완공되어 B는 점포소유자 C와 임대차계약을 체결하였는데 계약서에 임대차기간을 2년으로 기재하였다. 2년 후 C는 계약기간 종료를 이유로 점포의 명도를 청구할 수 있는가? (서울고판 2005.2.18. 2001나53242)

□ A회사가 지하 2층, 지상 10층 규모의 X건물에 의류전문집단상가를 조성하여 분양·임대하였다. 2000.8.17. 1구좌를 분양받은 B는 공개추첨을 통하여 지상 1층 119호를 배정받고 2001.8. 임대차계약(기간 5년; 보증금 5,500만원, 장기임대료 2,400만원, 월 임대료 65만원)을 체결하였다. 장기임대료 중 일부는 상가의 홍보, 상가운영관리, 상가보수, 상가발전 등을 위하여 투자하기로 약정하였다. 2001.8.31. B는 119호 점포를 인도받았다. 당시 약 65%에 해당하는 1,290구좌의 점포만이 분양되었는데, 이즈음 A는 임대차보증금 없이 상품판매액에 대한 일정 비율의 수수료만을 A에게 납부하는 조건으로 점포를 분양하기도 하였다. 2002.3.경 A는 퇴점을 원하는 입점주들에 대해서는 퇴점 후부터는 임대료와 관리비를 부과하지 않되 임대차보증금은 2006.8.30.경에 반환하기로 약정하였다. A는 2003.3.경부터 지상 3층부터 7층까지의 점포를 지하층과 지상, 1, 2층으로 통폐합하였으며 2003.9.경에는 상가를 매각하겠다는 의사를 공개적으로 밝혔다. 이에 B는 A회사의 채무불이행을 이유로 한 계약 해지 또는 사정변경을 이유로 한 계약 해지를 주장하며 A회사를 상대로 개발비 등의 반환을 청구하는 소송을 제기하였다. B의 주장은 타당한가? (대판 2009.8.20. 2008다94769)

■ 기타 검토사항

□ 甲乙간의 계약이, 임대차기간 및 임대료의 지급방법에서 통상의 임대차와 차이가 있다고 하여 민법상 임대차계약이 아니라고 할 수 있는가?

□ 甲의 위 임대료 지급이 도의관념에 적합한 비채변제에 해당한다고 볼 수 있는가?

□ 1992.4.12. A 소유 주택의 방1칸을 기간의 약정 없이 임차한 B가 1992.5.18 전입신고를 마치고 거주하던 중 C 명의의 1번 근저당권설정등기가 이루어졌다. 그 후 B가 임대차계약서상 확정일자를 갖추었고 1992.10.26. D 명의의 2번 근저당권설정등기가 이루어졌으며 1993.4.1. D가 임의경매를 신청하였다. B는 임대차기간이 1994.4.12.까지임에도 불구하고 경매법원에 배당요구신청을 할 수 있는가? (대판 1996.7.12. 94다37646)

## (2) 법정갱신

### 대판 1989.4.25. 88다카4253,4260

‌·····················································································

| 사안 |  乙(피고1)이 소유하는 건물을 1984.9.10. 丙(피고2)이 보증금 1,500만원, 기간은 1년으로 정하여 임차하였다. 그곳에서 사진관을 경영하던 丙은 1985.2.16.부터는 甲(원고)과 동업하다가 1985.4. 중순경 동업관계에서 탈퇴하였다. 이때 甲이 보증금반환청구권을 양수하였다. 1985.8.29. 甲은 사진관 영업을 丙에게 양도하고 임차보증금반환채권은 이 양도대금채권의 담보를 위하여 甲이 보유하기로 합의하였다. 그래서 丙이 사진관을 단독으로 운영하였는데 丙이 양도대금을 지급하지 아니하자 1986.1.11. 甲이 乙에게 보증금반환청구권의 양도를 통지하였다. 그런데 乙丙이 1986.9.1. 위 임대차계약의 연장을 합의하자, 甲이 乙에게 임차보증금의 반환을 청구하는 소를 제기하였다. 그리고 甲이 임차보증금의 반환을 청구하기 위해서는 丙의 건물명도가 선이행되어야 할 필요가 있어서 甲은 乙을 대위하여 丙을 상대로 건물명도청구소송을 제기하였다.

원심은 원고가 피고 2로부터 피고 1에 대한 임차보증금반환청구채권을 양수하고 피고 1에 대한 양도통지절차도 적법하게 이전되었다고 인정하면서도 원고의 임대차계약 대위해지는 효력이 없다고 판시하여 원고의 피고 2에 대한 건물명도청구를 기각하고 피고 1에 대한 청구도 기각하였다.

| 판지 |  1) 임대인이 임대차보증금반환청구채권의 양도통지를 받은 후에는 임대인과 임차인 사이에 임대차계약의 갱신이나 계약기간 연장에 관하여 명시적 또는 묵시적 합의가 있더라도 그 합의의 효과는 보증금반환채권의 양수인에 대하여는 미칠 수 없다. 그렇다면 피고 1로서는 피고 2에 대하여 건물의 명도를 청구하고

그것을 명도받음과 상환으로 그에게 반환하여야 할 임차보증금을 양수인인 원고에게 지급할 의무가 있다 할 것이고 피고 1이 피고 2에 대하여 명도청구를 해태하고 있다면 채권자인 원고로서는 채무자 피고 1을 대위하여 피고 2에게 그 건물을 임대인에게 명도할 것을 청구할 수 있다고 할 것이다. 그리고 채권자가 자기채권을 보전하기 위하여 채무자의 권리를 행사하려면 채무자의 무자력을 요건으로 하는 것이 통상이지만 이 사건의 경우와 같이 채권자가 양수한 임차보증금의 이행을 청구하기 위하여 임차인의 가옥명도가 선이행되어야 할 필요가 있어서 그 명도를 구하는 경우에는 그 채권의 보전과 채무자인 임대인의 자력유무는 관계가 없는 일이므로 무자력을 요건으로 한다고 할 수 없다.

2) 피고 1과 피고 2 사이의 임대차계약이 원고에 대한 관계에서는 1986.9.9.이 경과함으로써 종료되는 것이나 피고 1로서는 피고 2가 그 건물을 반환하고 차임을 완급하는 등 임차인의 의무를 완전히 이행하는 것과 상환으로 임차보증금을 반환하겠다고 항변할 수 있는 것이므로 원고가 이 사건 소송제기시에 그 반환청구채권을 즉시 행사할 수 있는 것을 전제로 피고 1에게 보증금의 반환을 청구하는 것은 부당하다.

- ■ 쟁 점

  이 판결에서는 임대차보증금반환채권의 양도통지 후 임대차계약의 갱신이나 임대차기간 연장에 관한 합의가 있을 경우 그 갱신이나 연장의 합의가 양수인에게 어떠한 효력을 미치는가가 문제되었다.

- ■ 검토할 사항

  □ 乙丙간의 임대차계약은 1986.9.9.이 경과함으로써 종료한 것인가 아니면 묵시적으로 갱신된 것인가?

- ■ 관련사례

  □ 1962.4.24. A의 소관재산인 임야 X를 B가 농경지로 개간할 목적으로 임차함에 있어서 "임차기간을 1963.3. 말일까지로 하고 기간만료 1개월전에 갱신계약에 의한 임차료를 선납하는 경우에 그 계약을 갱신할 수 있다(제2조)", "위 약정기간 경과 후 그 갱신절차를 밟지 않고 임차물을 계속 사용할 때에는 임대인은 종전의 임대료를 계속하여 징수할 수 있다(제11조)"는 약정을 하였다. 민법 제639조는 AB간의 이 임대차계약에도 적용되는가? (대판 1964.12.8. 64누62)

  □ A는 자신의 건물을 2년간 B에게 임대해 주었는데 이 임대차계약에는 기간자동

연장특약이 포함되어 있었다. 이 때 A의 임차보증금반환채무를 C가 연대보증하였다. 그 후 위 임대차는 기간연장특약에 의하여 자동 연장되었다가 기간이 만료하였다. 이 때 B는 C를 상대로 임차보증금의 반환을 요구할 수 있는가? (대판 2005.4.14. 2004다63293)

□ A와 B가 공유하는 상가건물을 C가 임차하여 사용하고 있었다. 위 건물의 1/2 지분권자인 A는 상가건물임대차보호법 제10조 제4항에 의하여 갱신거절의 통지를 한 후 C를 상대로 임차건물의 명도를 청구하였다. 이때 C는 A의 갱신거절에 관하여 B가 동의하지 않았음을 이유로 임대차계약의 묵시적 갱신을 주장할 수 있는가? (대판 2010.9.9. 2010다37905)

□ 주택임대차보호법의 적용을 받는 임대차가 묵시적으로 갱신된 경우 임대인은 언제라도 계약의 해지를 통고할 수 있는가? (대판 2002.9.24. 2002다41633) 임차인은 어떠한가?

□ 아파트 X를 1994.5.31. A가 B회사로부터 임차하여(임차보증금 3,300만원 월차임 113,000원; 기간은 입주일로부터 2년) 1996.4.29. 입주하였으며 1998.4.29.에는 묵시적 갱신이 이루어졌다. 1999.7.경 B회사가 8월분부터 임대차보증금 및 차임을 각 5%씩 인상하므로 이를 납부하도록 최고하고 만일 납부하지 않는 경우에는 계약이 해지될 수 있음을 통지하자 A는 위 인상이 부당하다는 이유로 불응하였다. 2000.1.3. B회사는 1월 7일까지 인상된 임대차보증금 및 차임을 납부한 후 새로운 임대차계약을 체결하되 이를 납부하지 아니하면 임대차계약을 해지하고 명도절차를 진행하겠다고 통지하였다. 이에 A는 연체로 인한 해지를 피하고자 2000.1.경 인상된 임대차보증금 및 차임을 납부하였으나 B회사를 상대로 위 납부금의 반환을 구하는 부당이득반환소송을 제기하여 2000.11.1. 승소판결을 받고 확정되었다. 그러자 B회사는 2000.1.3.자 통지에 의해 묵시적 갱신이 이루어지지 않았음을 이유로 A를 상대로 건물명도청구소송을 제기하였다. B회사의 청구는 타당한가? (대판 2002.6.28. 2002다23482)

■ 기타 검토사항

□ 임대차보증금반환채권을 양수한 甲이 그 이행을 청구하기 위하여 丙의 건물명도가 선이행되어야 할 필요가 있어서 그 명도를 구하는 경우 채권자대위소송에 있어 무자력을 요건으로 하는가?

□ 농지법 제25조에 규정된 '임대차기간이 끝난 때에 이전의 임대차와 같은 조건으로 다시 임대차한 것'으로 보는 같은 조건에 '임대차기간'이 포함되는가? (대판 2010.12.23. 2010다81254)

■ 참고문헌

　□ 양창수, 임차보증금반환채권의 양도와 임대차계약의 묵시적 갱신, 서울대 법학 31권 1·2호, 1990, 175-197.

　□ 윤병철, 임대주택법이 적용되는 임대주택에서 임대인이 임대차계약을 해제, 해지 또는 갱신거절할 수 있는 사유, 청연논총 6집, 2009, 51-84, 사법연수원.

　□ 이태재, 임차보증금의 반환채권의 양도와 임대인·임차인간의 계약갱신, 판례월보 225호(1989.6.), 41-48.

　□ 한기택, 임차보증금반환청구채권을 양수한 자의 임대인의 임차인에 대한 목적물 명도청구권의 대위행사, 민사판례연구 12권, 1990, 33-48.

## II. 임대차계약의 효력

### 1. 임차인의 권리(임대인의 의무)

### (1) 임차권(사용·수익청구권)

#### ㈎ 임차권의 내용

**대판 1999.7.9. 99다10004**

| 사안 | 甲(원고)은 1996.5.19. 乙(피고) 소유의 3층 건물의 1층 방 2칸을 임차(보증금 20,000,000원, 월차임 400,000원)하는 계약을 체결하였다. 그런데 위 방 2칸은 반 지하로서 방범창이 설치되어 있지도 않고 주위 담장이 설치되어 있지도 않고 주위 담장이 낮을 뿐만 아니라, 대문도 없이 바로 길에 연하여 절도범이 쉽게 침입할 수 있는 상황이었다. 1996.6.15. 4시에서 5시 50분 사이에 甲의 방에 절도범이 침입하여 2백만원 상당의 금품을 도난당하였다. 임대인은 도난 사건 직후 임대목적물에 방범창을 설치하여 주었다. 그러나 이 방에 대한 차면시설이 불량하여 지나가는 행인들이 수시로 방안을 들여다 보곤 하여 정신적 고통을 겪는 등 생활하는 데 어려움이 많았다. 이에 甲은 임대차 기간 만료 전부터 수차례 乙에게 임대차계약을 갱신할 의사가 없음을 통고한 바 있다. 그러나 乙은 기간 만료 후 甲에게 계약금 정도의 금원만 제공하면서, 방을 비워주면 그 후에 나머지 보증금을 지급하겠다고 하였다. 그런데 甲은 소액의 금원만 지급받고 방을 乙에게 명도할 경우

주택임대차보호법상의 거주요건을 충족하지 못하여 보증금 전액을 회수받지 못할 것이라는 불안감 때문에 어쩔 수 없이 보증금 전액을 다 받을 때까지 위 주택에 거주하고 있던 중 1997.11.30. 또 다시 절도범이 침입하여 수표와 현금 등을 도난당하였다.

甲이 이와 같은 고통을 당하고 있음에도 乙은 여전히 임대 목적물에 대한 임대차가 묵시적으로 갱신되었으므로 주택임대차보호법에 의하여 임대기간이 1998. 5.19.까지라고 주장하면서 보증금의 반환을 거부하였다. 이에 甲이 乙에 대하여 보증금반환 및 손해배상을 청구하였다.

| 원심 |  피고는 임대인으로서 임차인이 정상적으로 주거생활을 영위할 수 있도록 할 안전배려의무에 위반하였을 뿐만 아니라, 피고의 지배영역 하에 있는 임대목적물에서의 생활에 고통을 느끼고 이주를 원하는 원고에게 임대차계약 기간이 종료되지 아니하였음을 내세우면서 보증금의 반환을 거부하여 원고로 하여금 임대목적물에 강제적으로 거주하여야 하는 등으로 심적인 고통을 주었다 할 것이고, 이로 인하여 원고가 상당한 정신적 피해를 입었음이 명백하므로, 피고는 이러한 원고의 정신적 고통에 대하여 금전으로 위자할 의무가 있다 할 것이고 그 수액은 금 5,000,000원 정도로 봄이 상당하다.

| 판지 |  통상의 임대차관계에 있어서 임대인의 임차인에 대한 의무는 특별한 사정이 없는 한 단순히 임차인에게 임대목적물을 제공하여 임차인으로 하여금 이를 사용·수익하게 함에 그치는 것이고, 더 나아가 임차인의 안전을 배려하여 주거나 도난을 방지하는 등의 보호의무까지 부담한다고 볼 수 없을 뿐만 아니라, 임대인이 임차인에게 임대목적물을 제공하여 그 의무를 이행한 경우 임대목적물은 임차인의 지배 아래 놓이게 되어 그 이후에는 임차인의 관리하에 임대목적물의 사용·수익이 이루어지는 것이다. 임차인인 원고는 이 사건 임대차계약의 체결 당시 임차목적물이 대로변 3층 건물의 반지하에 위치한 관계로 주위의 담장이 낮고 별도의 대문도 없으며 방범창이 설치되지 아니하고 차면시설이 불량하였던 사정을 잘 알면서도 이를 임차하였고, 나아가 임대인인 피고는 임차목적물에서 발생한 원고 주장의 1차 도난 사건 직후 임대목적물에 방범창을 설치하여 주었음을 알 수 있는 바, 사정이 이러하다면, 임대인인 피고로서는 임차목적물을 사용·수익하게 할 임대인으로서의 의무를 다하였다고 할 것이고, 여기에서 더 나아가 원심 판시와 같

은 임차인에 대한 안전배려의무까지 부담한다고 볼 수는 없다.

또한 임대차가 종료되는 경우 임대인의 임차인에 대한 보증금 반환의무와 임차인의 임대인에 대한 임대목적물 반환의무는 서로 동시이행의 관계에 있는 것이므로, 임대인으로서는 임대목적물을 반환받지 아니한 채로 임차인에게 보증금을 일방적으로 반환할 의무가 없는 것인바, 임대인인 피고가 임대차의 갱신을 주장한 점이 있기는 하지만, 다른 한편 임차인인 원고도 임대인인 피고에 대하여 임대목적물의 반환 없이 보증금의 반환만을 일방적으로 요구하였음을 알 수 있으므로, 이러한 상황에서 임대인인 피고가 보증금의 반환을 거부하였다고 하여 그것이 위법행위가 된다거나 임차인인 원고로 하여금 임대목적물에서 강제로 거주하게 한 것이라고 볼 수도 없는 것이다.

그럼에도 불구하고 원심이 위와 같은 사실관계 아래에서 임대인인 피고의 채무불이행 또는 불법행위에 기한 손해배상책임을 인정한 것은 임대차계약에 있어서 임대인의 의무에 관한 법리 및 채무불이행 또는 불법행위의 성립요건에 관한 법리를 오해한 것이다.

■ 쟁 점

이 판결은 통상의 임대차관계에서 임대인은 임차인에 대하여 안전배려 또는 도난방지 등의 보호의무를 지는가 하는 점이 문제된 것이다.

■ 검토할 사항

□ 판결은 임대인의 의무의 내용이 무엇이라고 하는가?

□ 甲은 임대차계약기간이 만료된 후 퇴거하고자 하였으나 보증금을 받지 못하여 퇴거하지 못하였다. 그럼에도 乙의 채무불이행책임조차 부인한 이유는 무엇인가?

■ 관련사례

□ 숙박계약의 성질, 그리고 숙박계약에서 숙박업자는 투숙객에 대하여 안전배려의무를 지는가? 즉 갑이 운영하는 여관에 불이 났는데 갑이 투숙객 을 등을 안전하게 대피시키지 못하여 을 등이 상해를 입은 경우, 그 불의 원인이 불명하더라도 갑은 을 등에 대하여 손해배상책임을 지는가? (대판 1994.1.28. 93다43590; 대판 2000.11.24. 2000다38718,38725)

□ A가 소극장으로 사용하고 있던 X점포를 1993.6.26. B가 단란주점영업을 하기 위하여 A로부터 임차하였다. 그런데 1993.7.3. 식품위생법시행규칙이 개정되면

서 마련된 단란주점영업허가 시설기준에 따르면, X점포가 있는 건물은 건축법상 위법건축물이므로 단란주점영업이 허가될 수 없었다. B는 점포시설을 개조하여 1993.9.1.부터 단란주점영업을 하다가 무허가영업으로 형사처벌을 받고 그 후로는 영업을 하지 아니하였다. 이 경우 A는 B에 대해 민법 제567조, 제580조에 의한 하자담보책임을 부담하는가? (대판 1996.11.26. 96다28172)

□ 임대차계약에 있어서 임대인의 채무불이행으로 인하여 임차인이 임차의 목적을 달성할 수 없게 되어 손해가 발생한 경우, 이로 인하여 임차인이 받은 정신적 고통에 대한 위자료를 청구할 수 있는가? (대판 1994.12.13. 93다59779)

□ 임대사업자로 하여금 특별수선충당금을 정립하도록 한 임대주택법 제31조는 임대사업자의 재산권 및 계약의 자유를 침해하는가? (헌재 2008.9.25. 2005헌바81; 대결 2008.10.2. 2005마988)

□ 고층아파트의 건축으로 임차주택에 일조침해가 있는 경우 임차인은 가해건물의 건축자를 상대로 손해배상청구권을 행사할 수 있는가? (대판 2006.1.26. 2005다 47014, 47021, 47038)

■ 참고문헌

□ 이상욱, 임대인의 임차인에 대한 안전배려의무, 법률신문 3009호(2001.9.), 14.

### ㈏ 임차권의 대항력

## 대판 2008.4.10. 2007다38908,38915

· · · · · · · · · · · · · · · · · · · · · · · · · · · · · · · · · · · · · · · · · · · · · · · · · · · · · · · ·

| 사안 |   (1) A는 2002.9.4. 甲(원고)이 신축하는 아파트의 한 부분(X)을 분양받았다. 그리고 A는 분양계약 당시 계약금을 납부하고, 2002.9.23. 중도금 무이자 융자 대출약정을 통해 甲의 연대보증하에 甲이 지정하는 국민은행으로부터 4억 1,930만 원을 대출받아 중도금을 甲에게 납부하였다(수분양자가 분양받은 아파트에 입주하기 위하여는 그 대출금을 상환하거나 분양받은 아파트를 담보로 하는 담보대출로 전환하기로 약정하였음). A는 2003.9.16. B에게 분양계약상 수분양자의 지위(위 대출금채무를 포함)를 양도하였고, B는 2004.2.18. C에게 이 사건 대출금채무를 포함한 이 사건 아파트 수분양자의 지위를 양도하였다. 그리고 같은 날 C는 乙(피고)에게 X아파트를 임대(임차보증금 3억 8,000만 원, 임차기간 2004.3.8.부터 2006.3.7.까지)하는 계약을 체결하였다. C는 甲에게 이 사건 분양계약상 잔금 1억 1,980만원을 지급하고, 2004.2.26. 이 사건 아파트관리사무소에서 열쇠를 교부받아 乙을 이

사건 아파트에 입주케 하였다.

乙은 입주 당일 주민등록 전입신고를 마쳤으며, C에게 임차보증금의 중도금을 지급하고 보증금 잔액은 전세권설정등기를 한 후 지급하기로 하고, 아파트를 인도받아 2004.3.6. 확정일자를 받아 두었다.

그에 앞서 甲은 2003.11.28. 아파트에 관하여 소유권보존등기를 경료하였다. 그런데 C가 그 이후 2개월이 지날 때까지 대출금채무를 변제하지도 않고 X아파트에 관한 소유권이전등기를 경료하여 담보대출로 전환하지도 않았다. 그리하여 甲은 국민은행으로부터 대출금채무의 상환을 요구받게 되자, 2004.7.30.경부터 2006.6.23.경까지 수회에 걸쳐 국민은행에게 C의 대출금채무의 연체이자를 대위변제하다가, C에 대하여 분양계약을 해제한다는 의사표시를 하고, 소유권에 기하여 C와 乙에 대하여 X아파트의 인도를 청구하였다.

| 판지 |　주택임대차보호법이 적용되는 임대차로서는 반드시 임차인과 주택의 소유자인 임대인 사이에 임대차계약이 체결된 경우에 한정된다고 할 수는 없고, 주택의 소유자는 아니지만 주택에 관하여 적법하게 임대차계약을 체결할 수 있는 권한(적법한 임대권한)을 가진 임대인과 사이에 임대차계약이 체결된 경우도 포함되고(대법원 1995.10.12. 선고 95다22283 판결 등 참조), 매매계약의 이행으로 매매목적물을 인도받은 매수인은 그 물건을 사용·수익할 수 있는 지위에서 그 물건을 타인에게 적법하게 임대할 수 있으며(대법원 1971.3.31. 선고 71다309, 310 판결 참조), 이러한 지위에 있는 매수인으로부터 매매계약이 해제되기 전에 매매목적물인 주택을 임차받아 주택의 인도와 주민등록을 마침으로써 주택임대차보호법 제3조 제1항에 의한 대항요건을 갖춘 임차인은 민법 제548조 제1항 단서의 규정에 따라 계약해제로 인하여 권리를 침해받지 않는 제3자에 해당하므로, 임대인의 임대권원의 바탕이 되는 계약의 해제에도 불구하고 자신의 임차권을 새로운 소유자에게 대항할 수 있다.

사정이 위와 같다면, 소외 1이 이 사건 분양계약상 이 사건 아파트에 입주하기 위하여 요구되는 의무를 다하지 못하였다고 하더라도 정상적으로 열쇠를 교부받아 피고를 이 사건 아파트에 입주케 한 이상 이 사건 분양계약의 이행으로 이 사건 아파트를 인도받았다고 봄이 상당하고, 이러한 지위에 있는 소외 1로부터 이 사건 아파트를 임차하여 주택임대차보호법상의 대항요건을 갖춘 피고로서는 앞서 본 법리에 따라 이 사건 분양계약의 해제에도 불구하고 자신의 임차권을 원고에게 대

항할 수 있다고 볼 것이다.

원심이, 피고가 소외 1로부터 이 사건 아파트를 임차할 당시 소외 1이 이 사건 아파트에 관한 분양계약상의 대금지급의무를 모두 이행하여 원고로부터 이 사건 아파트에 관한 소유권이전등기만 넘겨받으면 되는 상태였으므로 소외 1에게 이 사건 아파트를 임대할 적법한 권한이 있다고 판단한 것은 민법 제587조에 비추어 볼 때 적절하다고 할 수는 없으나, 소외 1에게 적법한 임대권한이 있다고 보아 피고가 그 임차권을 원고에게 대항할 수 있다고 판단하여 원고의 이 사건 청구를 기각한 결론에 있어서는 정당하다.

- ■ 쟁  점

    이 판결은 건물매수인이 건물을 임도받아 이를 임대하였는데 그 후 매매계약상의 채무의 불이행으로 매매계약이 해제된 경우에, 임차인은 매도인에게 임차권으로써 대항할 수 있는가 하는 점이 문제된 것이다.

- ■ 검토할 사항

    ▫ 임차권의 대항력은 임차물의 소유권자로부터 임차한 경우에 한하여 인정되는 가?

    ▫ 제548조 제1항 단서에서의 '제3자'의 의미를 살피시오.

- ■ 관련사례

    ▫ A가 자기 소유인 X토지를 B회사에게 임대한 후 그 토지소유권을 C에게 이전하였다. 1974.12.6. C는 B회사에게 내용증명으로 불법점유사실을 통지한 후 B회사를 상대로 건물명도 및 손해배상을 청구하는 소를 제기하였다. 이에 B회사는 목적물에 대하여 임대차가 이뤄진 사실을 알면서 그 소유권을 손에 넣은 자에게는 비록 위 임대차를 등기하지 못한 임차인도 그 임대차를 대항할 수 있다고 주장하였다. 법원은 B회사의 주장을 받아들여 C의 청구를 기각할 것인가? (대판 1977.12.13. 77다115)

    ▫ 甲이 乙과의 교환계약에 기해서 주택에 대하여 이전등기를 경료하고 이를 丙에게 임대하였는데 甲이 교환계약상의 채무를 이행치 않아 乙이 교환계약을 해제한 경우에, 乙은 丙에 대하여 임차보증금반환채무를 지는가? (대판 2003.8.22. 2003다12717)

    ▫ A가 甲의 건물을 매수하고, 甲의 동의를 얻어 그 건물을 乙에게 임대하였다. 그 후 A의 채무불이행을 이유로 甲이 위 매매계약을 해제하고 乙을 상대로 건물명도청구소송을 제기하였다. 타당한가? (대판 1990.12.7. 90다카24939. 그 외에 대

판 1995.12.12. 95다32037)

■ 기타 검토사항

□ A회사가 자신이 소유하는 상가건물을 임대분양함에 있어서 약관을 작성하였는데, 민법 제621조의 임대차등기청구권을 배제하는 조항을 두었다. 이 약관조항은 약관규제법 몇 조에 위반되는가? (대판 2005.2.18. 2003두3734)

□ X건물의 소유자인 A는, 그 대지인 Y토지가 임의경매절차를 통하여 甲에게 매각됨으로 인하여, Y토지에 대해 건물의 소유를 위한 법정지상권을 취득하였다. 하지만 A가 지료의 지급을 24개월 이상 연체하여 법정지상권이 소멸되고, 결국 甲은 A에 대해 X건물의 철거와 Y토지의 인도를 명하는 확정판결을 받았다. 그런데 A로부터 X건물의 일부를 임차했던 乙이 주택임대차보호법에 정한 대항요건을 갖추고 있는 경우 甲은 乙에 대하여 퇴거청구를 할 수 있는가? (대판 2010.8.19. 2010다43801)

■ 참고문헌

□ 민유숙, 매매계약의 해제와 임대인지위의 승계, 대법원판례해설 46호, 2004, 616-633.

□ 송명호, 도급계약에 의해 신축된 건물의 분양·임대와 관련된 민사적 법률문제, 인권과 정의 369호(2007.5.), 123-146.

## (2) 임차인의 비용상환청구권

### 대판 1980.10.14. 79다1170

| 사안 |   1968.10. 말경 甲(원고)이 자기 소유 X건물을 乙(피고)에게 기한의 약정 없이 임대하였다. 乙은 X건물의 지붕 및 내부수리를 하는 한편 X건물의 서쪽 벽을 헐고 남쪽과 북쪽 각 벽에 붙여서 방을 달아내었다. 1978. 甲이 乙을 상대로 X건물의 명도, 증축부분의 철거, 대지인도를 구하는 소송을 제기하면서 임대보증금을 변제공탁하였다. 하지만 乙은 유익비(150만원)상환청구권에 기한 유치권을 주장하였다.

| 원심 |   피고가 X건물을 수리한 내용에 관한 증인들의 증언을 믿을 수 없다고 하여 피고의 유익비 상환 항변을 배척하였으며, 증축부분은 피고가 아무런 권원 없이 甲 소유 대지상에 건립한 것이라고 하여 증축부분의 철거청구와 대지인도청구를 인용하였다.

| 판지 |    1) 원심이 믿지 않고 있는 위 증거들은 피고의 요청에 의하여 X건물을 직접 수리한 사람이거나 이웃에 거주하면서 피고의 위 수리내용을 직접 목격했거나 잘 아는 사람들의 증언이므로 특별한 사유 없이 가볍게 배척될 수는 없다 할 것이고, 더욱이 제1심 및 원심의 각 현장 검증결과와 원고 자신이 내세우고 있는 제1심 증인들의 각 증언에 의하더라도 피고의 X건물에 대한 지붕 및 내부수리로 인하여 어느 정도의 객관적 가치의 증가 사실을 넉넉히 인정할 수 있음에도 불구하고, 원심이 아무런 반대증거도 없이 위 증인들의 증언을 믿지 아니하고 달리 이를 인정할 증거 없다 하여 피고의 위 항변을 배척하였음은 필경 경험칙과 논리에 어긋나는 채증으로 판결결과에 영향을 미쳤다 할 것이다.

2) 이 사건 제2건물은 X건물의 서쪽벽을 헐고 남, 북쪽 각 벽에 붙여서 달아낸 방임을 엿볼 수 있어 X건물과 간에 불가분적 일체관계를 이루고 있는 것으로 볼 여지도 있으므로 원심으로서는 의당 민법 제256조의 부합에 따른 소유권의 귀속 여부를 좀 심리하여 따져 보았어야 할 것이고, 또 피고의 위 유익비 상환을 구하는 주장이 받아들여지는 경우, 이에 터잡아 피고가 취득하게 되는 유치권은 위 임차건물의 유지사용에 필요한 범위 내에서 임차대지 부분에도 그 효력이 미친다 할 것이어서 원심은 위 대지가 피고의 위 임차목적물에 포함되었는가 또는 위 임차건물의 유지사용에 필요한 범위 내인가 여부도 심리 판단하여야 할 것임에도 불구하고 이들을 간과하여 원고의 이 사건 제2건물의 철거 및 위 대지의 인도청구를 인용하였음은 심리를 다하지 아니하여 판결결과에 영향을 미친 허물이 있다 할 것이니, 같은 취지가 포함된 것으로 보이는 피고의 상고논지는 모두 이유 있으므로 원판결은 파기를 면치 못할 것이다.

■ 쟁  점

이 판결은 주택임차인이 임차건물에 지붕 및 내부수리를 행한 후 임대차가 종료한 경우에 유익비상환청구권이 인정되는가, 그 유익비상환청구권에 기한 유치권의 효력이 임차건물의 대지에도 미치는가가 문제된 것이다.

■ 검토할 사항

□ 유익비란 무엇인가?
□ 임차인에게 유익비상환청구권이 인정되는 근거는 무엇인가?
□ 증축부분의 소유권자는 누구인가?

□ 乙에게 유익비상환청구권이 인정되는 경우 법원은 甲의 X건물 명도청구를 기각 하여야 하는가?

□ 乙에게 유익비상환청구권이 인정되는 경우 법원은 甲의 대지인도청구를 기각하 여야 하는가?

■ 관련사례

□ A는 볼링장을 운영하기 위하여 X건물을 지었는데 시설자금이 부족하자 이를 B에게 임대하였다. B는 임대차계약체결 후 X건물의 출입구 강화유리문, 바닥 타일, 내부기둥, 벽체, 배선, 배관 등의 내장공사 등에 1억원을 지출하였으며 현존 하는 가치증가액은 7,000만원이다. 이어서 B는 1997.6.1. C보증보험과 사이에 리스보증보험계약을 체결하고 D리스회사로부터 리스자금을 받아 X건물에 볼링 기계 및 필요한 부대설비를 설치하고 1997.7.5.부터 볼링장 영업을 시작하였다. A는 B가 C보증보험과 위 보증보험계약을 맺음에 있어서 X건물을 담보로 제공하 여, 1997.5.23. 근저당권이 설정되었다. 그런데 B가 D리스회사에 대한 리스료의 지급을 연체하게 되자, C보증보험은 D리스회사의 요청에 따라 보험금을 지급하 고 X건물에 관하여 임의경매신청을 하였고, E가 그 경매절차에서 X건물을 낙찰 받아 1999.8.17. 소유권이전등기를 마쳤다. E는 1999.9.18. B로부터 X건물을 명 도받고, X건물에 설치되어 있는 리스물건인 볼링기계 및 부대설비를 D회사로부 터 매입하여 X건물에서 볼링장을 경영하고 있다. B는 민법 제203조의 규정에 따 라 E에게 7,000만원의 지급을 청구한다. B의 청구는 타당한가? (대판 2003.7.25. 2001다64752)

■ 기타 검토사항

□ 甲은 乙의 대지인도청구에 대하여 임대인에 대한 위 유익비상환청구권에 기한 유치권으로서 대항할 수 있는가?

□ A가 자기 소유 부동산을 B에게 임대하였는데 B가 임차부분을 수리하였다. A는 C에게 위 부동산을 매도하였는데, 매매잔대금 중 630만원은 B가 점유 사용중인 부분을 C에게 명도하여 줌과 동시에 지급받기로 약정하였다. A가 위 명도의무를 이행하여 주지 아니하자 C가 B를 상대로 명도청구소송을 제기하였는데, B의 유 익비상환청구권이 인정되어 C가 유익비(867만원)를 부담하였다. C는 A를 상대 로 손해배상(867만원+집행비용 43만원)을 청구할 수 있는가? (대판 1990.2.23. 88다카32425, 32432)

■ 참고문헌

□ 강화석, 임차인이 목적물에 비용을 지출한 후 소유자가 교체된 경우의 비용상환 에 관한 법률관계, 민사판례연구 27권, 2005, 40-83.

□ 김광진, 대항력 없는 임차인의 비용상환청구권과 유치권--민법 제203조의 해석
을 둘러싼 약간의 의문, 재판과 판례 6집, 1997, 123-165, 대구판례연구회.
□ 윤철홍, 임차인의 비용상환청구권, 숭실대 법학논총 14집, 2004, 23-44.

## 2. 임차인의 의무(임대인의 권리)

### (1) 차임지급의무

**대판 2004.12.23. 2004다56554**

| 사안 |　　1994.9.1. 乙(피고)은 A가 소유하는 X건물의 일부를 임대차보증금
11,500,000원, 차임 월 156,000원, 기간 1년으로 정하여 임차하였고, 위 임대차계
약은 그 기간이 만료된 후 묵시적으로 갱신되었다. 1996.6.24. 甲(원고)이 X건물
의 소유권을 취득한 후, 甲과 乙은 甲이 임대인의 지위를 승계하기로 약정하였다.
그런데 乙은 1997.6.1.부터 차임을 지급하지 않았다. 1998.2.9. 甲의 채권자 B는
乙에 대한 차임채권에 대하여 채권압류 및 추심명령을 받았고, 그 무렵 乙에게 송
달되었다.

　2002.6. 甲은 乙을 상대로 임대차목적물의 반환을 청구하는 소송을 제기하였
다. 그러자 乙은 보증금의 반환과 상환으로만 목적물을 반환하겠다는 동시이행의
항변권을 행사하였다. 또 추심명령이 송달된 이후의 차임은 임대보증금에서 공제
할 수 없다고 주장하였다.

| 원심 |　1) 이 사건 임대차계약은 2기 이상의 차임연체를 이유로 한 원고의 해지
의사표시에 의하여 이 사건 소장 부본 송달일에 적법하게 해지되었다고 할 것이므
로 피고는 원고에게 위 건물부분을 명도할 의무가 있다.

　2) 피고가 지급하여야 할 연체차임 등이 이 사건 변론종결무렵인 2004.5.31.까
지 합계 금 13,104,000원(156,000원×84개월)이어서 피고가 반환받아야 할 임대차
보증금을 초과하므로 결국 피고의 항변은 이유 없다.

| 판지 |　1) 피고가 2기 이상의 차임을 연체하여 원고가 피고에 대하여 이 사건
임대차계약에 관한 해지권을 갖게 된 후 이 사건 임대차계약에 기하여 원고가 피
고들에게 갖는 차임채권에 대하여 채권압류 및 추심명령이 있었다고 하여 원고 등

의 해지권 행사가 제한될 수는 없는 것이다.

2) 부동산임대차에 있어서 수수된 보증금은 차임채무, 목적물의 멸실·훼손 등으로 인한 손해배상채무 등 임대차에 따른 임차인의 모든 채무를 담보하는 것으로서 그 피담보채무 상당액은 임대차관계의 종료 후 목적물이 반환될 때에 특별한 사정이 없는 한 별도의 의사표시 없이 보증금에서 당연히 공제되는 것이다. 임대보증금이 수수된 임대차계약에서 차임채권에 관하여 압류 및 추심명령이 있었다 하더라도, 당해 임대차계약이 종료되어 목적물이 반환될 때에는 그때까지 추심되지 아니한 채 잔존하는 차임채권 상당액도 임대보증금에서 당연히 공제된다.

- ■ 쟁 점

  이 판결은 압류 및 추심명령이 있는 차임채권이 임차물반환시까지 추심되지 않은 경우, 임대인이 반환할 보증금으로부터 공제될 수 있는가 하는 점이 문제된 것이다.

- ■ 검토할 사항

  □ 임차보증금반환청구권의 발생시기는 임대차종료시인가 아니면 임차물반환시인가?

  □ 임차보증금반환청구권을 조건부권리라고 한다. 그 조건의 내용은 무엇인가?

  □ 임차보증금으로부터 당연히 임대인의 채권이 공제될 수 있는 기간은 언제까지인가?

- ■ 관련사례

  □ A 소유의 건물의 4층 중 일부를 1990.1.24. B회사가 건물임대업자인 C로부터 임차함에 있어 평당 155만원으로 계산한 금액 중 15% 내외의 금액을 임대차보증금으로 하고 나머지금액의 월 2%에 해당하는 금액을 월임료로 정하였다. 1991.1.24부터는 월 관리비를 평당 5,000원으로 정하였다. 1991.2.24.부터는 평당 1,782,500원으로 계산한 금액 중 15% 내외의 금액을 임대차보증금으로 하고 나머지 금액의 월 2%에 해당하는 금액을 월임료로 정하였다. C는 수차에 걸쳐 임대차면적을 변경하거나 계약기간을 갱신하다가 B와의 합의로 임대차계약을 해지하게 되었다. 1991.12.23. 목적물을 반환한 B회사는 C를 상대로 목적물의 면적 부족분에 해당하는 임대차보증금 및 월임료 과다지급으로 인한 손해의 배상을 청구하는 소송을 제기하였다. B회사의 청구는 타당한가? (대판 1995.7.14. 94다38342)

  □ 재건축조합 A는 B와 '임대분양계약'을 체결하였는데, 임대차기간을 특정하지 않고 임대분양할 점포의 층수와 면적만을 특정한 채 점포의 각 층별로 임대차보증

금, 차임, 개발촉진비, 분양수수료를 일괄적으로 정하고 이 임대분양계약서에 상가의 위치는 추첨에 의하여 결정하고(제1조), 개발촉진비와 분양수수료는 상가개발을 위하여 사용할 금액이므로 임차인은 임대인에게 어떠한 명목으로도 그 반환을 청구할 수 없으며(제2조), 잔금불입과 동시에 분양계약서는 무효가 되고 각 상가의 소유자와 개별적으로 작성하는 임대차계약서로 대체되며, 분양계약서에는 개발촉진비와 분양수수료를 제외하고 임대차보증금만 기재하기로 명시하였다(제3조, 제4조). 그 후 건물이 완공되어 B는 점포소유자 C와 임대차계약을 체결하였는데 계약서에 임대차기간을 2년으로 기재하였다. 2년 후 당초의 차임이 지나치게 적어 더 이상 상당하지 않게 되자 C는 차임증액을 청구하는 소를 제기하였다. C의 청구는 정당한가? (대판 2005.11.24. 2005다20064, 20071)

■ 기타 검토사항

  □ A회사가 상가를 임대분양함에 있어서 약관을 작성하였는데, 그 4조 2항 단서에 '상가운영위원회와의 협의를 거쳐 매년 임대료를 인상할 수 있다'는 규정을 두었다. 위 약관조항은 약관규제법 몇 조에 위반되는가? (대판 2005.2.18. 2003두3734)

  □ A회사가 Y건물 중 일부를 임차인들에게 임대하였는데, B가 Y건물 및 그 대지를 매수한 다음 이를 위 임차인들에게 다시 임대하였다. 그런데 A회사의 채권자 C가 AB간의 매매가 사해행위에 해당한다고 하여 B를 상대로 채권자취소소송을 제기하였다. 사해행위임이 인정되는 경우 B는 Y건물과 그 대지뿐만 아니라 임차인들로부터 받은 임료상당액을 반환해야 하는가? (대판 2008.12.11. 2007다69612)

  □ 甲이 乙에게 전대차계약상의 차임채권을 양도하고 전차인인 丙에게 양도사실을 통지한 후에 丙에게 다시 위 채권양도통지를 취소한다는 통지를 하였으나 채권양도통지 철회에 乙이 동의하였다고 볼 수 없는 경우 이 채권양도통지의 철회는 유효한가? (대판 1993.7.13. 92다4178)

■ 참고문헌

  □ 이동원, 압류 및 추심명령의 목적이 된 연체차임이 임대보증금 반환시 공제되는지 여부, 대법원판례해설 51호, 2005, 206-217.

  □ 이은희, 영국의 차임규제에 관한 연구, 민사법학 34호, 2006, 513-564.

  □ 하종대, 가. 대규모 쇼핑몰 내 점포의 임대분양계약 약관 중 임대료 인상에 관한 조항이 약관의 규제에 관한 법률 제10조 제1호의 '상당한 이유 없이 급부의 내용을 사업자가 일방적으로 결정하거나 변경할 수 있도록 권한을 부여하는 조항'에 해당한다고 한 사례, 나. 민법 제537조의 채무자위험부담주의에 관한 약관조항을 무효로 하는 것이 사적자치의 원칙에 위반되는지 여부(소극), 다. 대규모 쇼핑

몰 내 점포의 임대분양계약약관 중 상가건물의 관리운영규칙의 제정 또는 개정, 임차권등기청구권의 배제, 지정업종의 변경, 제세공과금의 부담 등에 관한 조항이 약관의 규제에 관한 법률에서 정하는 불공정한 약관에 해당한다고 본 원심의 판단을 수긍한 사례, 대법원판례해설 55호, 2005, 325-352.

## (2) 임차물보관의무

### 대판 2000.7.4. 99다64384

| 사안 |  乙(피고)가 A가 소유하는 X건물을 임차하여 사용하던 중 화재가 발생하였다. 화재의 발화원인은 현관 천장부분의 비닐전선이었는데, 그 전선은 통나무로 된 벽 안쪽으로부터 천장 안쪽으로 연결된 배선의 일부분으로서 외관상으로는 그 상태를 확인하거나 점검할 수 없는 상태로 있었다. 乙은 X건물의 구조물에 대하여 수리작업을 한 일이 없었고 사용 중 X건물의 전기배선에 어떠한 문제가 발생한 적은 없었다. A에게 보험금을 지급한 甲보험회사는 乙을 상대로 구상금지급청구소송을 제기하였다.

| 원심 |  임대인이 임대인으로서의 의무를 다하지 못한 결과이고 임차인인 피고가 임차목적물의 보존을 위하여 선량한 관리자로서의 통상 필요한 주의의무를 다하지 아니한 결과가 아니다.

| 판지 |  1) 임차건물이 전기배선의 이상으로 인한 화재로 일부 소훼되어 임차인의 임차목적물반환채무가 일부이행불능이 되었으나 발화부위인 전기배선이 건물구조의 일부를 이루고 있어 임차인이 전기배선의 이상을 미리 알았거나 알 수 있었다고 보기 어렵고, 따라서 그 하자를 수리 유지할 책임은 임대인에게 있다.
  2) 임차목적물반환채무의 이행불능은 임대인으로서의 의무를 다하지 못한 결과이고 임차인의 임차목적물의 보존에 관한 선량한 관리자의 주의의무를 다하지 아니한 결과가 아니다.

■ 쟁 점
  이 판결은 임차건물이 전기배선의 이상으로 인한 화재로 일부 소훼된 경우에 임차인이 임차목적물의 보존에 관한 선량한 관리자의 주의의무를 다하지 아니한 것으로서 손해배상책임을 지는가 하는 점이 문제된 것이다.

■ 검토할 사항

□ 임차인이 임차목적물을 선량한 관리자의 주의로 보존할 의무는 민법 몇 조에 근거한 것인가?

□ 임차인이 임차목적물을 점유, 사용하고 있는 경우에 그 목적물에서 발생하는 통상적인 위험은 임차인의 지배영역 내에 있다고 볼 수 있는가?

□ 임차건물의 벽이나 천장 속에 있는 전기배선의 하자는 임차인의 지배영역 내에 있다고 볼 수 있는가?

□ 특약에 의하여 임차인이 전기배선에 관한 수선의무를 부담하였더라도 위 판지와 같은 결론을 도출할 수 있는가?

■ 관련사례

□ 1993.4.1. A가 B에게 점포 X를 임대하여 B가 치과병원을 경영하던 중 1994.6.22. 7시경 C회사 창고 내에서 발화된 것으로 추정되는 화재가 발생하여 인접한 점포 X의 일부 및 가구, 가전제품, 비품 등이 연소되었다. 이에 B는 A가 내준 인접 사무실에서 임시로 진료를 하였다. 1994.8. B는 점포 X에 시정장치를 해 둔 채 치과를 다른 점포로 이전하였고 1994.9.30. A와 B간의 임대차기간이 만료하였다. 1995.3. A가 B를 상대로 임대료 등의 지급, 건물명도, 부당이득금의 반환, 손해배상금의 지급을 청구하는 소송을 제기하자 B는 손해배상을 청구하는 반소를 제기하였다. B의 반소청구는 타당한가? (대판 1997.4.25. 96다44778)

□ A가 X건물의 일부를 건물소유자 B로부터 임차하여 사용하던 중 비가 많이 와서 물이 새자 A의 처가 건물관리인에게 전기를 보아달라고 요구한 일이 있었다. 어느 날 A는 전기차단기를 단전상태로 작동시키고 퇴근하였는데 A의 임차부분 천정에 배선되어 있던 전선에서 전기합선이 발생하여 X건물 전체가 화재로 소실되었다. X건물의 소훼는 A와 B 중 누구의 의무위반으로 인한 결과인가? (대판 2009.5.28. 2009다13170)

□ A회사가 소유하는 X건물의 2층에서 임차인 B는 'B산업사'를, 임차인 C는 'C산업사'를 운영하고 있었는데 X건물 2층에서 화재가 발생하여 건물 2층 대부분과 3층의 바닥부분이 소훼되었다. 1억 2,723만원 상당의 손해를 입은 A회사에 보험금을 지급한 D보험회사는 B를 상대로 구상금지급청구소송을 제기하였다. B는 A회사가 입은 위 손해를 배상할 책임이 있는가? (대판 2001.1.19. 2000다57351)

□ A는 B의 건물을 임차하여 도정공장을 운영하고 있었다. 어느 날 공장의 전반적인 운영 및 관리를 맡고 있는 C가 일반 전원 차단기를 내린 후 19:30 경 마지막으로 퇴근하였는데 22:40 경 기계실로부터 화재가 발생하였다. 이 화재는, 공장 뒤 약 5m 가량 떨어진 전신주로부터 공장 기계실로 연결되어 있는 인입선에 절연성 약화 등에 의한 단락이 발생하여 전기적 발열로 절연 피복 또는 인접한 먼지 등

가연물에 불이 붙어 발생한 것으로 추정된다. 위 인입선은 기계실 상단에 뚫려 있는 구멍을 통하여 기계실 내로 들어와 정맥기에 연결되고 3,300V의 고압 전류가 흐르는 전선으로서 위 화재 발생 약 10년 전에 C가 기존의 전선을 교체하여 설치한 것이다. 그런데 위 교체된 인입선 역시 시간의 경과에 따라 노후되어 바람이 부는 날에는 때때로 위 전신주에서 스파크가 발생하기도 하였고, 한편 위 인입선이 연결된 정맥기는 위 화재 발생 약 6년 전부터 가동하지 않고 방치하고 있어 굳이 전원을 유지할 필요가 없었으므로 위 인입선의 전원 자체를 차단하는 것이 만일의 경우를 대비한 가장 좋은 방법이었는데 C는 위 인입선의 차단기가 위 전신주 위에 설치되어 있어 단전하기 어렵다는 이유로 이를 그대로 방치하고 있었고(공장 사무실에 설치된 일반 전원 차단기를 내리는 것만으로는 위 인입선의 전원이 차단되지 않는다.), 위 인입선을 점검하거나 보수한 적도 없었다. 이 경우 A는 B에 대하여 손해배상책임을 부담하는가? (대판 2006.1.13. 2005다51013)

□ 1974.10.14. 준공된 철근콘크리트조 슬레이트 지붕 3층 건물이 종교시설로 이용되어 오다가 1995.8. 용도변경 및 대수선허가를 얻어 근린생활시설(X빌딩)로 사용되고 있었다. X빌딩의 소유자 A는 3층(50평) 위에 4층(23평)을 증축하였다. B는 1996.6.1. A로부터 2층(117평)을 임차하여 당구장을 운영하고 있었는데 1999.8.26. 새벽 3시 40분경 당구큐 설치대 부근에서 발화한 것으로 추정되는 화재가 발생하였다. 이로 인해 X빌딩의 2, 3, 4층이 전부 소훼되었다. A가 B를 상대로 손해배상청구소송을 제기하자 B는 자신의 손해배상책임은 자신의 임차부분(2층)의 소실에 한정되어야 한다고 항변하였다. B의 항변은 타당한가? (대판 2004.2.27. 2002다39456)

■ 기타 검토사항

□ 선조의 분묘가 다수 설치된 X토지를 소유하는 甲종회(원고)가 1984.3.29. 乙회사와 다음과 같은 내용의 '사용대차계약'을 체결하였다. 즉 乙이 X토지에 공원시설을 하여 종중묘역보전 범위 내에서 공원 개원일부터 15년간 무상으로 사용수익한 후 X토지와 공원시설물 및 공원운영에 필요한 일체의 권리를 甲종회에 반환하기로 하고 부대 계약서에 乙이 설치할 시설물내역을 정하고 단가 및 총액 44억 6백만원을 명시하였으며, 그 외의 공원시설은 당사자간 합의로 결정하기로 약정하였다. 1987.4. 乙은 놀이공원을 개원하였는데 1988.10. 乙이 부대계약상의 시설물내역에 포함되지 아니한 골프연습장, 아이스링크, 눈썰매장, 청소년회관 등을 추가로 신축하겠다고 하여 甲종회는 눈썰매장과 청소년회관은 신축할 수 없다고 통지하였다. 하지만 1990. 말 乙이 임야의 산림을 훼손하고 청소년회관의 신축공사를 시작하자 1991.1.31. 甲종회는 乙회사에 계약해지를 통보하고 1991.

3.6.에는 신축공사의 중단을 요구하였으며 1991.11.4.에도 신축공사의 중단을 요구하였으나 1991.12.31. 乙은 청소년회관(연면적 2,500 평방미터)을 완공하였다. 甲종회는 乙을 상대로 건물철거 등을 청구하는 소송을 제기하였다. 甲종회의 계약해지는 정당한가? (대판 1994.12.2. 93다31672)

■ 참고문헌

  □ 강동욱, 임차건물이 원인불명 화재로 소실된 경우의 법률관계—귀책사유에 대한 입증책임을 중심으로—, 민사판례연구 23권, 2001, 322-338.

  □ 김대원, 임차건물에서 발생한 화재로 건물이 소훼된 경우 임차인의 손해배상책임 —손해배상의 책임 범위를 중심으로—, 민사재판의 제문제 14권, 2005, 205-231.

  □ 이선희, 임차건물이 소훼된 경우 임차인의 채무불이행과 선관주의의무, 법조 50권 6호, 2001, 164-178.

  □ 이은희, 임차인의 선관주의의무에 관한 연구, 충북대 법학연구 23권 1호, 2012, 85-107.

### (3) 임차물반환의무와 임차물원상회복의무

## 대판 1991.3.27. 88다카30702

| 사안 | 甲(원고)은 1979년경부터 A시장으로부터 점용허가를 받은 Y토지(170평방미터)와 Z토지(144평방미터)를 점유 관리하여 오다 1982.5.15. 위 토지들 중 290평방미터를 乙(피고)에게 12개월간 임대하였다. 甲은 1985년까지 1년마다 점용허가를 갱신하고 점용료를 납부하였으나 1986년부터는 점용허가를 받지 않았다. 乙이 1986.2.16. 이후의 차임지급을 연체하자 1987.5.4. 甲이 임대차계약의 해지를 통고하였다. A시는 甲에게 1986년도분과 1987.7.31.까지분 부당이득금을 징수하였다. 甲은 乙을 상대로 건물철거 및 토지인도를 청구하는 소송을 제기하였다.

| 원심 | 원고가 위 하천 및 구거부지 부분에 대한 점용권을 1986.에 상실함에 따라 원·피고 사이의 이 사건 토지에 대한 임대차계약은 무효로 되므로 피고가 원고에게 이 사건 토지를 반환할 의무가 없다.

| 판지 | 임대차는 당사자의 일방이 상대방에게 목적물을 사용, 수익케 할 것을 약정하면 되는 것으로서 나아가 임대인이 그 목적물에 대한 소유권이나 기타 그것을 처분할 권한을 반드시 가져야 하는 것은 아니며, 임대차계약이 일단 유효하게

성립하고 임대인이 목적물을 인도하여 임차인이 이를 사용 수익하고 있었다면 그후에 임대인의 목적물에 대한 사용수익권의 상실 등으로 그 계약의 목적을 달성할 수 없는 사정이 발생한다 하더라도 특별한 사정이 없는 한 그 계약이 소급하여 무효로 되는 것은 아니고 위와 같은 사정으로 임대차계약이 종료되면 임차인은 임대인이 목적물에 대한 소유권 기타 사용수익권이 있는지 여부와 관계없이 점유하고 있는 임차물을 임대인에게 반환하여야 할 계약상 의무가 있는 것이다.

따라서 이 사건에서 원고가 1986.에 이르러 점용허가가 갱신되지 아니한 채 점용허가기간이 만료됨으로써 그 점용권이 상실되었다 하더라도 그러한 사유만으로 원·피고 사이의 이 사건 하천 및 구거부지에 대한 임대차계약이 소급하여 무효로 된다고는 할 수 없고 그 시점에서 원고의 피고에 대한 이 사건 하천 및 구거부지를 사용 수익케 할 의무는 이행불능으로 되어 원·피고 사이의 임대차계약은 종료하였다고 할 것이며, 임차인인 피고는 임대인인 원고의 임차목적물에 대한 점용권 유무에 관계없이 임차목적물인 이 사건 하천 및 구거부지를 임대인인 원고에게 반환할 의무가 있다고 할 것이다.

■ 쟁 점
이 판결은 임대인이 임차목적물의 소유자가 아님이 밝혀진 경우에도 임대차종료시에 임차인에게 임차목적물의 반환을 청구할 수 있는가 하는 점이 문제된 것이다.

■ 검토할 사항
▫ 甲이 점용허가를 받지 않은 사실은 甲乙간의 임대차계약에 어떠한 영향을 미치는가? 원심법원과 대법원은 그 문제에 대해 각각 어떻게 판단하였는가?
▫ 임대차종료시 임대인이 임차인에게 임차목적물의 반환을 청구할 수 있는 근거는 무엇인가? 목적물에 대한 소유권 기타 사용수익권인가?

■ 관련사례
▫ X건물과 그 부지는 모두 국가의 소유인데 1989.6.9. A가 B에게 X건물을 임대하였다. B가 차임을 연체하자 A가 임대차계약을 해지하고 B를 상대로 건물명도청구소송을 제기하였다. 이에 B는 X건물이 국가소유이므로 자신은 B에 대하여 차임지급의무나 건물명도의무가 없다고 주장한다. B의 주장은 타당한가? (대판 1996.9.6. 94다54641)
▫ 임차인이 임차점포에서 영업허가에 기한 유흥음식점 영업을 하다가 임대차가 종료한 경우 임대인은 임차인에게 폐업신고절차의 이행을 청구할 수 있는가? (대판

2008. 10. 9. 2008다34903)

■ 기타 검토사항

  □ A 소유의 X토지를 B가 보증금 1억원에 10년간 임차하여 다시 C에게 전대하였다. C는 X토지상에 카센터건물과 콘테이너박스를 설치하고 카센터를 운영하였는데, 2004. 7. 18.부터 차임을 지급하지 않았다. 이에 B는 2004. 10. 18. 차임지급 연체를 이유로 하여 계약을 해지한다는 의사를 C에게 표시하고 연체된 차임과 X토지를 B에게 반환할 때까지의 임대료 상당액의 부당이득반환청구를 하였다. C는 B의 해지통지를 받고도 아무런 응답 없이 X토지상에서 카센터를 운영하다가 2005. 5. 21.부터는 영업을 하지 않았다. 카센터건물과 콘테이너 박스는 X토지상에 잔존하고 있는 상황에서 B의 C에 대한 부당이득반환청구는 정당한가? (대판 2007. 8. 23. 2007다21856, 21863)

■ 참고문헌

  □ 변동걸, 임차인의 임차목적물반환의무의 범위, 대법원판례해설 6호, 1987, 91-98.

## Ⅲ. 임차권의 양도와 전대

### 1. 임차권의 양도

#### 대판 1993. 4. 13. 92다24950

| 사안 | A는 X토지의 소유자인 甲법인(원고)으로부터 X토지를 임차하여 그 위에 Y건물을 신축하였다. A는 신축 건물의 소유권보존등기를 마친 후 Y건물에 대하여 乙(피고) 명의의 근저당권설정등기, B 명의의 근저당권설정등기를 경료하였다. 1987. 12. 15. C는 A와 Y건물 중 지층 79.34㎡와 1층 330.18㎡에 대한 임대차계약을 체결한 후 그곳에서 술집을 경영하면서 Y건물의 부지 외에 X토지 중 나머지 공터부분도 함께 사용하고 있다. 1989. 4. 17.부터 1990. 10. 17.까지 C는 A에게 대지사용료 명목으로 매월 220만원 상당을 지급하였다. 저당권자 B가 Y건물에 대한 임의경매를 신청하여 乙(피고)이 경락인으로서 소유권을 취득하자, C는 1990. 11. 21.부터 1991. 4. 25.까지 5회에 걸쳐 甲법인에게 토지사용료 또는 대지사용료 명목으로 매월 220만원을 지급하여 오다가 그 이후부터 지급을 중단하였다.

甲은 乙을 상대로 하여 Y건물의 철거 및 X토지의 인도를 구하는 소송을 제기하였다. 이에 乙은 Y건물의 전소유자인 A가 甲법인으로부터 X토지를 임차하였고 乙이 Y건물을 취득한 이후인 1991.4.25.까지 X토지의 차임을 원고에게 계속 지급하여 왔으므로 결국 乙에게도 X토지에 대한 임차권이 있다고 주장하였다.

| **원심** | A가 이 사건 대지에 관한 임차권을 취득하였다 하여 이 사건 건물의 경락인인 피고도 당연히 임차권을 취득하였다고 할 수는 없을 뿐만 아니라 달리 피고가 원고로부터 이 사건 대지를 임차하거나 원고의 동의를 받아 이를 전차하였다거나 원고에게 이 사건 대지의 차임을 지급하였음을 인정할 수 있는 증거가 없고, C와 원·피고와의 관계에 관한 특별한 주장·입증이 없는 이 사건에 있어서는 이로써 피고가 원고에게 위 대지사용권이 있다고 인정할 수는 없다.

| **판지** | 건물의 소유를 목적으로 하여 토지를 임차한 사람이 그 토지 위에 소유하는 건물에 저당권을 설정한 때에는 민법 제358조 본문에 따라서 저당권의 효력이 그 건물뿐만 아니라 그 건물의 소유를 목적으로 한 토지의 임차권에도 미친다고 보아야 할 것이므로, 건물에 대한 저당권이 실행되어 경락인이 건물의 소유권을 취득한 때에는 특별한 다른 사정이 없는 한 그에 수반하여 그 건물의 소유를 목적으로 한 토지의 임차권도 그 건물의 소유권과 함께 경락인에게 이전된다고 봄이 상당하다.

그러나 이 경우에도 민법 제629조가 적용되기 때문에 토지의 임대인에 대한 관계에서는 그의 동의가 없는 한 경락인이 그 임차권의 취득을 대항할 수 없다고 할 것인 바, 소론이 내세우는 민법 제622조 제1항은 건물의 소유를 목적으로 한 토지임대차는 이를 등기하지 아니한 경우에도 임차인이 그 지상건물을 등기한 때에는 토지에 관하여 권리를 취득한 제3자에 대하여 그 임대차의 효력을 주장할 수 있음을 규정한 취지임에 불과할 뿐, 건물의 소유권과 함께 그 건물의 소유를 목적으로 한 토지의 임차권을 취득한 사람이 토지의 임대인에 대한 관계에서 그의 동의가 없이도 그 임차권의 취득을 대항할 수 있는 것까지도 규정한 것이라고는 볼 수 없다는 것이 당원의 판례가 취하고 있는 견해이다.

다만 위와 같은 경우에도 임차인의 변경이 당사자의 개인적인 신뢰를 기초로 하는 계속적 법률관계인 임대차를 더 이상 지속시키기 어려울 정도로 당사자간의 신뢰관계를 파괴하는 임대인에 대한 배신행위가 아니라고 인정되는 특별한 사정이 있는 때에는, 임대인은 자신의 동의 없이 임차권이 이전되었다는 것만을 이유로 민법 제629조 제2항에 따라서 임대차계약을 해지할 수 없고, 그와 같은 특별한 사정이 있는 때에 한하여 경락인은 임대인의 동의가 없더라도 그 임차권의 이전을 임대인에게 대항할 수 있다고 봄이 상당한바, 위와 같은 특별한 사정이 있는 점은 경락인이 주장·입증하여야 한다고 보아야 할 것임에도 불구하고, 이 사건의 경우 기록을 아무리 살펴보아도 피고가 원심에 이르기까지 이 사건 대지의 임차인의 변경에 관하여 위와 같은 특별한 사정이 있는 점에 관하여는 주장조차도 전혀 하지 않고 있음이 분명하다.

　그렇다면 피고가 이 사건 대지에 관한 임차권의 취득을 원고에게 대항할 수 없다고 본 원심의 판단은 결론이 정당하고, 이 사건 대지의 임대인인 원고는 민법 제629조 제2항에 따라서 A와 사이의 임대차계약을 해지하지 않더라도 임대인인 자신의 동의 없이 임차권을 취득한 피고에게 직접 이 사건 대지의 반환을 청구할 수 있다고 보아야 할 것이다.

- ■ 쟁 점

  건물 소유를 목적으로 토지를 임차한 사람이 신축한 건물을 임의경매를 통해 취득한 경락인에게 토지임대인이 대지의 반환을 청구하는 경우 건물경락인은 토지임차권으로써 대항할 수 있는지가 문제되었다.

- ■ 검토할 사항

  □ X토지에 대한 A의 임차권은 언제 대항요건을 갖추었는가?
  □ A의 토지임차권은 Y건물을 경락받은 乙에게 이전하였는가?
  □ 대항력이 있는 임차권의 양도에 있어서도 임대인의 동의가 필요한가?
  □ 乙이 임대인의 동의가 없는데도 임차권의 이전을 임대인에게 대항하기 위해서는 무엇을 주장·입증해야 하는가?

- ■ 관련사례

  □ A 소유의 X토지를 B가 건물 소유를 목적으로 임차하고 있던 중 C가 A의 토지소유권을 양수하였다. 그 후 D가 B의 건물소유권을 양도받아 등기하였다. C는 D를 상대로 가옥철거를 청구하는 소송을 제기하였다. D는 X토지에 대한 임차권으로써 C에게 대항할 수 있는가? (대판 1966.9.27. 66다1224)

- ■ 기타 검토사항

  □ 1984. 봄 A시는 시민공원 조성을 위한 도시계획사업의 일환으로 사업예정지 일

대의 건물을 철거하기로 계획하고 철거대상건물의 세입자들에 대한 이주대책으로 임대아파트에 대한 입주추첨권을 부여하였다. B는 그 추첨이 실시되기도 전인 1984.5.4. 장차 추첨이 되면 취득하게 될 임차권을 C에게 60만원에 양도하였고 C는 1984.5.6. D에게 150만원에 양도하였는데 1984.7.28. 임대아파트 입주추첨에서 B가 당첨되어 1984.7.31. 임대차계약을 체결하였다(임차보증금 2,625,000원, 월임료 32,800원). D가 B를 상대로 A시가 작성 보관하고 있는 임대아파트 임차인명부상의 임차인 명의를 변경하는 절차의 이행을 구하는 소를 제기하였다. 이 소는 소의 이익이 있는가? (대판 1986.2.25. 85다카1812)

□ 임차권양도가 법률상 금지되어 있는 임대아파트 X를 1988.9.28. A가 B공사로부터 임차(보증금 935만원)하였는데 1989.1.19. A의 채권자가 임차보증금반환청구채권을 가압류하였다. A는 C에게 임차권을 양도하였고 C는 D에게 임차권을 양도하였다. 1990.3.10. D는 E에게 임차권을 양도하였는데, 대금은 6,400만원이었다. E에게 최초의 임대차계약서 원본을 교부하고 아파트 X를 명도하였다. 1990.3.28. A의 위 채권자가 임차보증금반환청구채권을 압류하였다. 1990.8.1.부터 11.30.까지 무단양수 특별신고기간 중인 1990.11.15.에 E가 무단양수를 신고하였다. B공사가 A의 임차보증금반환채권에 대한 가압류로 인하여 새로 임차보증금을 납부하여야 새로운 임대차계약의 체결이 가능하다고 통보하자 E는 935만원을 B공사에 납부하였고 1991.7.20. E의 남편 F가 B공사와 임대차계약을 체결하였다. 그 후 E는 D를 상대로 손해배상청구소송을 제기하였다. D는 E에 대하여 어떠한 의무를 불이행한 것인가? (대판 1993.6.25. 93다13131)

■ 참고문헌

□ 김숙, 건물소유를 목적으로 한 토지임대차의 무단양도에 있어서 계약해지권을 제한하는 이른바 배신행위이론을 적용한 사례, 대법원판례해설 19-1호, 1993, 164-170.

□ 윤인태, 임차지상의 건물을 경락받은 자에 대한 임대차계약의 해지, 판례연구 제5집, 1995, 149-172, 부산판례연구회.

□ 이준현, 계약인수와 임차권의 양도, 저스티스 89호, 2006, 5-34.

## 2. 전대차

### 대판 2008.2.28. 2006다10323

| 사안 |   A는 2002.7.19. 자신이 소유하는 X공장을 보증금 6500만원, 월 차임 650만원에 甲(원고)에게 임대하였다. 두 달 후 甲은 X공장을 B에게 전대하였다.

전대차기간중 B는 乙회사(피고)로 하여금 X공장을 무상으로 사용하도록 하였다. 그런데 B가 甲에게 차임을 지급하지 않는 바람에 甲도 A에게 차임을 연체하게 되었다. A는 2003.5. 甲과 乙회사를 상대로 명도청구소송을 제기하여 2003.7.경 X공장을 반환받았다. 그리고 A는 2002.7.19.부터 2003.5.18.까지 甲이 지급을 연체한 10개월간의 차임 6,500만원을 임차보증금에서 공제하였다. 그러자 甲은 乙회사를 상대로 차임 상당의 부당이득 반환을 구하는 소송을 제기하였다.

| 원심 | 피고가 원고의 동의를 받지 않고 이 사건 공장을 점유함으로써 차임 상당의 이익을 얻고 이로 인하여 전차인으로부터 차임을 지급받지 못한 원고가 임차보증금에서 차임 상당을 공제당하는 손해를 입었다고 판단하여, 피고는 2003.5.19.까지 공장을 점유함으로 인한 6,500만원 상당의 부당이득을 원고에게 반환할 의무가 있다고 하였다.

| 판지 |  1) 임차인이 임대인의 동의를 받지 않고 제3자에게 임차권을 양도하거나 전대하는 등의 방법으로 임차물을 사용·수익하게 하더라도, 임대인이 이를 이유로 임대차계약을 해지하거나 그 밖의 다른 사유로 임대차계약이 적법하게 종료되지 않는 한 임대인은 임차인에 대하여 여전히 차임청구권을 가지므로, 임대차계약이 존속하는 한도 내에서는 제3자에게 불법점유를 이유로 한 차임상당 손해배상청구나 부당이득반환청구를 할 수 없다

 2) 위 법리에 따르면 원고는 원고와 B 사이의 전대차계약이 존속하는 기간 동안에는 B로부터 승낙을 받아 이 사건 공장을 점유·사용한 피고 회사에 대하여 차임상당의 부당이득반환청구를 할 수 없으며, 이는 원고가 비록 위 전대차기간 중 B로부터 차임을 받지 못하였다고 하더라도 마찬가지라고 하겠다.

■ 쟁 점

전차인이 전대인의 동의 없이 전차물을 타인이 점유·사용하도록 경우, 전대인은 그 타인에게 부당이득반환청구를 할 수 있는가 하는 점이 문제된 것이다.

■ 검토할 사항

□ 부당이득반환청구권의 성립요건은 무엇인가?

□ 甲에게 손실이 발생하였는가?

□ 乙회사의 사용수익은 법률상 원인이 없는가?

□ 甲은 B와의 전대차계약을 해지할 수 있는가?

# IV. 임대차 종료시의 법률관계

## 1. 임차인의 갱신청구권

**대판 2010.6.10. 2009다64307**

| **사안** |  甲(원고)은 약 30년 전부터 乙(피고)의 건물 일부를 임차하여 乙의 직원들을 상대로 서류 복사 및 제본 등의 영업을 하여 왔다. 甲과 乙은 1년 단위로 임대차계약을 갱신하다가 2003.8.1.에는 乙연구소 내 본관동 1층 약 128평을 월 차임 752,500원, 임대차기간 2005.7.31까지로 정하여 임대차계약을 체결하였다. 乙은 2005.7.14. 甲에게 임대차계약 종료시 계약 갱신의 의사가 없다는 뜻을 통지하였고, 이러한 통지를 받은 甲이 7.15. 乙에게 임대기간을 3년간 연장하여 줄 것을 요구하였으나 乙은 8.3. 이를 거절하는 내용의 통지를 하였다. 2006.8.3.과 9.12.에는 건물의 명도를 요구하는 내용의 각 통지를 하였다. 甲이 2007.1.1. 부터의 차임을 지급하지 않고 있던 중 乙이 2007.2.9. 甲을 상대로 건물명도소송을 제기하여 승소판결을 받았다. 이에 甲이 항소를 제기하여 항소심 계속 중 2007.10.5. 甲은 乙에게 건물을 명도하고 연체차임을 지급하였다. 그 후 2007.1.29. 甲의 항소를 기각하는 판결이 선고되어 위 건물명도판결은 2007.12.19. 확정되었다.

  그 후 甲은 乙을 상대로 손해배상청구의 소를 제기하였다. 甲은 임대차계약체결일인 2003.8.1.부터 5년을 초과하지 않는 범위 내에서 계약의 갱신을 요구할 수 있는 권리를 가지고 있으므로 2008.7.31.까지는 임대차계약의 존속을 주장할 수 있을 뿐만 아니라 乙이 임대차기간 만료 전 6월부터 1월 사이에 甲에 대하여 갱신거절의 통지를 하지 아니하였으므로 임대차계약은 전과 동일한 조건으로 갱신되었음에도 불구하고 乙은 노사협의과정에서 乙 내의 복사실 운영권을 노동조합에 이양하기로 합의한 후 노동조합이 새로운 복사업체를 선정하였다고 통보하면서 甲에게 임차건물에서의 퇴거를 요구하고 乙의 직원들에게 甲이 운영하는 복사실을 이용하지 말라고 단속하였다는 것이다.

| **원심** |  1) 상가건물임대차보호법 제10조 제2항에 의하면 상가건물을 임차한 임차인은 최초의 임대차기간을 포함한 전체 임대차기간이 5년을 초과하지 않는 범위 내에서 계약 갱신 요구권을 행사할 수 있는바, 위 규정의 문언 및 임차인의 계

약 갱신요구권을 전체 임대차 기간 5년의 범위 내에서 인정하게 된 입법 취지에 비추어 볼 때 '최초의 임대차 기간'이라 함은 위 법 시행 이후에 체결된 임대차계약에 있어서나 위 법 시행 이전에 체결되었다가 위 법 시행 이후에 갱신된 임대차계약에 있어서 모두 당해 상가건물에 관하여 최초로 체결된 임대차계약의 기간을 의미한다고 보아야 할 것인데, 이 사건 임대차계약은 원고와 피고 사이에 체결된 종전의 임대차계약을 갱신하는 계약으로서 전체 임대차기간이 5년이 넘는 사실은 앞서 본 바와 같으므로, 이 사건 임대차계약은 상가건물임대차보호법 제10조 제2항의 규정에 의하여 임차인인 원고의 일방적인 갱신요구로 갱신될 수 없고, 따라서 이 사건 임대차계약은 특별한 사정이 없는 한 당초 약정된 만기일인 2005.7.31. 기간만료로 종료된다고 할 것이다

2) 피고가 원고에게 2005.7.14. 계약 갱신 거절의사를 통지한 사실은 있으나 이는 상가건물임대차보호법 제10조 제4항, 제1항 소정의 임대차기간 만료일(2005.7.31.) 전 6개월부터 1개월 사이에 통지된 것이 아니어서 효력이 없고, 따라서 이 사건 임대차계약은 그 기간만료일 다음날인 2005.8.1.부터 2006.7.31.까지 1년간 전 임대차와 동일한 조건으로 묵시적으로 갱신되었다고 할 것이고, 그 후 갱신된 임대차기간 만료일인 2006.7.31. 전 6개월부터 1개월 사이에 임대인인 피고가 갱신거절의 의사를 통지하였음을 인정할 증거가 없으므로 위 임대차계약은 다시 2006.8.1.부터 2007.7.31.까지 1년간 묵시의 갱신이 되었다고 할 것이다. 그런데 위에서 본 바와 같이 임대인인 피고가 2007.2.9. 원고를 상대로 대전지방법원 2007가단8423호로 건물명도 소송을 제기하였고, 그 소송이 임대차기간 만료일인 2007.7.31.을 전후하여 계속되고 있었는바, 위 건물명도 소송의 제기는 피고가 원고에게 이 사건 임대차 계약에 대한 갱신을 거절하는 의사를 표시한 것으로 봄이 상당하므로, 갱신된 임대차계약의 기간만료일인 2007.7.31. 전 6개월부터 1개월 사이에 피고의 계약갱신 거절의 통지가 유지되고 있었다고 봄이 상당하고, 따라서 이 사건 임대차 계약은 2007.7.31. 기간만료로 종료되었다고 할 것이다.

| 판지 | 구 상가건물 임대차보호법(2009.1.30. 법률 제9361호로 개정되기 전의 것) 제10조 제1항에서 정하는 임차인의 계약갱신요구권은 임차인이 임대차기간이 만료되기 6개월 전부터 1개월 전까지 사이에 계약의 갱신을 요구하면 그 단서에서 정하는 사유가 없는 한 임대인이 그 갱신을 거절할 수 없는 것을 내용으로 하여서 임차인의 주도로 임대차계약의 갱신을 달성하려는 것이다. 이에 비하여 같은 조

제4항은 임대인이 위와 같은 기간 내에 갱신거절의 통지 또는 조건변경의 통지를 하지 아니하면 임대차기간이 만료된 때에 임대차의 갱신을 의제하는 것으로서, 기간의 만료로 인한 임대차관계의 종료에 임대인의 적극적인 조치를 요구한다. 이와 같이 이들 두 법조항상의 각 임대차갱신제도는 그 취지와 내용을 서로 달리하는 것이므로, 임차인의 갱신요구권에 관하여 전체 임대차기간을 5년으로 제한하는 같은 조 제2항의 규정은 같은 조 제4항에서 정하는 법정갱신에 대하여는 적용되지 아니한다.

- **쟁 점**

  이 판결은 상가건물임대차보호법 제10조 제2항의 '최초의 임대차기간'의 의미는 무엇인가 하는 점과 임차인의 계약갱신요구권에 관하여 전체 임대차기간을 5년으로 제한하는 위 조항의 규정이 같은 조 제4항에서 정하는 법정갱신에 대하여도 적용되는가 하는 점이 문제된 것이다.

- **검토할 사항**

  □ 甲乙간에 임대차계약이 최초로 체결된 것은 언제인가?

  □ 상가건물임대차보호법은 언제부터 시행되었는가?

  □ 甲은 2005.7.31. 전 6개월부터 1개월 사이에 계약갱신을 요구할 권리가 있는가?

  □ 乙은 2005.7.31. 전 6개월부터 1개월 사이에 갱신거절의 통지를 하였는가?

  □ 乙은 2006.7.31. 전 6개월부터 1개월 사이에 갱신거절의 통지를 하였는가?

  □ 乙은 2007.7.31. 전 6개월부터 1개월 사이에 갱신거절의 통지를 하였는가?

- **기타 검토사항**

  □ 甲과 乙 사이에는 임대인이 그 소유 건물의 다른 부분에서 제3자가 임차인이 임대차목적물에서 행하는 영업 등 수익활동을 해할 우려가 있는 영업 기타 행위를 하지 아니하도록 할 의무를 임차인에 대하여 부담하는 약정이 있었다고 할 수 있는가?

- **참고문헌**

  □ 이은희, 상가건물임차인의 계약갱신요구권, 민사법학 제26호, 2004, 113-142.

## 2. 임차인의 매수청구권

**대판 2002.11.13. 2002다46003,46027,46010**

· · · · · · · · · · · · · · · · · · · · · · · · · · · · · · · · · · · · · · · · · · · · · ·

| **사안** |  甲회사(원고)는 1999.3.20. 乙(피고)에게 X토지와 그 지상의 자동차공장을 임차보증금 5,000만원, 월차임 500만원에 임대하였다. 乙은 위 토지와 기존 건물을 임차하여 주차장 및 휴게소업을 하려고 했으나 위 건물이 휴게소로 사용하기에 부적합하다고 판단하여, 甲회사의 동의를 받아 5억원 가량의 비용을 들여 1999.6.경부터 위 건물을 철거하고 그 지상에 샌드위치판넬 지붕의 철골조 이 사건 Y건물을 신축하였다. 乙은 1999.10.27. X토지 및 Y건물에 대하여 부과되는 세금을 자신이 납부하기로 甲회사와 약정하였다. 乙은 1999.11.8.경 甲회사 명의로 건축물 사용승인을 얻어 찜질방 영업을 시작하였다. 2000.3.6. 甲회사가 3.19.부로 Y건물을 철거하고 임대목적물을 원상복구하라고 乙에게 통지하였다. 甲회사가 乙을 상대로 건물명도를 청구하는 소송을 제기하자, 乙은 2000.7. 지상물매수를 청구하는 반소를 제기하였다. 1심 감정인은 Y건물의 제곱미터 당 건축공사비를 산정한 다음 여기에 건물면적을 곱하는 방법으로 Y건물의 시가를 산출하였다. 이에 甲회사는 "Y건물의 시가에 대한 감정가액 중에서 기존건물의 철거비용과 찜질방 영업용의 제반 시설물의 가격을 공제하여야 한다", "기존 건물의 가격 상당액을 공제하여야 한다"고 주장하였다.

| **판지** |  1) 원심은, 이 사건 건물은 피고들이 자신의 비용과 노력으로 축조한 피고들 소유의 건물이라고 한 다음, 이 사건 임대차계약의 약정기간이 1년에 불과하고 위 건물이 완공된 2000.11.경부터 계약만료일까지는 약 4개월의 기간만이 남아 있었을 뿐이었는데도 피고들이 많은 비용을 들여 내구연한이 상당한 철골조의 이 사건 건물을 신축한 점, 원고가 기존 건물의 철거 및 이 사건 건물의 신축을 승낙한 점 등에 비추어 보면, 이 사건 토지와 기존 건물을 임대목적물로 하였던 당초의 임대차계약은 이 사건 건물의 소유를 목적으로 하는 토지 임대차계약으로 변경되었다고 할 것이고, 원고가 2000.3.6. 피고들에게 위 임대차계약 갱신거절의 통지를 함으로써 위 임대차계약은 기간의 만료로 종료되었으며, 그 후 피고들이 이 사건 건물에 대한 매수청구권을 행사함으로써 이 사건 건물에 관한 매매계약이 성립되었다고 판단하였다. 기록에 비추어 보면 이러한 원심의 사실인정과 판단은

정당하고, 거기에 상고이유로 주장하는 바와 같은 신축건물의 소유권 귀속 및 임대차계약의 변경에 관한 법리오해의 위법이 없다.

2) 건물의 소유를 목적으로 한 토지임대차계약의 기간이 만료됨에 따라 지상건물 소유자가 임대인에 대하여 민법 제643조에 규정된 매수청구권을 행사한 경우에 그 건물의 매수가격은 건물 자체의 가격 외에 건물의 위치, 주변토지의 여러 사정 등을 종합적으로 고려하여 매수청구권 행사 당시 건물이 현재하는 대로의 상태에서 평가된 시가를 말하는 것이다(대법원 1987.6.23. 선고 87다카390 판결 참조).

원심은, 이 사건 건물의 매수대금 산정에 관한 원고의 주장 즉 위 건물의 시가에 대한 감정가액 중에서 기존 건물의 철거비용이 공제되어야 한다는 주장을 배척하고, 원고가 이 사건 건물의 신축에 동의한 이상 건축비의 일부인 철거비용도 매매대금에 포함되는 것이 옳다고 판단하였다. 그러나 민법 제643조 소정의 지상물 매수청구권이 행사되면 임대인과 임차인 사이에서는 임차지상의 건물에 대하여 매수청구권 행사 당시의 건물시가를 대금으로 하는 매매계약이 체결된 것과 같은 효과가 발생하는 것이지, 임대인이 기존 건물의 철거비용을 포함하여 임차인이 임차지상의 건물을 신축하기 위하여 지출한 모든 비용을 보상할 의무를 부담하게 되는 것은 아니라고 할 것이므로, 원심이 기존 건물의 철거비용이 건축비의 일부라는 이유를 들어 위와 같이 판단한 것은 잘못이다.

3) 민법 제643조가 규정하는 매수청구의 대상이 되는 건물에는 임차인이 임차토지상에 그 건물을 소유하면서 그 필요에 따라 설치한 것으로서 건물로부터 용이하게 분리될 수 없고 그 건물을 사용하는 데 객관적인 편익을 주는 부속물이나 부속시설 등이 포함되는 것이지만, 이와 달리 임차인이 자신의 특수한 용도나 사업을 위하여 설치한 물건이나 시설은 이에 해당하지 않는다고 보아야 한다.

따라서 원심이, 임차인의 매수청구권 행사로 인한 이 사건 건물의 매수대금을 산정함에 있어 감정인이 산정한 건물 가격으로부터 간판과 가구 가격만을 공제하였을 뿐 나머지 원고가 다투는 피고의 찜질방 영업용의 제반 시설물의 가격을, 매수청구권의 행사 당시 건물이 현존하는 대로의 상태에서 평가하여야 한다는 이유 설시하에 모두 건물가격에 포함시켜서 계산해 버린 것은 임차인의 건물 등 매수청구권의 대상에 관한 법리를 오해하여 판결에 영향을 미친 위법이 있다.

4) 건물의 소유를 목적으로 한 토지임대차에 있어서 임대차계약이 종료된 이후 임차인이 반환하여야 할 부당이득금의 액수는 임료 상당액이고, 위 임료 상당액이

라 함은 부당이득 당시의 실제 임료를 말한다고 할 것인바, 원심이 임차보증금이 남아 있는 한 보증금 없는 경우의 임료 상당액을 기준으로 하여 부당이득금의 액수를 산정할 수 없다고 판단한 것은 정당하나, 위 임대차계약이 종료된 이후, 즉 2000.3.20. 이후 이 사건 임대차계약의 임차보증금 5,000만 원이 연체차임 및 부당이득의 공제로 인하여 모두 소멸할 때까지의 기간에 대하여도 그 부당이득금의 액수를 이 사건 약정 임료인 월 500만 원 상당이라고 한 데에는 부당이득의 범위에 관한 법리를 오해한 위법이 있다(위 기간 중의 부당이득액은 보증금이 5,000만 원인 경우의 실제 임료인 월 6,884,530원이 될 것이다).

■ 쟁 점

이 판결은 토지와 그 지상건물을 임차한 임차인이 임대인의 동의를 얻어 건물을 철거하고 새로운 건물을 신축한 후 임대차가 종료하여 건물매수청구권을 행사한 경우 매매대금에 기존건물의 철거비용도 포함하여야 하는지가 문제된 것이다.

■ 검토할 사항

□ 甲乙간의 임대차계약은 건물 소유를 목적으로 하는 토지임대차계약인가?
□ 원심이 Y건물의 매매대금에 기존건물의 철거비용을 포함하여야 한다고 판단한 근거는 무엇인가?

■ 관련사례

□ X토지의 소유자인 A가 그 지상에 Y건물을 건립한 후 B에게 매도하였다. 1965. 12.29. Y건물을 다시 C가 매수하여 A와 토지임대차계약을 체결하였고 1965. 12.31. C 명의로 Y건물에 대한 소유권보존등기를 경료하였다. X토지는 1969. 12.1. D가 매수하여 1969.12.30. 소유권이전등기를 경료하고 C에게 토지임대차계약의 해지를 통고하였다. 1973.11.16. E가 경락허가결정에 의하여 X토지의 소유권을 취득하였다. E가 C를 상대로 Y건물의 철거를 구하는 소송을 제기한 경우 C는 건물매수청구권으로써 대항할 수 있는가? (대판 1977.4.26. 75다348; 대판 1996.6.14. 96다14517)
□ 1989.8.21. A는 B회사와 임대차계약을 체결하고 B회사의 X토지를 점유하기 시작하였는데 1990.12.31. 임대차기간이 만료하였다. B회사는 A를 상대로 임대차의 기간만료를 원인으로 한 건물철거 및 대지인도를 구하는 소송을 제기하였다. 이에 A가 임대차가 기간만료 후 묵시적으로 갱신되었다고 주장하면서 건물매수를 청구하자 B회사는 2기 이상의 차임 연체를 이유로 한 임대차 해지로 청구원인을 변경하였다. 2기 이상의 차임을 연체한 A에게 건물매수청구권이 인정되는가?

(대판 1994.2.22. 93다44104)

□ X건물의 2층부분은 A의 소유이고, 3층부분은 C회사의 소유인데, B가 그 두 부분을 임차(2층부분) 또는 C회사의 동의를 얻어 전차(3층부분)하였다. B는 그곳에서 A 명의로 허가받은 싸롱영업을 경영하였는데 B는 1978.10.15. 이래 2층부분의 차임을 지급하지 아니하였다. 그러던 중 A가 3층부분을 C회사로부터 임차한후 구청장에게 진정을 제기하였고 영업정지처분을 받은 B가 폐문하게 되었다. A가 C회사를 대위하여 B를 상대로 3층부분의 명도를 구하는 소송을 제기하는 경우 B는 C회사를 대위한 A에 대하여 부속물매수대금지급시까지의 연기적 항변권을 주장할 수 있는가? (대판 1981.11.10. 81다378)

■ 기타 검토사항

□ 1989.8.1. A회사가 건축된 지 20년이 된 건물의 3층 부분을 보증금 1억원, 월 차임 500만원에 B에게 임대하였다. 이 때 임차인은 자신의 비용으로 증·개축허가와 용도변경허가를 받아 볼링장시설을 하여 그 소유권을 임대인에게 귀속시키고 이를 임차, 사용하기로 약정하였으며 그 추신 제3항에는 "임대차계약 전, 후 만약 해약이 될 때에 임차인은 건축 또는 시설부분에 대하여 매수권에 해당하는 유익금을 임대인에게 청구치 않는다."고 기재하였다. B는 38억원을 들여 기존의 3층 건물 2,128제곱미터의 2/3를 철거하고 그 철거부분과 기존의 옥상부분에 3,144 제곱미터를 증축하였다. 1990.7.26. B가 C회사를 설립하여 C회사가 위 증축부분을 볼링장으로 점유·사용케 하였다. 남아 있는 기존의 3층 건물 중 93제곱미터를 1991.2.9. C회사가 임차하여 1991.3. 공사를 완료하였다. 그런데 A회사가 건물 전면의 공간을 볼링장 전용주차장으로 제공하지 않아 임차인들(B와 C회사)이 차임지급을 거절하였다. 1991.8.9. A회사는 차임지급의 연체를 이유로 계약을 해지하고 B와 C회사를 상대로 명도청구소송을 제기하였다. 이에 B는 볼링장 부분은 자신의 소유임을 주장하며 A회사 명의의 소유권보존등기의 말소를 청구하는 반소를 제기하였다. 그 부분을 임대인에게 귀속시키기로 한 약정은 부속물매수청구권을 포기하는 약정으로서 강행규정에 반하여 효력이 없으며 위 증축부분은 원상회복이 불가능하므로 유익비로서 상환되어야 한다고 주장하였다. B의 주장은 타당한가? (대판 1996.8.20. 94다44705, 44712)

□ B회사는 A로부터 임차한 A소유의 X토지와 자기 회사 소유의 Z토지에 걸쳐 Y건물을 건립하였다. 임대차기간이 만료한 후 A는 B회사를 상대로 X토지상에 건립되어 있는 건물부분의 철거와 X토지의 인도를 구하는 소송을 제기하였다. 이때 B회사는 지상물 매수청구권을 행사할 수 있는가? [대판(전) 1996.3.21. 93다 42634] A의 청구 중에는 매수청구가 허용되는 건물부분의 매수대금지급과 동시에 위 건물부분의 명도를 구하는 청구가 포함되어 있다고 할 수 있는가? (대판

1972.5.23. 72다341)

■ 참고문헌

□ 김제완, 건물소유목적 토지임차인의 건물매수청구권 행사의 효과: 부지사용에 대한 부당이득 성부를 중심으로, 법조 551호(2002.8.), 176-209.

□ 안영문, 건물임차인의 부속물매수청구권, 대법원판례해설 19-1호, 1993, 171-178.

□ 조열래, 임대차에 있어서의 매수청구권, 재판자료 32집, 1986, 389-433.

## 3. 임차인의 부속물매수청구권

### 대판 1993.2.26. 92다41627
·········································································································

| 사안 |  甲(원고)은 1983.12. 5층 건물을 신축하였는데, 지하층 및 지상 1, 2층의 건축물관리대장 및 등기부상의 용도는 음식점으로 되어 있다. 乙(피고)은 1983. 12. 말경 甲으로부터 당시 건축공사가 겨우 완공되었을 뿐인 위 건물의 1, 2층을 대중음식점으로 사용하기 위하여 임차하여, 이에 필요한 각종시설을 한 후 그 곳에서 음식점영업을 해 오면서 기간만료로 재계약을 해 오다가 1990.12.1.에 이르러 임차기간이 만료되었다. 그리하여 甲이 乙에 대하여 임차부분의 명도를 청구하였다. 이에 대하여 乙은 위 건물을 임차한 후 음식점경영을 위하여 수도·가스시설·전기 인입선·선반·전등설비·각종출입문·하수도·화장실·유리문·환기통·계산대·목재시설·주방시설 등 각종의 시설 및 실내장식공사를 하였는 바, 이에 대하여 부속물매수청구권이 있으므로 그 현시가 상당을 지급받을 때까지 甲의 명도청구에 응할 수 없다고 항변하였다. 그런데 甲·乙간의 임대차계약서 제6조에 의하면, "임차인은 임대인의 승인 하에 개축 또는 변조할 수 있으나, 계약대상물을 명도시에는 임차인이 일체비용을 부담하여 원상복구하여야 함"이라고 규정하고 있다.

| 원심 |  건물임차인의 매수청구권의 대상이 되는 부속물이란 건물에 부속된 물건으로 임차인의 소유에 속하고 건물의 구성부분으로는 되지 아니한 것으로서 건물의 사용에 객관적인 편익을 가져오게 하는 물건인데, 피고가 주장하는 시설물들은 건물에 부속되지 않은 독립된 물건이거나 완전히 독립성을 잃고 건물의 구성부

분으로 된 것이거나 오로지 임차인의 특수목적에 사용하기 위한 것으로서, 그 어느 것이나 위 매수청구의 대상이 되는 부속물이라고 할 수 없으므로, 피고의 주장은 더 나아가 살펴볼 필요없이 이유 없다. 위 시설물 중에는 유익비상환청구의 대상이 되는 것이 있을지도 모르나, 원·피고간의 임대차계약서 제6조에 의하여 유익비상환청구권은 포기한 것으로 인정된다.

**| 판지 |** 민법 제646조가 규정하는 건물임차인의 매수청구권의 대상이 되는 부속물이라 함은 건물에 부속된 물건으로 임차인의 소유에 속하고, 건물의 구성부분으로는 되지 아니한 것으로서 건물의 사용에 객관적인 편익을 가져오게 하는 물건이라 할 것이므로, 부속된 물건이 오로지 임차인의 특수목적에 사용하기 위하여 부속된 것일 때는 이를 부속물매수청구권의 대상이 되는 물건이라 할 수 없을 것이나, 이 경우 당해 건물의 객관적인 사용목적은 그 건물 자체의 구조와 임대차계약 당시 당사자 사이에 합의된 사용목적, 기타 건물의 위치, 주변의 환경 등 제반 사정을 참작하여 정하여지는 것이라 할 것이다.

이 사건 건물의 등기부등본, 건축물관리대장에는 피고가 임차한 1, 2층은 그 용도가 음식점으로 되어 있고, 원·피고간의 임대차계약서에도 그 용도가 대중음식점으로 되어 있으며, 피고가 임차한 이 사건 건물부분은 당초 상·하수도, 화장실, 전기배선 등 기본시설만 되어 있는 것을 피고가 임차 후 이를 식당으로 사용하기 위하여 그 주장과 같은 각종 시설을 하였고 현재 그 바로 옆에는 서초갈비라는 음식점이 붙어 있는 사실이 인정되는바, 이러한 사실관계에 비추어 보면 이 사건 건물의 객관적인 사용목적은 대중음식점이라고 봄이 상당하다.

따라서 피고가 한 각종 시설물 중 음식점영업의 편익을 위한 것은 이 사건 건물의 사용에 객관적인 편익을 가져오게 하는 것이라고 할 것이므로, 원심으로서는 피고 주장의 각종 시설물 중 매수청구권의 대상이 되는 부속물로 볼 수 있는 것은 어느 것인지를 심리·확정하여 피고주장의 당부를 판단하였어야 함에도 불구하고, 피고 주장의 시설물들이 모두 오로지 식당경영이라는 피고의 특수목적에 사용하기 위한 것이라는 취지에서 건물사용에 객관적인 편익을 가져오는 것이 아니라고 본 원심판결에는 부속물매수청구권에 관한 법리오해의 위법이 있다.

■ **쟁 점**

이 판결은 임차인이 음식점 영업을 위하여 각종의 시설 및 실내장식공사를 한 경우에, 임차인은 임대차 종료시 이러한 시설물에 대하여 매수청구권을 행사할 수 있는가 하는 점이 문제된 것이다.

■ 검토할 사항

□ 임차인의 매수청구권의 대상이 되는 '부속물'의 의의 내지 범위를 살피시오.

□ 부속물매수청구권의 대상인 물건과 유익비상환청구권의 대상인 물건은 어떻게 구별되는가?

□ 이 사안에서 乙이 음식점 영업을 위하여 설치한 시설물 중 일부는 부속물이라고 판단한 이유는 무엇인가?

□ 원심이 乙이 설치한 시설물 일부는 유익비상환청구권의 대상이라고 하면서도 그에 대한 乙의 청구를 배척한 이유는 무엇인가?

■ 관련사례

□ 갑의 점포의 최초 임차인 을이 갑의 묵시적 동의하에 유리 출입문 · 새시 등 영업에 필요한 시설을 부속시킨 후, 그 점포의 소유권이 A에게 이전되었고 점포의 임차권도 B에게 전전 승계된 경우에, B는 임대차 종료시 A에 대하여 부속물매수청구권을 행사할 수 있는가? (대판 1995.6.30. 95다12927)

■ 기타 검토사항

□ 부속물매수청구권과 유익비상환청구권의 관계와 차이를 검토하시오.

□ 乙의 부속물매수청구권 행사가 적법한지 여부와는 무관하게, 이를 이유로 임차물의 반환을 거절한 것은 이행지체로 되는가?

■ 참고문헌

□ 김학동, 임차인의 임차보증금반환채권 등과 유치권, 판례월보 315호(1996.12.), 8-16.

□ 안영문, 건물임차인의 부속물매수청구권, 대법원판례해설 19-1호, 1993, 171-178.

□ 이준현, 임대차계약시 임차인의 비용상환 등의 청구에 대해 별도의 특약을 한 경우 그 특약의 의미에 대한 대법원판결의 비판적 검토, 인권과 정의 316호(2002.12), 103-134.

## 4. 임차인의 보증금반환청구권

### (1) 보증금반환의무와 건물명도의무의 동시이행관계

**대판(전) 1977.9.28. 77다1241**

· · · · · · · · · · · · · · · · · · · · · · · · · · · · · · · · · · · · · · · · · · · · · · · · · · · · · · · · ·

| 사안 |  乙(피고)은 甲(원고)으로부터 1973.9.30. 甲 소유의 건물 중 지하실을 보증금 350만원, 차임 월 5만원, 임대차기간 20개월(1975.5.31.까지)로 임차하는 계약을 체결하였다. 이 때 임차인은 임대차기간 만료시에 임차인의 비용으로 임차인이 설치한 내부시설을 철거하여 원상으로 회복해주기로 약정하였다. 乙은 위 지하실을 인도받고 거기서 다방을 운영하였는데, 1975.5.6. 甲은 위 임대차기간 만료로써 임대차를 종료시킬 의사를 표시하였다. 그러나 甲은 1975.12. 말까지 乙로부터 월차임을 영수하고 건물관리비를 징수하였다. 甲은 계약기간의 만료를 이유로 위 임대차목적물의 인도와 기간만료 다음날부터 1심 변론종결시까지의 임료 상당의 손해배상을 청구하는 소송을 제기하였다. 이에 대해 乙은 임차보증금을 반환받음과 상환으로만 위 건물부분을 반환할 의무가 있다고 항변하면서 임차보증금 350만원의 지급을 구하는 반소를 제기하였다.

| 판지 |  임대차계약의 기간이 만료된 경우에 임차인이 임차목적물을 명도할 의무와 임대인이 보증금 중 연체차임 등 당해 임대차에 관하여 명도시까지 생긴 모든 채무를 청산한 나머지를 반환할 의무는 모두 이행기에 도달하고 이들 의무 상호간에는 동시이행의 관계가 있다고 보는 것이 상당하다.

- ■ 쟁 점
  이 판결에서는 임차인의 목적물반환채무와 임대인의 보증금반환의무가 동시이행의 관계에 있는지가 문제된 것이다.

- ■ 검토할 사항
  - □ 乙이 甲에게 교부한 보증금은 무엇을 담보하기 위한 금전인가?
  - □ 위 임대차는 언제 종료하였는가?
  - □ 乙이 위 임대차가 종료한 후에도 계속하여 건물을 점유한 것은 불법점유인가?
  - □ 만일 乙이 1976년 1월부터 다방문을 폐쇄하였다면 乙이 열쇠를 甲에게 반환할 때까지의 차임 상당 금원이 임차보증금으로부터 공제되는가? 만일 乙이 계속하

여 다방 영업을 한 경우에는 어떠한가?

■ 관련사례

□ 자기 소유 X건물의 일부를 A에게 임대한 B가 그 건물의 소유권을 C에게 양도하였다. A는 명도를 요구하는 C에게 임차부분을 명도하였으나 그 무렵 A가 행방불명이 됨으로써 보증금을 반환받지 못하였다. 수년이 지난 후 A가 B를 상대로 보증금반환청구소송을 제기하자 B는 소멸시효가 완성되었다고 항변한다. A의 보증금반환채권은 언제부터 소멸시효가 진행하는가? (대판 1996.3.8. 95다15087)

□ A가 B로부터 건물을 임차하여 사용하던 중 원인불명의 화재가 발생하여 건물이 전소하였다. B에게 보험금을 지급한 화재보험자 C가 A를 상대로 구상금지급청구소송을 제기하자, A는 자신의 임차보증금을 공제한 나머지 액수만을 구상금으로 지급할 의무가 있다고 항변한다. A의 항변은 타당한가? (대판 1999.12.7. 99다50729 참조)

□ A는 자기 소유 X건물을 임차보증금 2억 3,500만원에 B회사에게 임대하였다. B회사는 종전의 콘크리트 계단을 헐고 그 공간을 평면으로 슬래브공사를 하여 의류매장으로 사용하고, 그 대신 매장의 가운데를 뚫어서 나선형으로 나무계단을 만들어 사용하였다. 1999.3.31. A와 B회사는 임대차 종료시 원상복구비용으로 1억원을 보증금조로 지불하기로 약정하였다. 1999.4.1. B회사는 임차보증금 중 1억원의 반환채권을 C회사에게 양도하였으며, A는 미납임대료가 우선한다는 조건 하에 그 채권양도를 승낙하였다. 2000.7.20. B회사는 A에게 X건물을 명도하면서 임대차계약을 합의해지하였고 A는 B회사로부터 명도받은 상태 그대로 X건물을 제3자에게 임대하였다. C회사가 A를 상대로 임차보증금지급청구소송을 제기하자 A는 임대차계약 종료시 원상복구비용으로 1억원을 지급하기로 한 약정대로 1억원을 임대차보증금에서 공제하여야 한다고 주장하였다. A의 주장은 타당한가? (대판 2002.12.10. 2002다52657)

□ 甲이 A백화점에게 점포를 임대하고 보증금을 수령하여 이의 반환채무를 지고 있는데, A백화점이 부도가 나서 백화점이 발행한 약속어음의 가치가 현저하게 하락하였다. 甲은 그러한 사정을 잘 알면서 자신이 백화점에 대하여 부담하는 보증금반환채무와 상계할 목적으로 백화점이 발행한 약속어음 20장을 액면가의 40%에도 미치지 못하는 가격으로 할인 · 취득하고, 그 약속어음채권을 자동채권으로 하여 자신의 보증금반환채무와 상계한다고 주장하였다. 甲의 주장은 타당한가? (대판 2003.4.11. 2002다59481)

□ A가 B회사에게 주택을 임대함에 있어서 1995.10.14. C가 A의 임차보증금반환채무를 연대보증하였다. 그 후 A는 주택을 D에게 양도하였다. C의 연대보증채무는 위 주택의 양도로 인하여 소멸하는가? (대판 2003.7.25. 2003다2918)

■ 기타 검토사항

　□ 건물매수인 A가 매도인 B의 임차보증금반환채무를 인수하는 대신에 그 채무액을 매매대금에서 공제하기로 하였다. 매수인이 임차보증금반환채무를 인수하였다는 사실을 알게 된 임차인 C가 B를 찾아가 임차보증금 반환을 위한 담보제공을 요구하였다. B는 건물 중 자신의 지분에 관하여 임차보증금을 한도액으로 하는 근저당권설정등기를 경료해 주었다. 그 후 A가 임차보증금반환채무를 이행하지 않자, B는 A에게 먼저 인수채무의 이행을 요구해 보지도 않은 채, 매매목적물을 제3자에게 다시 임대하여 받은 돈으로 종전 임차인의 임차보증금을 반환하였다. B는 자기의 의무에 관한 이행의 제공 없이 매매계약을 해제하였다. B가 행한 해제권의 행사는 효력이 있는가? (대판 1995. 8. 11. 94다58599)

　□ A회사(건물임차인)는 乙로부터 대출받음에 있어서 乙이 담보를 요구하자 甲(건물임대인)에 대한 임차보증금반환채권을 담보로 제공하기로 하고, A회사의 전무 B가 甲의 총무국장 C에게 보증금반환채권을 담보로 제공하는 데 대하여 승낙을 요청하였다. C는 보증금반환채권을 대출담보용으로만 사용하는 조건으로 이에 동의하였으며, B는 C의 요구에 따라 이러한 내용의 각서를 작성하고 인증을 받아 甲에게 교부하였다. 그런데 A회사가 甲에 대한 위 보증금반환채권을 丙에게 양도하였고, 이에 기해서 丙이 甲에 대하여 임차보증금의 반환을 청구하였다. 甲의 보조참가인인 乙은 위 각서의 교부를 채권양도의 통지로 보아 자신이 먼저 위 보증금을 양수받았다고 주장할 수 있을까? 설령 각서에 甲이 승낙하면 임차보증금반환채권을 乙에게 양도하겠다는 뜻이 담겨 있다고 하더라도 이것이 양도통지로서의 효력이 없는 까닭은 무엇인가? (대판 2000. 4. 11. 2000다2627)

　□ 영업용 건물의 임대차계약으로 임차인 A가 임대인 B에게 권리금 2,500만원을 지급하였다. 그러나 장차 그 임대차가 끝나는 경우에 A가 그 권리금을 B로부터 반환받기로 하는 약정을 하지는 않았다. A는 A가 지급한 권리금은 무이자소비대차 성격의 돈으로서 정상적인 임대차계약이 종료되면 A에게 반환되어야 한다고 주장하며 권리금반환청구의 소를 제기하였다. A의 주장은 타당한가? (대판 2000. 9. 22. 2000다26326)

■ 참고문헌

　□ 이재성, 임차보증금반환청구채권의 양도와 그 추심, 손해배상법의 제 문제(황적인박사 화갑기념논문집), 1990, 757-782.

　□ 이재후, 임대차에 있어서 보증금반환의무와 임차목적물반환의무와의 동시이행관계, 민사판례연구 1권, 1979, 140-152.

　□ 조무제, 임차보증금반환채권이전의 법률관계, 사법논집 제18집, 1987, 89-117.

### (2) 종료 후의 점유로 인한 부당이득 반환의무

**대판 1992.4.14. 91다45202,45219**

· · · · · · · · · · · · · · · · · · · · · · · · · · · · · · · · · · · · · · · · · · · · · · · · · · · · · · · · · · · · · · · · · · · · · · · ·

| **사안** | 甲(원고)의 점포를 乙(피고)이 1988.6.18. 임차하였는데(임차보증금 5,000,000 원, 월 차임 270,000원, 임대기한 1989.5.31.), 乙은 1988.9.30.까지의 차임만을 지급하였다. 위 임대차기간이 종료되자, 甲이 乙에게 8개월분의 연체차임을 공제한 임대보증금만을 돌려받고 점포를 명도할 것을 요구하였다. 이에 乙은, 甲의 귀책사유로 인하여 1988.12.부터 1989.3.까지 약 3개월간 점포에 단전이 되어 영업을 하지 못하였다고 주장하여 甲의 명도청구에 불응하고 임대보증금의 반환을 요구하면서, 1989.6.10. 냉장고·탁자 등 식당영업에 필요한 일체의 집기들은 그대로 둔 채 점포의 문을 폐쇄하였다. 이에 甲은 점포의 명도청구와 아울러 1988.10.1.부터 1989.5.31.까지의 연체차임과 그 다음 날부터 1991. 6.31.까지의 임료상당 부당이득금 중 임대보증금 5,000,000원을 공제한 잔액의 지급청구를 하였다. 이에 대하여 乙은 임대차 종료 후 1989.6.10. 점포를 폐쇄한 후 퇴거하여 그 날 이후 점포를 사용·수익한 바가 전혀 없으므로 乙이 지급해야 할 금원은 5개월분 연체차임 1,350,000원에 불과하다고 주장하면서, 반소로서 임대보증금 중 위 연체차임을 공제한 나머지 3,650,000원 및 乙이 점포를 위하여 지출한 유익비 1,911,500원 등 합계 금 5,561,500원의 지급을 구하였다.

| **판지** | 1) 임대차계약의 종료에 의하여 발생된 임차인의 임차목적물 반환의무와 임대인의 연체차임을 공제한 나머지 보증금의 반환의무는 동시이행의 관계에 있는 것이므로, 임대차계약 종료 후에도 임차인이 동시이행의 항변권을 행사하여 임차건물을 계속 점유하여 온 것이라면 임차인의 그 건물에 대한 점유는 불법점유라고 할 수는 없으나, 그로 인하여 이득이 있다면 이는 부당이득으로서 반환하여야 하는 것은 당연하다.

　그러나 법률상의 원인없이 이득하였음을 이유로 한 부당이득의 반환에 있어서 이득이라 함은 실질적인 이익을 가리키는 것이므로, 법률상 원인 없이 건물을 점유하고 있다 하여도 이를 사용·수익하지 않았다면 이익을 얻은 것이라고 볼 수 없는 것인바, 임차인이 임대차계약 종료 이후에도 동시이행의 항변권을 행사하는 방법으로 목적물의 반환을 거부하기 위하여 임차건물부분을 계속 점유하기는 하

였으나 이를 본래의 임대차계약상의 목적에 따른 사용·수익을 하지 아니하여 실질적인 이득을 얻은 바 없는 경우에는, 그로 인하여 임대인에게 손해가 발생하였다 하더라도 임차인의 부당이득 반환의무는 성립되지 않는다.

　2) 원·피고 사이의 임대차관계가 종료될 때 원고는 그 당시 피고에 대하여 그때까지의 연체차임을 공제한 나머지 보증금의 반환의무가 있었다고 할 것이고, 피고가 원고에 대하여 임차보증금 등의 반환채권과 동시이행의 항변을 하기 위한 방편으로 점포의 명도를 거부하면서 점포를 폐쇄하였으니, 피고가 점포를 폐쇄한 이후에는 비록 그 점유를 계속하고 있다 하더라도 본래의 임대차계약상의 목적에 따른 사용·수익을 한 것이 아니어서 실질적인 이득을 얻은 바는 없다. 원심이 피고가 식당영업에 필요한 집기를 그대로 둔 채 점포의 문을 폐쇄한 사실에만 집착하여 피고에게 점포의 점유·사용으로 인한 이득이 있다고 판시한 것은 부당이득반환의 법리를 오해한 것이다.

- ■ 쟁 점

  이 판결에서는 임차인이 동시이행의 항변권에 기해서 임대인에게 목적물을 반환하지 않은 경우에, 임차인은 그동안의 점유에 관하여 부당이득반환의무를 지는가 하는 점이 문제된 것이다.

- ■ 검토할 사항

  □ 이 사안에서 乙이 차임 상당의 부당이득반환의무를 지지 않는 이유는 무엇인가?

- ■ 참고문헌

  □ 안철상, 임대차 및 전대차 종료 후 전차인의 임차인(전대인)에 대한 목적물의 사용·수익에 따른 부당이득금 반환의무, 판례연구 14집, 2003, 333-368, 부산판례연구회.

  □ 홍성무, 임대차종료후 임차인이 목적물을 계속 점유하는 경우 부당이득이 성립하기 위한 실질적 이득의 의미, 대법원판례해설 17호, 1992, 311-322.

## V. 특수한 임대차

### 1. 주택임대차

#### (1) 주택임차권의 대항력

**대판 2000.2.11. 99다59306**

·········································································································

| 사안 |  A는 아파트 X에 관하여 1995.4.12. 전입신고를 마친 후 처 B 등과 함께 거주하였으며 1995.4.15. 소유권이전등기를 경료하였다. A는 1996.5. C에게 아파트 X를 매도하고 1996.5.2. C와 B 사이에 임대차계약을 체결하고 계속 거주하였다. 1996.5.7. C 명의의 소유권이전등기와 D 명의의 근저당권설정등기가 경료되었다. 그 후 E 명의의 근저당권설정등기가 경료되었다. D가 신청한 임의경매에 의해 아파트 X는 乙(피고)에게 낙찰되었다. 乙은 1997.11.19. 낙찰대금을 완납하였다. B의 임차보증금반환채권에 대하여 전부명령을 받은 甲(원고)은 乙을 상대로 임차보증금의 반환을 청구하였다. 甲은 B가 주택임차권의 대항요건을 갖춘 시기가 D의 근저당권설정시점보다 앞서므로 B의 임차권으로써 낙찰자 乙에게 대항할 수 있다고 주장한 반면, 乙은 B의 임차권의 대항력을 부인하고 임대보증금 지급을 거절하였다.

| 판지 |  1) 경매목적 부동산이 경락된 경우에는 소멸된 선순위 저당권보다 뒤에 등기되었거나 대항력을 갖춘 임차권은 함께 소멸하는 것이고, 따라서 그 경락인은 주택임대차보호법 제3조에서 말하는 임차주택의 양수인 중에 포함된다고 할 수 없을 것이므로 경락인에 대하여 그 임차권의 효력을 주장할 수 없다.

   2) 주택임대차보호법 제3조 제1항에서 주택의 인도와 더불어 대항력의 요건으로 규정하고 있는 주민등록은 거래의 안전을 위하여 임차권의 존재를 제3자가 명백히 인식할 수 있게 하는 공시방법으로 마련된 것으로서, 주민등록이 어떤 임대차를 공시하는 효력이 있는가의 여부는 그 주민등록으로 제3자가 임차권의 존재를 인식할 수 있는가에 따라 결정된다고 할 것이므로, 주민등록이 대항력의 요건을 충족시킬 수 있는 공시방법이 되려면 단순히 형식적으로 주민등록이 되어 있다는 것만으로는 부족하고, 주민등록에 의하여 표상되는 점유관계가 임차권을 매개

로 하는 점유임을 제3자가 인식할 수 있는 정도는 되어야 한다.

　제3자로서는 이 사건 아파트에 관하여 A로부터 C 앞으로 소유권이전등기가 경료되기 전에는 A의 처 B의 주민등록이 소유권 아닌 임차권을 매개로 하는 점유라는 것을 인식하기 어려웠다 할 것이므로, B의 주민등록은 이 사건 아파트에 관하여 C 명의의 소유권이전등기가 경료된 1996.5.7. 이전에는 주택임대차의 대항력 인정의 요건이 되는 적법한 공시방법으로서의 효력이 없고, 1996.5.7.에야 비로소 B와 C 사이의 임대차를 공시하는 유효한 공시방법이 된다고 할 것이며, 주택임대차보호법 제3조 제1항에 의하여 유효한 공시방법을 갖춘 다음날인 1996.5.8.부터 B는 임차인으로서 대항력을 갖는다고 할 것인데 그에 앞서 1996.5.7. 설정된 근저당권이 낙찰로 인하여 소멸함으로써 이 사건 임차권 역시 함께 소멸하게 되어 임차인은 임차주택의 낙찰자인 피고에 대해 그 임차권의 효력을 주장할 수는 없다고 할 것이다.

- 쟁 점

  이 판결은 주택의 매도인과 매수인 사이에 점유개정에 의하여 임대차가 성립하는 경우, 종전 임차인으로서의 주민등록은 언제부터 임차권의 대항력을 발생시키는가 하는 점이 문제된 것이다.

- 검토할 사항

  □ 선순위저당권자보다 나중에 대항요건을 갖춘 중간임차인의 법적 지위는 어떠한가?

  □ 임차인이 종전부터 소유자의 지위에서 주택을 점유하고 주민등록을 하고 있었던 경우, 기존의 주민등록이 임대차의 대항요건으로서 대항력을 갖는 시기는 언제인가? 즉 B는 언제부터 임차인으로서 대항력을 갖는가?

- 관련사례

  □ 1982.9.18. A가 B 소유의 주택에 관하여 그 임차기간을 같은 해 10.17.부터 12개월로 하는 임대차계약을 체결하고 1982.10.17. 위 부동산을 인도받고 1982.11.3. 주민등록법상의 전입신고까지 마쳤다. 그 후 위 주택에 근저당권이 설정되었다. 1983.4.23. A가 주민등록을 다른 주소로 옮겼다가 1983.10.19. 다시 위 주택의 주소로 전입하였다. 그 후 위 근저당권이 실행되어 C가 위 주택을 경락받았다. A는 자신의 임차권으로써 C에게 대항할 수 있는가? (대판 1987.2.24. 86다카1695; 대판 1998.1.23. 97다43468)

□ 임차인의 가족의 주민등록은 그대로 둔 채 임차인만 주민등록을 일시 다른 곳으로 옮긴 경우라면 어떠한가? (대판 1996.1.26. 95다30338).

□ 사업자등록을 마친 상가건물임차인이 폐업신고를 하였다가 같은 상호 및 등록번호로 사업자등록을 한 경우에는 어떠한가? (대판 2006.10.13. 2006다56299)

□ A가 1986.4.24. 주민등록전입신고를 마치고 자기 소유의 X주택에 거주하고 있었다. 그 후 A는 X주택을 B에게 매도(B 명의의 소유권이전등기를 경료)하였으나 1990.11.27. B와 X주택의 1층에 관하여 전세계약을 체결하고 X주택에 계속 거주하였다. X주택에는 1991.3.15. C조합 명의의 근저당권설정등기, 1991.4.13. D 명의의 근저당권설정등기, 1991.7.6. A 명의의 전세권설정등기가 경료되었는데, 저당권자 D가 X주택에 대한 임의경매를 신청하여 1991.12.9. E가 경락받았다. 이 경우 A는 자신의 임차권으로써 경락인 E에게 대항할 수 있는가? (대판 1993. 11.23. 93다10552, 10569 참조)

□ B는 A회사가 소유하는 X주택을 임차하면서 임대차기간 만료 후에는 주택 X를 분양받기로 약정한 상태에서, 다시 그 주택을 C에게 임대하였다. C의 임차기간은 1996년 1월 2일부터 1996년 10월까지로 하였다. C는 X주택에 입주한 뒤 1996.1.12. 주민등록전입신고를 마쳤다. 위 임차기간 만료 후에도 당사자 사이에 아무런 이의 없이 C가 X주택을 계속하여 사용, 수익하였다. 1996.12.11. A회사로부터 X주택을 분양받은 B는 1997.3.19. B 명의의 소유권이전등기와 D 명의, E 명의의 근저당권설정등기를 경료하였다. 저당권자 E의 경매신청으로 X주택을 낙찰받은 F에게 C는 자신의 임차권으로써 대항할 수 있는가? (대판 2001.1.30. 2000다58026, 58033; 대판 2002.11.8. 2002다38361, 38378)

□ A가 아파트 X를 B에게 분양함에 있어 "중도금 지급을 위한 대출을 받은 수분양자가 아파트에 입주하기 위하여는 그 대출금을 상환하거나 담보대출로의 전환을 위한 제반 서류 및 비용을 대출은행 등에 제출 또는 완납하여야 한다"는 약정이 이루어졌다. B는 A의 연대보증 하에 A가 지정하는 은행으로부터 대출을 받아 중도금을 납부하였다. 2004.2.18. B의 대출금채무를 인수하고 수분양자 지위를 양수한 C가 아파트 X를 D에게 임대하였다. 그런데 C는 대출금채무를 상환하거나 이를 담보대출로 전환하지도 아니하였지만 2004.2.26. 관리사무실로부터 열쇠를 교부받아 D를 입주케 하였다. D는 2004.2.27. 주민등록전입신고를 하였다. A는 B의 대출금 연체이자를 대위변제하고 분양계약을 해제한 후 D를 상대로 명도청구소송을 제기하였다. D는 자신의 임차권으로써 A에게 대항할 수 있는가? (대판 2008.4.10. 2007다38908)

■ 기타 검토사항

□ X토지상 미등기무허가건물의 방 2칸 부엌 1칸 약 10평을 B가 A로부터 임차(보

증금 300만원)하고 주민등록 전입신고를 마쳤다. 1981.9.21. C가 A에게 2,000만원을 대여하면서 이에 대한 담보의 목적으로 X토지 중 A 소유인 519/839 지분에 관하여 1981.9.22. C 명의의 소유권이전등기청구권 보전을 위한 가등기를 경료하였다. 1981.10.에는 A와 C가 제소전 화해를 하였는데, 그 목적물에는 위 미등기무허가건물이 포함되어 있었다. A가 대여금을 변제하지 아니하자 C가 1984.5.1. 위 가등기에 기한 본등기를 경료하였다. B는 C에게 점유건물부분과 상환으로 임차보증금의 반환을 청구할 수 있는가? (대판 1987.3.24. 86다카164)

☐ 대지 X는 원래 甲(반소원고) 및 소외 A의 소유였는데, 소외 B가 1992.8.12. 甲으로부터 대지 X를 대금 2억7천만원에 매수하면서 계약금과 중도금으로 합계 금 1억8천만원을 먼저 지급하고 나머지 잔대금은 위 대지에 신축할 12세대의 다세대주택을 타인에게 분양하여 수령할 분양대금에서 우선적으로 지급하기로 하되, 그 지급을 담보하기 위하여 위 다세대주택의 건축허가를 甲의 명의로 받기로 약정하였다. 그 후 B는 자신의 노력과 비용을 들여 위 12세대의 다세대주택의 건축을 모두 완성한 다음 잔대금 지급채무의 담보를 위하여 그에 관하여 1993.8.7.자로 甲과 A 명의로 각 소유권보존등기를 하여 두었다. B는 위 12세대 중 11세대를 제3자에게 분양하고, 甲은 B로부터 대지 X의 매매대금 명목으로 분양대금을 수령한 후 수분양자들 앞으로 그 각 소유권이전등기를 경료하여 주었으나, 나머지 한 세대인 이 사건 건물 Y는 B와 甲 사이의 매매 잔대금 지급내역에 관한 다툼으로 타인에게 분양을 하지 못하고 있었다. 그러던 중 乙(반소피고)은 1995.3.29. B를 대리한 소외 C, D로부터 건물 Y를 임대차보증금을 금 3천만원, 임대차기간을 1995.4.2.부터 12개월로 정하여 임차한 다음 1995.4.12. 전입신고를 마친 이래 위 임대차계약을 묵시적으로 갱신하면서 이 사건 건물을 점유·사용하여 왔다. 한편 B는 이 사건 대지 X의 매매 잔대금 중 금 6천만원 및 그에 대한 지연손해금을 지급하지 않고 있다. 이에 甲은 이 사건 건물 Y에 관하여 담보 목적의 소유권보존등기를 경료한 양도담보권자로서, 그 담보권 실행을 위하여 건물 Y의 임차인인 乙에 대하여 건물 Y의 명도를 청구하였다. 甲의 청구는 타당한가? (대판 2001.1.5. 2000다47682)

☐ 주택 X를 A가 양수하고 B에게 임대한 후 A 명의의 소유권이전등기가 경료되었다. B가 임차주택 주소지로 주민등록을 마친 후 C 명의의 근저당권설정등기가 경료되었다. 그 후 A의 동의를 얻은 전차인 D가 주민등록의 전입신고를 마치고 주택을 인도받았으며 B는 주민등록을 퇴거하였다. 위 근저당권의 실행으로 경락인 E가 소유권을 취득하였다. 이때 D는 B의 동시이행 항변권을 채용하여 B가 임차보증금의 반환을 받을 때까지 주택 X를 적법하게 점유, 사용할 권리가 있다고 주장할 수 있는가? (대판 1988.4.25. 87다카2509)

□ 점포 X를 임차한 A가 부가가치세법에 따른 사업자등록을 마치고 스넥코너 영업을 하다가 2003.5.27. B에게 점포 X를 전대하였다. 이제 A는 영업을 그만두고 B가 스넥코너 영업을 하였지만 B는 사업자등록을 하지 않았다. 그 후 점포 X에 대해 경매가 행해지는 경우 A는 자신의 사업자등록에 기하여 대항력 또는 우선변제권을 행사할 수 있는가? (대판 2006.1.13. 2005다64002)

■ 참고문헌

□ 김학동, 미등기매수인과 맺은 주택임대차의 대항력, 민법학의 현대적 양상(서민교수 정년기념논문집), 2006, 289-302.

□ 소건영, 주택임대차보호법의 대항력—주민등록을 중심으로—, 법학연구 33집, 2009, 87-109, 한국법학회.

□ 이은희, 주택임차권의 공시방법으로서의 주민등록, 민주법학 20호, 2001, 221-234.

□ 이창한, 경매절차에서 낙찰인이 주민등록은 되어 있으나 대항력은 없는 종전 임차인과의 사이에 새로이 임대차계약을 체결한 경우 종전 임차인이 임차권의 대항력을 취득하는 시기, 대법원판례해설 42호, 2003, 49-62.

## (2) 주택임차인의 우선변제권

### 대판 2007.6.28. 2004다69741

‥‥‥‥‥‥‥‥‥‥‥‥‥‥‥‥‥‥‥‥‥‥‥‥‥‥‥‥‥‥‥‥‥‥‥‥‥‥‥‥‥‥‥‥

| 사안 |   B가 소유하는 인천광역시 소재 아파트 X에 乙은행(피고)이 2002.8.3. 채권최고액 6,240만원의 근저당권을 설정받았다. 甲(원고)은 B와의 2002.9.27.자 임대차계약에 기하여 같은 날 아파트 X에 입주하였는데 임대차보증금은 1,700만원이고 임대차기간은 24개월이었다. 甲은 2002.10.29. 아파트 X의 지번으로 주민등록 전입신고를 하고 계약서상 확정일자를 받았으며, 2002.11.4.에는 甲 명의의 전세권설정등기(전세금 1,700만원, 존속기간 2004.9.27.까지)를 경료하였다. 2003.4.2. 乙은행이 아파트 X에 대한 임의경매를 신청하였는데 2003.4.21. 甲은 사정이 있어서 주민등록을 다른 곳으로 옮겼다. 2003.12.26. 매각허가결정이 내려졌다. 2004.1.16. 甲 명의의 전세권설정등기가 말소되었다. 2004.2.27. 경매법원은 경락대금 2,075만원 중 27,000원을 인천시 C구청에게, 나머지를 乙은행에게 배당하였다. 甲은 그 주민등록의 이전에 앞서 전세권 설정등기를 경료한 만큼, 주택임대차보호법 소정 소액임차인으로서 위 전세금 중 일부 금 9,794,329원을 우선 배당받

을 권리가 있다고 주장하며 乙은행을 상대로 배당이의의 소를 제기하였다.

| 원심 |  전세권은 목적물에 대한 배타적 용익 및 그 전세금의 우선변제를 내용으로 하는 물권으로, 전세권자는 존속기간의 만료에 따라 그간의 점유 여하를 불문하고 목적물의 경락대금에서 전세금을 우선변제받을 권리를 보유하는 반면, 임차권은 목적물을 용익할 수 있는 채권에 불과하여, 임차권자는 원칙적으로 임차기간의 만료에 따라 임대인을 상대로 그 보증금의 반환을 구할 수 있을 따름인바, 가사 주택 임차인이 그 지위를 강화하고자 별도로 전세권 설정계약을 체결하여 그 등기를 경료한 경우라 할지라도 주택 임차인으로서 가지는 그 대항력 또는 우선변제권과 전세권자로서 가지는 우선변제권은 그 각 근거규정과 성립요건 및 효과 등을 서로 달리하는 별개의 것이므로, 원고와 같이 이미 그 주민등록을 이전한 전세권자가 그 설정 당시 주택 임차인으로서 대항력 또는 우선변제권을 일시 가졌다 할지라도, 이와 달리 그 등기로 타에 주민등록 및 입주일 등이 공시될 뿐더러 이후 계속적인 점유를 요하지 아니하는 위 주택임대차등기 또는 임차권등기명령의 집행에 의한 임차권등기를 경료한 주택 임차인과 같이 볼 수는 없는 만큼, 대항요건을 상실한 전세권자의 경우 그 대항력 또는 우선변제권이 계속 유지된다고 할 수는 없다 할 것이고, 또한 원고의 주장과 같이 전세권자가 그 임차 주택을 계속적으로 점유하여 왔다 할지라도, 이로써 곧 소액임차인의 우선변제권에 한하여서라도 그 예외를 인정할 사정은 될 수 없다 할 것이다.

| 판지 |  전세권은 전세금을 지급하고 타인의 부동산을 점유하여 그 부동산의 용도에 좇아 사용·수익하며 그 부동산 전부에 대하여 후순위권리자 기타 채권자보다 전세금의 우선변제를 받을 권리를 내용으로 하는 물권이지만, 임대차는 당사자 일방이 상대방에게 목적물을 사용, 수익하게 할 것을 약정하고 상대방이 이에 대하여 차임을 지급할 것을 약정함으로써 그 효력이 발생하는 채권계약으로서, 주택 임차인이 주택임대차보호법 제3조 제1항의 대항요건을 갖추거나 민법 제621조의 규정에 의한 주택임대차등기를 마치더라도 채권계약이라는 기본적인 성질에 변함이 없다.

이러한 차이와 더불어, 주택임차인이 그 지위를 강화하고자 별도로 전세권설정 등기를 마치더라도 주택임대차보호법상 주택임차인으로서의 우선변제를 받을 수 있는 권리와 전세권자로서 우선변제를 받을 수 있는 권리는 근거 규정 및 성립요

건을 달리하는 별개의 것이라는 점, 주택임대차보호법 제3조의3 제1항에서 규정한 임차권등기명령에 의한 임차권등기와 동법 제3조의4 제2항에서 규정한 주택임대차등기는 공통적으로 주택임대차보호법상의 대항요건인 '주민등록일자', '점유개시일자' 및 '확정일자'를 등기사항으로 기재하여 이를 공시하지만 전세권설정등기에는 이러한 대항요건을 공시하는 기능이 없는 점, 주택임대차보호법 제3조의4 제1항에서 임차권등기명령에 의한 임차권등기의 효력에 관한 동법 제3조의3 제5항의 규정은 민법 제621조에 의한 주택임대차등기의 효력에 관하여 이를 준용한다고 규정하고 있을 뿐 주택임대차보호법 제3조의3 제5항의 규정을 전세권설정등기의 효력에 관하여 준용할 법적 근거가 없는 점 등을 종합하면, 주택임차인이 그 지위를 강화하고자 별도로 전세권설정등기를 마쳤더라도 주택임차인이 주택임대차보호법 제3조 제1항의 대항요건을 상실하면 이미 취득한 주택임대차보호법상의 대항력 및 우선변제권을 상실한다고 봄이 상당하다.

- **쟁 점**

  이 판결은 주택임대차보호법 제3조 제1항의 대항요건을 상실한 주택임차인에게 소액보증금 우선변제권이 인정되는가 하는 점이 문제된 것이다.

- **검토할 사항**

  □ 주택임차인에게 소액보증금 우선변제권이 인정되기 위한 요건은 무엇인가?

  □ 甲에게 소액보증금 우선변제권이 인정되는 경우 경매대가는 어떻게 배당되는가?

  □ 甲에게 소액보증금 우선변제권이 인정되지 않는 이유는 무엇인가?

- **관련사례**

  □ 甲은 A로부터 광주광역시 소재 아파트 X를 임차보증금 3,300만원에 임차하여 1995.3.22. 주민등록 전입신고를 마치고 1995.7.4. 계약서상 확정일자를 부여받았다. 그 후 甲은 A를 상대로 보증금반환청구소송을 제기하여 승소판결을 받은 뒤 그 확정판결에 기하여 아파트 X에 대한 강제경매를 신청하였다. 아파트 X는 B에게 낙찰되었다. 甲은 임차보증금 전액에 대하여 배당요구를 하였으나 전액을 배당받을 수 없었다. 甲은 임차보증금을 반환받기 위하여 다시 아파트 X에 대한 강제경매를 신청하였다. 甲은 이 제2경매에서도 우선변제권을 갖는가? (대판 2006.2.10. 2005다21166)

  □ 경기도 광주군에 소재하는 4층의 다세대주택 Y는 그 부지 소유자인 A가 신축한

것이지만 미등기인 상태이다. B는 A와 Y건물의 일부에 관하여 보증금 3,300만원에 임대차계약을 체결하고 전입신고를 마친 후 점유하며 사용수익하였다. 그 후 A는 위 부지를 C에게 매각하고 소유권이전등기를 경료하여 주었다. 위 부지에 대한 저당권자 D은행의 신청에 의하여 임의경매가 개시된 경우에 B는 부지의 경매대가에 대해 임차보증금우선변제권을 갖는가? [대판(전) 2007.6.21. 2004다26133]

■ 기타 검토사항

  □ 대항력 있는 임차인이 보증금의 일부만 배당받아 임차주택 전부를 계속 사용·수익하는 경우, 낙찰자는 임차인에 대하여 어떠한 권리를 갖는가?
  □ 경매절차에서 최선순위 확정일부 임차인이 배당요구를 한 경우 그 확정일자 이후에 경료된 소유권이전등기청구권의 보전을 위한 가등기는 말소대상인가?

■ 참고문헌

  □ 남해광, 주택임대차보호법상의 소액임차인과 관련하여, 재판실무연구 2003, 2004, 77-91, 광주지방법원.
  □ 류원규, 주택임차인의 우선변제권행사의 일회성, 민사판례연구 22권, 2000, 138-165.
  □ 이정일, 미등기 주택 임차인의 우선변제권—대법원 2007.6.21. 선고 2004다26133 전원합의체판결—, 판례연구 20집, 2009, 219-250, 부산판례연구회.
  □ 지영난, 미등기주택을 임차하여 주택임대차보호법상 대항력 및 확정일자를 갖춘 임차인이 그 주택 대지환가대금에 대한 우선변제권을 행사할 수 있는지 여부, 대법원판례해설 68호, 2008, 180-209.

## (3) 대항력과 우선변제권의 관계

### 대판 1987.2.10. 86다카2076

| 사안 | 乙(피고)은 1980.8.15. X주택의 소유자 A로부터 방 1칸, 부엌 1칸을 임차보증금 250만원에 임차하여 인도받고 1980.9.2. 주민등록 전입신고를 마쳤다. 1983.1.5. 乙은 같은 보증금에 기간을 1년으로 하는 임대차계약을 A와 새로이 체결하였다. 그 후 1983.2.4. X주택에 B 명의의 근저당권설정등기가 경료되었다. B가 X주택에 대한 임의경매를 신청하자 乙은 배당요구신청을 하였다가 취하하였다. 甲(원고)은 1984.12.4 X주택을 경락받아 소유권을 취득하였다. 甲이 乙을 상

대로 건물명도청구소송을 제기하자, 乙은 보증금의 지급과 상환으로만 인도의무가 있다는 동시이행의 항변을 하였다.

| **원심** | 피고와 위 A 사이의 위 임대차계약은 그 기간만료 후에도 묵시적으로 갱신되어 왔다 할 것이고, 원고는 피고의 주민등록전입신고일 이후에 성립된 위 근저당권의 실행에 따른 경락인으로서 위 건물의 전소유자인 위 A의 임대인으로서의 지위를 승계한 것으로 보아야 할 것이므로 원고는 피고에 대하여 임차보증금을 반환함과 상환하여서만 임차목적물의 명도를 구할 수 있는 것이고, 위 경락당시 피고의 임대차계약이 유효하게 존속하고 있었던 이상 피고가 경매절차에서 우선변제받아야 할 의무가 있다고 할 수는 없으므로, 비록 피고가 경매절차에서 배당요구를 하지 않았다고 하여도 보증금반환청구권을 포기한 것이라고 단정할 수 없다.

| **판지** | 주택임대차보호법 소정의 요건을 갖춘 임차인은 임차인의 보호를 위한 동법의 취지에 비추어 볼 때, 임차주택의 양수인에 대항하여 보증금의 반환을 받을 때까지 임대차관계의 존속을 주장할 수 있는 권리와 소액의 보증금에 관하여 임차주택의 가액으로부터 우선변제를 받음과 동시에 임차목적물을 명도할 수 있는 권리를 겸유하고 있다.

- **쟁 점**

  이 판결은 대항력 있는 임차인이 우선변제권을 행사하지 않은 경우 대항력을 포기한 것인가 하는 점이 문제된 것이다.

- **검토할 사항**

  □ X주택의 경매절차에서 乙은 대항력 있는 임차인인가?
  □ X주택의 경락 당시 乙의 임대차계약이 유효하게 존속하고 있었는가?
  □ 대항력이 있는 임차인은 목적건물의 경매절차에서 그 보증금을 우선변제받아야 할 의무가 있는가? 우선변제권을 행사하지 않은 경우 대항력을 포기하는 것인가?

- **관련사례**

  □ 아파트 X에 소유자인 A가 전입신고를 마치고 거주하다가 2000.6.27. B에게 매도하고 B로부터 다시 임차(임차보증금 1억 7,000만원)하여 계속 거주하였다. 2000.6.29. A는 임대차계약서에 확정일자를 받았으며 B 명의의 소유권이전등기가 경료되었다. 다음날인 2000.6.30. C은행 명의의 근저당권설정등기(채권최고액 3억 9,000만원)가 경료되었다. 그 후 C은행이 아파트 X에 대한 근저당권을 실

행하여 경락인 D가 2001.8.13. 경락대금을 완납하였다. 2001.9.20. 경매법원이 A에게 1억 7,000만원을 배당하는 배당표를 작성하자 C은행이 A의 배당액 전부에 대하여 이의를 제기하고 배당이의의 소를 제기하였으나 2002.3.29. C은행의 청구를 기각하는 판결이 선고되었다. 2002.6.20. A가 아파트 X를 D에게 명도하였고 2002.10.23. C은행의 항소를 기각하는 판결이 선고되고 2002.11.15. 위 판결이 확정되었다. 경락인 D는 임차인 A가 2002.6.20.까지 아파트 X를 점유하여 사용·수익한 것에 대하여 부당이득의 반환을 청구할 수 있는가? (대판 2004.8. 30. 2003다23995)

□ 甲의 주택에 A의 저당권이 존재하고 그 후 이를 임차한 B가 대항요건을 갖추었으며 그 후 C의 저당권이 설정되었는데, 위 주택에 강제집행이 실행되고 乙이 이를 경락받았다. 그런데 乙이 경락대금을 지급하기 직전에 A에게 저당채무를 변제하였다. B는 임차권에 관하여 대항력을 가지는가? 甲은 제578조 제3항에 의하여 손해배상책임을 지는가? [대판 2003.4.25. 2002다70075. 이의 내용은 매매 담보책임 부분에서 소개한다(172면)]

□ X주택에 A 명의 근저당권설정등기(채권최고액 375만원)가 경료된 후 임차인 B가 대항요건을 갖추었다(임차보증금 5,000만원). 그 후 C 명의의 근저당권설정등기(채권최고액 4,500만원)가 경료되었다. X주택에 대한 경매가 개시되어 1998.3.5. 낙찰허가결정을 선고받은 甲은 1998.3.26.을 대금지급기일로 지정받았다. 그런데 1998.3.24. A 명의의 근저당권설정등기가 말소되었다. 이 경우 甲은 경매법원에 낙찰허가결정의 취소를 신청할 수 있는가? (대결 1998.8.24. 98마1031)

■ 기타 검토사항

□ 임대차가 종료된 경우에 배당요구를 한 임차인이 낙찰허가결정이 확정된 후 임대차기간이 종료되지 않았음을 주장하면서 우선변제권의 행사를 포기하고 낙찰자에게 대항력을 행사할 수 있는가? (대판 2001.9.25. 2000다24078)

■ 참고문헌

□ 김제완, 주택임대차보호법에 있어서 임차인의 대항력과 우선변제권의 경합문제에 관한 고찰, 안암법학 12호, 2001, 239-278.

□ 민일영, 주택임대차보호법상 대항력과 우선변제청구권의 상호관계―주택임대차보호법 제3조의5의 해석에 관한 시론, 저스티스 33권 1호, 2000, 37-53.

□ 박용표, 주택임대차보호법상 대항력과 우선변제권을 겸유하는 임차인에 대한 배당표가 확정될 때까지의 사용·수익과 부당이득, 판례연구 17집, 2006, 287-321, 부산판례연구회.

## 2. 상가건물임대차

### 대판 2000.9.22. 2000다26326

| 사안 |  甲(원고)이 乙(피고) 소유의 영업용 건물을 임차하면서 甲은 乙에게 보증금 이외에 권리금이라는 이름으로 25,000,000원을 지급하였으며, 장차 임대차가 끝나는 경우에 甲이 권리금을 乙로부터 반환받기로 약정한 바는 없다. 위 임대차 기간이 종료된 후 甲이, 자신이 지급했던 권리금은 무이자 소비대차 성격의 돈으로서 정상적인 임대차계약이 종료되면 자신에게 반환되어야 한다고 주장하면서, 乙에 대하여 이의 반환을 청구하였다.

| 판지 |  영업용 건물의 임대차에 수반하여 임차인이 임차보증금이나 차임 외에 임대인에게 지급하는 권리금 이름의 돈에 관하여는 그의 성격이나 반환의무의 발생 등 효력이 그 임대차 당사자 간의 약정이나 관련 상관습에 따라 정하여질 일이다. 따라서 그 권리금을 반환하기로 한 약정이나 상관습이 있었다면 그 약정 등에 따라 임대인은 그 권리금을 반환할 의무를 진다. 그러한 약정이나 상관습이 없었다면, 반대되는 사정이 없는 한 권리금을 지급받았던 임대인으로서는 임차인에게 그 권리금을 반환할 의무를 지지 않는다고 함이 옳다.

즉 영업용 건물의 임대차에 수반되어 행하여지는 권리금의 지급은 임대차계약의 내용을 이루는 것은 아니고, 권리금 자체는 거기의 영업시설·비품 등 유형물이나 거래처·신용·영업상의 노하우(know-how) 또는 점포 위치에 따른 영업상의 이점 등 무형의 재산적 가치의 양도 또는 일정 기간 동안의 이용대가라고 볼 것이어서, 그 유형·무형의 재산적 가치의 양수 또는 약정기간 동안의 이용이 유효하게 이루어진 이상 임대인은 그 권리금의 반환의무를 지지 아니하며 다만, 임차인은 당초의 임대차에서 반대되는 약정이 없는 한 임차권의 양도 또는 전대차의 기회에 부수하여 자신도 그 재산적 가치를 다른 사람에게 양도 또는 이용케 함으로써 권리금을 지급받을 수 있을 것이다.

따라서 임대인이 그 임대차의 종료에 즈음하여 그 재산적 가치를 도로 양수한다든지 권리금 수수 후 일정한 기간 이상으로 그 임대차를 존속시켜 그 가치를 이용케 하기로 약정하였음에도 임대인의 사정으로 중도 해지됨으로써 약정기간 동안의 그 재산적 가치를 이용케 해주지 못하였다는 등의 특별한 사정이 있을 때에만 임대인은 그 권리금 전부 또는 일부의 반환의무를 진다고 함이 타당하다.

- ■ 쟁 점

  이 판결은 영업용 건물의 임대차에 있어서 임대인이 권리금 반환의무를 지는가 하는 점이 문제된 것이다.

- ■ 검토할 사항

  □ 권리금의 의의와 성질을 살피시오.

  □ 임대인은 언제 권리금 반환의무를 지는가?

- ■ 관련사례

  □ 기간의 정함이 있는 전대차계약에서 권리금이 지급되었는데 계약기간 중에 전대차계약이 해지되어 종료된 경우에, 전대인은 전차인에게 권리금을 반환할 의무를 지는가? 그 범위는 어떠한가? (대판 2001.11.13. 2001다20394,20400)

  □ 甲이 乙의 점포를 임차하면서 乙에게 지급했던 권리금(1억 8,000만원)을 회수할 수 있도록 임대차기간을 5년으로 할 것을 요구하였는데, 乙이 임료 조정 문제로 이를 거절하면서 임대차기간을 일단 2년으로 정하되, 이 기간이 만료되더라도 임료를 조정하여 임대차계약을 갱신하자는 취지로 제의함에 따라 임대차기간이 2년으로 정해졌다. 그런데 점포에 관하여 乙이 관할구청으로부터 주차장법 위반으로 고발을 당하는 등 乙의 사정으로 당초의 약정과 달리 임대차계약 갱신을 거절하였다. 甲은 권리금의 일부를 반환청구할 수 있는가? (대판 2008.4.10. 2007다76986,76993)

- ■ 참고문헌

  □ 조성민, 권리금의 법적 성질과 반환의무, 판례월보 365호(2001.2.), 7-12.

  □ 최진이, 상가건물임대차보호법의 문제점과 개선방안에 관한 고찰, 기업법연구 19권 1호(2005.3.), 293-322, 한국기업법학회.

# 제3절 노무공급형계약

## 제1관 고 용

### 1. 안전배려의무

**대판 2001.7.27. 99다56734**

-----------------------------------------------------------------

| **사안** |  甲(원고 1)과 乙(원심공동피고 1)은 丙회사(피고)에 근무하는 자이다. 丙은 회사(공장) 내에 기숙사를 마련하고 고등학교를 갓 졸업한 정도의 미성년자를 다수 입주시켜 공동생활을 하게 하였는 바, 甲과 乙 역시 이 기숙사에서 함께 생활해 왔다. 그런데 평소 甲이 자신에 대하여 나쁜 이야기를 하고 다녔다는 이유로 앙심을 품고 있던 乙이 어느 날 밤에 기숙사(6호실)에서 잠을 자고 있던 甲을 폭행하였으며, 그리하여 甲의 기숙사실에 있던 다른 근로자들 간에서 구타행위가 계속되는 등 기숙사와 옥상 등에서 30분 가량에 걸쳐 소란이 일었다. 이에 폭행당한 甲 등이 乙 등 및 丙에 대하여 손해배상을 청구하였다.

소송에서는 丙의 손해배상책임이 주된 쟁점이 되었는 바, 이에 관해서만 살핀다.

| **원심** |  피고 회사로서는 생산직 사원 확보와 3교대 근무자의 정시출근을 위하여 기숙사를 마련하고 고등학교를 갓 졸업한 정도의 미성년자를 다수 입주시켜 공동생활을 하게 하는 경우라면, 그 입주자들 사이에서 술에 취하거나 감정을 주체하지 못한 상태에서 싸움을 벌이는 등의 사태가 발생하리라는 것을 어느 정도 예견할 수 있고, 더구나 그러한 사태는 흔히 야간에 발생하기 쉬우므로, 야간에 기숙사를 통제·관리하는 관리자를 별도로 두어 그로 하여금 통제·관리케 하는 등의 방법으로 이 사건과 같은 사고의 발생을 방지하는 데 만전을 기함으로써 기숙사에 입주한 소속 근로자의 안전보호에 최선을 다할 주의의무가 있음에도 이를 게을리하여 30분 가량이나 되는 비교적 긴 시간에 걸쳐 서로 언성을 높이면서 위 기숙사 내 6호실과 그 옥상에서 일어난 나머지 피고들의 이 사건 구타행위를 저지하지 못한 점에서 기숙사 관리 등에 있어서 과실이 있다고 봄이 상당하고, 따라서 피고 회

사도 불법행위자로서 이 사건 사고로 인하여 원고들이 입은 손해를 배상할 의무가
있다고 판단하였다.

| 판지 |  사용자는 근로계약에 수반되는 신의칙상의 부수적 의무로서 피용자가
노무를 제공하는 과정에서 생명·신체·건강을 해치는 일이 없도록 인적·물적
환경을 정비하는 등 필요한 조치를 강구하여야 할 보호의무를 부담하고, 이러한
보호의무를 위반함으로써 피용자가 손해를 입은 경우 이를 배상할 책임이 있다.
그리고 이 사건 사고 당시 시행되던 구 근로기준법 제101조 제1항은 "사용자는 사
업의 부속 기숙사에 대하여 근로자의 건강, 풍기와 생명의 보지에 필요한 조치를
강구하여야 한다"라고 규정하고 있으므로, 피고 회사는 이 사건 기숙사를 설치·
관리함에 있어서 입사자들의 생명·신체·건강을 해치는 일이 없도록 필요한 조
치를 강구하여야 할 보호의무를 부담한다고 할 것이다.

그러나 사용자에게 그러한 보호의무가 있다고 하더라도 그 구체적 내용은 근로
자의 직종·노무내용·노무제공장소 등 보호의무가 문제되는 당해 구체적 상황
등에 의하여 다를 수밖에 없는 것이고, 이 사건과 같은 기숙사에 관하여 보면 기숙
사의 규모·시설·위치와 주위 환경, 입사자의 수 및 성별과 나이, 회사의 규모 등
구체적인 상황 등에 따라 보호의무의 내용이 결정되어야 할 것이다.

원심은, 피고 회사가 고등학교를 갓 졸업한 정도의 미성년자를 다수 입주시켜
공동생활을 하게 하는 경우라면, 그 입주자들 사이에서 술에 취하거나 감정을 주
체하지 못한 상태에서 싸움을 벌이는 등의 사태가 발생하리라는 것을 어느 정도
예견할 수 있는 것이고, 더구나 그러한 사태는 흔히 야간에 발생하기 쉬운 것이므
로 야간에도 기숙사를 통제·관리하는 관리자를 별도로 두어야 한다고 판단하여,
피고 회사에 대한 보호의무의 내용으로 야간에도 별도의 기숙사 관리자를 둘 것을
요구하고 있다.

그러나 이 사건 기숙사는 피고 회사에 의하여 무료로 제공되고, 그 입사가 강제
되는 것은 아닌 사실, 이 사건 기숙사는 방 6개 정도의 규모로, 피고 회사 공장 건
물의 2층 일부를 사용하고 있었으며 주위와 담장으로 격리된 공장건물 내에 위치
하며, 사고 당시 입사자의 수는 34명 정도이고, 피고 회사에서는 3교대 근무를 하
므로 통상 기숙사에는 20여 명 정도가 기거하게 되는 사실, 그리고 그들은 모두 고
등학교를 졸업한 20세 직전과 직후의 남자들이고, 당시 정문에는 24시간 수위가
출입자를 통제하고 있었으며, 이 사건 사고 이전에 이 사건과 같은 기숙사 내 폭력

사고는 한 번도 발생한 일이 없었던 사실, 피고 회사는 인터폰 제조판매업 등을 목적으로 하는 회사로서 이 사건 사고 당시 그 직원은 100여 명 정도인 사실을 알 수 있다.

그리고 피고 회사는 주간에는 총무계장으로 하여금 이 사건 기숙사를 관리하게 하고, 야간에는 정문에서 24시간 근무하는 경비원으로 하여금 순찰을 하게 하는 방법으로 기숙사를 관리하였던 것은 적절하였던 것으로 보여지고, 그 밖에 야간에 제3자가 외부에서 침입하거나 기숙사 입사자 사이에 폭력사태 등 위험한 상황이 발생할 염려가 있었다고 볼 사정이 없다. 그렇다면 단지 기숙사 입사자들이 고등학교를 갓 졸업한 미성년자들이라는 사정만으로 야간에 기숙사를 관리할 관리자를 따로 두어야 할 것으로 보이지는 아니한다. 오히려 이 사건 기숙사의 입사자들은 비록 법률상 미성년자이기는 하지만 정규 고등학교를 졸업하고 회사에 취업한 자로서 거의 성년에 가까운 자들이므로 자율적으로 자신을 통제하고 행동할 기본적인 소양은 갖추었다고 보아야 할 것이므로, 특별한 사정이 없는 한 입사자들의 연령이 그 정도라고 하여 그들 사이에 폭력사고가 발생할 것을 일반적으로 예상할 수 있었다고 단정할 것은 아니다.

그리고 보호의무 위반을 이유로 사용자에게 손해배상책임을 인정하기 위하여는 특별한 사정이 없는 한 그 사고가 피용자의 업무와 관련성을 가지고 있을 뿐 아니라 또한 그 사고가 통상 발생할 수 있다고 하는 것이 예측되거나 예측할 수 있는 경우라야 할 것이고, 그 예측가능성은 사고가 발생한 때와 장소, 가해자의 분별능력, 가해자의 성행, 가해자와 피해자의 관계 기타 여러 사정을 고려하여 판단하여야 할 것이다.

그런데 이 사건 사고의 경위를 보면 이 사건 사고 당시 원고 甲은 기숙사에서 잠을 자고 있다가 평소 그가 원심공동피고 乙에 대하여 나쁜 이야기를 하고 다녔다는 이유로 이에 앙심을 품은 원심공동피고 乙 등으로부터 폭행을 당한 것이므로, 이 사건 사고는 위 원고의 본래의 업무나 그것에 통상 수반되는 업무와 전혀 관련이 없는 것으로서 단순히 사적인 관계에서 발생한 것에 불과하여 이 사건 사고가 위 원고의 업무와 어떠한 관련성을 가진다고 볼 수도 없고, 또한 그와 같은 이 사건 사고의 경위와 여태까지 한 번도 기숙사 내에서 폭행사고가 없었던 점, 가해자들은 피해자인 위 원고와 같은 또래의 직장 동료 또는 전 동료인 점 등 여러 사정을 고려하면 피고 회사의 입장에서 이 사건과 같은 폭행사고가 기숙사 내에서 통상 발생할 것을 예측하거나 또는 예측할 수 있었다고 보기도 어려운 것으로 보인다.

이상과 같은 점에 비추어 보면, 피고 회사에 보호의무 위반이나 불법행위상 과실이 있다고 할 수는 없을 것이다. 그러함에도 원심은 이와 달리 피고 회사에 불법행위상 과실이 있다고 판단하였으니, 거기에는 보호의무위반이나 불법행위에서의 주의의무에 관한 법리를 오해한 위법이 있다.

- **쟁 점**

  위 판결은 야간에 회사(丙) 기숙사 내에서 입사자들(甲, 乙 등) 사이에서 구타행위가 행해진 경우에, 이는 회사의 보호의무 위반으로 인한 것이 되는가 하는 점이 문제된 것이다.

- **검토할 사항**

  □ 이 사건에서 문제된 보호의무(안전배려의무)와 인정 여부가 다투어지는 좁은 의미의 보호의무와의 차이를 살피시오.

  □ 보호의무를 위반하였는가 여부를 판단함에 있어서 고려할 점을 살피시오.

  □ 보호의무 위반을 이유로 한 손해배상책임과 사회 일반인의 주의의무 위반을 이유로 한 손해배상책임의 성질은 어떻게 다른가?

- **관련사례**

  □ 신축 중인 건물 내부의 밀폐된 작업공간에서 건설회사의 현장감독이 작업인부(피용인)에게 용접작업을 하도록 함에 있어서 신나나 산소용접기·산소통 등 인화성이 강한 물질이 도처에 방치되어 있음에도 이를 제대로 정리한 다음 용접작업을 하도록 하는 조치를 소홀히 하였고, 결국 작업 중에 화재가 발생하여 인부가 상해를 입은 경우에, 회사는 보호의무를 위반한 것으로서 손해배상책임을 지는가? (대판 1999.2.23. 97다12082)

  □ 회사 차량으로 배달업무를 담당하던 피용자가 직원들과의 회식을 마친 후 음주상태에서 차량을 운전하여 귀가하다가 전복 사고를 일으켜 차량에 적재되어 있던 인화물질에 불이 붙어 그 불로 사망한 경우에, 회사는 보호의무 위반으로 인한 손해배상책임을 지는가? (대판 2006.9.28. 2004다44506)

- **기타 검토사항**

  □ 안전배려의무를 위반한 경우에, 피용인은 노무의 제공을 거절할 수 있는가?

  □ 안전배려의무가 인정되는 계약관계로는 고용계약 이외에 무엇이 있는가? (도급계약에 관해서는 대판 1997.4.25. 96다53086, 숙박계약에 관해서는 대판 1994.1.28. 93다43590, 여행계약에 관해서는 대판 1998.11.24. 98다25061 참조)

- ■ 참고문헌
  - □ 권영문, 민법상 사용자의 안전배려의무, 판례연구 19집, 2008, 571-616, 부산판례연구회.
  - □ 김종기, 사용자의 보호의무 위반과 손해배상책임, 판례연구 13집, 2002, 371-412, 부산판례연구회.
  - □ 송오식, 사용자의 피용자에 대한 보호의무, 민사법학 18호, 2000, 405-429.

## 2. 해외연수비용의 반환약정

**대판 1996.12.6. 95다24944,24951**

| 사안 |　체신부는 미국의 정보통신회사 AT&T International(이하 '미국회사'라고 한다)로부터 교환시설을 도입함에 따라 미국회사와 상호간의 기술협력 확대와 이해의 증진을 통하여 한국에 자립적 정보문화를 확립하기 위하여, 체신부 및 미국회사가 甲(피고, 통신개발연구원)을 포함한 국내의 일정한 기관에 소속된 직원을 선발한 다음, 미국회사가 그 선발된 인원에 대하여 현지근무를 통한 실무훈련을 시키되 훈련생들을 미국회사의 직원과 동등하게 대우하고 현지근무에 대한 보수를 지급하기로 합의하였다. 甲 소속의 연구원 乙(원고)은 본인의 지원 및 甲의 추천에 따라 훈련대상자로 선발되었다. 그리하여 甲은 乙에 대하여 미국회사로부터의 기술습득을 위하여 1988.11.4.부터 1989.11.3.까지 甲의 교육훈련요령에 규정된 특별보수교육을 명하였고, 이에 따라 乙은 위 기간 동안 甲 직원의 신분을 유지한 채 휴직함이 없이 미국회사에서 근무하였다. 乙은 위 기간 중 미국회사의 지시에 따라 미국회사가 제공하는 서비스를 이용하던 구고객과 현재의 고객에 대한 설문조사를 토대로 고객의 만족도, 서비스의 질, 가격 등을 경쟁업체의 그것과 비교평가하여 그 결과를 보고하고, 미국회사가 제공하는 서비스를 비효율적으로 사용하는 고객에 대하여는 그들이 사용하여야 할 최적의 서비스를 찾는 업무를 수행함과 아울러 이를 위하여 필요한 교육을 받고, 甲에게 정기적으로 근무상황을 보고하였다.

　甲의 교육훈련요령에 의하면, 특별보수교육자에게 교육기간 중 지급되는 급여 등의 범위는 일반직원과 동일하나 수당지급은 甲의 원장이 정하고(제15조 제2항), 외국정부, 교육기관 또는 업체에서 지급되는 급여는 위 제15조의 규정에 의하여 지급된 것으로 보며(제18조 제3항), 특별보수교육을 받은 자는 교육기간의 3배에

해당하는 기간 동안 甲의 연구원에서 근무하여야 한다고 규정하고 있다(제22조 제3항). 그리하여 乙은 파견에 앞서 甲에게 위 의무복무기간을 준수하지 아니한 때에는 교육기간 중 지급받은 급여 및 기타의 급부 일체를 반환하기로 약정하였다. 乙은 훈련기간 중 甲으로부터 급여(기본급, 상여금 외에 파견시의 甲 원장의 결정에 따른 직무수당이 포함)로 9,886,310원을, 미국회사로부터 봉급 및 집세로 미화 35,095달러(미화 1달러는 한화 675.75원이므로, 한화 23,715,446원)를 각 지급받았다. 乙은 위 특별보수교육을 종료한 후 甲에 복귀하여 근무하다가, 의무복무기간이 경과하기 전인 1991.7.10. 사직하였다. 그리고 乙은 퇴직금의 지급을 청구하였다. 이에 대하여 甲은 반소로서, 위 교육훈련요령 제22조 3항 및 乙과의 약정에 따라 교육훈련비 등의 반환을 청구하였다.

| 판지 |  사용자가 근로계약의 불이행에 대하여 위약금 또는 손해배상을 예정하는 계약을 체결하는 것은 강행규정인 근로기준법 제24조에 위반되어 무효라고 할 것인바, 기업체에서 비용을 부담 지출하여 직원에 대하여 위탁교육훈련을 시키면서 일정 임금을 지급하고 이를 이수한 직원이 교육 수료일자부터 일정한 의무재직기간 이상 근무하지 아니할 때에는 기업체가 지급한 임금이나 해당 교육비용의 전부 또는 일부를 상환하도록 하되 위 의무재직기간 동안 근무하는 경우에는 이를 면제하기로 약정한 경우, 교육비용의 전부 또는 일부를 상환하도록 한 부분은 근로기준법 제24조에서 금지된 위약금 또는 손해배상을 예정하는 계약이 아니므로 유효이지만, 임금반환을 약정한 부분은 기업체가 근로자에게 근로의 대상으로 지급한 임금을 채무불이행을 이유로 반환하기로 하는 약정으로서 실질적으로는 위약금 또는 손해배상을 예정하는 계약이라고 할 것이므로 근로기준법 제24조에 위반되어 무효이다.

원고는 특별보수교육기간 중 피고에게 재적(在籍)한 채 기술습득을 목적으로 미국회사에 파견되어 미국회사에 근로를 제공하였고, 미국회사로부터 지급받은 봉급 및 집세는 현지근무를 통한 실무훈련에 대하여 미국회사가 지급한 금품에 해당할 뿐, 원래 원고가 부담하여야 할 비용을 피고가 우선 부담함으로써 원고에 대하여 반환청구권을 가지게 되는 금품이라고는 할 수 없으므로, 원고가 의무복무기간을 근무하지 아니할 경우에 미국회사로부터 지급받은 봉급 및 집세 상당액을 피고에게 반환하여야 한다는 약정은 근로기준법 제24조에서 금지된 위약금 또는 손해배상을 예정하는 계약으로서 무효라고 할 것이다.

한편 원고가 특별보수교육기간 중 미국회사에게 위와 같이 근로를 제공한 것은 피고의 노무지휘권에 따른 것으로서 이는 곧 피고에 대한 근로의 제공이라고도 할 수 있으므로, 위 기간 중에 피고가 원고에게 지급한 기본급 및 수당은 임금이라고 할 것이다. 그러므로 이러한 기본급 및 수당의 반환을 약정한 부분은 원고에게 근로의 대가로 지급한 임금을 채무불이행을 이유로 반환하기로 하는 약정으로서, 실질적으로는 위약금 또는 손해배상을 예정하는 계약이라고 할 것이므로 근로기준법 제24조에 위반되어 무효라고 할 것이다.

- ■ 쟁 점

  위 판결은 기업체 등(甲)이 비용을 부담하여 직원(乙)에게 해외에서 위탁교육훈련을 시키면서 乙이 귀국 후 일정한 의무재직기간 이상 근무하지 아니할 때에는 甲이 지급한 임금이나 교육비용을 상환하도록 하는 약정의 효력이 문제된 것이다.

- ■ 검토할 사항

  □ 근로기준법이 근로자의 근로계약 불이행시 위약금 또는 손해배상액 예정의 계약을 금지하는 취지는 무엇인가? (대판 2004.4.28. 2001다53875)

  □ 乙이 의무재직기간 동안의 근무 불이행시 상환하기로 하는 약정은 어느 범위에서 무효인가? 즉 상환하기로 하는 것이 교육비용이건 임금이건 모두 무효가 되는가?

  □ 이 사안에서 乙이 미국에서의 특별보수교육기간 중 미국회사로부터 지급받은 봉급 및 집세에 대해서 상환의무를 지지 않는다고 한 이유는 무엇인가?

  □ 이 사안에서 위 특별보수교육기간 중 甲이 乙에게 지급한 기본급 및 수당에 대해서 乙이 상환의무를 지지 않는다고 한 이유는 무엇인가?

- ■ 관련사례

  □ 갑회사의 연구실 디자이너로 근무하는 을이 새로운 제품 개발에 필요한 자료를 얻기 위해 전시회에 참가하거나 백화점 등을 둘러보면서 제품의 견본을 수집하는 등 주로 패션의 경향과 시장조사에 관한 업무를 수행하기 위하여 여러 차례 단기간에 걸쳐 회사의 비용으로 해외에 출장 또는 연수를 다녀온 경우에, 이러한 비용도 의무재직 위반시 상환 혹은 배상해야 할 범위에 포함되는가? (대판 2003. 10.23. 2003다7388)

  □ 갑회사의 직원 을이 갑회사의 업무와 관련된 해외의 기업에서 을의 본연의 업무에 종사하여, 해외근무의 주된 실질이 연수나 교육훈련이 아니라 단순한 근로장소의 변경에 해당하는 경우에도 해외근무기간 동안의 경비에 관하여 상환의무를 지는가? (대판 2004.4.28. 2001다53875)

- 기타 검토사항

  □ 위탁교육 후의 의무재직기간 근무 불이행시 급여를 반환토록 한 약정에 따라 근로자가 연수기간 중 지급받은 급여 일부를 반환한 경우, 비록 그 약정이 무효이더라도 그 변제는 민법 제742조의 비채변제에 해당하여 반환청구할 수 없는가? (대판 1996.12.20. 95다52222,52239)

  □ 근로자가 일정 기간 동안 근무하기로 하되 이를 위반할 경우 일정 금원을 사용자에게 지급하기로 약정하는 경우, 그 약정의 취지가 약정한 근무기간 이전에 퇴직하면 그로 인하여 사용자에게 어떤 손해가 어느 정도 발생하였는지 묻지 않고 바로 소정 금액을 사용자에게 지급하기로 하는 것이라면 그 약정은 유효한가? (대판 2008.10.23. 2006다37274)

  □ 위의 2006다37274는 해외연수시 의무재직 위반의 경우에 관한 것이 아니라 단지 전직금지 위반의 경우에 관한 판결이지만, 약정이 유효가 되기 위한 요건을 구체적으로 판시한다. 이를 소개하면, 그와 같은 약정이 사용자가 근로자의 교육훈련 또는 연수를 위한 비용을 우선 지출하고 근로자는 실제 지출된 비용의 전부 또는 일부를 상환하는 의무를 부담하기로 하되 장차 일정 기간 동안 근무하는 경우에는 그 상환의무를 면제해 주기로 하는 취지인 경우에는, 그러한 약정의 필요성이 인정된다고 하면서도, 그러나 그러한 약정이 근로기준법에 위반되지 않고 따라서 유효하기 위해서는 그 약정이 근로자의 의사에 반하는 계속 근로를 부당하게 강제하는 것으로 평가되지 않아야 한다고 한다. 그리고 그렇게 평가되기 위해서는 ① 사용자가 지출한 비용이 주로 사용자의 업무상 필요와 이익을 위하여 원래 사용자가 부담하여야 할 성질의 비용을 지출한 것에 불과한 정도가 아니라 근로자의 자발적 희망과 이익까지 고려하여 근로자가 전적으로 또는 공동으로 부담하여야 할 비용을 사용자가 대신 지출한 것으로 평가되며, ② 약정 근무기간 및 상환해야 할 비용이 합리적이고 타당한 범위 내에서 정해져 있어야 한다고 한다.

- 참고문헌

  □ 문성환, 해외연수비 반환약정의 효력, 노동법률 232호, 2010, 80-83, 중앙경제사.

  □ 안말수, 해외연수여행 후 의무재직기간 불이행시 해외연수비용을 반환하기로 한 약정의 효력, 노동 제38권 제2호(통권 348호)(2004.2.), 80-83, 한국산업훈련협회.

  □ 이원재, 해외연수비용의 반환과 기준임금의 반환 여부, 노동판례 비평: 대법원 노동사건 판례경향 분석 및 주요판례 평석 1호, 1997, 209-219, 민주사회를위한변호사모임.

# 제2관 도 급

## Ⅰ. 제조물공급계약

**대판 1987.7.21. 86다카2446**

. . . . . . . . . . . . . . . . . . . . . . . . . . . . . . . . . . . . . . . . . . . . . . . . . . . . . . . . . . . . . . . . . . . . . . . . . . . . . . . .

**| 사안 |**  甲(원고)은 식품포장용 자동포장지를 제조하여 공급 판매하는 회사이고, 乙(피고)은 율무, 들깨, 코코아, 맛우유 등 국산차를 제조하여 자동포장기계를 이용, 타처에서 주문에 의하여 구입한 자동포장지를 도안된 형태에 따라 절단하여 1회용 포장지로 만들어 그 안에 위 국산차를 적정량으로 넣고 포장하여 시중에 판매하는 회사이다. 甲은 자동포장지를 乙이 제시한 도안과 규격에 맞게 제작하여 (자동포장기계는 일정한 규격으로만 포장지를 절단할 수 있고, 그 규격이 초과되면 그 초과된 규격에 따라 자동 조절되지 아니하여 올바로 절단할 수 없다) 乙에게 공급 판매하기로 약정하였으며, 이에 기해서 甲이 자신의 재료를 사용하여 위와 같은 자동포장지를 제작하여 乙에게 공급하였다. 乙은 甲으로부터 포장지를 인도받고 즉시 그 하자 유무를 검사하지 아니한 채 보관하다가 2개월 가까이 경과하고서야 위 포장지의 세로 규격이 甲의 제작상 잘못으로 乙이 요구한 규격보다 1.5 내지 2밀리미터 초과하여 乙의 자동포장기계로는 그 포장지를 올바르게 절단할 수 없고, 따라서 위 포장지 전량이 사용할 수 없게 되었음을 발견하고 그 무렵 위와 같은 사실을 甲에게 통지하였다.

甲은 대금지급기일에 乙로부터 지급받은 약속어음을 지급제시하였으나 지급이 거절되자, 乙에 대하여 포장지 대금의 지급을 구하는 소를 제기하였다. 이에 대하여 乙은 상법 제69조 제1항의 규정에 따라 위 하자를 이유로 甲과의 매매계약을 해제한다고 하면서 대금지급을 거절하였다.

**| 원심 |**  甲이 공급한 위와 같은 하자는 포장지공급 당시 쉽게 발견할 수 있는 것이라는 사실을 인정한 다음, 乙이 甲으로부터 위 포장지를 수령하고도 지체 없이 이를 검사하지 아니하고 약 2개월 후에야 비로소 하자가 있음을 발견하고 그 무렵 甲에게 한 통지는 시기에 늦은 통지로서 乙은 상법 제69조 제1항 의 규정에 따라 위 하자를 이유로 한 이 사건 매매계약해제권을 더 이상 행사할 수 없게 되었다고 판시하였다.

| 판지 |  당사자 일방이 상대방의 주문에 따라서 자기의 소유에 속하는 재료를 사용하여 만든 물건을 공급할 것을 약정하고 이에 대하여 상대방이 대가를 지급하기로 약정하는 이른바 제작물공급계약은 그 제작의 측면에서는 도급의 성질이 있고 공급의 측면에서는 매매의 성질이 있다. 이러한 계약은 대체로 매매와 도급의 성질을 함께 가지고 있는 것으로서 이를 어떤 법에 따라 규율할 것인가에 관하여는 민법 등에 특별한 규정이 없는바, 계약에 의하여 제작 공급하여야 할 물건이 대체물인 경우에는 매매로 보아서 매매에 관한 규정이 적용된다고 하여도 무방할 것이나, 이와는 달리 그 물건이 특정 주문자의 수요를 만족시키기 위한 부대체물인 경우에는 당해 물건의 공급과 함께 그 제작이 계약의 주목적이 되어 도급의 성질을 강하게 띠고 있다 할 것이므로 이 경우에도 매매에 관한 규정이 당연히 적용된다고 할 수는 없다.

매매에 있어 그 목적물의 수량부족이나 하자가 있는 경우 매도인에게 담보책임을 물어 매수인에게 계약해제권 등을 인정하고 있는 민법의 규정과는 별도로 상법 제69조 제1항에서 상인 간의 매매에 있어 매수인에게 목적물의 수령 후 지체 없이 하자 또는 수량의 부족을 발견하여 즉시 매도인에게 그 통지를 하지 아니하면 이로 인한 계약해제 등을 청구하지 못하도록 규정하고 있는 취지는, 상인 간의 매매에 있어 그 계약의 효력을 민법규정과 같이 오랫동안 불안정한 상태로 방치하는 것은 매도인에 대하여는 인도 당시의 목적물에 대한 하자의 조사를 어렵게 하고 전매의 기회를 잃게 될 뿐만 아니라, 매수인에 대하여는 그 기간 중 유리한 시기를 선택하여 매도인의 위험으로 투기를 할 수 있는 기회를 주게 되는 폐단 등이 있어 이를 막기 위하여 하자를 용이하게 발견할 수 있는 전문적 지식을 가진 매수인에게 신속한 검사와 통지의 의무를 부과함으로써 상거래를 신속하게 결말짓도록 한 것이라고 보인다.

이 사건 포장지는 乙의 주문에 따른 일정한 무늬와 규격으로 인쇄되어 있고 더구나 그 포장지에는 乙 회사 이름까지 인쇄되어 있어 乙만이 이를 사용할 수 있고 甲이나 乙로서는 이를 타에 매각처분하기가 곤란하거나 불가능한 사실이 엿보이는바, 이러한 사정하에서라면 甲이 공급한 이 사건 포장지는 부대체물에 해당할 것이고, 이러한 경우 상법 제69조 제1항에 따라 그 거래관계를 보다 신속하게 결말지을 필요가 절실히 요구된다고 할 수도 없을 것이다. 결국 원심이 위와 같은 사정에 관하여 좀 더 심리하지 아니한 채 위 상법규정이 적용된다고 단정하였음은 그 심리를 다하지 아니하거나 상법 제69조 제1항에 관한 법리를 오해한 위법이 있다는 비난을 면할 수 없다.

■ 쟁  점

특정 주문자의 수요를 만족시키기 위한 부대체물을 제작 공급하는 계약의 법적 성질이 문제된 것이다.

■ 검토할 사항

□ 당사자의 일방이 상대방의 주문에 따라 자기 소유의 재료를 사용하여 만든 물건을 공급하기로 하고 상대방이 대가를 지급하기로 한 약정의 법적 성질은 어떻게 결정되는가?

■ 관련사례

□ 병원이 환자의 치유를 위하여 선량한 관리자의 주의의무를 가지고 현재의 의학수준에 비추어 필요하고 적절한 진료조치를 다하였으나 그 수술의 결과 환자의 질병이 치료되지 아니하고 오히려 후유증이 남게 된 경우, 병원은 그 수술에 따른 치료비를 청구할 수 있는가? (대판 2001.11.9. 2001다52568)

□ 당사자의 일방이 물품을 한 장소로부터 다른 장소로 이동할 것을 약속하고 상대방이 이에 대하여 일정한 보수를 지급할 것을 약속함으로써 성립하는 물품운송계약의 성질은 무엇인가? (대판 1983.4.26. 82누92)

□ 공사자가 발주자가 의욕하는 공사 목적물의 설치목적을 이해한 후 그 설치목적에 맞는 설계도서를 작성하고 이를 토대로 스스로 공사를 시행하며 그 성능을 보장하여 결과적으로 발주자가 의욕한 공사목적을 이루게 하여야 하는 설계시공일괄입찰(Turn-Key Base) 방식에 의하여 체결된 계약에 있어서, 발주자의 중도금지급채무가 일시 이행지체의 상태에 빠지고 당해 자동화설비에 중대한 하자가 있어 시운전 성공 여부가 불투명하게 된 경우, 발주자는 자신의 대금지급의무와 대가관계에 있는 시운전 성공시까지 중도금지급의무의 이행을 거부할 수 있는가? 만약 그 하자가 중대하고 보수가 불가능하거나 보수가 가능하더라도 장기간을 요하여 계약의 본래의 목적을 달성할 수 없는 경우, 중도금채무의 이행을 제공하지 않고 바로 계약을 해제할 수 있는가? (대판 1996.8.23. 96다16650)

□ 소프트웨어 개발을 의뢰한 회사가 소프트웨어 개발자에 의하여 이미 공급되어 설치된 프로그램에 대하여 불만을 표시하며 소프트웨어 개발자의 수정, 보완 제의를 거부하고 계약의 해제를 통보하였으나, 그 소프트웨어 완성도가 87.87%에 달하여 약간의 보완을 가하면 업무에 사용할 수 있어 이미 완성된 부분이 의뢰회사에게 이익이 되는 경우, 소프트웨어 개발자는 그 당시까지의 보수를 청구할

수 있는가? (대법원 1996.7.30. 선고 95다793 판결)

- ■ 기타 검토사항
  - □ 상인간 매매에 있어서 목적물의 수령 후 지체 없이 하자 또는 수량의 부족을 발견하여 즉시 매도인에게 그 통지를 하지 아니하면 이로 인한 계약해제 등을 청구하지 못하도록 하는 상법 제69조 제1항의 규정 취지는 무엇인가?

- ■ 참고문헌
  - □ 강위두, 상인간의 매매, 법률신문 제1743호, 1988, 11.
  - □ 이상태, 도급계약에 관한 판례의 동향, 민사법학 제15호, 1997, 305 이하.

## II. 도급의 효력

### 1. 수급인의 의무

#### (1) 일의 완성의무

##### ㈎ 일의 미완성과 하자의 구별

### 대판 1997.12.23. 97다44768

┈┈┈┈┈┈┈┈┈┈┈┈┈┈┈┈┈┈┈┈┈┈┈┈┈┈┈┈┈┈┈┈┈┈┈┈┈┈┈┈┈┈┈┈

| 사안 |  甲(원고)은 1993.7.11. 乙(피고)로부터 乙 소유인 서울 △△구 △△동 1441의 13(이 사건 대지) 지상에 지하 1층, 지상 2층의 주택신축공사를 공사대금 평당 금1,720,000원, 공사기간 같은 해 8.1.부터 3개월로 정하여 도급받아, 연건평 195.46㎡(59.126평)인 지하 1층 지상, 2층 주택(이 사건 건물)을 지었고, 乙이 이를 인도받아 위 주택의 2층에 입주하여 살고 있다. 甲이 乙에 대하여 공사대금의 지급을 청구하자 乙은, 甲이 이 사건 공사에 착수하기 전인 1993.7.30. 대한지적공사에 의뢰하여 측량을 하였는바, 이 사건 대지의 경계선이 1441의 12 대지의 구 경계담장으로부터 약 45㎝ 후퇴하였고, 뒷집 대지인 같은 동 1441의 14 대지쪽으로 그만큼 전진하는 것으로 판명되자, 그에 따라 1441의 12 대지와의 경계점을 빨간색 페인트로 표시하는 외에 이 사건 대지와 인접도로와의 경계를 명확히 하기 위하여 1441의 12 대지 구 담장과 위 신 경계표시 사이에 빨간색 페인트로 도로기점을 표시하였는데, 甲이 위 도로기점을 경계기점으로 삼아 공사를 하여 위와 같

이 이격거리가 확보되지 아니한 건물을 건축함으로써 사용승인을 받을 수 없게 되었고, 결국 이 사건 건물은 위 공사도급계약에 따라 완성된 것이 아니므로 공사대금을 지급할 수 없다고 주장하였다. 이에 대하여 원심은, 건축전문가인 수급인이 공사의 설계, 허가 단계에서부터 준공에 이르기까지 모든 과정을 도맡아 책임지는 일반적인 경우와 달리, 도급인인 乙이 설계를 마치고 건축허가를 받은 상태에서 위 공사도급계약이 체결되었고, 경계측량도 乙 책임하에 진행된 점(측량비용만 나중에 甲이 부담하기로 하였다), 乙이 표시하였다는 위 도로기점은 경계기점과 별도로 표시할 이유가 없는 점, 乙은 이 사건 공사현장에 매일 참석하였으면서도 甲이 乙이 지적한 경계기점과 다르게 시공하는 것을 1441의 12 대지 소유자가 문제삼을 때까지 전혀 이의하지 아니하였던 점 등에 비추어 甲의 잘못으로 이 사건 건물이 사용승인을 받을 수 없게 되었다고 할 수는 없다고 하여, 乙의 주장을 배척하고 甲의 청구를 인용하였다. 이에 乙은 甲이 이 사건 건물의 완성과 준공검사의 이행을 약속하였고, 공사대금도 공사를 완공한 후 전세입주자가 선정되어 전세계약을 체결한 후 지급하기로 약정하였으므로, 甲은 乙에게 공사대금 지급을 청구할 수 없다고 주장하며 상고하였다.

| 판지 |   건물 신축공사의 미완성과 하자를 구별하는 기준은 공사가 도중에 중단되어 예정된 최후의 공정을 종료하지 못한 경우에는 공사가 미완성된 것으로 볼 것이지만, 그것이 당초 예정된 최후의 공정까지 일단 종료하고 그 주요 구조 부분이 약정된 대로 시공되어 사회통념상 건물로서 완성되고, 다만 그것이 불완전하여 보수를 하여야 할 경우에는 공사가 완성되었으나 목적물에 하자가 있는 것에 지나지 않는다고 해석함이 상당하고, 개별적 사건에 있어서 예정된 최후의 공정이 일단 종료하였는지 여부는 당해 건물 신축 도급계약의 구체적 내용과 신의성실의 원칙에 비추어 객관적으로 판단할 수밖에 없다. 이 사건 건물의 남측 2층 계단, 발코니, 처마와 인접 대지 경계로부터 두어야 할 거리가 30cm 모자란다는 이유로 그 사용승인이 나지 아니하고 있다고 하여도, 甲이 인접 대지 경계와 두어야 할 거리를 확보하기 위하여 1층 계단과 발코니 부분을 절단하였으나, 2층 계단과 발코니 부분은 乙이 더 이상 절단 작업을 못하게 하여 그 거리를 확보하지 못하였고, 보일러, 2층의 수도, 세면기, 양변기 등 설치 공사를 남겨 둔 상태에서 乙이 甲으로 하여금 더 이상 공사를 못하게 한 후 직접 그 공사를 하여 입주하였으며, 甲이 이 사건 건물의 신축공사를 금 101,696,720원에 도급받았는데, 위 수도 등 공사비로는 금

1,168,000원, 보일러 설치비로는 금 2,860,000원이 소요될 뿐이라면, 사회통념상 이 사건 건물은 완성되었다고 보아야 할 것이다. 그 밖에 달리 甲에게 인접 대지와의 거리를 두지 아니한 데 대한 책임을 물을 수 없으므로, 乙의 상고를 기각한다.

- **■ 쟁 점**

  건물 신축공사 도급계약에 있어 도급인이 공사대금 지급의 요건인 건물이 완성되지 않았음을 이유로 공사대금의 지급을 거절한 사안에서 신축공사의 미완성과 신축공사를 완성하였으나 하자가 있음에 불과한 경우의 구별 기준이 문제된 것이다.

- **■ 검토할 사항**

  □ 건물신축공사 도급계약에서 인접대지와의 이격거리를 확보하지 못하여 사용승인이 나지 않고 보일러, 수도, 세면기, 양변기 설치 등 일부공사를 남겨 둔 상태에서 도급인이 수급인의 공사를 중단시키고 직접 그 공사를 완료하여 입주한 경우, 당초 수급인은 일의 완성을 이유로 도급인에 대하여 공사대금의 지급을 청구할 수 있는가?

- **■ 관련사례**

  □ 도급계약에 있어 일의 완성에 관한 주장·입증책임은 누구에게 있는가? (대판 1994.11.22. 94다26684)

  □ 공사도급계약에 있어서 수급인의 공사중단이나 공사지연으로 인하여 약정된 공사기한 내의 공사완공이 불가능하다는 것이 명백하여진 경우, 도급인이 그 공사기한 도래 전에 수급인에 대한 최고 없이 계약을 해제할 수 있는가? (대판 1996. 10.25. 96다21393, 21409)

  □ 공사도급계약에서 도급인이 기성고 해당 중도금 지급의무의 이행을 일부 지체하였다고 하여 바로 수급인이 일 완성의무의 이행을 거절할 수 있는가? (대판 2002.9.4. 2001다1386)

  □ 공사가 미완성된 것인지 아니면 목적물에 하자가 있는 것에 지나지 않는지 및 그 판단을 위한 최후의 공정을 종료하였는지에 대한 판단기준이 공사도급계약의 수급인이 공사의 준공이라는 일의 완성을 지체한 데 대한 손해배상액의 예정으로서의 성질을 가지는 지체상금에 관한 약정에 있어서도 그대로 적용되는가? (대판 1997.10.10. 97다23150)

  □ 일의 완성이라는 결과 발생을 위하여 수급인은 반드시 자신이 스스로 일을 완성하여야 하는가? 혹은 수급인이 제3자를 사용하여 이를 완성하는 경우 이를 도급인에게 알려 줄 의무가 있는가? (대판 2002.4.12. 2001다82545, 82552)

■ 참고문헌

□ 노영보, 공사의 미완성과 하자의 구별기준, 민사판례연구 제21권, 1999, 365 이하.

□ 박종권, 신축공사 도급계약에서 신축공사의 미완성과 하자의 구별기준, JURIST plus 411호, 2006, 542.

⒩ 지체상금

## 대판 1989.7.25. 88다카6273,6280

| 사안 |  甲(피고)은 건설회사 乙(원고)에게 지하 1층, 지상 3층 건물의 신축공사를 도급하였으며(대금 300,000,000원, 공사기간 1982.11.13.-1983.6.30.), 공사진행은 1982.12.25.까지 지하실 및 1층 공사, 1983.5.31까지 2층 공사, 1983.6.30. 전체 공사를 각 완료하기로 하고, 공사대금은 위 각 공사완료일에 따라 3회로 나누어 지급하기로 약정하였다. 그리고 위 공사도급계약에서, "현장공사가 공정표와 같이 진척되지 않아 준공기한 내 도저히 준공하기 어렵다고 인정되었을 때"에는 甲은 "계약을 해제할 수 있으며," 乙은 "이로 인한 손해를 청구할 수 없다"는 해제의 특약을 하였으며(제11조 2호), 그 외에도 "乙은 공사계약 공정기간 내에 공사를 완료하지 못하였을 경우 지체일수 1일에 대하여 총 공사계약금액의 1000분의 3을 지체상금으로 甲에게 보상지급하여야 한다. 단 천재지변·기상상태 및 甲의 사정에 의하여 지체될 시는 乙의 귀책사항이 아님"이라고 하는 지체상금(遲滯償金)의 약정을 하였다(제17조).

乙이 위 도급계약 후 공사를 착수하여 진행하다가 기성고에 따른 공사대금지급에 관한 분쟁과 乙회사 내부사정 등으로 1983.6.2. 임의로 위 공사를 중단하고 그 이후 계속 위 공사현장을 방치하였으며, 1983.10.19. 乙회사의 부도가 발생한 데 이어, 1983.12.6.에는 그 건설업면허마저도 다른 건설회사에게 양도하였다. 이에 甲은 乙이 더이상 공사를 계속할 능력이 없다고 판단하여, 1984.11.13. 乙에 대하여 약정된 준공기한 내에 공사를 준공하지 아니하였음을 이유로 위 해제특약에 기하여 계약해제의 통고를 하였다. 그런데 乙은 위 공사중단시까지 위 건물건축공사 중 지상 3층까지의 골조공사, 지상 2층까지의 조적 및 창호공사 대부분, 지상 3층까지의 난방, 위생공사, 전기배선공사 중 배관공사 등을 완성하였다. 그리하여

甲은 그 후 자신의 비용으로 여기에 약간의 추가공사를 더한 다음 위 건물의 1층 부분을 임시로 점유 사용하였다. 乙은 공사중단시까지의 위 기성부분에 상응한 공사대금의 지급을 청구하였다. 이에 대하여 甲은, 위 계약 제11조에 기해서 도급계약을 해제한 경우에 乙의 손해배상청구권이 배제된다고 하고, 그렇지 않더라도 제17조에 의한 지체상금 채권에 의하여 그만큼 乙의 공사대금 채권이 상계된다고 주장하였다.

| 판지 |  1. 원심은 원고와 피고 간의 도급계약체결 당시 공사가 기한 내에 준공되기 어렵다고 인정되어 피고가 위 계약을 해제하는 경우 원고는 피고에게 손해의 배상을 청구할 수 없다고 한 특약은, 피고가 계약을 해제하게 됨으로써 원고가 입게 되는 손해의 배상청구를 제한하는 것일 뿐 그때까지의 기성부분에 상응한 원고의 공사대금청구권까지 배제하기로 한 것은 아니라고 판단하였는바, 원심의 이와 같은 특약의 해석은 정당하다.

2. 원심은 지체상금에 관한 피고의 주장에 대하여, 지체상금의 약정은 위 도급계약에 따른 공사 전체가 그 준공기한보다 늦게 준공될 경우에 관한 손해배상액의 예정으로서, 이 사건에서와 같이 일부 공사만이 완료된 후 공사가 중단된 상태에서 위 해제에 관한 특약에 기하여 도급계약이 해제된 경우에는 위 지체상금 약정이 적용되지 않는다고 판단하였다.

그러나 건물신축의 도급계약은 그 건물의 준공이라는 일의 완성을 목적으로 하는 계약으로서 그 지체상금에 관한 약정은 수급인이 이와 같은 일의 완성을 지체한 데 대한 손해배상액의 예정을 한 것이라고 보아야 할 것이므로, 수급인이 약정된 기간 내에 그 일을 완성하여 도급인에게 인도하지 않은 때에는 특별한 사정이 없는 한 지체상금을 지급할 의무가 있게 되는 것이라고 보아야 할 것이고, 이 사건의 경우와 같이 약정된 기일 이전에 그 공사의 일부만을 완료한 후 공사가 중단된 상태에서 약정기일을 넘기고 그 후에 도급인이 계약을 해제함으로써 일을 완성하지 못한 것이라고 하여 지체상금에 관한 위 약정이 적용되지 아니한다고 할 수는 없다. 다만 이와 같은 경우에 그 지체상금 발생의 시기는 특별한 사정이 없는 한 약정준공일 익일인 1983.7.1.이 될 것이나, 그 종기는 원고나 피고가 건물을 준공할 때까지 무한히 계속되는 것이라고 할 수 없고 원고가 공사를 중단하거나 기타 해제사유가 있어 피고가 이를 해제할 수 있었을 때(실제로 해제한 때가 아니고)부터 피고가 다른 업자에게 의뢰하여 이 사건 건물을 완성할 수 있었던 시점까지로 제한되어야 할 것이고, 또 원고가 책임질 수 없는 사유로 인하여 공사가 지연된 경우에는 그 기간만큼 공제되어야 할 것이다. 그리고 그렇게 하여 산정된 지체상금액이 부당히 과다하다고 인정되는 경우에는 법원이 민법 제398조 제2항에 의하여 적당히 감액할 수 있다고 보아야 할 것이다.

그렇다면 원심판결에는 이 사건의 지체상금에 관한 약정을 잘못 해석하고 나아가 손해배상액의 예정에 관한 법리를 오해한 위법이 있다.

- ■ 쟁 점

  위 판결은 건물 신축의 도급계약에서 수급인(乙)이 공사의 일부만을 완료한 상태에서 공사가 중단된 경우, 지체상금에 관한 약정이 적용되는가 하는 점이 문제된 것이다.

- ■ 검토할 사항

  □ 지체상금의 의의 및 성질을 살피시오.

  □ 공사가 기한 내에 준공되기 어렵다고 인정되어 도급인이 계약을 해제하는 경우에는 수급인은 손해배상을 청구할 수 없다고 특약한 때에는, 수급인은 기성부분에 대한 공사대금도 청구할 수 없는가?

  □ 건축공사 도급계약에서 공사가 완료되지 않는 상태에서 계약이 해제된 경우, 도급계약 전부가 실효되는가 아니면 미완성 부분에 관해서만 실효되는가? (대판 1997.2.25. 96다43454; 대판 1999.12.10. 99다6593 참조)

  □ 공사 전부를 완성하지 못하여(즉 일부만을 완성) 도급인이 계약을 해제하는 경우에도 지체상금에 관한 약정이 적용된다면, 지체상금의 시기(始期) 및 종기(終期)는 언제인가?

- ■ 관련사례

  □ 공사도급계약에 편입된 건설교통부 고시 '민간건설공사 표준도급계약'상 지체상금약정과 별도로 계약의 해제·해지에 따른 손해배상의 청구에 관한 규정을 두고 있는 경우, 부실공사 등으로 발생한 손해배상액이 지체상금약정에 따른 지체상금액으로 제한되는가? (대판 2010.1.28. 2009다41137, 41144)

  □ 수급인이 완공기한 내에 공사를 완성하지 못한 채 공사를 중단하고 계약이 해제된 결과 완공이 지연된 경우, 지체상금의 발생 시기와 종기의 인정방법은 무엇인가? (대판 2010.1.28. 2009다41137, 41144)

  □ 지체상금에 관한 약정이 있는 건물 신축의 도급계약에서 공사의 일부만 완료된 후 공사가 중단된 상태에서 공사 완공의 약정 기일을 도과하여 도급인이 계약을

해제한 경우, 계약 해제로 일을 완성하지 못한 것이라는 이유로 지체상금 약정의 적용을 배제할 수 있는가? (대판 1995.9.5. 95다18376)

□ 이른바 IMF 사태 및 그로 인한 자재 수급의 차질 등을 이유로 목적물의 준공이 지연된 경우에는 수급인은 지체상금을 지급할 의무가 있는가? (대판 2002.9.4. 2001다1386)

□ 계속되는 강우로 공사가 지연된 경우 이를 지체상금의 면책사유로 삼을 수 있는가? (대판 2002.9.4. 2001다1386)

□ 공사도급계약서 또는 그 계약내용에 편입된 약관에 수급인이 하자담보책임 기간 중 도급인으로부터 하자보수요구를 받고 이에 불응한 경우 하자보수보증금은 도급인에게 귀속한다는 조항이 있을 때 도급인은 수급인의 하자보수의무 불이행을 이유로 하자보수보증금의 몰취 외에 그 실손해액을 입증하여 수급인으로부터 그 초과액 상당의 손해배상을 받을 수 있는가? (대판 2002.7.12. 2000다17810)

□ 지체상금에 관한 약정은 수급인이 그와 같은 일의 완성을 지체한 데 대한 손해배상액의 예정이므로, 수급인이 약정된 기간 내에 그 일을 완성하여 도급인에게 인도하지 아니하여 지체상금을 지급할 의무가 있는 경우, 법원은 이를 적당히 감액할 수 있는가? (대판 2002.9.4. 2001다1386)

■ 기타 검토사항

□ 위 판결은 도급인이 공사완료예정일을 지나서 도급계약을 해제한 경우에 지체상금의 시기 및 종기를 판단하고 있다. 그러면 도급인이 그 예정일 전에 해제한 경우에는 지체상금액을 어떻게 계산할 것인가? (대판 1989.9.12. 88다카15901, 15918).

■ 참고문헌

□ 서민, 지체상금의 효력, 민사판례연구 9권, 1987, 66-76.

□ 최병조, 건물신축도급계약의 약정해제와 지체상금 약정의 효과, 민사판례연구 12권, 1990, 13-21.

## (2) 완성물의 인도의무

### 대판 2005.10.13. 2004다21862

| 사안 |  甲(원고)은 2001.11.9. 乙(피고)과의 사이에 파쇄기 2종, 성형압출기 (Extruder) 1식(이하 이 사건 기계라고 한다)을 대금 206,000,000원(= 파쇄기 2종 합계 149,100,000원 + 성형압출기 56,900,000원, 부가가치세 별도)에 제작하여 같은 해

12.15.까지 설치 및 시운전을 완료하여 주기로 하는 제작물 공급계약을 체결하였다. 甲은 2001.11.22. 乙과의 사이에 Belt Conveyor 4식을 대금 50,000,000원(부가가치세 별도)에 제작하여 같은 해 12.20.까지 설치하기로 하는 추가제작물 공급계약을 체결하였다. 그 후 성형압출기 및 파쇄기와 Belt Conveyor 4식을 제작하여 2001.12.26.경 乙 회사에 설치한 후 2002.1.4.경부터 3일간 乙 회사 관계자의 입회하에 시운전을 실시하였는데, 파쇄기와 Belt Conveyor는 정상적으로 작동되었으나, 성형압출기는 그 성능이 계획된 생산처리물량에 현저히 못 미치는 정도의 용량만 처리하는 것으로 확인되었다. 이에 乙은 위 성형압출기의 처리용량에 대한 이의를 제기하였고, 그 후 甲은 乙과의 협의하에 성형압출기 처리용량 개선공사를 시행하면서 3차에 걸친 시운전과 가동을 거쳐 2001.4.15. 성형압출기의 성능에 관하여 결론을 내기로 협의를 하였는데, 乙 회사측에서 2001.4.15.까지도 성형압출기의 성능합격 여부에 관한 결론을 내리지 아니하자(그때까지 3차에 걸친 시운전을 마치지 못하였다) 2002.4.18.경 甲은 乙에게 위 성형압출기의 처리용량 개선을 위한 공사비로 13,793,000원(부가가치세 별도)을 청구하면서 성형압출기의 처리용량 개선부분에 대하여는 지속적으로 협의하기로 하였다. 2000.4.26.경 甲과 乙측은 파쇄기 및 Belt Conveyor에 대하여는 결제를 하되, 성형압출기에 관하여는 계획된 생산물량의 50% 수준이라도 처리용량을 향상시키는 방안 등에 관하여 잠정적으로 협의하였는데, 2002.5.3.경 乙 회사는 원고에게 성형압출기의 성능에 대하여 인수 불가의 판정을 하고 그 대금의 지급을 유보 내지 거절한다는 내용의 통지를 하였고, 2000.6.4.경과 그 후에 乙이 이미 甲에게 지급한 대금을 반환하면 이 사건 기계를 모두 반환하겠다는 통지도 하였다. 乙은 甲에게 이 사건 기계의 제작비용 중 115,000,000원을 지급하였다. 甲은, 乙이 제공한 기본설계도면을 토대로 乙의 승인을 받아 작성한 상세설계도면에 의하여 이 사건 기계와 Belt Conveyor를 제작하여 설치 및 시운전을 완료해 주었으므로 이 사건 기계와 Belt Conveyor 제작대금 및 성형압출기 성능개선을 위한 추가비용 합계 296,772,300원에서 이미 피고가 지급한 115,000,000원을 공제한 나머지 181,772,300원(296,772,300원−115,000,000원) 및 이에 대한 지연손해금을 지급할 의무가 있다고 주장하였다.

| 원심 |  위 제작물 공급계약상 甲이 이 사건 기계 등을 설치 및 시운전을 하여 乙의 검사를 받아야 하고, 검사에 합격한 후 乙이 이 사건 기계 등을 인수한 후 비로

소 乙의 대금지급의무가 발생한다고 할 것인데, 甲이 이 사건 기계와 Belt Conveyor를 乙 회사에 설치하고 시운전한 결과 정상적으로 작동한 파쇄기와 Belt Conveyor의 성능에 대하여 乙이 별다른 이의를 제기하지 아니함으로써 묵시적으로 합격의 의사표시를 하고 이를 인수하였다고 할 것이나, 성형압출기는 시운전 결과 乙이 성능에 문제가 있다고 이의를 제기함으로써 검사에 합격되지 못하였으므로 성형압출기와 그의 처리용량개선을 위한 추가 비용부분에 관하여는 피고의 대금지급의무는 아직 발생하지 아니하였다고 하여, 이 부분의 원고의 청구를 배척하였다.

| 판지 |  제작물공급계약에서 보수의 지급시기에 관하여 당사자 사이의 특약이나 관습이 없으면 도급인은 완성된 목적물을 인도받음과 동시에 수급인에게 보수를 지급하는 것이 원칙이고, 이때 목적물의 인도는 완성된 목적물에 대한 단순한 점유의 이전만을 의미하는 것이 아니라 도급인이 목적물을 검사한 후 그 목적물이 계약내용대로 완성되었음을 명시적 또는 묵시적으로 시인하는 것까지 포함하는 의미라고 보아야 한다. 따라서 제작물공급계약의 당사자들이 보수의 지급시기에 관하여 "수급인이 공급한 목적물을 도급인이 검사하여 합격하면, 도급인은 수급인에게 그 보수를 지급한다."는 내용으로 한 약정은 도급인의 수급인에 대한 보수지급의무와 동시이행관계에 있는 수급인의 당연한 목적물 인도의무를 확인한 것에 불과하므로, 법률행위의 일반적인 효과를 제한하기 위하여 법률행위의 효력 발생을 장래의 불확실한 사실의 성부에 의존하게 하는 법률행위의 부관인 조건에 해당하지 아니할 뿐만 아니라, 설령 조건에 해당한다 하더라도 검사에의 합격 여부는 도급인의 일방적인 의사에만 의존하지 않고 그 목적물이 계약내용대로 제작된 것인지 여부에 따라 객관적으로 결정되는 것이므로 순수수의조건에 해당하지는 않는다. 그리고 도급계약에 있어 일의 완성에 관한 주장·입증책임은 일의 결과에 대한 보수의 지급을 구하는 수급인에게 있고, 제작물공급계약에서 일이 완성되었다고 하려면 당초 예정된 최후의 공정까지 일응 종료하였다는 점만으로는 부족하고 목적물의 주요구조 부분이 약정된 대로 시공되어 사회통념상 일반적으로 요구되는 성능을 갖추고 있어야 하며, 개별적 사건에 있어서 예정된 최후의 공정이 일응 종료하였는지 여부는 수급인의 주장에 구애됨이 없이 당해 제작물공급계약의 구체적 내용과 신의성실의 원칙에 비추어 객관적으로 판단할 수밖에 없으므로, 제작물공급에 대한 보수의 지급을 청구하는 수급인으로서는 그 목적물 제작에 관하

여 계약에서 정해진 최후 공정을 일응 종료하였다는 점뿐만 아니라 그 목적물의 주요구조 부분이 약정된 대로 시공되어 사회통념상 일반적으로 요구되는 성능을 갖추고 있다는 점까지 주장·입증하여야 한다. 따라서 원심이 원고가 제작한 이 사건 성형압출기 본체가 계약내용대로 제작되어 사회통념상 일반적으로 기대되는 성능을 갖추고 있는지 여부에 관하여 명시적으로 판단하지 않았지만, 원고가 제작한 부분에 관하여 피고가 불합격 판정을 하였고 그것이 계약상·신의칙상 정당한 것이 아니라고 볼 사정이 없다고 한 판단 속에는 원고가 제작한 성형압출기 본체 부분이 계약내용대로 완성되었다고 볼 수 없다는 판단이 포함되어 있다고 볼 수 있으므로 그와 같은 사유로 원고의 보수지급청구를 배척한 결론은 타당하다.

- ■ 쟁 점
  위 판결은 수급인의 목적물의 인도의 의미와 그것이 도급인의 보수지급의무가 동시이행의 관계에 있는지 그리고 일의 완성의 의미와 그에 관한 주장 입증책임의 소재가 문제된 것이다.

- ■ 검토할 사항
  - □ 수급인의 일의 결과인 완성물 인도의무와 도급인의 보수지급의무가 동시이행의 관계에 있는가?
  - □ 수급인은 그 점유를 도급인에게 이전하는 것으로 완성물 인도의무를 다한 것인가?
  - □ 도급계약에 있어서 일의 완성에 대한 주장·입증책임은 누구에게 있으며 일의 완성에 대한 주장 입증은 계약에서 정해진 최후의 공정을 이행하였음을 주장 입증하는 것으로 족한가?

- ■ 관련사례
  - □ 수급인의 일의 완성과 도급인의 보수지급의무가 동시이행의 관계에 있는가? (대판 2005.11.25. 2003다60136)

- ■ 기타 검토사항
  - □ 제작물공급계약의 당사자들이 보수의 지급시기에 관하여 "수급인이 공급한 목적물을 도급인이 검사하여 합격하면, 도급인은 수급인에게 그 보수를 지급한다"는 내용으로 한 약정이 법률행위의 부관인 조건인가? 만약 이것이 조건이라면 순수 수의조건에 해당하는가?

## (3) 완성물의 소유권 귀속

■ 판례 1

### 대판 1984.11.27. 80다177

| 사안 |   甲(원고)은 1971.9.7. 건설회사 乙(피고)과 사이에서 상가아파트 건축공사 도급계약을 체결하였으며, 乙회사는 위 도급계약에 따라 건축허가명의는 甲 이름으로 받고 자신의 노력과 재료로 공사를 진행하였다. 그러던 중 1972.7.15. 위 도급계약을 변경하여 지하실 및 지상 1, 2층 건물의 공사금을 160,000,000원으로 확정하고, 위 공사가 완공하면 乙 명의로 소유권보존등기를 하되 甲이 위 공사금을 지급하면 甲에게 소유권이전등기를 마쳐주기로 약정하였다. 이에 따라 乙은 1972.7.19. 甲 이름으로 되어 있던 건축허가명의를 자기 이름으로 변경하고 공사를 진행하여, 지하실 및 지상 1, 2층 건물을 완공하고 자신 명의로 소유권보존등기를 마쳤다. 그러나 甲이 위 공사금 160,000,000원을 지급하지 못하여 그에게 이전등기를 하지 않고 있다. 이에 甲이 위 건물 부분에 관하여 자신 명의로 이전등기(건물분할등기)할 것을 청구하였다.

| 판지 |   민법상 수급인이 자기의 노력과 재료로 완성한 건물의 소유권은 도급인과 수급인 사이의 특약에 의하여 그 귀속을 달리 정하거나 기타 특별한 사정이 없는 한 수급인에게 귀속된다고 보아야 할 것이다.

사실관계가 위와 같다면 수급인인 피고가 자기의 노력과 재료를 들여 완공한 위 지하실 및 지상 1, 2층 건물의 소유권은 피고에게 귀속되었다고 볼 수밖에 없다.

처음에는 위 건물의 건축허가를 도급인인 원고 명의로 받았다고 하여도 그 후 그 건축허가명의를 수급인인 피고회사 이름으로 변경하고 소유권보존등기까지도 피고회사 명의로 마친 이 사건에서는, 완성된 위 건물의 소유권을 도급인인 원고에게 귀속시키기로 원고와 피고 사이에 특약이 있었다고 볼 여지가 없다.

■ 쟁 점

위 판결은 수급인이 도급인 이름으로 건축허가명의를 받고 스스로 재료를 제공하여 건물을 신축하던 중 건축허가명의를 자신의 이름으로 바꾸고 건물보존등기도 자신 명의로 하기로 변경한 경우, 그 신축된 건물은 누구에게 귀속되는가 하는 점이 문제된 것이다.

■ 검토할 사항

□ 수급인이 자기의 노력과 재료를 들여 건물을 건축한 경우 그 건물의 소유권은 누구에게 귀속되는가?

□ 건물신축 도급계약에 있어서 도급인과 수급인 사이에 도급인 명의로 건축허가를 받아 소유권보존등기를 하기로 하는 등 완성된 건물의 소유권을 도급인에게 귀속시키기로 합의한 경우에는 건물의 소유권은 누구에게 귀속되는가?

■ 참고문헌

□ 박재영, 건축 중인 건물의 소유권귀속, 사법논집 제46집, 2008, 501 이하.

□ 정병호, 첨부에 있어 소유권귀속에 관한 규정의 임의규정성 여부: 독일에서의 논의를 참고하여, 법률행정논집(서울시립대) 제10권, 2003, 250 이하.

## ■ 판례 2

### 대판 1990.4.24. 89다카18884

· · · · · · · · · · · · · · · · · · · · · · · · · · · · · · · · · · · · · · · · · · · · · · · · · · · · · · · · · · · · · · · · · · · · · ·

| 사안 |  A는 B 소유의 토지 위에 다세대주택을 신축하여 분양할 목적으로 1984. 9.25. 위 토지를 매수하였다. 이 매매계약에서 A는 중도금 지급 후 잔금지급 전에 위 토지상에 주택을 신축할 수 있되, 잔금의 지급을 담보하기 위하여 신축건물의 건축허가 명의를 B로 하고, 위 토지에 대한 소유권이전등기는 그 지상에 A가 주택을 건축하여 분양할 때 그가 요구한 자에게 해 주기로 약정하였다. A는 계약금 및 중도금을 지급한 후 1984.10.24. B 명의로 건축허가를 받아 자기의 자재와 비용으로 4채의 다세대주택을 신축하였다(A의 자금사정 때문에 원래 약정했던 건물완성기일을 연기하고 그때까지 위 토지잔대금지급기일을 유예하였음). A가 건물을 완공한 1985.4.경 부동산경기 침체로 건물분양이 되지 않자 A는 甲 등(피고)에게 위 건물 중 일부를 임대하였고, 나머지 건물들도 다른 사람들에게 임대하였는데, A는 임대차보증금을 수령하고도 B에게 위 잔금지급기일이 지나도록 잔금을 지급하지 않았다. 그리하여 B는 1985.8.19. 위 신축건물에 관하여 자기 명의로 소유권보존등기를 경료하고, 乙(원고)로부터 금전을 차용하고 1985.11.27. 위 건물 및 대지 위에 근저당권을 설정하였으며, 나아가 1987.5.27. 위 차용금에 대한 대물변제로 乙에게 건물 및 대지의 소유권을 이전하였다. 그리고 乙은 甲에 대하여 건물의 명도를

청구하였다. 이에 대하여 甲 등은, A가 위 건물의 소유권을 원시취득하였으므로 A로부터 위 건물을 임차한 자신들에게 이를 점유할 권원이 있다고 주장하였다.

| **원심** | A가 자신의 자재와 비용으로 이 사건 건물을 건축하였다고 하여도 B에 대한 토지잔대금 지급채무를 담보할 목적으로 건축허가 명의를 담보권자인 B로 하여 이 사건 건물을 건축한 이상, 건물 완공과 동시에 대외적인 소유권은 그 건축허가명의자로서 담보권자인 B에게 그 담보의 목적에서 원시적으로 귀속된다고 할 것이므로, 위 건물의 소유권을 A가 원시취득하였음을 전제로 하는 피고들의 주장은 이유없다고 판단하였다.

| **판지** | 일반적으로 자기의 노력과 재료를 들여 건물을 건축한 사람은 그 건물의 소유권을 원시취득하는 것이고, 다만 도급계약에서는 수급인이 자기의 노력과 재료를 들여 건물을 완성하더라도 도급인과 수급인 사이에 도급인 명의로 건축허가를 받아 소유권보존등기를 하기로 하는 등 완성된 건물의 소유권을 도급인에게 귀속시키기로 합의한 것으로 보여질 경우에는 그 건물의 소유권은 도급인에게 원시적으로 귀속된다.

그런데 이 사안에서는 A가 B로부터 그 소유 토지를 매수하고 매매 잔대금의 지급을 담보하기 위하여 위 토지 위에 신축하는 건물의 건축허가 명의를 B 명의로 하였다는 것이므로 두 사람의 관계를 도급관계로 보기 어려운바, 이와 같이 단지 채무의 담보를 위하여 채무자(매수인)가 자기 비용과 노력으로 신축하는 건물의 건축허가 명의를 채권자(매도인) 명의로 하였다면 이는 완성될 건물을 담보로 제공키로 하는 합의로서 법률행위에 의한 담보물권의 설정에 다름 아니다. 그러므로 완성된 건물의 소유권은 일단 이를 건축한 채무자인 A가 원시적으로 취득한 후 채권자인 B명의로 소유권보존등기를 마침으로써 담보목적의 범위 내에서 위 채권자에게 그 소유권이 이전된다고 보아야 할 것이며, 이와 달리 위 채권자가 완성될 건물의 소유권을 원시적으로 취득한다고 볼 것이 아니다.

결국 원심이 B와 A간의 계약관계를 도급관계가 아니라 토지 매매대금에 대한 담보설정관계로 인정하면서도, 도급관계에서와 같은 이론으로 그 소유권의 귀속을 판단한 것은 신축건물의 소유권귀속과 담보권설정의 효력에 관한 법리를 오해한 것이다.

- **쟁 점**

  위 판결은 A가 B의 토지를 매수하여 그 지상에 건물을 신축하여 타인에게 분양하고
  자 함에 있어서, B에 대한 토지대금의 담보를 위하여 건축허가 명의를 B의 이름으
  로 한 경우, 그 신축된 건물은 누구에게 귀속되는가 하는 점이 문제된 것이다.

- **검토할 사항**

  □ A와 B는 도급계약을 맺은 것인가?

  □ 이 판결의 사안과 앞의 대판 1984.11.27. 80다177과의 차이를 살피시오.

  □ 이 사안에서 신축건물의 소유관계를 살피시오.

- **참고문헌**

  □ 제철웅, 신축건물의 양도담보에서의 법률문제, 법조 51권 3호(통권 546호),
  2002, 147 이하.

  □ 호제훈, 신축건물에 설정된 양도담보에 관한 몇 가지 문제, 민사판례연구 제24
  권, 2002, 90 이하.

## (4) 수급인의 담보책임

### ㈎ 수급인의 하자담보책임의 성질과 채무불이행책임과의 관계

## 대판 2004.8.20. 2001다70337

. . . . . . . . . . . . . . . . . . . . . . . . . . . . . . . . . . . . . . . . . . . . . . . . . . . . . . . . . . . . . . . . . . . . . . . . . . . . . . .

| **사안** |  액젓의 제조 판매업을 하는 甲(원고)은 1994.9.경 乙 회사와 장차 위 발
효탱크의 설치공사에 관한 도급계약을 체결하기로 하면서, 당시 乙 회사(피고)의
대표사원이던 B로부터 C를 소개받아 그에게 이 사건 토지에 관한 형질변경허가와
공작물 설치허가의 신청에 필요한 설계를 대금 300만원에 도급하면서 비용을 추
가함이 없이 그 위에 설치할 발효탱크의 설계를 부탁하였다(그러나 C는 측량설계만
을 할 수 있을 뿐 구조물설계를 할 능력이나 자격이 없었다). C는 乙 회사와 함께 4기
의 발효탱크(이 사건 발효탱크)를 설계하면서, 콘크리트 두께를 약 40cm로 하고 철
근을 2중으로 배근하며 공사비로 3억 원 가량이 소요되는 내용의 설계도를 작성
하여 원고에게 제시하였다가, 공사비를 낮추어 설계하라는 甲의 거듭된 요구에 따
라 C와 乙 회사는 甲의 동의하에 乙 회사가 타인으로부터 도급받아 완성하였던 농
산물 절임탱크와 유사하게 콘크리트 두께는 25cm로 하고 철근은 단배근하며, 공

사비는 135,442,000원이 소요되는 내용으로 설계도를 작성하여 甲에게 교부하였
다. 甲은 1994.9.26. 위 설계도면을 기초로 하여 乙 회사와 이 사건 토지에 대한
형질변경 및 공작물설치공사와 이 사건 발효탱크의 설치공사에 관하여 도급계약
을 체결하면서, 대금은 통틀어 1억 7,000만원(이 중 발효탱크 그 자체의 설치비용은
1억 2,000만원이고, 나머지 5,000만원은 토목공사 등 기초공사 비용이다), 공사기간은
그 때부터 1994.12.20.까지로 정하였다(이 사건 도급계약). 당시 甲과 乙 회사 사이
에 작성된 공사비예산내역서에는 시멘트액체방수를 위한 공사비로 금 8,148,000
원이 책정되어 있었다. 그런데 乙 회사가 시공한 이 사건 발효탱크에 저장된 액젓
원료가 변질 내지 누출되자, 甲과 乙 회사 사이에 그 책임의 소재와 배상문제를 둘
러싸고 분쟁이 발생하였다. 이에 甲과 乙 회사는 1995.10.18. 위와 같은 변질 내지
누출이 방수공사의 시공상 하자에 기인하는 것으로 전제하고(당시는 이 사건 발효
탱크에 균열이 발생하지 아니한 상태였다), "甲은 그때까지의 액젓 손상에 대한 배상
청구를 포기하고, 대신 乙 회사는 방수공사의 재시공에 소요될 것으로 예상되는
4,000만원을 甲에게 지급하기로 하며, 추후 이에 관한 민·형사상의 문제는 제기
하지 아니한다"라는 내용으로 합의하고 위 4,000만원을 주고받았다. 甲은 그 무렵
부터 1995.11.경까지 D에게 도급주어 이 사건 발효탱크에 우레탄 에폭시 공법으
로 방수공사를 하였고, 이로써 누출현상이 일시 멈추었으나, 그로부터 얼마 지나
지 아니하여 이 사건 발효탱크에 균열이 생기기 시작하면서 물이 새어들어오기 시
작하였다. 이 사건 발효탱크 균열의 하자는 단배근으로 인한 철근 부족과 콘크리
트 강도 저하로 인하여 내력이 감소함에 따라 균열이 발생한 것으로 밝혀졌는데,
그 밖에도 이 사건 탱크가 설치된 기초지반의 지내력도 부족하였고 통상적으로 액
젓과 같이 수분과 강한 염분이 포함된 내용물을 저장하는 탱크를 설치하는 경우
시멘트액체방수로는 부족하고, FRP공법 혹은 두께가 5㎜ 정도 되는 에폭시공법에
의한 특수 표면방수공사를 하여야 했다는 사실이 밝혀졌다. 당초 이 사건 발효탱
크의 규모와 같은 정도의 발효탱크를 하자 없이 설치하는 데는 485,191,523원(재
축시의 공사비 525,772,000원-철거비 40,580,477원) 가량이 소요되고, 에폭시라이닝
등 표면특수방수를 하지 않을 경우에는 293,991,363원(485,191,523원-에폭시라이
닝 시공비 191,200,160원)이 소요된다. 또, 내용물을 포함한 이 사건 발효탱크의 철
거비는 463,505,000원이 소요될 예정이다. 한편, 甲은 이 사건 발효탱크가 완성되
자마자 액젓 원료 약 3,000드럼을 넣었다가 위 D의 방수공사가 완성된 다음에 액

젓 원료를 추가로 집어넣어, 현재는 약 8,650드럼을 저장하고 있는데, 그 중 6,050드럼이 변질되었다. 이에 甲이 乙에 대하여 공사의 하자로 인한 손해배상을 청구하였다.

이에 대하여 원심은, 위 액젓의 변질은 이 사건 발효탱크의 구조상의 문제에 따른 구조물 자체의 균열과 방수처리의 잘못에 따른 누수 등 2가지 하자가 경합되어 발생한 것이고, 위 구조물의 설계과정에 사실상 깊이 관여하였고 나아가 그 시공을 담당한 乙로서는 위와 같은 하자가 생기지 않도록 위에서 설시한 기초지반의 지내력 등을 면밀하게 검토하여 구조물에 균열이 생기지 않도록 설계·시공하였어야 하고 또한 특수방수처리로 설계·시공하였어야 함에도 이러한 의무를 무시하거나 간과한 고의 내지 과실이 있다. 이에 따른 이 사건 발효탱크의 균열 및 누수로 인하여 갑이 손해를 입었으므로 乙은 이러한 甲의 손해를 배상할 의무가 있다. 그러나 이 사건 저장탱크의 하자보수비에 대하여는 甲의 과실을 80% 참작하고, 위 탱크의 균열로 탱크에 저장되어 있던 액젓이 변질되어 甲이 입은 액젓의 시가 상당 손해에 대하여는 甲의 과실을 90% 참작하여 손해배상의 범위를 정하여 갑의 청구에 대하여 일부 승소판결하였다. 이에 원·피고가 각 상고하였다.

| 판지 |  액젓 저장탱크의 제작·설치공사 도급계약에 의하여 완성된 저장탱크에 균열이 발생한 경우, 보수비용은 민법 제667조 제2항에 의한 수급인의 하자담보책임 중 하자보수에 갈음하는 손해배상이고, 액젓 변질로 인한 손해배상은 위 하자담보책임을 넘어서 수급인이 도급계약의 내용에 따른 의무를 제대로 이행하지 못함으로 인하여 도급인의 신체·재산에 발생한 손해에 대한 배상으로서 양자는 별개의 권원에 의하여 경합적으로 인정된다. 수급인의 하자담보책임은 법이 특별히 인정한 무과실책임으로서 여기에 민법 제396조의 과실상계 규정이 준용될수는 없다 하더라도 담보책임이 민법의 지도이념인 공평의 원칙에 입각한 것인 이상 하자발생 및 그 확대에 가공한 도급인의 잘못을 참작할 수 있다. (가) 하자 보수비용에 대하여, 원고가 무리하게 설계 변경을 요구하였다는 사실을 인정하기 어렵고, 원·피고 사이의 계약상 도급금액이 하자 없는 시공을 위한 공사금액에 비하여 현저히 낮은 금액이라고 인정하기도 어려우며, 수급인의 담보책임은 법정의 무과실책임이되 도급인과 수급인 사이의 형평을 실현하기 위하여 도급인측의 과실을 참작할 수 있는 것인데, 각종 공사를 영업목적으로 하는 법인체인 피고와 어민인 원고 사이에서 피고를 더 보호하여야 할 합리적 근거가 있다고 보기도 어렵

다. 원심이 위 하자보수비손해에 대하여 원고의 과실을 80%나 참작한 것은 형평의 원칙에 비추어 현저히 불합리한 조치라고 판단하여 이를 지적하는 원고의 상고이유의 주장은 이유 있어 이를 받아들인다. (나) 액젓 손해배상에 대하여, 원고가 1995.10.18. 합의를 할 당시에는 방수공사 미비로 인하여 저장된 액젓 일부가 밖으로 누출되어 액젓 수량이 감소한 것만이 문제되어 위 합의는 당시 발견된 액젓 누출로 인한 부족분만을 대상으로 하였을 뿐, 당시 탱크에 저장된 3,000드럼이라는 다량의 액젓 변질로 인한 손해배상까지는 포함하지 않았다고 볼 여지가 있으며, 원심으로서는 손해배상의 대상이 될 수 없는 부분이 있다면 심리를 통하여 그 부분을 특정하여 제외하여야지 이를 포함하여 손해로 인정하면서 과실상계비율을 높이는 방법으로 조절할 수는 없다고 할 것이다. 다음으로, 탱크에 저장된 액젓의 변질을 출하시까지는 인지할 수 없는데다가 원고가 위 합의를 할 때까지도 액젓 변질사실을 알 수 없었다면 원고가 그 후에도 다량의 액젓을 탱크에 저장한 행위는 정상적인 사용의 범위에 포함될 뿐이어서 여기에 어떠한 잘못이 있다고 할 수 없을 것이다. 결국, 원심이 액젓 손해배상청구에 대하여 위와 같은 사정을 들어 90%의 비율로 과실상계를 한 것은 형평의 원칙에 비추어 현저히 불합리한 조치라고 할 것인바, 이를 지적하는 원고의 상고이유의 주장은 이유 있어 이를 받아들인다.

- 쟁 점

  위 판결은 도급계약에 의하여 완성된 목적물의 하자로 인한 수급인의 하자담보책임상의 손해배상의 범위와 그 하자로 인하여 도급인의 재산에 발생한 손해배상의 관계가 문제된 것이다.

- 검토할 사항

  □ 액젓 저장탱크의 제작 · 설치공사 도급계약에 의하여 완성된 저장탱크에 균열이 발생하여 저장된 액젓이 상하여 못쓰게 된 경우, 수급인은 저장탱크의 균열로 인해 발생한 손해 외에 저장된 액젓이 상하여 못 쓰게 된 것으로 인한 손해에 대해서까지 손해배상책임을 지는가? 이때 각각의 손해배상책임의 법적 근거는 무엇인가?

  □ 수급인의 하자담보책임상의 손해배상을 인정함에 있어서 하자의 발생과 그 확대에 가공한 도급인의 과실을 참작할 수 있는가?

- 관련사례

  □ 원단의 가공에 관한 도급계약에 의하여 납품된 물건에 하자가 발생함으로 말미

암아 도급인이 외국에 수출하여 지급받기로 한 물품대금을 지급받지 못한 데 대한 손해배상을 청구함에 있어서 수급인의 귀책사유의 존부에 대해서는 누가 증명책임을 지는가? (대판 2007.8.23. 2007다26455, 26462)

□ 수급인의 의무불이행으로 도급인에게 하자확대손해가 발생한 경우, 수급인의 손해배상채무와 도급인의 보수지급채무가 동시이행의 관계에 있는가? 양자 사이의 동시이행의 관계 및 이로 인한 이행거절권능이 미치는 범위는 어디까지인가? (대판 2007.8.23. 2007다26455, 26462)

□ 제작물 공급계약에 있어서 주문자가 제작물의 하자의 존재에 관하여 알지 못한 데에 과실이 있는 경우, 제작자에게 손해배상을 청구할 수 있는가? 나아가 수급인의 하자담보책임에 기한 손해배상을 인정함에 있어서 하자의 발생과 그 확대에 가공한 도급인의 과실을 과실상계사유로 삼을 수 있는가? (대판 1990.3.9. 88다카31866)

■ 기타 검토사항

□ 손해배상의 대상이 되는지 여부가 불분명한 사실을 특정하여 손해배상에서 제외하는 대신 이를 손해배상의 범위에 포함하되, 가해자의 과실상계비율을 높여 이를 참작하는 것이 허용되는가?

■ 참고문헌

□ 김규완, 도급하자담보책임법과 일반채무불이행법―대법원 2004.8.20. 선고 2001다70337 판결에 대한 평석―, 민사법학 제28호, 2005, 201 이하.

(내) 하자보수청구권

■ 판례 1

**대판 1991.12.10. 91다33056**
. . . . . . . . . . . . . . . . . . . . . . . . . . . . . . . . . . . . . . . . . . . . . . . . . . . . . . . . . . . . . . . . . . . . . . . . . . . . . . . . . . . . . . . . . . . . . . . . . . .

| 사안 |　　甲(원고)이 1988.4.27. 乙(피고) 간에 乙 소유의 대지 상에 이 사건 건물을 공사대금 27,600,000원에 건축하기로 하는 도급계약을 체결하고, 10.7. 위 건물을 완공한 뒤 乙에게 인도하였으나 乙이 위 공사대금 중 금 5,590,000원을 지급하지 않고 있다. 甲이 乙에 대하여 공사대금의 지급을 청구한 데 대하여, 乙은 이 사건 건물의 지붕 및 벽면에 누수가 심하고 타일 및 바닥공사가 부실하며 현관문이 부착되지 않는 등 그 보수공사비용으로 금 10,536,900원이 들 정도로 하자가

심하므로 甲이 이를 보수하여 주기 전에는 위 공사잔대금을 지급할 수 없다고 항변하였다. 이에 대하여 甲은 하자보수공사를 해주려고 하였으나 乙측의 반대로 그 공사를 하지 못한 것이라고 재항변하였다.

이에 대하여 원심은, 乙의 항변에 대하여 건축공사 도급계약에 있어서 특별한 사정이 없는 한 도급인의 공사대금지급의무와 수급인의 하자보수 의무는 동시이행관계에 있다고 전제하고 나서, 이 사건 건물을 완공한 후 1년도 지나기 전에 천정과 벽에 심한 누수현상이 나타나고 욕조의 타일이 떨어져 나갔으며 벽면 곳곳에 균열이 생기는 등의 하자가 있어 이를 수리하는 데에 상당한 비용이 들 것으로 추정되는 사실이 인정되므로, 乙은 甲이 위 하자를 보수해 줄 때까지 甲에 대하여 위 공사대금의 지급을 거절할 수 있다고 판단하였다. 이어서 乙측의 반대로 그 공사를 하지 못한 것이라는 甲의 재항변에 대하여 판단하기를, 乙로서는 甲의 하자보수에 대한 미온적 태도로 보아 위 건물의 하자가 乙의 요구대로 제대로 보수되기는 어렵다고 판단하여 그 보수를 반대하였던 사실이 인정되므로, 위 보수공사를 하지 아니한 책임이 乙에게 있음을 전제로 하는 甲의 위 주장은 이유가 없는 것이라고 판단한 끝에 甲의 이 사건 도급보수지급청구를 전부 기각하였다. 이에 대하여 甲이 상고하였다.

| 판지 |  도급계약에 있어서 완성된 목적물에 하자가 있는 때에는 도급인은 수급인에 대하여 하자의 보수를 청구할 수 있고(민법 제667조 제1항), 그 하자의 보수에 갈음하여 또는 보수와 함께 손해배상을 청구할 수 있는바(같은 조 제2항), 이들 청구권은 특별한 사정이 없는 한 수급인의 보수지급청구권과 동시이행의 관계에 있음은 원심이 판시한 바와 같다 그러나 도급인이 인도받은 목적물에 하자가 있는 것만을 이유로, 하자의 보수나 하자의 보수에 갈음하는 손해배상을 청구하지 아니하고 막바로 보수의 지급을 거절할 수는 없는 것인바, 도급인이 하자의 보수를 청구하려면 그 하자가 중요한 경우이거나, 중요하지 아니한 것이라고 하더라도 그 보수에 과다한 비용을 요하지 아니할 경우이어야 하고(같은 조 제1항 단서), 도급인이 하자의 보수에 갈음하여 손해배상을 청구하는 경우에는, 수급인이 그 손해배상청구에 관하여 채무이행을 제공할 때까지 그 손해배상의 액에 상응하는 보수의 액에 관하여만 자기의 채무이행을 거절할 수 있을 뿐, 그 나머지 액의 보수에 관하여는 지급을 거절할 수 없는 것이므로, 도급인이 완성된 목적물에 하자가 있는 것을 이유로 삼아 보수의 지급을 거절하기 위하여서는 먼저, 그 하자의 보수를 청구하

는 것인지, 아니면 하자의 보수에 갈음하여 손해배상을 청구하는 것인지, 또는 하자의 보수와 함께 손해배상을 아울러 청구하는 것인지를 명료하게 하지 않으면 안 된다고 보아야 할 것이다. 그런데 이 사건의 경우 원심은 피고가 원고에게 이 사건 건물에 관한 하자의 보수를 청구하고 있는 것으로 보고 판단하고 있으나, 원고가 하자를 보수하려고 하는 것에 피고가 반대하였음은 원심도 인정하고 있는 바이므로, 피고가 이 사건 변론에서도 여전히 원고에게 이 사건 건물에 있는 하자의 보수를 청구하고 있는 것인지, 그런 것이 아니라 원고의 하자보수를 거부하고 하자의 보수에 갈음하는 손해배상을 청구하고 있는 것인지, 그 태도가 반드시 분명하다고 볼 수 없다. 그렇다면 원심으로서는 먼저 피고에게 이 점을 석명하도록 한 다음, 만일 피고가 여전히 하자의 보수를 청구하고 있는 것이라면, 보수하여야 할 하자의 종류와 정도를 특정함과 아울러 그 하자를 보수하는 적당한 방법과 그 보수에 요할 비용 등에 관하여 심리하여 봄으로써(원고의 주장이 어떤 것인지에 따라서 이 사건 건물에 있는 하자가 중요한 것인지, 또는 그 하자가 중요한 것은 아니더라도 그 보수에 과다한 비용을 요하지 않는 것인지의 여부도 가려보아야 할 것이다), 과연 이 사건 건물에 있는 하자가 그 보수에 요할 비용 등에 비추어 신의칙상 보수지급청구를 전부 거절할 만한 정도의 것인지의 여부에 관하여 판단하였어야 할 것이고, 만일 피고가 하자의 보수를 청구하는 것이 아니라 하자에 갈음하는 손해배상을 청구하고 있는 것이라면, 원고가 배상하여야 할 손해의 액을 확정함으로써 원고의 보수지급청구권의 액과 비교하여 동시이행의 항변권이 인정되는 범위를 밝혀 보았어야 할 것이다. 그럼에도 불구하고 원심은 위와 같은 조치를 취하지 아니한 채 이 사건 건물의 하자를 수리하는 데에 상당한 비용이 들 것으로 추정된다는 막연한 이유만으로 원고의 이 사건 도급보수지급청구를 전부 기각하였으니, 원심판결에는 도급계약에 있어서의 하자보수청구권 등에 관한 법리를 오해한 나머지 석명권의 행사를 게을리한 채 심리를 제대로 하지 아니한 위법이 있다.

■ 쟁 점

도급계약에 있어서 완성된 목적물에 하자가 있는 때에는 도급인은 수급인에 대하여 하자의 보수 또는 하자의 보수에 갈음하여 또는 보수와 함께 손해배상을 청구할 수 있는 요건이 문제된 것이다.

- 검토할 사항
  - □ 도급계약에 있어서 완성된 목적물에 하자가 있는 경우, 도급인은 수급인에 대하여 어떠한 권리를 청구할 수 있는가?
  - □ 완성된 목적물의 하자에 대한 도급인의 청구권과 수급인의 보수지급청구권은 동시이행의 관계에 있는가?
  - □ 도급인이 인도받은 목적물에 하자가 있는 것만을 이유로 하자의 보수나 하자의 보수에 갈음하는 손해배상을 청구하지 아니하고 곧바로 보수의 지급을 거절할 수 있는가?
  - □ 목적물의 하자가 중요하지 않거나 중요한 것이라도 과다한 비용이 들어가는 경우 수급인은 하자의 보수를 청구할 수 있는가?
  - □ 도급인이 하자의 보수에 갈음하여 손해배상을 청구하는 경우, 수급인이 그 손해배상청구에 관하여 채무이행을 제공할 때까지 도급인이 수급인의 보수지급청구를 거절할 수 있는 범위는 어디까지인가?
  - □ 도급인이 완성된 목적물에 하자가 있는 것을 이유로 삼아 보수의 지급을 거절하기 위하여서는 먼저 하자의 보수를 청구하는 것인지, 아니면 하자의 보수에 갈음하여 손해배상을 청구하는 것인지 또는 하자의 보수와 함께 손해배상을 아울러 청구하는 것인지를 밝혀야 하는가?

- 관련사례
  - □ 하자가 중요하지 아니하면서 동시에 그 보수에 과다한 비용을 요하여 도급인이 하자보수나 하자보수에 갈음하는 손해배상을 청구할 수 없고 그 하자로 인하여 입은 손해의 배상만을 청구할 수 있는 경우, 그 하자로 인하여 입은 통상의 손해는 어떻게 산정하는가? 만약 하자가 중요하다면, 그 보수에 갈음하는 즉 실제로 보수에 필요한 비용을 손해배상으로 청구할 수 있는가? (대판 1998.3.13. 95다30345)
  - □ 하자가 중요한 경우 그 손해배상의 액수를 산정하는 기준시점은 목적물의 완성시인가 하자보수 청구시 또는 손해배상 청구시인가? (대판 1998.3.13. 95다30345)
  - □ 공사도급계약의 목적물인 건물에 하자가 있어 이로부터 화재가 발생한 경우 그 화재 진압시 사용한 물이 유입됨으로써 훼손된 부분을 복구하는 데 드는 비용 상당액도 그 하자와 상당인과관계가 있는 손해에 해당하는가? (대판 1996.9.20. 96다4442)

- 참고문헌
  - □ 김제완, 도급계약상 담보책임으로서의 손해배상청구권의 법적 성격: 판례상 "하

자보수에 갈음한 손해배상"과 "하자로 인한 손해배상"을 중심으로, 고려법학 38호, 2002, 285 이하.

■ **판례 2**

## 대판 2001.9.18. 2001다9304

| 사안 | 甲(원고)은 1991.3.30. 乙(피고)과 사이에 서울 △△구 △△동 1633의 4 등 2필지 지상에 지하 2층 지상 9층 옥탑 2층 연면적 9,574.58㎡의 오피스텔건물(이 사건 건물)을 신축하는 공사도급계약을 체결하였고, 공사기간은 착공 후 18개월, 도급금액은 6,403,100,000원(부가가치세 포함)으로 하되, 乙이 甲에게 공사 선급금으로 공사대금의 5%에 상당하는 금액을 지급하고 공사기간 중 매 2개월이 경과할 때마다 그때까지의 공사 기성분에 대한 기성금을 지급하며 그 기간 내에 지급하지 못할 경우에는 공사 착공 후 6개월 이내에는 지연손해금을 붙이지 아니하고 6개월 이후에는 연 17.5%의 지연손해금을 지급하기로 약정하였다. 甲은 1991.11.1. 이 사건 건물의 신축공사를 착공하였다. 甲과 乙은 같은 해 12.19. 건축공사장 주변의 피해복구비와 설계변경으로 인한 토공사 및 흙막이공사의 증가에 따라 공사대금으로 280,000,000원(부가가치세 별도)을 증액하였고, 1992.1.12. 위 건물 부지의 토질변경으로 인한 발파비용의 증가에 따라 공사대금으로 540,000,000원(부가가치세 별도)을 증액하였으며, 같은 해 8.17. 유공관 설치공사 및 락 앵커(ROCK ANCHOR)공사 추가에 따른 공사대금으로 50,490,000원(부가가치세 포함)을 증액하였다. 乙은 甲에게 위 건축공사의 선급금으로 1991.4.2. 50,000,000원, 1992.4.6. 270,155,000원 합계 320,155,000원을 지급하였다. 甲은 위 건축공사의 진행에 따라 乙에게 1992.4.6. 제1회 기성공사대금으로 1,816,078,000원(乙회사로부터 지급받은 선급금 중에서 기성부분에 대한 부분을 정산 공제하여 산출한 대금, 이하 같다), 같은 해 6.18. 제2회 기성공사대금으로 809,424,000원, 같은 해 8.20. 제3회 기성공사대금으로 605,000,000원, 같은 해 11.25. 제4회 기성공사대금으로 880,000,000원의 지급을 청구하였다. 乙은 1992.12.20. 부도를 냈고, 甲은 같은 달 28. 乙로부터 기성공사대금을 지급받지 못하였음을 이유로 위 건축공사를 중단한 후 1993.1.25. 乙에게 제4회 기성공사대금 청구 이후 진행된 공사에 대한 기성공사대금으로 1,292,093,000원을 청구하였다. 乙은 1993.1.25. 甲이 1992. 12.28.까

지 진행한 공사에 대하여 乙이 지급하여야 할 기성공사대금이 5,202,500,000원(부가가치세 별도, 선급금을 공제하지 아니한 금액)임을 확인하였다.

이에 甲은 미지급 공사대금 5,814,371,980원의 지급 및 민법 제666조에 따라 공사대금의 담보를 위하여 위 건물에 관하여 저당권을 설정하여 줄 것을 청구하였다.

| 판지 |  도급계약에 따른 수급인의 하자보수책임은 완성 전의 성취된 부분에 관하여도 성립되는바, 완성 전의 성취된 부분이라 함은 도급계약에 따른 일이 전부 완성되지는 않았지만 하자가 발생한 부분의 작업이 완료된 상태를 말하는 것이고, 도급인이 하자보수를 주장하는 경우 법원은 보수하여야 할 하자의 종류와 정도를 특정함과 아울러 그 하자를 보수하는 적당한 방법과 그 보수에 요할 비용 등에 관하여 심리하여 봄으로써, 그 하자가 중요한 것인지 또는 그 하자가 중요한 것은 아니더라도 그 보수에 과다한 비용을 요하지 않는 것인지를 가려보아 수급인의 하자보수책임을 인정할 수 있는지 여부를 판단하여야 할 것이다. 이 사건과 같이 기성고에 따라 공사대금을 분할하여 지급하기로 약정한 경우라도, 특별한 사정이 없는 한 하자보수의무와 동시이행관계에 있는 공사대금지급채무는 당해 하자가 발생한 부분의 기성공사대금에 한정되는 것은 아니라고 할 것이다. 왜냐하면 이와 달리 본다면 도급인이 하자발생사실을 모른 채 하자가 발생한 부분에 해당하는 기성공사의 대금을 지급하고 난 후 뒤늦게 하자를 발견한 경우에는 동시이행의 항변권을 행사하지 못하게 되어 공평에 반하기 때문이다. 따라서 원심이, 피고가 지급을 거절할 수 있는 공사대금의 범위를 하자가 발생한 부분의 기성공사대금에 한정하지 않은 조치는 옳고, 거기에 원고가 상고이유에서 주장하는 바와 같은 심리미진 또는 이유불비의 위법이 있다고 할 수 없다. 한편, 일반적으로 동시이행의 관계가 인정되는 경우에 그러한 항변권을 행사하는 자의 상대방이 그 동시이행의 의무를 이행하기 위하여 과다한 비용이 소요되거나 또는 그 의무의 이행이 실제적으로 어려운 반면 그 의무의 이행으로 인하여 항변권자가 얻는 이득은 별달리 크지 아니하여 동시이행의 항변권의 행사가 주로 자기 채무의 이행만을 회피하기 위한 수단이라고 보여지는 경우에는 그 항변권의 행사는 권리남용으로서 배척되어야 할 것이다. 원심이 적법하게 인정한 바에 따르면, 이 사건 건물은 슬라브, 보, 기둥 부분에 광범위하게 하자가 발생하였고 이를 보수하지 않으면 이 사건 건물을 사용할 수 없으며, 그 보수를 위하여 약 676,401,000원의 비용이 소요되는바, 사정이 이러하다면 하자의 정도가 중하여 반드시 하자보수가 필요하고 그 보수를 위하여 과다한 비

용이 소요되는 정도라고 보이지 않으므로, 피고의 하자보수청구권의 행사 자체를 권리남용이라고 할 수는 없다. 그러나 기록에 의하면, 피고가 미지급한 기성공사대금은 5,402,595,000원인 데 비하여 이 사건 건물의 하자보수비용은 676,401,000원에 불과하고, 피고는 선급금을 지급한 이래 약정에 따른 기성공사대금을 전혀 지급하지 않고 있을 뿐만 아니라 현재 자력이 없고 앞으로 하자보수공사가 완성되어도 공사대금을 지급할지 여부가 불확실한 상태임이 인정되므로, 피고가 하자보수청구권을 행사하여 동시이행의 항변을 할 수 있는 기성공사대금의 범위는 하자 및 손해에 상응하는 금액으로 한정하는 것이 공평과 신의칙에 부합한다고 볼 것이다. 그럼에도 불구하고, 피고에게 기성공사대금 전부를 원고의 이 사건 건물의 하자보수 완료와 상환으로 지급할 것을 명한 원심에는 수급인의 하자보수의무와 도급인의 대금지급채무의 동시이행관계에 관한 법리를 오해하여 판결에 영향을 미친 위법이 있다 할 것이고, 이를 지적하는 원고의 상고이유의 주장은 이유 있다.

- **쟁 점**

  위 판결은 수급인의 하자보수책임이 완성 전의 성취된 부분에 관하여도 성립하는지, 하자보수의무와 동시이행의 관계에 있는 공사대금 지급채무의 범위 등이 문제된 것이다.

- **검토할 사항**

  □ 수급인의 하자보수책임이 완성 전의 성취된 부분에 관하여도 성립하는가?

  □ 기성고에 따라 공사대금을 분할하여 지급하기로 약정한 경우라도 특별한 사정이 없는 한 하자보수의무와 동시이행관계에 있는 공사대금지급채무는 당해 하자가 발생한 부분의 기성공사대금에 한정되는가?

  □ 도급인이 하자보수청구권을 행사하여 동시이행의 항변을 할 수 있는 기성공사대금의 범위는 하자 및 손해에 상응하는 금액으로 한정되는가?

- **기타 검토사항**

  □ 동시이행의 항변권의 행사가 주로 자기 채무의 이행만을 회피하기 위한 수단이라고 보여지는 경우, 항변권의 행사가 권리남용으로서 배척되어야 하는가?

  □ 계속적 거래관계에 있어서 재화나 용역을 먼저 공급한 후 일정 기간마다 거래대금을 정산하여 일정기일 후에 지급받기로 약정한 경우에 공급자가 선이행의 자기 채무를 이행하고 이미 정산이 완료되어 이행기가 지난 전기의 대금을 지급받지 못하였거나, 후 이행의 상대방의 채무가 아직 이행기가 되지 아니하였지만 이

행기의 이행이 현저히 불안한 사유가 있는 경우에는 공급자는 이미 이행기가 지난 전기의 대금을 지급받을 때 또는 전기에 대한 상대방의 이행기 미도래 채무의 이행불안사유가 해소될 때까지 선이행의무가 있는 다음 기간의 자기 채무의 이행을 거절할 수 있는가?

- 참고문헌
  □ 윤근수, 도급인이 하자보수를 청구하여 동시이행의 항변권을 행사할 수 있는 범위, 판례연구(부산판례연구회) 제14집, 2003, 369 이하.
  □ 홍기태, 공사 도급인이 하자보수청구권을 행사하여 동시이행의 항변을 할 수 있는 기성공사대금의 범위, 대법원판례해설 제38호(2001 하반기), 2002, 197 이하.

## 2. 도급인의 보수지급의무

### 대판 1992.3.31. 91다42630

| 사안 | 甲(원고)과 乙(피고) 사이에는 주택신축공사의 도급계약을 체결하면서 만일 甲이 정당한 이유 없이 3일 이상 공사를 중단할 경우에는 乙은 甲이 공사를 포기한 것으로 인정하여 다른 건축업자를 선정하여 공사를 진행할 수 있도록 약정하였는데, 이 사건 주택의 건축공사는 甲이 그의 귀책사유로 인하여 1987.7.27.경부터 공사를 중단하자, 乙이 같은 해 8.3.경 공사의 이행을 최고함과 동시에 만일 이에 응하지 아니하면 乙이 위 약정에 따라 이 사건 공사도급계약을 해제하고 직접 시공할 뜻을 통고하였으나, 甲이 이에 응하지 아니하여 乙이 같은 해 8.초순경부터 공사를 직접 시공하여 완공하였다. 그런데 위 해제 당시 공사가 상당한 정도로 진척되어 있었고, 甲은 전체 공정의 90%를 시공하였다고 주장하여 乙에 대하여 도급공사계약상의 공사대금의 90%에 해당하는 돈에서 甲이 이미 지급받은 돈을 공제한 나머지 돈의 지급을 청구하였다.

| 판지 | 건축공사도급계약이 수급인의 채무불이행을 이유로 해제된 경우에 있어 해제될 당시 공사가 상당한 정도로 진척되어 이를 원상회복하는 것이 중대한 사회적, 경제적 손실을 초래하게 되고, 완성된 부분이 도급인에게 이익이 되는 것으로 보이는 경우에는 도급계약은 미완성부분에 대하여만 실효되고 수급인은 해제한 상태 그대로 그 건물을 도급인에게 인도하고, 도급인은 특별한 사정이 없는 한 인도받은 미완성 건물에 대한 보수를 지급하여야 하는 권리의무관계가 성립한

다. 건축공사도급계약이 중도해제된 경우 도급인이 지급하여야 할 미완성건물에 대한 보수는 특별한 사정이 없는 한 당사자 사이에 약정한 총 공사비를 기준으로 하여 그 금액에서 수급인이 공사를 중단할 당시의 공사 기성고비율에 의한 금액이 되는 것이지 수급인이 실제로 지출한 비용을 기준으로 할 것은 아니다. 그런데 원심판결 이유에 의하면 이 사건에서 원고는 전체 공정의 90%를 시공하였다고 주장하여 도급공사계약상의 공사대금의 90%에 해당하는 돈에서 원고가 이미 지급받은 돈을 공제한 나머지 돈의 지급을 구하고 있다는 것이므로, 원심으로서는 원고가 이미 시공한 건물부분이 전체 공사비 가운데 차지하는 비율이 얼마인지 확정하여 이에 터잡아 피고가 원고에게 지급할 보수액을 산정하여야 할 것인데, 다른 특별한 사정이 있음을 들지도 아니한 채 공사를 중단할 당시 완성된 부분의 공사를 위하여 지출된 비용을 기초로 하여 산정한 것은 잘못이라고 할 것이다.

- ■ 쟁 점

  위 판결은 건축공사가 상당한 정도로 진척된 후 수급인의 채무불이행을 이유로 도급계약이 해제된 경우 도급인이 지급하여야 할 미완성 건물에 대한 보수의 결정기준이 문제된 것이다.

- ■ 검토할 사항

  □ 건축공사가 상당한 정도로 진척된 후 수급인의 채무불이행을 이유로 도급계약이 해제된 경우의 당사자들은 서로 어떤 권리와 의무를 갖는가?

  □ 건축공사도급계약이 중도해제된 경우 도급인이 지급하여야 할 미완성 건물에 대한 보수는 어떻게 결정되는가?

- ■ 관련사례

  □ 공사도급계약이 수급인의 귀책사유로 중도 해제되어 당일 그 현장이 인도된 경우, 그 기성고에 따른 수급인의 공사금채권에 대하여 지연손해금이 발생하는가? (대판 1991.7.9. 91다11490)

- ■ 참고문헌

  □ 김숙, 공사도급계약이 중도해제된 경우에 도급인이 지급하여야 할 보수의 산정방법, 대법원판례해설 제17호(1992 상반기), 1992, 237 이하.

# 제3관 현상광고

## 대판 2000.8.22. 2000다3675

| **사안** | 甲(국가. 피고)은 1998.7.경 탈옥수 A를 수배하면서, "1998.7.21.부터 검거 시까지 제보로 검거되었을 때에 소정의 절차를 거처 신고인 또는 제보자에게 현상금 5천만 원을 지급한다."는 내용의 현상광고를 하였다. 乙(원고)은 1999.1.8. 21:30경 시내 호프집에서 A가 일행 3명과 함께 맞은 편 탁자에 앉아 있는 것을 발견하고, 같은 날 22:15경 경찰서에 A의 소재를 제보하였다. 경찰관 10여 명이 출동하여 위 호프집의 출입문을 봉쇄한 다음 호프집에 들어가 A에게 신원 확인을 위하여 경찰서로 가 줄 것을 요구하였고, A를 경찰차에 태워 같은 날 22:51경 경찰서 앞에 도착하였다. 그런데 A는 경찰차에서 내리는 순간 감시하던 경찰관들을 밀치고 도주하였다.

乙이 위 현상광고에서 정한 보수금의 지급을 청구하였다. 이에 대하여 甲은 당시 경찰이 A가 그들이 찾고 있던 자임을 아직 확인하지 못한 상태에서 도주하여 경찰의 지배범위를 다시 벗어났음을 이유로 위 보수금의 지급을 거부하였다.

| **판지** | 민법 제675조에 정하는 현상광고라 함은, 광고자가 어느 행위를 한 자에게 일정한 보수를 지급할 의사를 표시하고 이에 응한 자가 그 광고에 정한 행위를 완료함으로써 그 효력이 생기는 것으로서, 그 광고에 정한 행위의 완료에 조건이나 기한을 붙일 수 있고, 한편 '검거'라 함은, 수사기관이 범죄의 예방·공안의 유지 또는 범죄수사상 혐의자로 지목된 자를 사실상 일시 억류하는 것으로서, 반드시 형사소송법상의 현행범인의 체포·긴급체포·구속 등의 강제처분만을 의미하지는 아니하고 그보다는 넓은 개념이라고 보아야 할 것이다.

이 사건 현상광고의 지정행위는 A의 거처 또는 소재를 경찰에 신고 내지 제보하는 것이고, A가 '검거되었을 때'는 지정행위의 완료에 조건을 붙인 것이라고 보아야 할 것인데, 원고가 A의 소재를 발견하고 경찰에 이를 제보함으로써 이 사건 현상광고의 지정행위는 완료되었고, 그에 따라 경찰관 등이 출동하여 A가 있던 호프집 안에서 그를 검문하고 나아가 차량에 태워 파출소에까지 데려간 이상, 그에 대한 검거는 이루어진 것이므로, 이 사건 현상광고상의 지정행위 완료에 붙인 조건도 성취된 것으로 보아야 할 것이다.

■ 쟁 점

이 판결에서는 현상광고상의 지정행위란 무엇이며, 그 지정행위의 완료에 조건이나 기한을 붙일 수 있는지 여부가 문제되었다.

■ 검토할 사항

□ 민법에서 정하는 현상광고란 무엇을 말하는가?

□ 지정행위의 완료에 조건이나 기한을 붙여도 무방한가? A에 관한 위 현상광고에 있어서 조건은 성취되었다고 할 수 있는가?

■ 관련사례

□ 甲이 건물 신축 공사에 관한 설계를 공모하면서 최우수작으로 판정된 자에게 공사에 관한 '기본 및 실시설계권'을 부여하기로 하였고 乙은 위 공모에 응모하여 최우수작으로 판정되었다. 그러나 甲이 거래실정이나 사회통념에 비추어 현저히 부당하다고 보이는 사항을 계약내용으로 주장하거나 甲의 경제적 어려움으로 공사를 추진할 수 없게 되어 계약이 체결되지 못한 경우, 乙은 이를 이유로 甲에게 손해배상책임을 물을 수 있는가? (대판 2002.1.25. 99다63169)

■ 참고문헌

□ 안기환, 경찰 수사본부가 범죄혐의자를 수배하면서 "제보로 검거되었을 때 신고인 또는 제보자에게 현상금을 지급"한다는 내용의 현상광고를 한 경우에, 그 현상광고의 지정행위의 완료(=범죄혐의자의 거처 또는 소재), 대법원판례해설 35호(2000 하반기) (2001.6.), 49-56.

□ 윤경, 건축설계 우수현상광고의 당선보수인 '기본 및 실시설계권'의 의미, 대법원판례해설 40호(2002 상반기)(2002.12.), 71-91.


# 제4관 위 임


## 1. 위임계약의 성립 내지 존부

■ 판례 1

### 대판 2000.10.13. 2000다20069

· · · · · · · · · · · · · · · · · · · · · · · · · · · · · · · · · · · · · · · · · · · · · · · · · · · · · · · · · · · · · · · · · · · · · · · · · · · · · · · · · · · ·

| 사안 |   甲회사(원고)는 1998.8.16. A회사와 B회사로부터 이 사건 물건을 수원

에서 부산까지 운송하여 달라는 의뢰를 받고, 乙회사(피고)의 소유로 등록된 트럭을 운전하는 C와의 사이에 이에 상응하는 내용의 화물운송계약을 체결하였다.

乙회사는 C와 자동차위탁관리계약을 체결하고 그로부터 위 트럭을 지입받아 매월 위탁관리비를 지급받으면서 위 트럭을 관리·운영하는 지입회사이고, C는 乙회사의 상호 아래 운수사업을 영위하나 위 트럭의 실질적 소유자로서 이를 직접 운전하고 독자적인 계산으로 영업하는 지입차주이다. 그리고 甲·乙회사는 모두 김포공항 화물청사에 영업소를 가지고 있는 보세화물운송 지정업체로서, 甲회사는 위 물건이 고가의 수출 상품이라 보세화물운송 지정업체와 사이에서 운송계약을 체결하여야 하였으므로 乙회사의 소속으로 되어 있는 C와 운송계약을 체결한 것이다. 즉 甲회사는 C의 트럭이 보세화물운송 지정업체인 乙회사에 지입된 차량이고 C가 독자적인 계산으로 영업하고 있다는 사실을 잘 알면서, C와의 사이에서 운송계약을 체결하였던 것이다. 그리고 甲회사는 이 사건 운송계약 체결 전에도 수개월간 C와 운송계약을 체결한 바 있었다.

C가 위 운송계약에 따라 1998.8.18. 이 사건 물건을 수원에서 부산으로 운송하던 중 위 트럭이 물이 고인 도로에 정지하는 바람에 위 트럭의 적재함이 침수되어 화물의 대부분이 침수되었다. 위 사고로 인하여 A회사와 B회사의 이 사건 물건은 수리가 불가능할 정도로 부식되어 폐기되었고, 甲은 A회사와 B회사에 손해배상금을 지급하였다. 그리고 甲은 乙에게 자신이 지급했던 위 금원을 구상금으로 청구하였다. 이에 대하여 乙회사는, 甲회사가 이 사건 운송계약 체결 전에도 수개월간 C와 운송계약을 체결하였는 바, C는 이 사건 운송계약을 체결할 당시 위 계약의 효력을 乙회사 자신에게 귀속시킬 의사가 없었으며 상대방인 甲회사도 乙회사와 법률행위를 하려는 의사로 운송계약을 체결한 것이 아니었으므로 위 사고로 입은 손해는 C만이 배상할 책임이 있다고 주장하였다.

| 판지 |  화물자동차운송사업면허를 가진 운송사업자와 실질적으로 자동차를 소유하고 있는 차주간의 계약으로 외부적으로는 자동차를 운송사업자 명의로 등록하여 운송사업자에게 귀속시키고 내부적으로는 각 차주들이 독립된 관리 및 계산으로 영업을 하며 운송사업자에 대하여는 지입료를 지불하는 운송사업형태(이른바 지입제)에 있어서, 그 지입차주가 지입된 차량을 직접 운행·관리하면서 그 명의로 화물운송계약을 체결하였다고 하더라도, 대외적으로는 그 차량의 소유인 회사의 위임을 받아 운행·관리를 대행하는 지위에 있는 지입차주가 지입회사를

대리한 행위로서 그 법률효과는 지입회사에 귀속된다고 할 것이고, 또한 지입차량의 차주 또는 그가 고용한 운전자의 과실로 타인에게 손해를 가한 경우에는 지입회사는 명의대여자로서 제3자에 대하여 지입차량이 자기의 사업에 속하는 것을 표시하였을 뿐 아니라, 객관적으로 지입차주를 지휘·감독하는 사용자의 지위에 있다 할 것이므로 이러한 불법행위에 대하여는 그 사용자책임을 부담한다고 할 것이다.

원심은 C가 이 사건 트럭을 직접 운행·관리하면서 그의 명의로 이 사건 운송계약을 체결하였다고 하더라도 이는 피고 회사로부터 위 차량에 관한 운행관리권을 위임받아 운행·관리상 통상 업무에 속하는 이 사건 운송계약을 C가 피고 회사를 대리하여 체결한 것이고 따라서 피고는 특별한 사정이 없는 한 C가 이 사건 물건을 운송하던 중 그 과실로 인하여 운송물을 훼손한 불법행위로 인하여 삼성전자 등이 입은 손해를 배상할 의무가 있다 할 것이니 A회사 등에게 그 손해배상금을 지급한 원고는 피고에게 원고가 지급한 위 금원을 구상할 수 있다고 판단하였다. 이어 C에게는 원고와의 운송계약의 효력을 피고에게 귀속시킬 의사가 없었으며 원고도 피고와 법률행위를 하는 의사로 운송계약을 체결한 것이 아니었으므로 위 사고로 입은 손해는 C만이 배상할 책임이 있다는 피고의 주장에 대하여, 원고가 C와의 사이에서 이전에도 수개월간 운송계약을 체결한 사실이 있다고 하더라도 그러한 사정만으로 원고나 C가 이 사건 운송계약으로 인한 법률상 효과를 피고에게 귀속시킬 의사가 없었다고 단정하기에 부족하다고 하여 이를 받아들이지 아니하였다.

원심이 지입회사인 피고가 지입차주인 C의 과실로 일어난 이 사건 손해에 대하여 C의 사용자로서 원고에게 배상금을 구상 지급할 의무가 있다고 판단하고 나서 그 판시와 같은 이유로 피고의 주장을 배척한 조치는 앞서 본 법리에 비추어 이를 수긍할 수 있고, 거기에 사용자책임에 대한 법리를 오해한 위법이 있다고 할 수 없다.

- 쟁 점

  이 판결에서는, 지입차주가 지입차량을 직접 운행·관리하면서 그 명의로 화물운송계약을 체결한 경우 그 대외적인 법률효과는 누구에게 귀속하는지가 문제되었다.

- 검토할 사항

  □ C가 자신의 이름으로 甲과 운송계약을 체결하였음에도 그 법률효과는 乙회사에

게 귀속된다고 한 근거는 무엇인가?

□ 乙회사에 대하여 손해배상책임을 인정한 근거는 무엇인가?

- **관련사례**

  □ 건설회사는 건설공사의 수행에 관하여 반드시 감리자를 두도록 되어 있는데, 건설회사가 감리용역전문회사와 체결한 건설공사 감리용역계약은 어떠한 법적 성질을 가지는가? (대판 2000.8.22. 2000다19342)

  □ 공동주택건설사업의 사업주체가 파산하여 공사가 중단된 경우에 건축공사 감리계약은 종료하는가? (대판 2003.1.10. 2002다11236)

  □ 주채무자(보증의뢰인)와 채권자(수익자) 사이의 원인관계와는 독립되어 그 원인관계에 기한 사유로서는 수익자에게 대항하지 못하고 수익자의 청구가 있기만 하면 보증인의 무조건적인 지급의무가 발생하게 되는 이른바 독립적 은행보증의 경우, 보증의뢰인과 보증인 사이의 은행보증서의 발행을 위한 보증의뢰계약이 체결되었다면, 보증인은 수익자의 보증금 지급청구가 권리남용임이 객관적으로 명백하다면 그 지급을 거절하여야 하는가? (대판 1994.12.9. 93다43873)

  □ 경찰관 甲이 응급의 구호를 요하는 자를 乙대학병원에게 긴급구호요청을 하고 乙대학병원이 이에 따라 치료행위를 하였다면, 乙은 국가와 자신 사이에 치료위임계약이 체결된 것으로 보아 국가를 상대로 하여 그 비용의 상환을 청구할 수 있는가? (대판 1994.2.22. 93다4472)

- **기타 검토사항**

  □ 판결은 乙에 대하여 사용자책임을 이유로 손해배상의무(구상의무)를 인정하였다. 그렇다면 乙의 채무불이행을 이유로 한 손해배상책임은 배제되는가?

- **참고문헌**

  □ 김종필, 감리계약에 위임계약 종료에 관한 민법 제690조가 적용되는지 여부, 대법원판례해설 44호, 2004, 501-513.

  □ 김천수, 화물자동차운수사업법의 경영위탁(지입)에 대한 법적 고찰과 평가, 법학연구 제16집 제2호, 2013, 381-412, 인하대학교 법학연구소.

  □ 송명호, 지입제와 관련된 법률문제, 인권과 정의 330호(2004.2.), 89-116.

## ▣ 판례 2

### 대판 2007.10.26. 2005다21302

| 사안 |   甲(원고)은 기업체 등의 의뢰를 받아 고급 전문인력을 물색하여 추천하거나, 전문인력의 의뢰를 받아 그들이 원하는 업체에 재취업할 수 있도록 중개 또는 알선하는, 즉 이른바 헤드헌팅(Headhunting) 업무를 영업으로 하는 회사이다.

甲은 싱가폴의 A회사(지주회사)로부터 한국의 자회사인 B회사에서 이사로 근무할 전문인력을 추천해 달라는 의뢰를 받았다. 이에 따라 甲은 2003.3.11. A회사와 사이에, 후보자에 대한 조사 · 평가 등의 절차를 거쳐 최종 후보자 리스트를 제공하고 최종 후보자와의 보상협상에 참여하는 등의 용역업무를 수행하며, A회사는 그 대가로서 선정된 후보자에게 제시한 첫해 연봉의 20%에 상당하는 금액을 용역료로 지급하기로 하는 용역계약을 체결하였다. 이후 甲은 자신의 인터넷 홈페이지 긴급채용정보란에 채용정보를 게시하는 등 B회사에서 이사로 근무할 후보자를 조사 · 물색하였는데, 乙(피고)이 2003.6.2.경 위 채용정보를 보고 甲을 방문하여 B회사의 이사 후보자로 지원할 의사를 밝혔다. 甲은 乙에 대한 심사 · 평가 등을 거쳐 B회사의 이사로 적합한 인물이라고 판단하고 B회사 대표자와 乙 간의 면담을 주선하였으며, 2003.7.18.경에는 乙이 직접 싱가폴을 방문하여 A회사의 인사담당자와 면접이 실시되도록 주선하였다. 그 후 B회사와 乙은 급여 기타 근로조건의 협상과정을 거친 후, 2003.8.13.에 乙이 그해 9.15.부터 B회사의 이사로 근무하기로 하는 내용의 고용계약을 체결하였다. 그런데 乙이 2003.9.10.경 신변상의 이유를 들어 B회사의 이사로 근무할 수 없게 되었다는 뜻을 통지하였다.

그러자 甲은, 乙이 甲에게 지원의사를 밝힌 것은 채용알선을 의뢰하는 위임계약에 대한 청약이고 甲이 B에게 乙의 채용을 주선함으로써 혹은 乙과 B 간에 고용계약이 체결됨으로써 甲과 乙 간에 위임계약이 성립하였으며, 이러한 위임계약에 따른 부수적 채무로서 乙은 청약인 지원의사에서 밝힌 바와 같이 B회사에 계속 근무할 의무를 진다고 하면서, 따라서 乙이 고용계약을 임의로 파기한 것은 甲과 乙 사이의 위임계약을 위반한 것이고 그로 인하여 자신은 A와의 용역계약에 따른 용역료를 지급받지 못하는 등의 손해를 입었다고 하면서, 乙을 상대로 이러한 손해에 대한 배상을 청구하였다. 그런데 B회사는 乙에게 손해배상 등 법적 책임을 추궁

한 바는 없다.

| **판지** | 주로 간부급 인재나 전문인력 등을 기업에 물색·소개해 주고 그 채용계약의 체결을 돕는 업무를 목적으로 하는 인재소개업체(이른바 헤드헌터)가 구인기업의 의뢰를 받아 후보자를 물색·추천하고 면접을 주선하며 채용조건 협상에 참여하는 등의 용역을 수행하는 것은, 구인을 의뢰한 기업과 사이에 체결된 용역계약의 이행행위에 해당한다. 한편 채용을 원하는 후보자가 인재소개업체에게 구인기업에의 지원 의사를 밝히는 것은, 일반적으로 그 구인기업에 채용되기 위해 채용절차를 대행하고 있는 인재소개업체에게 그 절차에 응할 의사를 표시한 것에 불과할 뿐 그것만으로 후보자가 인재소개업체에게 자신의 채용알선 또는 채용협상 등에 관한 어떤 권한을 위임하였다거나 위임할 의사가 있었다고 볼 수는 없으므로, 다른 특별한 사정이 없는 한 인재소개업체와 후보자 사이에서 위임 등의 계약관계가 성립되었다고 할 수는 없다. 따라서 인재소개업체가 구인기업을 위하여 후보자를 채용함에 필요한 용역을 제공하는 과정에서 후보자에게 사실상 도움을 주었다 하더라도 이는 어디까지나 위 용역계약의 궁극적인 목적인 채용계약의 성사를 위한 것이지 후보자에 대한 어떤 계약상 채무의 이행이라고 볼 수는 없음이 원칙이라 할 것이다.

또한 인재소개업체와 후보자 사이의 특약이 없는 한, 구인기업과 후보자 사이에 채용계약이 체결된 경우 후보자가 인재소개업체에 대하여 구인기업에서 근무해야 할 계약상 또는 신의칙상의 의무를 부담한다고 볼 수는 없고, 후보자가 채용계약을 일방적으로 해제하였다고 하여 인재소개업체에 대하여 손해배상책임을 진다는 상관행의 존재를 인정할 수도 없다.

- **쟁 점**

  이 판결에서는 인재소개업체 甲에게 후보자 乙이 구인기업 A에의 지원의사를 밝히고 甲이 乙의 채용을 주선하여 A와 乙 간에 채용계약이 체결된 경우, 甲과 乙 간에 위임계약이 성립하는가 하는 점이 문제되었다.

- **검토할 사항**

  □ 채용을 원하는 후보자가 인재소개업체에게 구인기업에의 지원 의사를 밝힘으로써 인재소개업체와 후보자 사이에 위임 등의 계약관계가 성립하였다고 할 수 있는가?

□ 인재소개업체가 구인기업을 위하여 후보자를 채용함에 필요한 용역을 제공하는 과정에서 후보자에게 도움을 주었다면, 인재소개업체는 후보자에 대하여 위임계약상의 채무의 이행에 따른 대가를 청구할 수 있는가?

□ 구인기업과 후보자 사이에 채용계약이 체결된 직후 후보자가 채용계약을 일방적으로 해제하였다면, 후보자는 인재소개업체에 대하여 계약상 또는 불법행위법에 따른 손해배상책임을 지게 되는가?

■ 관련사례

□ 콘도미니엄 시설의 공유제 회원이 시설경영기업과 시설이용계약을 체결하였는데 그 시설경영기업이 파산하였다면, 위 시설이용계약은 수임인의 파산으로 당연히 종료되어 회원들은 선납부한 손괴보증금 전액과 용역료 중 잔존 계약기간에 안분한 금액 상당의 파산채권을 갖게 되는가? (대판 2005.1.13. 2003다63043)

■ 참고문헌

□ 이연갑, 헤드헌팅에 관한 몇 가지 쟁점, 법조 57권 5호(통권 620호)(2008.5.), 88-129.

□ 이철기, 헤드헌터(Headhunter)의 구직자에 대한 청구권, 경원법학 2권 1호(2009), 67-90, 경원대학교 법학연구소.

## 2. 위임의 효력

### (1) 수임인의 의무

**대판 2004.5.14. 2004다7354**

| 사안 |  甲(원고)으로부터 소송대리를 위임받은 변호사 乙(피고)이 甲을 대리하여 A운수회사를 상대로 교통사고를 원인으로 한 손해배상청구소송을 제기하여 1994.4.7. 甲이 일부 승소하는 내용의 판결을 선고받았다. 그런데 위 판결은 甲의 피상속인 망 B의 일실수입을 산정함에 있어서 그 소득활동기간 중 1994.7.1.부터 2002.6.30.까지의 96개월을 12개월로 잘못 계산하고, 그로 인하여 2002.7.1.부터 2005.2.28.까지 32개월에 해당하는 호프만수치를 잘못 적용함으로써 망 B의 1994.7.1.부터 2005.2.28.까지의 일실수입액 1억 3천만원을 5천만원으로 잘못 인정하고 그 차액에 해당하는 甲의 청구 부분을 배척하였다.

乙은 1994.4.14. 판결정본을 수령한 후 甲에게 전화로 甲이 손해의 발생이나 확

대에 기여한 과실상계의 비율이 70%로 인정되었음을 알려 주면서 판결정본을 받아가도록 연락하였다. 그로부터 3, 4일 후 乙은 甲에게 그 판결정본을 교부하면서 항소할 경우 패소하게 될 위험이 크다고만 설명하였을 뿐, 판결의 내용을 검토하지 아니하여 B의 일실수입을 잘못 계산하였음을 발견하지 못하였고 그 부분에 관한 설명이나 조언을 하지 아니하였다.

위 판결에 대하여 甲은 항소를 제기하지 않았는데, 상대방인 A운수회사가 항소를 제기하자 甲도 항소권 소멸 후에 그 패소 부분에 대하여 부대항소를 제기하였다. 그런데 그 후 A운수회사가 항소를 취하함으로써 甲의 부대항소가 효력을 잃게 되었고 그에 따라 위 판결이 그대로 확정되었다.

甲은 乙을 상대로 하여, 甲과의 위임계약에 따른 선량한 관리자로서의 주의의무를 위반하였음을 이유로 甲이 입은 손해를 배상할 것을 청구하였다.

| 판지 |  1. 일반적으로 수임인은 위임의 내용에 따라 선량한 관리자의 주의의무를 다하여야 하고, 특히 소송대리를 위임받은 변호사는 그 수임사무를 수행함에 있어 전문적인 법률지식과 경험에 기초하여 성실하게 의뢰인의 권리를 옹호할 의무가 있으며, 구체적인 위임사무의 범위는 변호사와 의뢰인 사이의 위임계약의 내용에 의하여 정하여지는 것이지만, 위임사무의 종료단계에서 패소판결이 있었던 경우에는 의뢰인으로부터 상소에 관하여 특별한 수권이 없는 때에도 그 판결을 점검하여 의뢰인에게 불이익한 계산상의 잘못이 있다면 의뢰인에게 그 판결의 내용과 상소하는 때의 승소가능성 등에 대하여 구체적으로 설명하고 조언하여야 할 의무가 있다고 할 것이다.

원심은, 원고들로부터 소송사건을 수임한 피고가 판결문을 제대로 검토하지 아니한 과실로 그 패소 부분에 계산상의 오류가 있음을 발견하지 못하고 원고들에게 그 판결의 내용과 상소하는 때의 승소가능성 등에 대하여 설명하고 조언하지 아니함으로써 피고는 특별한 사정이 없는 한 원고들과의 위임계약에 따른 선량한 관리자로서의 주의의무 위반으로 인하여 원고들이 입은 손해를 배상할 책임이 있다고 판단하였다. 원심의 위와 같은 판단은 정당하다.

2. 원심은, 피고가 변호사로서의 위와 같은 선관주의의무 위반으로 인하여 원고들은 그 패소 부분에 대하여 항소권이 소멸한 후 부대항소를 제기하였다가 상대방이 항소를 취하함으로써 부대항소가 효력을 잃게 되어 제1심판결이 확정되었다면, 원고들이 항소를 통하여 그 패소 부분 중 일부가 취소되고 그 부분 원고들의

청구가 받아들여짐으로써 얻을 수 있었던 금원 상당이 피고의 선관주의의무 위반과 상당인과관계가 있는 통상손해에 해당한다는 취지로 판단하였는바, 원심의 위와 같은 판단은 정당하다. 한편 소송의뢰인인 원고들도 판결정본을 피고로부터 교부받은 후 판결의 내용을 주의 깊게 살피지 아니하여 판결의 오류를 발견하지 못한 과실이 있다는 이유로 피고의 손해배상책임을 60%로 제한한 원심의 판단도 수긍할 수 있다.

- ■ 쟁 점

  이 판결에서는, 소송대리를 위임받은 변호사가 위임사무 종료단계에서 부담하는 선관주의의무의 내용과 그로 인한 손해의 배상이 문제되었다.

- ■ 검토할 사항

  □ 소송대리를 위임받은 변호사는 위임사무 종료단계에서 어떠한 선관주의의무를 부담하는가?

  □ 변호사의 선관주의의무 위반으로 인하여 패소 부분에 대한 항소권이 소멸한 후 부대항소를 제기하였으나 상대방이 항소를 취하함으로써 판결이 확정된 경우에 그 통상손해는 어떻게 산정되는가?

- ■ 관련사례

  □ 소유자 등으로부터는 거액의 근저당권설정등기에 관한 등기사무를 의뢰받고, 전세권자로부터는 최선순위인 전세권의 존속기간 변경 등을 이유로 한 등기사무를 의뢰받은 법무사가 전세권자에게 전세권의 우선권 상실에 관하여 설명·조언하지 않은 채, 근저당권설정등기, 위 전세권의 말소등기, 그리고 전세권자 명의의 새로운 전세권설정등기를 차례로 마친 경우, 그 법무사가 전세권자에 대하여 손해배상책임을 지는 까닭은 무엇인가? (대판 2006.9.28. 2004다55162)

  □ 부동산중개업자가 조사·확인하여 의뢰인에게 설명하여야 하는 사항에 속하지 않는 사항에 대하여 부동산중개업자가 그릇된 정보를 제대로 확인하지도 않은 채 마치 그것이 진실인 것처럼 의뢰인에게 그대로 전달하여 의뢰인이 그 정보를 믿고 상대방과 계약에 이르게 된 경우에도 그 부동산중개업자가 의뢰인에 대하여 손해배상책임을 지는 까닭은 무엇인가? (대판 2008.9.25. 2008다42836)

- ■ 참고문헌

  □ 이범균, 법무사가 의뢰인의 지시에 따르는 것이 위임의 취지에 적합하지 않거나 오히려 의뢰인에게 불이익한 결과가 되는 경우, 법무사가 의뢰인에게 부담하는 설명·조언의무의 내용, 대법원판례해설 63호, 2007, 169-185.

### (2) 위임인의 의무

**대판 2008.12.11. 2006다32460**

........................................................

| **사안** |  甲(원고)은 변호사 乙(피고)과의 사이에 9건의 소송에 관하여 소송위임계약을 맺고 착수금을 선불로 지급하면서, 위 착수금에 관해서는 소의 취하, 상소의 취하, 화해, 당사자의 사망, 해임, 위임계약의 해제 등 기타 어떠한 사유가 발생하더라도 반환을 청구할 수 없는 것으로 약정하였다.

  乙은 위 계약에 따라 甲으로부터 위임받은 소송사무를 처리하던 중, 2004.2.18. 甲을 퇴직한 근로자 K들로부터 소송을 위임받아 甲을 상대로 한 퇴직금청구소송을 제기하였다. 그러자 甲은 2004.4.1. 乙의 자신에 대한 소송제기로 인한 신임관계 위배를 이유로 乙에게 이 사건 소송위임계약을 해제한다는 통고를 하였고, 다른 변호사에게 다시 소송을 위임하면서 착수금 등을 지급하였다. 나아가 甲은 乙을 상대로, 乙과의 위임계약을 해제함으로써 위임계약이 처음부터 없었던 것이 되므로 착수금을 지급할 의무가 소멸된다고 하면서 원상회복으로서 착수금의 반환을 청구하고, 그 밖에 乙과의 소송위임계약 종료 후 다른 변호사와의 새로운 소송위임계약으로 인하여 추가로 착수금 등을 지출함으로 인한 재산적 손해 및 정신적 손해에 관하여 손해배상을 청구하였다. 그리고 소송위임계약 해제시까지 乙의 위임사무 처리에 대한 보수청구권과 관련해서는, 해제로 인하여 위임계약이 전적으로 소멸하였으므로 혹은 乙의 위임사무 처리가 乙에게 책임있는 사유로 인하여 도중에 종료되었으므로 보수지급의무를 지지 않는다고 주장하였다. 乙이 K의 위임을 받아 甲을 상대로 소송을 제기할 당시에, 乙은 당초 甲으로부터 위임받았던 9개의 소송사무에 관하여 모두 제소 또는 응소를 하였고, 준비서면 작성·제출, 변론기일 출석 등 일정 정도의 소송수행을 한 바가 있다.

| **판지** |  1. 원심은, 소송위임계약은 그 계약내용에 비추어 볼 때 계속적 채권관계를 전제로 하는 것인데, 원고가 피고에게 소송위임계약의 해제를 통고한 2004.4.1. 무렵 피고는 이미 이 사건 소송위임계약에 따라 원고로부터 위임받은 9건의 소송에 관하여 모두 제소 또는 응소를 하여 채무내용에 좇은 이행에 착수한 이후이므로, 이 사건 소송위임계약에 대해서는 계약이 처음부터 없었던 것과 같은 상태로 회복시키는 해제는 있을 수 없다고 판단하여, 위 해제통고로 인하여 이 사건

소송위임계약이 적법하게 해제되었다는 원고의 주장을 배척하였다. 원심의 위와 같은 판단은 옳다.

상고이유의 주장은, 피고가 위 9건의 소송에 관하여 소송위임계약의 내용에 좇은 적절한 소송수행을 하지 아니하였으므로 위 계약해제통고 당시까지 채무이행의 착수가 없었던 것으로 보아야 한다는 것이나, 피고가 위 9건의 소송에 대하여 채무이행에 착수한 것으로 볼 수 없을 정도로 부적절한 소송수행을 하였다고 인정할 수 없고, 또한 피고가 위 9건의 소송이 진행되는 도중에 제3자로부터 다른 소송을 위임받아 원고를 상대로 소를 제기하였다는 사정만으로는 위 9건의 소송사무와 관련하여 피고가 채무이행의 착수조차 하지 아니하였다고 평가할 수 있을 정도로 부적절한 소송수행을 하였다고 볼 수도 없다.

2. 원고와 피고는 소송위임계약에 따라 지급된 착수금에 대해서는 원칙적으로 그 반환을 구할 수 없는 것으로 약정한 점, 피고가 소송위임계약 종료의 원인이 된 원고에 대한 소송제기행위를 하기 이전에 원고로부터 위임받았던 위 9건의 소송에 관한 소송사무를 일정 부분 처리하였고, 당시까지의 업무처리가 원고와의 신임관계에 위배하여 부적절하게 처리되었다고 볼 만한 별다른 사정이 없는 점, 이 사건 소송위임계약에 따라 피고에게 지급된 착수금은 피고가 처리하는 사무처리의 대가일 뿐 사무처리로 인한 구체적인 결과에 대한 대가로 볼 수는 없는 점 등 제반 사정에 비추어 보면, 이 사건 소송위임계약과 관련하여 위임사무 처리 도중에 수임인인 피고의 귀책사유로 계약이 종료되었다 하더라도, 원고는 피고가 계약종료 당시까지 이행한 사무처리 부분에 관해서 피고가 처리한 사무의 정도와 난이도, 사무처리를 위하여 피고가 기울인 노력의 정도, 처리된 사무에 대하여 가지는 원고의 이익 등 제반 사정을 참작하여 상당하다고 인정되는 보수 금액 및 상당하다고 인정되는 사무처리 비용을 착수금 중에서 공제하고 그 나머지 착수금만을 피고로부터 반환받을 수 있다고 봄이 상당하다.

원심이 그 판시와 같은 사정들을 감안하여 피고로 하여금 이미 지급받은 착수금에서 상당하다고 인정되는 범위의 비용 및 보수금을 공제한 나머지 금액의 반환을 명한 것은 옳다.

3. 원심은, 이 사건 소송위임계약 종료 후 추가로 지출한 착수금 등 비용에 관한 원고의 손해배상청구에 대하여, 피고의 귀책사유로 인하여 이 사건 소송위임계약이 해지되었다고 하더라도, 그로 인하여 원고가 그 주장과 같은 손해를 입었다는

점을 인정할 증거가 부족하다는 이유로 이를 배척하였는바, 원심의 위와 같은 판단은 옳다.

또한 원심은 원고의 위자료 청구에 대하여, 일반적으로 위임계약에 있어서 수임인의 채무불이행으로 인하여 위임의 목적을 달성할 수 없게 된 경우 그로 인하여 입게 된 위임인의 정신적 손해는 특별사정으로 인한 손해로서 수임인이 그 특별사정을 알았거나 알 수 있었을 것이라고 인정되는 경우에 한하여 그 손해배상책임이 인정될 수 있는데, 피고가 그와 같은 특별한 사정을 알았거나 알 수 있었을 것으로 볼 만한 증거가 없다는 이유로 이를 배척하였는바, 원심의 위와 같은 판단도 옳다.

- **쟁 점**

  이 판결에서는, 위임이 도중에 종료된 것이 수임인의 책임있는 사유로 인한 경우라 하더라도, 소송위임을 받은 변호사는 그 종료사유가 발생할 때까지의 적법·유효한 사무처리에 대하여 그 기간에 상당하는 보수를 청구할 수 있는지 여부가 문제되었다.

- **검토할 사항**

  □ 소송위임을 받은 변호사의 책임있는 사유로 그 위임이 종료한 경우에, 변호사는 그 종료사유가 발생할 때까지의 적법·유효한 사무처리에 대하여 그에 상당하는 보수를 청구할 수 있는가?

- **관련사례**

  □ 변호사의 소송위임사무처리에 대하여 당사자 간에 그 보수 및 액수에 관하여 약정이 없는 경우에도 변호사는 그 보수를 청구할 수 있는가? (대판 1993.11.12. 93다36882) 그 액수는 어떻게 결정되는가? (대판 1981.7.28. 80다2485)

  □ 의사가 환자를 진료함에 있어서 선량한 관리자의 주의의무를 다하지 아니한 탓으로 오히려 환자의 신체기능이 회복불가능하게 손상되었고, 위 손상 이후에는 그 후유증세의 치유 또는 더 이상의 악화를 방지하는 정도의 치료만이 계속되어 온 경우, 병원 측은 환자에 대하여 그 수술비 내지 치료비의 지급을 청구할 수 있는가? (대판 1993.7.27. 92다15031)

- **기타 검토사항**

  □ 변호사가 소송당사자 쌍방을 소송대리하는 것은 쌍방대리로서 금지되는 것이 아닌가? 즉 이 사안에서 乙은 이미 甲으로부터 소송위임을 받았음에도 그 상대방인 K로부터 다시 소송위임을 받을 수 있는가? (제소전 화해에 관하여 쌍방대리를 허용한 것으로서 대판 1979.12.26. 79다1851; 대판 1990.12.11. 90다카27853)

# 제5관 임 치

## 1. 임치의 성립

### 대판 1998.12.8. 98다37507

| 사안 |  A는 乙(피고)이 경영하는 여관에 투숙하면서, 여관 건물 바로 옆에 위치한 여관 부설주차장에 차량을 주차시켜 놓았다. 위 주차장은 승용차 20대 이상이 주차할 수 있는 비교적 넓은 공간을 차지하고 있고, 그 입구에는 'ㅇㅇ장주차장'이라고 쓰인 입간판이 설치되어 있으며 그 외부는 담장으로 둘러싸여 있었으나, 주차장의 일부를 감시할 수 있는 감시카메라가 설치되어 있는 외에는 출입문 등 차량 출입을 통제할 만한 시설이나 인원을 따로 두지는 않았다. A는 투숙시 여관 관리인에게 주차사실을 알리거나 차량열쇠를 맡기지 않았고, 위 차량의 주차 장소는 감시카메라의 감시영역 밖에 위치하였기 때문에 여관관리인 등 乙측으로서는 A의 주차사실에 대하여 전혀 알 수가 없었다. 그런데 위 차량이 주차장에서 주차되어 있는 동안 도난당하였다. 그리하여 A의 보험회사가 A에게 보험금을 지급하고, 乙은 공중접객업자로서 수치물 혹은 휴대물의 멸실에 대하여 손해배상책임(상법 제152조 1항 및 2항)이 있다고 하면서 구상금의 지급을 청구하였다.

| 판지 |  1. 임치의 성립 여부(상법 제152조 1항)

공중접객업자와 객 사이에 임치관계가 성립하려면 그들 사이에 공중접객업자가 자기의 지배영역 내에 목적물 보관의 채무를 부담하기로 하는 명시적 또는 묵시적 합의가 있음을 필요로 한다고 할 것이고, 여관 부설주차장에 시정장치가 된 출입문이 설치되어 있거나 출입을 통제하는 관리인이 배치되어 있는 등 여관 측에서 그 주차장에의 출입과 주차시설을 통제하거나 확인할 수 있는 조치가 되어 있다면, 그러한 주차장에 여관투숙객이 주차한 차량에 관하여는 명시적인 위탁의 의사표시가 없어도 여관업자와 투숙객 사이에 임치의 합의가 있는 것으로 볼 수 있다. 그런데 이 사건에서는 피고 측이 위 주차장의 출입차량을 통제하거나 감시할 수 있는 시설이 설치되어 있지도 않고 그러한 일을 하는 관리인도 따로 두지 않아, 위 주차장은 단지 투숙객의 편의를 위하여 주차 장소로 제공된 것에 불과한 것으로 보여진다. 그러므로 그러한 주차장에 주차한 것만으로 여관업자인 피고와 A

사이에 이 사건 차량에 관하여 묵시적인 임치의 합의가 있었다고 볼 수 없다.

2. 휴대물에 대한 책임 유무(상법 제152조 2항)

공중접객업자가 이용객들의 차량을 주차할 수 있는 주차장을 설치하면서 그 주차장에 차량출입을 통제할 시설이나 인원을 따로 두지 않았다면, 그 주차장은 단지 이용객의 편의를 위한 주차장소로 제공된 것에 불과하고, 공중접객업자와 이용객 사이에 통상 그 주차차량에 대한 관리를 공중접객업자에게 맡긴다는 의사까지는 없다고 봄이 상당하므로, 공중접객업자에게 차량시동열쇠를 보관시키는 등의 명시적이거나 묵시적인 방법으로 주차차량의 관리를 맡겼다는 등의 특수한 사정이 없는 한, 공중접객업자에게 선량한 관리자의 주의로써 주차차량을 관리할 책임이 있다고 할 수 없다.

따라서 원심이 피고에게 이 사건 차량에 대한 관리의무를 다하지 못한 과실이 있다고 하는 원고의 주장을 배척하고, 이 사건 차량의 분실에 대하여 피고에게 어떠한 과실도 인정할 만한 증거가 없다고 판단한 조치는 정당하다.

■ 쟁 점

위 판결은 투숙객이 여관 주차장에 주차해 둔 차가 도난당한 경우에 여관 주인은 공중접객업자로서의 책임을 지는가 하는 점이 문제된 것이다.

■ 검토할 사항

ㅁ 민법상의 임치계약상의 책임과 상법상의 공중접객업자의 책임은 어떤 차이를 가지는가?

ㅁ 공중접객업자는 수치받은 물건의 멸실·훼손에 대해서만 책임을 지는가?

■ 관련사례

ㅁ 건물명도 집행시 채권자가 집행관으로부터 목적 외 동산을 위탁받아 보관하던 중 그 목적 외 동산이 멸실된 경우에 채권자는 임치계약의 불이행에 따른 손해배상책임을 지는가? (대판 2008.9.25. 2007다1722)

ㅁ 임치계약상 수치인이 반환할 목적물이 대체물인 경우, 그 물건이 전부 멸실된 때에는 동종 동량의 다른 물건을 인도할 의무를 지는가? (대판 1976.11.9. 76다1932)

ㅁ 통관을 위하여 보세창고에 입고된 해상운송화물을 보세창고업자가 운송인의 지시 없이 선하증권상의 수하인이 아닌 사람에게 인도한 경우, 그에 따른 손해배상책임을 부담하는가? (대판 2009.10.15. 2009다39820)

□ 증권신용거래에 있어서 고객이 증권회사에게 증권을 예탁 또는 담보로 제공한 법률관계가 소비임치계약에 해당하는가 및 증권회사가 담보로 제공된 증권을 임의처분한 것이 고객에 대한 채무불이행이 되는가? (대판 1994.9.9. 93다40256)

■ 기타 검토사항

□ 자동차회사가 구매자에게 매도한 자동차를 임치 중 도난당하여 동종의 다른 차량을 구매자에게 인도한 경우, 수치인의 손해배상책임의 범위는 어디까지이며, 그 후 도난차량을 되찾은 경우 자동차회사는 그 차량을 수령할 의무가 있는가? (대판 1990.12.11. 90다카27129)

■ 참고문헌

□ 김이수, 여관숙박객이 여관주차장에 세워놓은 차량에 대하여 여관주인은 상법 제152조 제1항의 공중접객업자 책임을 부담하는가(임치관계가 성립하는가), 대법원판례해설 17호, 1992, 135-144.

□ 박수영, 공중접객업자의 책임, 법학연구(한국법학회) 20집, 2005, 51-82.

□ 양창수, 투숙객의 자동차 도난에 대한 숙박업자의 책임, 저스티스 29권 2호, 1996, 122-133.

## 2. 수치인의 의무

### 대판 1983.11.8. 83다카1476

| 사안 |  고추 도매상 甲(피고)이 1981. 초 고추 소매상 乙(원고)을 위하여 건고추 2,900근을 매수하고, 나아가 甲은 고추시세가 상당한 수준으로 상승하여 乙이 이를 매각처분할 수 있을 때까지 무상으로 보관하여 주기로 약정하고, 이를 자신의 점포 2층에 보관하였다. 甲은 이를 보관 중 乙에게 수시로 고추시세를 알려주고 수차 매각을 권유하였으나, 乙은 시세가 맞을 때까지 편리를 보아 달라고 거절하였다. 그러던 중 5월경 甲은 乙에게 위 건고추를 속히 처분하지 않으면 7월경부터 벌레가 먹어 못쓰게 되니 빨리 처분하든지 인도받아 가라고 하였으나, 乙은 시세가 싸다는 등 또는 보관장소가 없다는 등 이유로 이를 거절하였다. 그런데 여름 동안 甲의 보관방법이 적절하지 못하였던 탓으로 1981.9.경 위 고추가 변질되고 벌레가 먹어 상품으로서의 가치가 전혀 없게 되었다. 이에 乙이 甲에 대하여 위 건고추의 상품가치 상실로 인한 손해의 배상을 청구하였다.

**| 원심 |**  피고가 상인으로서 임치받은 위 건고추에 대하여 선량한 관리자의 주의의무를 다하지 아니한 잘못으로 위 건고추의 상품가치가 상실된 것이므로 피고는 이로 인한 손해를 배상할 책임이 있다고 판단하는 한편, 원고의 과실을 참작하여 피고의 배상액을 정함에 있어 과실상계를 하였다.

**| 판지 |**  상인이 그 영업범위 내에서 물건의 임치를 받은 경우에는 보수를 받지 아니하는 때에도 선량한 관리자의 주의로 보관할 의무가 있으므로 이를 게을리하여 임치물이 멸실 또는 훼손된 경우에는 채무불이행으로 인한 손해배상책임을 면할 수 없으나, 다만 수치인이 적법하게 임치계약을 해지하고 임치인에게 임치물의 회수를 최고하였음에도 불구하고 임치인의 수령지체로 반환하지 못하고 있는 사이에 임치물이 멸실 또는 훼손된 경우에는 수치인에게 고의 또는 중대한 과실이 없는 한 채무불이행으로 인한 손해배상책임이 없다고 할 것이다.

원고와 피고 사이의 위 건고추 보관약정은 기간의 약정이 없는 임치라고 할 것이므로 수치인인 피고는 언제든지 그 계약을 해지할 수 있다고 할 것인바, 1981.5.경 피고가 원고에게 보관물의 처분과 인수를 요구하였다면 이는 임치계약을 해지하고 임치물의 회수를 최고한 의사표시라고 볼 여지가 있고, 그와 같이 본다면 원고가 시세가 싸다는 등 이유로 그 회수를 거절한 이상 이때부터 수령지체에 빠진 것이라 하겠으므로, 그 후 피고 보관중인 위 건고추가 변질되고 벌레가 먹음으로써 상품가치가 상실되었다고 하여도 그것이 피고의 고의 또는 중대한 과실로 인한 것이 아닌 한 피고에게 그 배상책임을 물을 수 없을 것이다. 피고는 원고에게 누차 고추를 가져가라고 독촉하였으니 이는 피고에게 관리자의 의무가 없다는 취지의 주장을 하는 것이고, 이러한 주장 가운데는 위와 같은 임치계약의 해지 및 수령지체를 주장하는 취지가 포함되어 있다고 볼 여지가 있다. 그러므로 원심으로서는 이 점에 대한 석명을 구하여 명확히 한 다음 피고의 배상책임 유무를 판단하였어야 할 것이다. 따라서 원심에는 석명권 불행사로 인한 심리미진의 위법이 있다.

■ 쟁 점

이 판결은 甲이 乙에게 매각한 고추를 무상으로 보관하던 중 수차례 이를 회수해 갈 것을 최고하였음에도 乙이 이를 거절하여 甲이 이를 계속 보관하던 중에 훼손된 경우에, 甲은 그로 인한 손해배상책임을 지는가 하는 점이 문제된 것이다.

■ 검토사항

□ 乙의 청구의 타당성 여부의 관건이 되는 것은 무엇인가?

□ 甲은 원래는 고추의 보관에 관하여 어떠한 주의의무를 지는가?

□ 甲은 乙에게 고추를 회수해 갈 것을 최고한 것은 법률상 어떤 의미를 가지는가?

□ 甲이 위와 같은 최고를 함으로써 그의 보관상의 주의의무가 변경되는가? 변경된다면 그 이유는 무엇인가?

■ 참고문헌

□ 권용우, 수령지체와 채권자의 책임, 월간고시 18권 5호(208호), 1991.

□ 하경효, 채권자지체와 그 효과로서의 위험이전, 고시연구 22권 11호(260호), 1995.


## 3. 소비임치(예금계약)

### 대판 2009.3.12. 2007다52942

· · · · · · · · · · · · · · · · · · · · · · · · · · · · · · · · · · · · · · · · · · · · · · · · · · · · · · · · · · · · · · · · · · · · ·

| 사안 |　　甲(원고)은 乙(피고) 은행이 제시한 고객의 입금액, 만기일, 이자율, 만기지급금액 등 양도성예금증서의 발행조건 등을 확인·검토한 후 乙 은행의 오목교지점에서 양도성예금증서 발행업무 등을 담당하던 지점장 A의 지시 등에 따라 2005.7.8. 200억원, 2005.7.11. 100억원, 2005.7.15. 100억원을 乙 은행의 오목교지점으로 입금하면서 乙에게 양도성예금증서의 발행을 의뢰하였다. 위 각 입금 당시 아직 양도성예금증서의 발행계좌가 개설되지 아니한 관계로 2005.7.8.자 200억원 및 2005.7.15.자 100억원은 각 乙 은행의 삼성동지점에 개설된 甲의 예금계좌에서 전금의 방식으로 乙 은행의 오목교 지점으로 자금이체되고 그 각 영수증이 甲에게 발급되었으며, 2005.7.11.자 100억원은 기존 예금계약의 만기가 도래하여 乙 은행이 상환하여야 할 만기지급금을 입금하여 양도성예금증서를 발행하기로 합의함에 따라 입금된 것이었다. A는 위 각 입금을 확인한 다음 그 각 입금액에 맞추어 다른 양도성예금증서의 발행 내역 등을 유용하여 위조한 이 사건 각 양도성예금증서를 甲에게 교부하였으며, 위조된 이 사건 각 양도성예금증서의 앞면에는 고객의 입금액(할인매출액), 만기일, 만기지급금액 등이 기재되어 있고, 그 뒷면에는 예금거래기본약관 및 거치식 예금 약관이 적용된다는 내용이 기재되어 있다.

| 판지 |    예금거래기본약관 및 거치식예금약관이 적용되는 무기명식 양도성예금
증서는 거치식 예금의 수신은행이 발행하는 증서로서 거치식 예금계약에 기한 예
금반환청구권을 표창하고 있고 그 예금반환청구권의 이전 및 행사에 증서의 소지
가 필요하다는 점에서 유가증권의 일종으로 볼 수 있지만, 양도성예금증서가 표창
하고 있는 권리는 위와 같이 거치식 예금계약에 기하여 발생하는 것이므로 그 권
리의 발생에 양도성예금증서의 발행이 필요한 것은 아니다. 무기명식 양도성예금
증서를 발행받고자 하는 고객은 금융기관과 사이에 고객의 입금액, 만기일, 이자
율, 만기지급금액 등 양도성예금증서의 발행조건에 관하여 합의한 다음, 금융기관
에 소정의 금원을 입금하여 담당직원의 확인을 받음으로써 거치식 예금계약이 성
립하게 되고, 금융기관은 그 예금계약에 기한 예금반환청구권을 표창하는 무기명
식 양도성예금증서를 발행하기로 하는 약정에 따라 그 증서를 고객에게 발행할 의
무를 부담하게 되며, 특별한 사정이 없는 한 그 증서에 기재된 내용은 거치식 예금
계약의 내용을 반영하는 것이라고 봄이 상당하다. 한편, 금융기관의 직원이 위와
같은 과정에서 고객으로부터 수령한 금원을 관련 계좌에 입금하지 않고 횡령하거
나 고객에게 양도성예금증서를 발행할 의무를 이행하지 아니하였다 하더라도 그
와 같은 사정은 일단 성립한 거치식 예금계약의 효력에 영향을 미칠 수 없으며, 이
러한 경우 고객으로서는 거치식 예금계약에 기한 예금반환청구권을 계속 보유 ·
행사하거나, 그 예금반환청구권을 표창하는 양도성예금증서를 금융기관으로부터
발행받지 못하였음을 이유로 그 예금계약을 해제할 수 있다.

　　예금거래기본약관에서 '계좌이체'에 의한 예금의 성립시기를 '예금원장에 입금
의 기록이 된 때'라고 규정하고 있다고 하더라도 이는 거래처의 신청에 따라 은행
이 특정 계좌에서 자금을 출금하여 다른 계좌로 자금을 이체하는 경우에 그러하다
는 것이므로, 동일 금융기관의 지점 간에 계좌이체가 아닌 '전금'의 방식으로 자금
을 이체하는 경우에는 위와 같은 약관 규정이 그대로 적용된다고 보기 어렵다. 예
금거래기본약관 및 거치식예금약관이 적용되는 양도성예금증서를 발행받고자 하
는 고객이 금융기관의 어느 지점(이하 '입금지점'이라고 한다)에서 예금의 의사로 입
금을 함에 있어서, 아직 양도성예금증서 발행계좌가 개설되어 있지 아니한 관계로
그 금융기관의 다른 지점에 개설된 자신의 예금계좌에서 전금의 방식으로 입금지
점에 자금이체를 하고 그 입금지점의 담당직원이 그러한 입금사실을 확인한 때에
는 그때 거치식 예금계약이 성립된다고 보아야 하고, 담당직원이 위와 같이 입금

사실을 확인하고 그에 따라 발생한 예금반환청구권을 표창하는 양도성예금증서를 발행한 후 그에 맞추어 양도성예금증서 발행계좌를 개설하고 그 원장에 입금기록을 하였을 때 비로소 거치식 예금계약이 성립된다고 볼 것은 아니다.

금융기관이 고객에게 기존 예금계약의 만기가 도래함에 따라 만기지급금을 반환할 채무를 부담하고 있는 경우, 고객과 금융기관은 그 기존 예금계약의 만기지급금을 입금하여 예금거래기본약관 및 거치식예금약관이 적용되는 양도성예금증서를 발행하기로 합의하는 방식으로 거치식 예금계약을 체결할 수 있고, 위 합의 당시 금융기관의 담당직원이 기존 예금계약의 계정에서 만기에 지급할 금원 상당액을 이미 인출·횡령한 상태라 하더라도 소비임치의 일종인 예금계약의 성질상 이는 금융기관의 자금을 인출·횡령한 것일 뿐이므로, 그로 인하여 금융기관의 고객에게 대한 만기지급금 반환채무가 이행불능되거나 소멸된다고 볼 사정이 없는 이상 그와 같은 사정은 위와 같은 방식으로 체결된 거치식 예금계약의 성립을 인정하는 데 장애가 되지 아니한다.

앞에서 본 법리와 사실관계에 비추어 살펴보면, 원고와 피고 은행은 향후 발행될 각 양도성예금증서에 기재될 고객의 입금액, 만기일, 이자율, 만기지급금액 등에 관하여 합의한 후, 원고가 예금의 의사로 피고 은행에 위 각 금원을 입금하고 피고 은행의 담당직원이 그 각 입금을 확인함으로써 각 거치식 예금계약이 성립되었다고 봄이 상당하고, 위 2005.7.8.자 200억원 및 2005.7.15.자 100억원의 경우 각 전금 방식으로 입금된 것인데 양도성예금증서 발행계좌가 개설되고 그 원장에 입금기록이 되기 전에 담당직원이 그 각 금원을 횡령하였다거나, 위 2005.7.11.자 100억원의 경우 피고 은행이 상환하여야 할 기존 예금계약의 만기지급금을 양도성예금증서의 발행자금으로 하기로 하여 입금된 것인데 그 전에 이미 담당직원이 해당 계정에서 동액 상당을 인출·횡령하였다 하더라도, 이러한 사정들은 위 각 거치식 예금계약의 성립을 인정하는 데 장애가 되지 아니한다.

따라서 피고 은행은 위와 같이 각 해당 금원이 입금되어 예금계약이 성립됨에 따라 발생한 각 예금반환청구권을 표창하는 양도성예금증서를 원고에게 발행할 의무가 있다고 할 것인데, 피고 은행은 이러한 의무를 이행하지 아니하였으므로, 원고는 이를 이유로 각 거치식 예금계약 및 양도성예금증서 발행 약정을 해제할 수 있고, 피고 은행은 원고에게 그에 따른 원상회복으로서 입금받은 각 금원을 반환할 의무가 있다.

원심의 이유설시에 일부 미흡하거나 적절하지 아니한 점이 있으나, 이와 결론을 같이한 원심의 판단은 정당하고, 거기에 상고이유에서 주장하는 바와 같은 예금계약의 성립요건 및 성립시기에 관한 법리오해 등의 위법이 없다.

- **쟁 점**

  위 판결은 고객이 금융기관과 무기명식 양도성예금증서의 발행조건에 관하여 합의한 후 그 발행자금을 입금하여 담당직원의 확인을 받은 경우, 거치식 예금계약이 성립하는지, 그 후 금융기관의 직원이 위 돈을 횡령하거나 양도성예금증서를 발행하지 않은 사정이 위 예금계약의 효력에 영향을 미치는지, 예금거래기본약관 및 거치식 예금 약관이 적용되는 양도성예금증서를 발행받고자 하는 고객이 같은 금융기관의 지점 간의 '전금'의 방식으로 자금을 이체하여 입금한 경우, 거치식 예금계약은 언제 성립하는지, 그리고 고객과 금융기관이 기존 예금계약의 만기지급금을 입금하여 양도성예금증서를 발행하기로 합의하는 방식으로 거치식 예금계약을 체결할 수 있으며, 그 경우 금융기관의 담당직원이 이미 만기지급금 상당액을 인출·횡령한 경우에도 예금계약의 성립을 인정할 수 있는지 등이 문제된 것이다.

- **검토할 사항**

  □ 예금계약이 성립하기 위한 요건은 무엇이며, 예금계약이 성립하는 시기는 언제인가?

- **관련사례**

  □ 약속어음 등 증권으로 입금한 경우 또는 당좌수표로 입금한 경우, 예금계약은 언제 성립하는가? (대판 1999.2.5. 97다34822; 대판 1996.9.20. 96다1610)

  □ 예금자가 추심의뢰한 당좌수표가 부도처리되었는데도 추심과정에서의 실수로 부도통지가 누락됨으로써 그 금액이 정상입금된 것처럼 처리된 경우에, 예금계약은 유효하게 성립한 것으로 되는가? (대판 1995.6.16. 95다9754, 9761)

  □ 예금자가 은행 직원의 예금계약 의사가 진의 아님을 알지 못한 데 대하여 과실이 있는 경우에 예금계약의 성립을 부정할 수 있는가? 이 경우 예금자가 은행에 대하여 사용자책임을 물을 수 있는가? (대판 1996.4.26. 94다29850)

  □ 금융실명제 이후 예금명의자가 아니고 예금통장도 소지하지 않은 예금행위자를 예금채권의 준점유자로 볼 수 있는가? (대판 2002.6.14. 2000다38992)

  □ 예금자가 예금증서 대신 담보물건보관증을 교부받은 경우에도 예금계약의 성립을 인정할 수 있는가? (대판 2006.10.27. 2005다32913)

  □ 고객이 양도성예금증서의 매입자금을 은행 직원에게 제공하였으나 양도성예금증서가 실제로 발행되지 않은 경우, 양도성예금증서에 관한 매매계약이 성립하

는가? (대판 2000.3.10. 98다29735)

□ 송금의뢰인이 수취인의 예금구좌에 계좌이체를 한 경우 송금의뢰인과 수취인 사이에 계좌이체의 원인인 법률관계가 존재하지 않는 경우에도 수취인이 수취은행에 대하여 계좌이체금액 상당의 예금채권을 취득하는가? 이 경우 계좌이체의 원인이 되는 법률관계의 부존재를 이유로 송금의뢰인이 수취인이 아닌 수취은행에 대하여 부당이득반환을 청구할 수 있는가? (대판 2007.11.29. 2007다51239)

■ 기타의 쟁점

□ 금융실명제하에서 예금계약의 당사자 확정 방법은 무엇이며, 예금명의자가 아닌 제3자를 예금계약의 당사자로 볼 수 있는 예외적인 경우를 인정하기 위해서는 어떤 요건이 갖추어져야 하는가? [대판(전) 2009.3.19. 2008다45828]

■ 참고문헌

□ 김학준, 양도성예금증서 거래의 구조와 그 법률행위의 성질, 대법원판례해설 79호(2009년 상반기), 2009.

□ 최근형, 타점권입금과 관련된 몇 가지 법률문제, 재판과 판례 7집(1998.12.), 대구판례연구회, 1998.

# 제4절  기타 전형계약

## 제1관  조  합

### 1. 조합계약의 의의

**대판 2007.6.14. 2005다5140**

| 사안 |  이 사건 부동산은 제주시가 목장단지로 조성한 것으로서 입주자에게 목장경영을 조건으로 불하하기로 것이며, A(소외 2)가 위 부동산에 입주하여 개간과 관리를 하여 이를 불하받을 권리를 취득하였다. 甲(원고1)·乙(원고2) 및 丙(피고1)은 각 1/3씩 비용을 분담하여 1978.1.28. A로부터 불하권을 매수하였다(매수인 명의는 甲 단독). 甲 등은 A로 하여금 위 부동산을 계속 관리하도록 하다가, 丙의

제의에 따라 B(소외 1, 丙의 제부)에게 이의 관리를 맡겼다. B는 1982.9.24. 제주시에 입주자를 자신으로 변경하였다.

위 부동산에 관한 매수대금 융자금 전액이 상환되자 1986.4.11. 제주시는 B에게 위 부동산의 소유권이전등기절차를 경료하였다. 甲 등은 1987.3.27.부터 수차례 위 부동산의 각 1/3지분에 관하여 소유권이전등기절차의 이행을 구하는 취지의 내용증명 우편을 B에게 발송하였으나, 丙은 B 명의로 甲 · 乙의 위 부동산에 관한 권리를 부정하는 취지의 답변서를 보냈다. 그 후 C(소외 3, 丙의 남편)가 B를 상대로 명의신탁 해지를 원인으로 하는 소유권이전등기청구의 소를 제기하여 1991.2.8. 의제자백으로 원고승소 판결이 선고 확정되어 C의 소유권이전등기가 경료되었다. 그 후 C가 사망하고 상속을 원인으로 하여 그의 상속인 丙 등 앞으로 위 부동산에 관한 지분소유권이전등기가 마쳐졌다.

한편 甲 · 乙 · 丙은 위 부동산 이외에도 여러 곳의 부동산을 공동으로 매수하고 이를 전매하여 이익을 나누거나 정산한 바 있다.

甲 · 乙은 丙에 대하여, 甲 · 乙 · 丙은 위 부동산이 불하되면 1/3 지분씩 공유하기로 약정하였다고 하면서(제1차 예비적 청구), 혹은 甲 · 乙 · 丙은 위 부동산을 매수하고 이를 전매하여 그 차익을 얻을 것을 목적으로 조합을 구성한 후 상호 출자하여 위 부동산의 소유권을 취득하였는데, 자신들이 위 조합의 해산을 청구하거나 조합에서 탈퇴하였으므로 丙은 잔여재산을 분배할 의무가 있다고 하면서(제2차 예비적 청구), 丙은 위 부동산 중 각 1/3 지분에 관하여 위 약정에 따른 지분소유권이전등기절차를 이행하라고 청구하였다.

| 원심 | 1. 이 사건 각 부동산에 관한 매매계약을 체결한 1978.1.28.은 물론이고 소외 1로 입주자를 교체한 1982.9.24.에도 원고들과 피고 1사이에서는 장래 이 사건 각 부동산을 불하받으면 이를 3분의 1 지분씩 공유하기로 하는 약정이 있었다는 원고들의 주장에 대하여, 이를 인정할 만한 증거가 없고, 오히려 원고들과 위 피고는 부동산을 매수하여 취득하고 지가가 상승하면 이를 전매하여 그 차익을 취득하기 위하여 이 사건 각 부동산을 공동으로 매수한 것이고 그 밖에 같은 목적으로 다른 부동산들도 공동 취득하였던 것이며, 따라서 원고들과 위 피고는 그와 같은 내용의 투기적인 사업을 공동으로 영위할 목적으로 조합을 구성하고 상호 출자하여 이 사건 각 부동산의 소유권을 타인 명의로 취득한 것으로 보아야 하므로 이는 조합의 합유재산이 된다.

2. 조합원인 원고가 다른 조합원인 피고와의 분쟁 및 자기 지분의 회수방법으로 조합에서 탈퇴하거나 조합체의 해산을 청구하고 있는데, 3인이 구성원인 조합에서 甲 등 2인이 탈퇴하는 경우 조합은 더 이상 존속할 수 없어 해산되어야 할 것이고, 이와 같이 조합이 해산된 경우에, 만약 처리할 잔무가 없고 오로지 잔여재산의 분배만이 남아 있는 때에는 따로 청산절차를 밟을 필요가 없지만, 그렇지 않는 때에는 조합원들에게 분배할 잔여재산과 그 가액이 청산절차가 종료된 때에 확정되는 것이므로, 청산절차가 종료되지 아니한 상태에서는 잔여재산의 분배를 청구할 수 없다. 이 사건 조합에서는 처리할 잔무가 없다고 할 수 없고, 오히려 조합원들 간의 분쟁으로 인하여 조합채권의 추심이나 채무의 변제와 잔여재산의 확정 및 처리 등의 청산사무(이 사건 부동산에 관하여 피고가 지출한 관리비용, 매수융자금 상환비용, 등기비용 등은 위 조합의 채무이고, 뿐만 아니라 그 외에 위 조합원들이 공동으로 매수한 다른 부동산들도 포함하여 잔여재산의 확정과 소유관계의 정리 또는 처분 등을 통한 청산절차를 거쳐야 한다)가 아직 남아 있음이 명백하므로, 조합의 청산사무가 종료되었음을 전제로 하여 잔여재산의 분배로써 이 사건 부동산에 관한 공유지분의 이전과 매도대금의 분배에 의한 정산을 구하는 원고의 청구는 부적법하다.

| 판지 |  1. 민법상 조합계약은 2인 이상이 상호 출자하여 공동으로 사업을 경영할 것을 약정하는 계약으로서(민법 제703조), 특정한 사업을 공동경영하는 약정에 한하여 이를 조합계약이라 할 수 있고, 공동의 목적달성이라는 정도만으로는 조합의 성립요건을 갖추었다고 할 수 없다.

한편 수인이 부동산을 공동으로 매수한 경우, 매수인들 사이의 법률관계는 공유관계로서 단순한 공동매수인에 불과할 수도 있고, 그 수인을 조합원으로 하는 동업체에서 매수한 것일 수도 있는바, 공동매수의 목적이 전매차익의 획득에 있을 경우 그것이 공동사업을 위해 동업체에서 매수한 것이 되려면, 적어도 공동매수인들 사이에서 그 매수한 토지를 공유가 아닌 동업체의 재산으로 귀속시키고 공동매수인 전원의 의사에 기해 전원의 계산으로 처분한 후 그 이익을 분배하기로 하는 명시적 또는 묵시적 의사의 합치가 있어야만 할 것이고, 이와 달리 공동매수 후 매수인별로 토지에 관하여 공유에 기한 지분권을 가지고 각자 자유롭게 그 지분권을 처분하여 대가를 취득할 수 있도록 한 것이라면 이를 동업체에서 매수한 것으로 볼 수는 없다 할 것이다.

2. 원고들과 피고 1이 위 매매계약을 체결할 당시 향후 이를 불하받으면 전매하

여 그 이익금을 출자비율에 따라 분배하기로 하는 내용의 투기적인 사업을 공동으로 경영하기로 하는 약정을 체결하였음을 인정할 만한 증거가 없는 반면, 오히려 원고들과 위 피고 모두 당시 공동사업을 경영할 의사나 그러한 약정이 없었다고 주장하고 있고, 또한 원고들과 위 피고는 당시 원고 2가 부동산을 물색하여 매수를 권유하면 위 3인 또는 다른 사람들과 함께 이를 매수하는 방식으로 여러 건의 부동산을 공동으로 매수하였는데, 그 매수 후에는 각자의 지분을 자유롭게 처분하였음을 알 수 있다.

위와 같은 사정을 위 법리에 비추어 살펴보면, 원고들과 위 피고는 장래 이 사건 각 부동산을 불하받아 이를 처분하여 전매차익을 얻으려는 '공동의 목적 달성'을 위해 상호 협력한 것에 불과할 뿐 이를 넘어 '공동사업을 경영할 목적'이 있었다고 인정되지는 아니하므로, 이들 사이의 법률관계는 공유관계로서 단순한 공동매수인에 불과하다 할 것이고, 따라서 이들 사이에는 위 매매계약 당시인 1978.1.28.경 장래 이 사건 각 부동산을 불하받으면 이를 3분의 1 지분씩 공유하기로 하는 약정이 있었다 할 것이다.

■ **쟁 점**

수인이 전매차익의 획득을 목적으로 부동산에 관한 권리(불하권)를 공동 매수한 경우 그것이 공동사업을 위하여 조합체로서 이를 취득한 것인지 여부가 문제된 것이다.

■ **검토할 사항**

□ 민법상 조합계약은 2인 이상이 상호 출자하여 공동으로 사업을 경영할 것을 약정하는 계약인바(민법 제703조), 공동의 목적 달성이라는 정도만으로 조합의 성립요건을 갖추었다고 할 수 있는가?

□ 수인이 전매차익의 획득을 목적으로 상호출자하여 부동산을 공동으로 매수하여 그 지분을 자유롭게 처분할 수 있는 것으로 합의한 경우, 조합체로서 부동산을 공동매수한 것인가?

□ 수인이 전매차익의 획득을 목적으로 상호출자하여 부동산을 공동으로 매수한 경우 그것이 공동사업을 위해 동업체에서 매수한 것이 되려면 어떤 합의가 있어야 하는가?

□ 이 사건 부동산이 甲·乙·丙의 단순한 공유이냐, 3인의 조합의 재산으로서 이들의 합유이냐 하는 점에 따라서 원고의 청구의 당부가 달라지는 이유는 무엇인가? 즉 원심이 3인 간의 관계를 조합이라고 하여 甲의 청구를 배척한 이유는 무엇인가?

■ 관련사례

□ 영리사업을 목적으로 하면서 당사자 중의 일부만이 이익을 분배받고 다른 자는 전혀 이익분배를 받지 않는 경우에는 조합관계라고 할 수 있는가? (대판 2000.7. 7. 98다44666)

□ 공동으로 공사를 수급하여 이행하기로 하는 경우, 이와 같은 건설공동수급체의 법적 성질의 무엇인가? (대판 2006.8.25. 2005다16959)

□ 본래의 광업권자와 공동 광업권자로 등록하여 광업을 공동으로 관리 경영하기로 계약을 체결한 경우, 그 조합이 사업을 개시하여 제3자와의 사이에 거래관계가 이루어지고 난 다음에는 조합계약 체결 당시의 의사표시의 하자를 이유로 취소하여 조합 성립 전으로 환원시킬 수 있는가? (대판 1972.4.25. 71다1833)

■ 기타 검토사항

□ 3인이 구성원인 이 사건 조합에서 甲 등 2인이 탈퇴하여 조합이 더 이상 존속할 수 없어 해산되어야 하는 경우 청산절차가 종료되지 아니한 상태에서는 잔여재산의 분배를 청구할 수 있는가?

□ 甲·乙은 丙 등과 함께 위 부동산을 공동으로 매수한 후 丙에게 명의신탁등기를 하였다고 하면서, 주위적 청구로서 丙에 대하여 위 부동산 중 각 1/3 지분에 관하여 명의신탁 해지를 원인으로 하는 지분소유권이전등기절차의 이행을 청구하였다. 그런데 이러한 청구는 부동산실명법상의 유예기간(동법 제11조)이 경과한 이후에 행하는 것이다. 이런 경우에도 위와 같은 청구가 인용될 수 있는가?

■ 참고문헌

□ 김재형, 조합에 대한 법적 규율, 민사판례연구 19집, 1997, 624-671.

## 2. 조합의 업무집행방법

### 대판 1998.3.13. 95다30345

| 사안 |  甲1·甲2·甲3·甲4 등 4인(피고들)은 공동으로 건물을 신축하여 그 분양 또는 임대사업을 경영하기로 하는 동업약정을 맺고, 乙(원고)에게 건물신축공사를 공사대금 약 92억원에 도급 주었다. 그런데 乙이 공사를 시행하던 중 甲1을 제외한 甲2·甲3·甲4 등이 乙과 위 공사대금을 2억원 증액하기로 합의하였다. 乙이 공사를 완료하고 공사대금의 지급을 청구하였다. 소송에서는 甲1을 제외하고 행한 공사대금의 증액 합의가 유효한가 하는 점이 문제되었다. 그런데 위 도급

계약을 체결함에 있어 도급인 4인 전원이 당사자로 되었고, 계약 당시 특히 공사대금에 대하여 물가연동제의 적용은 없기로 약정하였으며, 그 후 공사 도중에 수차례에 걸쳐 설계변경에 관한 합의를 함에 있어서도 위 4인 전원이 당사자로 되었으며, 이들의 지분비율도 3 : 1 : 1 : 1로서 서로 상이하다.

| 원심 |  피고들은 조합을 구성하고 있고, 위와 같은 공사대금 증액에 관한 합의는 조합재산의 처분·변경에 해당하므로 조합원 전원의 동의가 있어야 효력이 있는데, 조합원 4인 중 3인만이 동의하였으므로 효력이 없다고 판단하였다.

| 판지 |  민법 제706조 제1항 및 제2항은 업무집행자의 선임에 조합원 전원의 찬성이 있을 것을 요하지 아니하고, 제709조는 업무집행자는 업무집행에 관하여 대리권 있는 것으로 추정하는바, 이러한 규정 취지에 비추어 볼 때, 업무집행자가 없는 경우에도 조합의 업무집행에 조합원 전원의 동의는 필요하지 않다고 하여야 할 것이고, 한편 조합재산의 처분·변경도 조합의 업무집행의 범위에 포함된다고 할 것이므로, 결국 업무집행자가 없는 경우에는 조합의 통상사무의 범위에 속하지 아니하는 특별사무에 관한 업무집행은 원칙적으로 조합원의 과반수로써 결정하는 것이고, 조합재산의 처분·변경에 관한 행위는 다른 특별한 사정이 없는 한 조합의 특별사무에 해당하는 업무집행이라고 보아야 할 것이다. 다만 조합의 업무집행 방법에 관한 위와 같은 민법규정은 임의규정이라고 할 것이므로 당사자 사이의 약정에 의하여 조합의 업무집행에 관하여 조합원 전원의 동의를 요하도록 하는 등 그 내용을 달리 정할 수 있고, 그와 같은 약정이 있는 경우에는 조합의 업무집행은 조합원 전원의 동의가 있는 때에만 유효하다고 할 것이다.

이 사건에서 공사도급계약에서뿐만 아니라 그 후 수차례에 걸친 설계변경에서도 피고들 전원이 그 당사자로 되었고, 공사대금에 물가연동제의 적용은 없기로 약정하였으며, 피고들의 지분비율이 서로 상이한바, 이와 같은 사실관계에 비추어 보면 피고들에 의해 구성된 이 사건 조합에서는 적어도 원고와 사이의 이 사건 건물의 신축에 관한 업무에 관한 한 조합원 전원의 의사의 일치로써 그 업무집행을 결정하기로 한 약정이 있었다고 봄이 상당하고, 원고 또한 이와 같은 사정을 알고 있었다고 봄이 상당하다.

따라서 원심이 피고들 상호간에 전원의 의사 일치에 의한 업무집행의 약정이 있었는지 여부를 심리하지 아니한 채 단지 공사대금 증액에 관한 합의를 하는 것은 조합재산의 처분·변경에 해당하는 것으로서 조합원인 피고들 전원의 동의가 없는 한 그 효력이 없다고 판단한 것은 그 이유 설시에 있어 적절하지 아니한 점이 있다고 하겠으나 그 결론은 정당하다.

- ■ 쟁 점

  업무집행자가 없는 조합에 있어서 조합 재산의 처분·변경에 있어서 조합원 전원의 동의가 필요한지가 문제된 것이다.

- ■ 검토할 사항

  □ 조합 업무의 집행은 어떤 방법으로 수행될 수 있는가?

  □ 조합 재산의 처분·변경은 특별사무에 속하는가?

  □ 조합 재산의 처분·변경에 대하여 조합원 전원의 동의가 필요한가?

  □ 조합원 사이의 약정으로 조합의 업무집행에 관하여 조합원 전원의 동의를 요하는 등 민법의 규정과 달리 정할 수 있는가?

- ■ 관련사례

  □ 민법 제706조에서는 조합원 3분의 2 이상의 찬성으로 조합의 업무집행자를 선임하고 조합원 과반수의 찬성으로 조합의 업무집행방법을 결정하도록 규정하고 있는바, 당사자 사이의 약정으로 업무집행자의 선임이나 업무집행방법의 결정을 조합원의 인원수가 아닌 그 출자가액 내지 지분의 비율에 의하도록 하는 등 그 내용을 달리 정할 수 있는가? (대판 2009.4.23. 2008다4247)

  □ 조합계약에 "동업지분은 제3자에게 양도할 수 있다"는 약정을 두고 있는 것과 같이 조합계약에서 개괄적으로 조합원 지분의 양도를 인정하고 있는 경우 그 지분의 일부를 제3자에게 양도하는 경우까지 허용되는가? (대판 2009.4.23. 2008다4247)

  □ 조합의 업무집행자가 있는 경우 조합재산의 처분·변경을 결정하는 방법은 무엇인가? (대판 2010.4.29. 2007다18911)

  □ 조합원 중 1인이 단독으로 조합재산에 관한 명의신탁계약을 해지할 수 있는가? (대판 1997.5.30. 95다4957)

  □ 제3자가 불법하게 조합재산을 침해한 경우 이로 인하여 발생한 손해배상청구권을 조합원 개인이 단독으로 청구할 수 있는가? (대판 1963.9.5. 63다330)

  □ 합유물에 관하여 경료된 원인무효의 소유권이전등기의 말소를 구하는 소송은 합유자가 각자 할 수 있는가? (대판 1997.9.9. 96다16896)

■ 참고문헌

　□ 김기정, 조합재산의 처분·변경과 조합의 업무집행, 대법원판례해설 제35호
　　(2000 하반기), 2001.6.
　□ 장재현, 조합재산의 법률관계, 민사법이론과 실무 제6집(2003.5).

## 3. 조합의 대외관계(조합대리)

### 대판 2002.1.25. 99다62838

| **사안** |　건설업체('상우종합건설')를 경영하던 甲(제1심 공동피고), 조경업체를 경영하던 乙(피고) 및 A회사는 1997.10.경 B공사 등이 시행하는 제2차 인천항 수림대 조성공사를 공동으로 수급하기 위하여 공동수급체 K('상우종합건설')를 결성하고 甲을 K의 대표자로 선정하였으며, 1997.10.14. B로부터 위 공사를 공동으로 수급하였다. K의 대표자 甲은 1997.12.1. 대표자의 지위에서 丙(원고)과 사이에서, 위 공사 중 일부(공사식재공사)에 관하여 하도급계약을 체결하였고, 丙 또한 그와 같은 사실을 알고 계약을 맺었다. 丙이 공사를 완성하였는데, 공사대금으로 甲이 발행한 어음이 부도처리되었다. 그리하여 丙이 甲 및 乙에 대하여 공사대금의 지급을 청구하였다. 이에 대하여 乙은 공동수급체 K의 결성 당시 甲과 사이에 K가 수급한 조경공사를 제3자에게 하도급 주는 경우 다른 구성원의 동의를 받기로 약정하였음에도 甲이 丙과 하도급계약을 체결함에 있어서 자신의 동의를 받지 아니하였으므로 甲은 자신을 대리할 권한이 없고 따라서 甲과 丙 사이에 체결된 하도급계약은 자신에 대하여는 효력이 없다고 주장하였다. 그리하여 원심에서는 乙의 지급의무 유무만이 문제되었다.

　그런데 공동수급체 K를 결성한 연유와 경과를 보면, B는 공동수급체의 조건으로 인천 지역에서 활동하는 조경공사 업체가 반드시 포함되어야 한다는 점을 제시하였는바, 甲은 B가 도급하는 공사를 단독으로 시행할 능력을 갖추었으나 위와 같은 조건 때문에 인천 소재 조경사업자인 乙을 공동수급체에 포함시켜 공사를 도급받은 것이며, 그 결과 乙은 공사에 실제로 관여하지 않고 甲이 모든 공사를 관장하되 다만 공동수급체에 이름만 빌려주는 대가로 공사지분의 일정 비율에 해당하는 돈을 지급받기로 약정하였다. 그리하여 乙은 甲으로부터 약속된 대가를 지급받는 데 관심이 있었을 뿐 甲이 누구에게 하도급을 주는가에 대하여는 별다른 이해관계

를 가지지 아니하였다. 또한 A가 맡았던 토목공사부분에 관하여 하도급을 줄 때에도 甲 명의로 하도급계약을 체결하는 등 甲은 공동수급체의 대표로서 업무를 집행하였다. 또한 甲과 乙은, 위 공사 중 조경공사를 甲의 전적인 책임하에 진행하기로 하되 甲은 乙에게 공사부분의 25%에 해당하는 금원을 지급하기로 약정하였고, 乙은 丙이 위 조경식재공사를 시행하고 있음을 알고 있었음에도 아무런 이의를 제기하지 않았다.

| 원심 |  K는 민법상의 조합으로서 甲은 그 업무집행자에 해당되어 특단의 사정이 없는 한 甲은 조합원인 피고를 대리할 권한이 있으므로, 이 사건 공사 하도급계약은 피고에게도 그 효력이 미쳐 피고는 원고에게 위 하도급계약에 기한 공사잔대금을 지급할 의무가 있다고 판단하였다. 그리고 甲은 조경공사를 제3자에게 하도급주는 경우에는 피고의 동의를 받기로 약정하였음에도 약정에 반하여 동의 없이 하도급계약을 맺었으므로 자신에게는 효력이 없다는 피고의 주장에 대해서는, 공동수급체 결성 당시 피고와 甲이 위 주장과 같은 약정을 한 사실은 인정되나, 甲이 원고에게 이 사건 공사를 하도급 줌에 있어 피고가 동의하지 아니하였다는 점을 인정할 증거가 없다는 이유로 피고의 주장을 배척하였다.

| 판지 |   민법 제709조에 의하면, 조합계약으로 업무집행자를 정하였거나 또는 선임한 때에는 그 업무집행조합원은 조합의 목적을 달성하는 데 필요한 범위에서 조합을 위하여 모든 행위를 할 대리권이 있는 것으로 추정되지만, 위 규정은 임의규정이므로 당사자 사이의 약정에 의하여 조합의 업무집행에 관하여 조합원 전원의 동의를 요하도록 하는 등 그 내용을 달리 정할 수 있고, 그와 같은 약정이 있는 경우에는 조합의 업무집행은 조합원 전원의 동의가 있는 때에만 유효하다. 그러므로 조합의 구성원이 위와 같은 약정의 존재를 주장·입증하면 조합의 업무집행자가 조합원을 대리할 권한이 있다는 추정은 깨어지고, 업무집행자와 사이에 법률행위를 한 상대방이 나머지 조합원에게 그 법률행위의 효력을 주장하기 위하여는 그와 같은 약정에 따른 조합원 전원의 동의가 있었다는 점을 주장·입증할 필요가 있다.

  원심은, 이 사건 공동수급체 결성 당시 피고와 甲 사이에 피고 주장과 같은 약정이 있는 사실을 인정하면서도, 甲이 원고에게 공사를 하도급 줌에 있어서 피고의 동의가 없었다는 점에 대한 입증책임을 피고에게 부담시키고 있는바, 위 법리에 비

추어 보면 이러한 원심판결에는 입증책임의 부담에 관한 법리오해의 위법이 있다.

그러나 공동수급체 K를 결성한 연유와 경과, 그리고 나아가 甲, 피고, A는 위 공동수급체를 결성할 당시 그 대표자로서 甲을 선임한 후 공동수급체의 명칭까지도 甲이 경영하던 개인사업체의 명칭을 그대로 사용하기로 하였고, 특히 피고와 甲 사이에서는 실제적인 공사의 시행이 피고의 관여 없이 전적으로 甲에 의하여 이루어진 점을 보태어 보면, 피고는 甲과 공동수급체를 결성하여 위 공사를 수급받을 때부터 공사에는 관여함이 없이 일정한 수익금만 받을 목적으로 공사에 관한 일체의 권리를 포괄적으로 甲에게 위임하였던 것으로 보여지고, 이러한 포괄적 위임 속에는 위 하도급계약체결에 관한 대리권도 포함되어 있다고 보아야 할 것이다.

그렇다면 이 사건 하도급계약은 피고의 동의에 따라 甲의 적법한 대리행위에 기하여 체결된 것이므로 본인인 피고에게 그 계약의 효력이 미친다 할 것이다. 따라서 원심판결에는 앞에서 본 바와 같이 입증책임의 부담에 관한 법리오해의 위법이 있다고 하더라도, 그 결론에 있어서는 정당하다.

- **쟁 점**

    조합계약으로 선임된 업무집행자의 대리권을 제한하는 약정의 효력과 그에 대한 증명책임이 문제된 것이다.

- **검토할 사항**

    □ 조합계약으로 선임된 조합의 업무집행자의 업무집행에 대하여 조합원 전원의 동의를 얻도록 약정한 경우, 업무집행자의 대리권이 제한되는가?

    □ 조합계약으로 선임된 조합의 업무집행자의 업무집행에 대하여 조합원 전원의 동의를 얻도록 약정하였다면, 조합의 업무집행자가 한 법률행위에 대하여 그 상대방이 나머지 조합원에 대하여 법률행위의 효력을 주장하는 경우 조합원 전원의 동의를 얻었는지에 대한 증명책임은 누가 지는가?

    □ 조합계약에서 업무집행자를 정하거나 선임하지 않았다면 조합의 대리권은 누가 행사할 수 있는가?

    □ 조합의 업무집행자가 정해졌거나 업무집행자가 선임된 경우, 다른 일반 조합원은 대리권이 있는가?

- **관련사례**

    □ 조합의 대표자가 있는 경우 조합은 소송상 당사자 능력이 있는가? (대판 1991. 6. 25. 88다카6358)

　ㅁ 조합의 소송당사자능력이 부인되는 경우, 조합원이 소송을 수행하는 방법은 어떤 것이 있는가? (대판 2001.2.23. 2000다68924)

■ 참고문헌

　ㅁ 김학동, 조합재산의 처분방법, 한국민법이론의 발전(이영준박사 회갑기념논문집) II(채권편), 1999, 904-918.

　ㅁ 박병태, 공사를 공동으로 시공하기로 한 경우 한 회사가 체결한 하도급계약의 효력이 다른 회사에도 미치는지 여부와 그 요건, 대법원판례해설 제81호(2009 하반기), 2010, 344-355.

　ㅁ 윤철홍, 조합의 재산관계, 채권법에 있어서 자유와 책임(김형배교수 화갑기념논문집), 1994, 499-521.


## 4. 조합재산에 대한 강제집행

### 대판(전) 2012.5.17. 2009다105406

| 사안 |　甲1 · 甲2 · 甲3(원고 등) 그리고 A회사 등은 공동이행방식의 공사시공에 관한 공동수급체를 결성하여 乙(피고, 환경관리공단)이 발주한 이 사건 공사를 공동수급하였다. 그리고 기성공사대금의 지급에서는 공동도급계약운용요령 제11조에 따라 甲1이 공동수급체의 구성원별로 구분된 각 회차별 기성대금을 乙에게 청구하면, 乙이 구성원 각자의 계좌로 구분하여 송금하는 방식으로 기성대가를 지급하였다. 이러한 방식으로 순차적으로 제3회 기성금까지 각 청구하였는데, A의 채권자인 丙 등(피고 보조참가인)이 A의 국세체납 혹은 산재보험료 체납을 이유로 2008.2. 및 7.1. A의 乙에 대한 공사대금채권 중 일부를 압류하였다. 乙은 위 압류를 이유로 A의 제2, 3회차 기성대금으로 청구된 금액의 일부에 대한 지급을 보류하였다.

　그런데 그동안 A가 출자지분에 상응하는 시공을 제대로 이행하지 못하여 실제로는 甲1이 이를 시공하였음에도 A의 실제 시공분을 부풀려 기성대금을 청구하였으며, 따라서 甲1은 자신이 출자지분을 넘어서 실제 시공한 부분에 관하여 A에 대하여 구상권을 가지고 있었다.

　甲1 · 甲2 · 甲3은, 자신들과 A가 이 사건 공사에 관하여 구성한 공동이행방식의 공동수급체는 민법상 조합에 해당하며, 이러한 공동수급체가 조합으로서 공사도급계약을 체결한 이상 그 공사대금채권은 A의 지분 상당액을 포함하여 전부 조합원 전원에게 합유적으로 귀속하는 것이므로, 乙은 A에게 공사대금채권이 귀속됨을 전제로 한 A의 채권자들의 무효인 채권압류에 관계없이 자신들에게 기성금을 지급할 의무가 있다고 주장하면서, 이의 지급을 구하는 소를 제기하였다. 이에 대하여 乙 및 丙은, 공사도급계약에 의한 공동수급체의 공사대금채권은 적어도 대외적인 관계에서는 공동수급체의 구성원 각자에게 분할 귀속되는 것이므로, A의 공사대금채권에 대하여 행한 채권압류처분은 유효하므로 乙은 甲들에게 위 공사대금을 지급할 의무가 없다고 주장하였다.

| 판지 |   1. 공동이행방식의 공동수급체는 기본적으로 민법상의 조합의 성질을 가지는 것이므로, 공동수급체가 공사를 시행함으로 인하여 도급인에 대하여 가지는 채권은 원칙적으로 공동수급체의 구성원에게 합유적으로 귀속하는 것이어서 특별한 사정이 없는 한 구성원 중 1인이 임의로 도급인에 대하여 출자지분의 비율에 따른 급부를 청구할 수 없고, 구성원 중 1인에 대한 채권으로써 그 구성원 개인을 집행채무자로 하여 공동수급체의 도급인에 대한 채권에 대하여 강제집행을 할 수 없다. 그러나 공동이행방식의 공동수급체와 도급인이 공사도급계약에서 발생한 채권과 관련하여 공동수급체가 아닌 개별 구성원으로 하여금 그 지분비율에 따라 직접 도급인에 대하여 권리를 취득하게 하는 약정을 하는 경우와 같이 공사도급계약의 내용에 따라서는 공사도급계약과 관련하여 도급인에 대하여 가지는 채권이 공동수급체의 구성원 각자에게 그 지분비율에 따라 구분하여 귀속될 수도 있고, 위와 같은 약정은 명시적으로는 물론 묵시적으로도 이루어질 수 있다.

  2. 국가를 당사자로 하는 계약에서 계약담당공무원이 선금·대가 등을 지급함에 있어서 적용되는 공동도급계약운용요령 제11조는, 이전에는 공동수급체 대표자에게 지급하도록 규정하였으나, 1996.1.8. 개정에서 선금을 제외한 기성대가 또는 준공대가는 공동수급체의 대표자가 공동수급체 구성원별로 청구액을 구분하여 신청하면 계약담당공무원은 반드시 공동수급체 구성원 각자에게 구분하여 직접 지급하도록 하였다. 그리하여 개정 이후에 체결된 이 사건 공동도급계약에서도 원고들은 이러한 공동도급계약운용요령 제11조의 내용이 담긴 공동수급협정서를 피고에게 제출하였다. 그렇다면 이 사건 공동수급체와 피고는 이 사건 공동수급체의 구성원 각자로 하여금 공사대금채권에 관하여 그 출자지분의 비율에 따라 직접 피고에 대하여 권리를 취득하게 하는 묵시적인 약정을 하였다고 보는 것

이 타당하다. 따라서 A를 비롯한 이 사건 공동수급체의 구성원들은 피고에 대하여 각 지분비율에 따라 구성원 각자에게 구분하여 귀속하는 공사대금채권을 가진다고 할 것이다.

- **쟁 점**

  공동이행방식의 공동수급체 대표자가 공동도급계약운용요령 제11조에 따라 도급인에게 공사대금채권의 구분 귀속에 관한 공동수급체 구성원들의 합의가 담긴 공동수급협정서를 입찰참가 신청서류와 함께 제출하면서 공동도급계약을 체결한 경우, 공동수급체와 도급인 사이에 공동수급체 개별 구성원이 출자지분 비율에 따라 공사대금채권을 직접 취득하도록 하는 묵시적인 약정이 있다고 볼 수 있는가가 문제된 것이다.

- **검토할 사항**

  □ 조합원 개인에 대한 채권자가 조합원 개인을 집행채무자로 하여 조합원의 합유에 속하는 조합의 채권을 압류할 수 있는가?

  □ 공동이행방식의 공동수급체 대표자가 도급인에게 공사대금채권의 구분 귀속에 관한 공동수급체 구성원들의 합의가 담긴 공동수급협정서를 입찰참가 신청서류와 함께 제출하면서 공동도급계약을 체결한 경우, 공동수급체와 도급인 사이에 공동수급체 개별 구성원이 출자지분 비율에 따라 공사대금채권을 직접 취득하도록 하는 묵시적인 약정이 있다면 공동수급체의 개별 구성원은 도급에 대하여 자기 지분에 대한 공사대금채권을 직접 취득하는가?

- **관련사례**

  □ 조합채무가 가분급부인 경우 조합원은 각자의 개인재산으로 금원의 전부 또는 연대채무를 지는가? (대판 1985.11.12. 85다카1499)

  □ 조합채무가 특히 조합원 전원을 위하여 상행위가 되는 행위로 인하여 부담하게 된 것이라면 그 채무에 관하여 조합원들에 대하여 상법 제57조 제1항을 적용하여 연대책임을 지는가? (대판 1991.11.22. 91다30705)

  □ 조합채권자가 조합원에 대하여 조합재산에 의한 공동책임을 묻는 것이 아니라 각 조합원의 개인적 책임에 기하여 당해 채권을 행사하는 경우 조합원 각자를 상대로 하여 그 이행의 소를 제기할 수 있는가? (대판 1991.11.22. 91다30705)

  □ 조합원 개인에 대한 채권자가 조합원의 지분 아닌 조합의 개별 재산에 대한 합유지분에 대하여 압류 기타 강제집행을 할 수 있는가? (대결 2007.11.30. 2005마1130)

■ 참고문헌

　□ 김세준, 민법상 조합계약과 사적자치의 효력, 비교사법 제20권 제2호(통권 제61
　　호), 297-330.
　□ 김재형, 조합채무, 민법학논총 제2(곽윤직선생 고희기념논문집), 1995, 395-422.

## 5. 조합의 탈퇴와 청산

### 대판 2006.3.9. 2004다49693

| 사안 |　甲(원고)의 건물을 乙(피고)이 1996.8.13. 임대보증금 2억원, 월 차임
1,000만원에 임차하는 계약을 체결하였다. 그리고 乙은 보증금 이외에 시설비(권
리금) 명목으로 1억 8,000만원을 추가로 지급한 후 위 건물에서 단란주점을 운영
하였으나, 1997.11.까지 15개월간의 임료를 연체하였다. 이에 甲과 乙은 1998.12.
3. 위 건물에서 공동으로 단란주점을 운영하기로 하는 동업약정을 체결하였으며,
동업조건으로 乙의 투자금은 乙이 甲에게 이미 지급했던 3억 8,000만원으로 하고,
甲의 투자금은 乙의 연체임료 1억 5,000만원과 추가로 시설비용 1억 5,000만원을
투자하여 합계 3억원으로 하되, 운영은 甲이 책임지고 하고 비용은 공동부담하며
수익금 분배는 50 : 50으로 하기로 정하였다. 甲은 1999.1.15.경부터 위 동업계약
에 따라 위 건물에서 단란주점 영업을 하였는데, 乙에게 동업계약의 수익금으로 2
개월분을 지급하였을 뿐이고, 1999.4. 이후로는 영업부진을 이유로 수익금 배분
을 하지 않았으며, 甲은 일시 휴업을 하기도 하였지만 현재까지 단란주점 영업을
계속해 왔다. 그런데 甲이 임대차계약이 기간만료로 종료되었음을 이유로 乙에
대하여 건물명도를 청구하였다. 그러자 乙은 반소로서, 甲의 귀책사유로 더 이상
甲·乙 사이의 위 동업계약을 유지할 수 없어 2004.6.7. 동업관계에서 탈퇴한다고
하면서, 자신의 최초 투자금 3억 8천만원(甲이 제1심판결 이후 이 중 2억원을 반환하
였으므로 원심에서는 1억 8천만원)을 반환하고, 아울러 甲이 단란주점을 운영하여
얻은 수익금 4,500만원 중 50%의 이익분배금을 지급하라고 청구하였다(다만 투자
금반환청구에서, 명시적 일부청구로서 500만원만을 반환청구).

　원심과 대법원 공히, 乙이 임차건물을 점유하고 있지 않다는 이유로 甲의 본소
청구를 배척하고, 甲이 단란주점을 운영하면서 얻은 수익금이 없다는 이유로 乙의
반소 중 이익분배금 청구를 배척하였다. 이하에서는 乙의 투자금반환청구에 관한

판단만을 살핀다.

| **원심** |  원고와 피고 사이의 위 동업관계는 민법상의 조합에 해당하고 위 조합관계는 2004.6.7. 피고가 탈퇴함으로써 종료되어 잔존자와 탈퇴자 사이에 탈퇴로 인한 계산을 하여야 할 것인데, 이 사건에서 피고의 탈퇴 당시 조합재산이 동업계약 당시보다 감소되었다고 볼 자료가 없으므로, 원고는 피고에게 동업계약에서 인정한 투자금 중 이미 반환된 2억원을 제외한 나머지 1억 8,000만원을 지급할 의무가 있다는 이유로, 명시적 일부청구로서 투자금 500만원의 지급을 구하는 이 부분 반소청구를 전부 인용하였다.

| **판지** |  2인 조합에서 조합원 1인이 탈퇴하면 조합관계는 종료되지만 특별한 사정이 없는 한 조합이 해산되지 아니하고, 조합원의 합유에 속하였던 재산은 남은 조합원의 단독소유에 속하게 되어 기존의 공동사업은 청산절차를 거치지 않고 잔존자가 계속 유지할 수 있는 것임은 원심이 판시한 바와 같다

그런데 이때 탈퇴자와 잔존자 사이에 탈퇴로 인한 계산을 함에 있어서는 특단의 사정이 없는 한 민법 제719조 제1항의 규정에 따라 '탈퇴 당시의 조합재산상태'를 기준으로 평가한 조합재산 중 탈퇴자의 지분에 해당하는 금액을 금전으로 반환하여야 할 것이고, 이러한 계산은 사업의 계속을 전제로 하는 것이므로 조합재산의 가액은 단순한 매매가격이 아닌 '영업권의 가치를 포함하는 영업가격'에 의하여 평가하되, 당해 조합원의 지분비율은 조합청산의 경우에 실제 출자한 자산가액의 비율에 의하는 것과는 달리 '조합내부의 손익분배비율'을 기준으로 계산하여야 하는 것이 원칙이다.

이 사건 동업관계에서 원고와 피고가 투자한 재산은 임차보증금이나 연체차임 등 금전적 가치가 고정적으로 유지되는 재산 외에 권리금이나 시설비용과 같이 그 금전적 가치가 유동적인 재산도 포함되어 있는바, 당초 1998.12. 동업약정을 맺은 후 피고가 동업으로 인한 조합관계에서 탈퇴의사를 표시한 2004.6. 사이에 5년 6개월이나 시차가 있고 그동안 원고가 계속 영업을 하여 왔음에 비추어 볼 때, 출자시와 탈퇴시 간에 조합재산의 영업적 가치에 상당한 변화가 있을 것임은 경험칙상 넉넉히 추단할 수 있다. 그러므로 피고의 탈퇴로 인한 계산을 함에 있어서도 마땅히 동업약정에 의해 형성된 조합재산(영업권의 가치 포함)을 탈퇴 당시를 기준으로 평가하여야 할 뿐 아니라, 지분비율 또한 손익분배비율에 따라 조합재산의 50%를 탈퇴자인 피고에게 반환하여야 한다고 보아야 한다. 그런데 원심은 탈퇴 당시의 조합재산의 가액에 대하여 전혀 심리하지 아니한 채 만연히 탈퇴 당시 조합재산이 동업계약 당시보다 감소되었다고 볼 자료가 없다고 속단하고, 또한 그 지분비율도 손익분배비율에 의하지 않고 피고의 투자금 전액을 반환할 의무가 원고에게 있다고 인정하였으니, 그 판결에는 필시 조합원의 탈퇴에 따른 지분정산방법에 관한 법리를 오해한 잘못이 있다.

- ■ 쟁 점

  2인 조합에서 탈퇴한 조합원의 탈퇴로 인한 지분 계산에 있어서 반환의 기준이 문제된 것이다.

- ■ 검토할 사항

  □ 조합의 탈퇴자와 잔존자 사이에 탈퇴로 인한 계산을 함에 있어서 탈퇴 조합원의 지분 계산의 기초가 되는 조합재산의 평가기준은 무엇인가?

  □ 조합 소멸을 전제로 하는 조합재산의 청산의 경우, 청산을 위한 조합원의 지분 계산의 기초가 되는 조합재산의 평가 기준은 무엇인가?

  □ 조합의 탈퇴자와 잔존자 사이에 탈퇴로 인한 계산을 함에 있어서 조합재산의 가액은 '영업권의 가치를 포함하는 영업가격'에 의하여 평가하여야 하는가?

- ■ 관련사례

  □ 조합의 탈퇴자와 잔존자 사이에 탈퇴로 인한 계산을 함에 있어서 당사자가 손익분배의 비율을 정하지 아니한 때에는 무엇을 기준으로 지분을 계산하는가? (대판 2008.9.25. 2008다41529)

  □ 조합원에게 조합을 탈퇴할 사유가 존재하는 경우 조합원의 채권자가 채권자대위에 의하여 채무자의 조합 탈퇴의 의사표시를 대위행사할 수 있는가? (대결 2007.11.30. 2005마1130)

  □ 조합에 있어서 조합원의 1인이 사망한 때에는 사망한 조합원의 지위는 상속인에게 승계되는가? (대판 1987.6.23. 86다카2951)

  □ 탈퇴 조합원의 지분 계산에 있어서 조합원이 지분의 정산을 장기간 거부하였다거나 금전으로 정산하겠다는 의사표시를 뒤늦게 하였다 하여 자산평가의 기준 시기를 달리할 수 있는가? (대판 1998.10.27. 98다15170)

  □ 2인 조합에서 조합원 1인이 탈퇴한 후 남은 조합재산이 부동산인 경우, 잔존 조합원의 단독 소유로 귀속되기 위하여 등기를 하여야 하는가? (대판 2011.1.27. 2008다2807)

■ 기타 검토사항

□ 2인 조합에서 조합원 1인이 탈퇴하는 경우, 조합의 탈퇴자에 대한 채권은 잔존자에게 귀속되므로 잔존자는 이를 자동채권으로 하여 탈퇴자에 대한 지분 상당의 조합재산 반환채무와 상계할 수 있는가?

■ 참고문헌

□ 강영수, 2인으로 구성된 조합의 해산과 조합원의 탈퇴, 재판실무연구 1999, 2000, 3-32, 광주지방법원.

□ 김재형, 조합 해산시의 잔여재산분배청구권, 민사판례연구 18집, 1996, 288-315.

□ 김종기, 2인 조합에서 1인이 탈퇴한 경우의 법률관계, 판례연구 11집, 2000, 247-286, 부산판례연구회.

# 제2관 화 해

## 1. 화해의 효력

### 대판 1995.12.12. 94다22453

| 사안 |  공사 甲(원고)은 1981.1.1.자로 퇴직금지급률을 인하 조정하는 퇴직금지급규정을 개정하였다. 그런데 이미 퇴직한 직원 A 등 19명이, 이 개정된 신규정은 근로자집단의 집단의사결정방법에 의한 동의를 받지 않아 무효라는 이유로, 신·구규정에 따른 퇴직금의 차액의 지급을 구하는 소송을 제기하였다. 그리고 현재 甲의 직원인 B 등 273명은 신규정이 무효라는 확인소송을 제기하였다. 그러자 위 공사의 노동조합 위원장이 위 소송을 제기한 직원 B 등 및 소송을 제기하지 않은 직원 乙 외 22명(피고들) 등 직원 전부를 대리해서, 1991.3.13. 甲와 사이에서, ⓐ A가 제기한 소송에서 A가 승소 확정판결을 받는 경우 이를 원용하여 위 직원들에 대하여 구규정을 적용하기로 하고, ⓑ 위 직원들은 자신들의 소송을 취하하고, ⓒ 추후 동일한 사건에 대하여는 소를 제기하지 않으며, ⓓ 소송비용은 각자 부담하고, ⓔ 이러한 합의의 효력을 노사간 단체협약에 준하도록 하기로 하는 등의 합의가 이루어졌다.

이후 계속된 甲과 A와의 소송에서, 甲이 위 퇴직금지급규정 개정 당시 근로자들

의 집단의사결정방법에 의한 동의를 얻었다는 사실을 주장·입증하지 못하여 1991.10.25. 패소의 확정판결을 받았고, 이에 甲은 위 합의에 따라 위 직원들에게 신·구규정에 따른 퇴직금의 차액을 추가로 지급하였다.

그런데 甲은 1992.1.에 이르러, 위 신규정과 동일한 내용으로 퇴직급여협정을 한 甲과 노조 간의 1981년도 및 1984년도 단체협약서를 발견하였다. 그리하여 甲은 위 퇴직금 지급규정의 개정은 근로자집단의 동의를 얻었으므로 유효하다는 이유로 노조 및 위 직원들에게 착오를 원인으로 하여 위 1991.3.13.자 합의를 취소한다고 통고하는 한편, 앞의 소송을 제기하지 않았던 乙·丙 등(단 소송을 제기했던 丁도 포함)을 상대로 위 합의에 따라 乙 등이 추가로 지급받은 퇴직금의 차액에 관하여 부당이득반환청구소송을 제기하였다.

| 판지 |  (1) 원고와 이 사건 피고들 사이에 신규정의 유·무효에 관하여 다툼이 있어 그 판단을 이미 계속중인 A 외 18명이 제기한 판시 소송의 확정판결에 따르기로 하는 등의 합의를 함으로써, 새로운 법률관계를 확정하여 일체의 분쟁을 끝내기로 한 것이므로, 이 사건 합의는 화해계약에 해당한다.

(2) 민법상 화해계약에 있어서는 당사자는 착오를 이유로 취소하지 못하고 다만 화해 당사자의 자격 또는 화해의 목적인 분쟁 이외의 사항에 착오가 있는 때에 한하여 취소할 수 있는바(민법 제733조), 위에서 '화해의 목적인 분쟁 이외의 사항'이라 함은 분쟁의 대상이 아니라 분쟁의 전제 또는 기초가 된 사항으로서, 쌍방 당사자가 예정한 것이어서 상호 양보의 내용으로 되지 않고 다툼이 없는 사실로 양해된 사항을 말한다. 이 사건 화해계약에서 신규정이 근로자집단의 집단의사결정방법에 의한 동의를 얻어서 유효한지의 여부에 관한 것은 분쟁의 대상인 법률관계 자체에 관한 것으로 착오를 이유로 이를 취소할 수 없다.

(3) 이 사건 피고들 중 丙은 1981. 당시 원고 노동조합의 대의원이었고, 피고 丁은 1983. 원고 공사의 총무부장으로 노사협의에 참여하였으며, 원고의 노동조합에서 이 사건 합의 당시 신규정의 내용이 포함된 1981. 단체협약서의 원본을 소지하고 있었을 뿐 아니라, 피고 丁 등은 판시 앞의 소송을 제기하였다는 사정만으로는, 이 사건 피고들이 이 사건 합의에 기하여 추가로 지급된 퇴직금의 반환을 거부하는 것을 신의법칙에 반한다고 볼 수 없다.

■ 쟁 점

이 판결에서는, 노사 간에 퇴직금지급규정의 개정에 대하여 다툼이 있어, 같은 분쟁에 대하여 이미 퇴사한 직원들이 제기하여 계속 중인 소송의 확정판결에 따르기로 노사 양측이 합의를 한 경우에, 사용자가 후에 착오를 이유로 합의를 취소할 수 있는지 여부가 문제되었다.

■ 검토할 사항

□ 노동조합 위원장과 甲 사이의 위 합의는 민법상 어떻게 평가될 수 있는가?

□ 甲은 퇴직금지급규정 개정 당시 소속 근로자 과반수 이상으로 조직된 노조의 동의를 얻었음에도 근로자 집단의 집단의사결정방법에 의한 동의절차를 거치지 않은 것으로 잘못 알고 위 합의를 하였다. 甲은 법률행위의 중요한 부분에 착오가 있음을 이유로 위 합의를 취소할 수 있는가?

■ 관련사례

□ 양계장의 피해보상을 요구하는 양계업자에 대하여 도로건설공사를 담당한 한국도로공사가 손실보상 사유에 해당하지 않는다거나 공사로 인한 소음 정도가 기준에 미달하여 손해배상책임이 없다는 취지로 이를 거부하자 양계업자가 소송을 제기하였다. 제1심 재판이 진행되는 중에 양 당사자 사이에 민사상의 소를 취하하는 대신 환경분쟁조정위원회의 결정에 승복하기로 합의가 이루어졌다면, 한국도로공사는 도로건설공사로 인한 양계 피해가 없다는 이유로 위 합의를 취소할 수 있는가? (대판 2004.6.25. 2003다32797).

□ 채무자인 특정 기업에 부실징후가 발생하여 주채권은행이 사전합의된 바에 따라 관련된 채권금융기관들의 협의회를 소집하여 기업개선작업안을 의결하고 이어 주채권은행과 당해 기업 사이에 그 의결 사항의 이행을 위한 기업개선작업약정이 체결되어 그에 따른 기업개선작업이 시행되었다가 중단되어 버린 경우에, 채권금융기관들이 종전에 양보한 권리가 되살아나는가? (대판 2007.4.27. 2004다41996)

□ 건물신축공사 도급계약의 수급인과 도급인 사이에 물가변동이 있으면 그 증감액을 산출하여 공사금액을 조정 지급하기로 한 약정에 따라, 수급인이 요구한 물가변동으로 인한 증액 조정에 합의하였으나 그 구체적 액수에 대한 협의를 유보한 채 먼저 설계변경 등으로 인한 감액에 관하여만 합의하기로 하여 감액이 이뤄진 경우, 이를 공사금액 전체에 대한 화해계약이 체결된 것으로 볼 수 있는가? (대판 1996.4.12. 95다55429)

## 2. 화해와 착오

■ 판례 1

### 대판 1997.4.11. 97다423

| 사안 | 甲(원고)은 생후 만 3세 8개월인 1993.10.18. 당시 A의 운전과실로 인한 교통사고로 인하여 골간부 골절상, 안면부 찰과상 및 열상, 뇌좌상 등의 상해를 입었으며, 그리하여 같은 달 19.부터 같은 달 29.까지 K대학 병원에 입원하여 위 상해 부위에 대한 치료를 받고 퇴원하여 통원치료를 받았다. 甲이 위 상해로 인한 외상이 치유되자, 甲의 모 M(소외 1)은 1994.1.8. A의 보험회사 乙(피고)과의 사이에서 자동차종합보험약관의 지급기준에 의한 금액인 319,600원을 지급받으면서, 이 사건 사고로 인하여 甲이 입은 손해에 대한 손해배상청구권이나 乙에 대한 보험금 지급청구권 일체를 포기한다는 내용의 손해배상 합의서를 작성하여 乙에게 교부하였다.

그런데 甲은 당초 예상과는 달리 그 후 수면장애, 기억력과 집중력 장애 등 외상 후 스트레스성 정신장애의 증상을 보이기 시작하고, 그것이 점점 악화되어 현재까지도 호전되지 아니하여 28%의 노동능력상실이 예상되고, 또한 우측 이마와 눈썹 부위에 반흔이 있어 향후 3,000,000원 정도가 소요되는 반흔절제술을 받아야 하고 그 수술 후에도 추상장해로 인하여 국가배상법 시행령 제12급 제13항에 해당하는 15%의 노동능력상실이 예상되는 바, 이를 종합 평가하면 38.8%의 노동능력 상실이 있고 이로 인한 적극적 손해와 소극적 손해는 44,491,668원 정도에 이른다. 그리하여 甲이 乙에 대하여 실제의 손해에 대한 배상을 청구하였다.

| 원심 | 원고를 대리한 M의 위 손해배상청구권 포기의 약정을 근거로 원고의 손해배상청구는 이유가 없다고 판단하였다.

| 판지 | 불법행위로 인한 손해배상에 관하여 가해자와 피해자 사이에 피해자가 일정한 금액을 지급받고 그 나머지 청구를 포기하기로 합의가 이루어진 때에는 그 후 그 이상의 손해가 발생하였다 하여 다시 그 배상을 청구할 수 없는 것이나, 다만 그 합의가 손해발생의 원인인 사고 후 얼마 지나지 아니하여 손해의 범위를 정확히 확인하기 어려운 상황에서 이루어진 것이고, 후발손해가 합의 당시의 사정으

로 보아 예상이 불가능한 것으로서 당사자가 후발손해를 예상하였더라면 사회통념상 그 합의금액으로는 화해하지 않았을 것이라고 보는 것이 상당할 만큼 그 손해가 중대한 것일 때에는, 당사자의 의사가 이러한 손해에 대해서까지 그 배상청구권을 포기한 것이라고 볼 수 없으므로 다시 그 배상을 청구할 수 있다고 보아야 할 것이다.

사정이 위와 같다면 원고의 그와 같은 손해는 원고의 모인 소외 1이 원고를 대리하여 위와 같이 합의함에 있어서 예상이 불가능한 것으로, 이를 예상하였더라면 사회통념상 위 합의금액으로는 합의하지 않았을 것으로 보는 것이 상당할 만큼 중대한 손해라고 보이고, 따라서 위 합의는 합의 당시 예견할 수 있었던 후유장애에 관하여만 유효하고 그 범위를 넘어서 발생한 손해에 관하여는 아무런 효력이 없다고 할 것이다.

그렇다면 원심으로서는 소외 1과 피고 사이에 위 합의가 이루어진 경위와 합의의 효력에 관하여 좀 더 심리를 한 다음, 이 사건과 같은 후유장애의 경우까지도 예상하여 그 손해배상청구를 포기하기로 한 것인지 여부를 판단하였어야 할 것인데도, 이에 이르지 아니한 채 위 합의에 따른 효력을 그대로 인정함으로써 원고의 청구를 기각한 것은 심리를 다하지 아니한 것으로서 위법하다.

- ■ 쟁 점

  이 판결에서는 교통사고의 피해자가 손해배상액의 합의 및 그외의 청구의 포기 특약을 하였는데 그 후 예상하지 못한 후유손해가 발생한 경우에, 위 합의 및 특약은 이러한 후발손해에도 미치는가 하는 점이 문제되었다.

- ■ 검토할 사항

  □ 손해배상액의 합의 및 그 외의 청구의 포기 특약의 효력은 어떤 손해에까지 미치는가?

  □ 합의 등의 시기에 예상할 수 없었던 후발손해에 대해서는 합의 등의 효력이 미치지 않는 이유는 무엇인가?

- ■ 관련사례

  □ 해외파견 근무중 교통사고로 사망한 피해자 A의 父 갑이 가해회사 을의 직원이 제시한 손해배상 합의서에 날인하였는데, 그 합의금이 A의 사망에 따른 손해배상금보다 훨씬 적은 금액이고, 갑은 시골에서 날품팔이로 생계를 유지하는 66세의 노인으로서 교육을 받지 못하였고 경험이 없으며 사고경위도 알지 못한데다

가 아들이 사망했다는 비보에 큰 충격을 받아 경황이 없는 상태에서, 을 회사의
규모나 신용에 비추어 그 직원들의 말을 진실한 것으로 믿고 위 합의서에 날인한
경우, 위 손해배상의 합의는 유효하고 따라서 갑은 실제의 손해를 배상청구할 수
없는가? (대판 1987.5.12. 86다카1824)
- 을의 운전과실로 그의 직장동료인 갑 등 수인이 상해를 입었는데, 갑은 중학교
졸업자로서 을의 구속상태를 해소해 주기 위해서 사고 직후 손해배상액에 합의
하였으나, 그 합의액이 실제 손해액에 크게 미치지 못할 뿐만 아니라 동일 사고
로 인한 다른 피해자의 합의금과 비교할 때 매우 불합리한 경우, 위 손해배상의
합의는 유효하고 따라서 갑은 실제의 손해를 배상청구할 수 없는가? (대판 1999.
3.23. 98다64301)

■ 기타 검토사항
- 후유증 등으로 인하여 불법행위 당시에는 전혀 예견할 수 없었던 새로운 손해가
발생하였다거나 예상외로 손해가 확대된 경우에, 그러한 손해에 대하여 손해배
상청구권이 인정된다면 이의 소멸시효는 언제부터 진행되는가? (대판 1992.12.
8. 92다42583; 대판 2001.9.14. 99다42797)

■ 참고문헌
- 김학동, 손해배상의 합의와 확대손해, 서울법학 21권 1호, 2013, 1-38, 서울시립
대학교.
- 송덕수, 불법행위의 경우의 손해배상에 관한 합의의 해석, 민사판례연구 12권,
1990, 89-124.
- 최인섭, 불법행위에 의한 손해배상에서의 합의의 효력 부인에 대한 대법원판례
의 비판적인 검토, 경기법조 10호, 2003, 189-217, 수원지방변호사회.

■ 판례 2

## 대판 1997.4.11. 95다48414

| 사안 |  A가 1993.12.14. 甲(피고) 소유의 승합자동차를 운전하여 편도 3차선 도
로 중 2차로를 주행하다가 왼편의 아파트단지로 진입하기 위하여 좌회전하게 되
었는데, 마침 위 3차선 도로의 1차선상을 위 승합차와 같은 방향으로 주행하던 乙
(원고 1) 운전의 오토바이 앞 부분이 위 승합차의 뒷부분과 부딪혀 위 오토바이가
쓰러지고 그 충격으로 乙이 상해를 입었다. 乙의 부모 丙(원고 2와 3)은 사고발생

일로부터 10일 후인 1993.12.24. 위 승합차의 종합보험회사인 B와 사이에서, 乙 등이 B회사로부터 위 사고로 인한 乙의 일실수입, 위자료 기타 손해배상금 일체로 7,000,000원을 지급받는 대신 위 사고로 인한 모든 권리를 포기한다는 내용의 화해계약을 체결하였다. 위 계약체결 당시 乙은 수술을 마치고 의식을 회복하지 못한 채 중환자실에서 가료 중이었고, 당시까지 발생한 치료비만도 5,000,000원에 이르렀으며, 현재 기질적 뇌손상으로 인한 다리의 부전마비와 언어장애 등의 후유장애가 남게 되었다. 이에 乙 등은 甲을 상대로, 사고의 경위를 제대로 파악하지 못한 상태에서 착오를 일으켜 이 사건 교통사고가 전적으로 乙의 과실에 의하여 발생한 것으로 믿고 치료비에도 훨씬 미달하는 금액으로 합의한 것이므로 위 화해계약을 취소한다고 주장하면서, 실제의 손해에 대한 배상을 청구하였다.

제소 이후 원심까지 나타난 사실 등을 보면, 乙은 위 사고로 초진 소견이 4개월간의 치료를 요하는 두개골골절상 등 상해를 입은 것으로 나타나 긴급 개두술 등의 수술을 하였으나, 치료가 여의치 아니하여 사고시로부터 1년 9개월이 경과한 원심 변론종결일(1995.9.15.)까지도 치료를 받고 있으나 완치되지 아니하고 기질적 뇌손상으로 인한 좌상지 및 좌하지 부전마비와 언어장애 등으로 도시일용노동능력의 56%를 상실하는 후유장애가 남아 있다. 乙의 치료비는 1995.2.28.까지 이미 27,144,830원에 달하였고, 향후 치료비도 약 10,000,000원이 소요될 예정이다. 乙의 친권자 丙은 국민학교 졸업 또는 중퇴의 학력에 불과하고 사회경험이 부족한 사람으로서, 위 합의 당시 이미 수술비 등으로 5,000,000원 이상을 납부하였으나 甲이 보험처리를 해주지 않아 병원으로부터 다액의 입원치료비를 예납할 것을 독촉받는 상황이었는데, 담당경찰관은 乙이 무면허로 오토바이를 운전하는 등 잘못이 큰 것 같다고 말하는데다가 甲을 대리한 보험회사 B의 직원도 이 사건 교통사고가 전적으로 乙의 과실에 의하여 발생한 것이므로 甲측에는 아무런 배상책임이 없으나 인도적인 견지에서 치료비 정도를 지급해 줄 터이니 합의하자고 제의하자, 사고의 경위를 제대로 파악하지 못한 상태에서 이 사건 교통사고가 전적으로 乙의 과실에 의한 것임을 인정하고 치료비의 일부만이라도 받을 목적으로 위 합의에 이르게 된 것이다(이 점은 합의를 담당한 위 보험회사 직원인 증인 K의 증언과 원고들의 진정에 따라 위 보험회사가 자체조사한 민원처리서의 기재에 의하여 명백하다). 그런데 이 사건 사고는 2차선상을 운행하던 승합차 운전기사 A가 일단 1차선으로 차선을 변경한 후 서서히 좌회전을 시도한 것이 아니라 2차선에서 1차선으로 차선을 변경하는 동시에 좌회전을 시도하다가 乙의 진로를 가로막음으로써 발생한 것이다.

| **원심** | 원고 1의 전적인 잘못을 전제로 하여 화해계약에 이르렀음을 인정할 증거가 부족하고, 당시의 수사진행상황과 화해과정에 비추어 보면, 원고 1의 과실 유무 및 그 정도가 위 화해계약의 목적인 분쟁의 대상이 되었던 것이라 할 것이어서 그에 관한 착오를 이유로 위 화해계약을 취소할 수 없고, 가사 그렇지 않다고 하더라도 이는 동기의 착오에 불과한 것인데 그것이 표시되었다는 점을 인정할 아무런 증거가 없으므로, 이 점에서도 착오만을 이유로 위 화해계약을 취소할 수 없다고 판시하였다.

| **판지** | 원심은 위 화해계약이 착오에 의하여 체결된 것인지 여부도 명백히 하지 아니하였으므로 우선 이 점에 관하여 보건대, 이 사건 사고의 발생경위 및 원고들이 위 화해계약을 체결하게 된 경위를 보면, 이 사건 사고는 원고 1의 일방적인 과실로 발생한 것이라고 할 수 없음에도 불구하고, 원고들은 위 사고가 전적으로 원고의 과실에 의하여 발생한 것이라고 오해하고, 원고가 위 사고로 입게 된 손해의 배상액에 현저히 미달하는 금액만을 수령하고 모든 손해배상청구권을 포기하기에 이르렀으므로 원고들은 착오에 의하여 이 사건 화해계약을 체결한 것이라고 보아야 할 것이다.

그런데 민법상의 화해계약을 체결한 경우 당사자는 착오를 이유로 취소하지 못하고 다만 화해 당사자의 자격 또는 화해의 목적인 분쟁 이외의 사항에 착오가 있는 때에 한하여 이를 취소할 수 있으며, 여기서 '화해의 목적인 분쟁 이외의 사항'이라 함은 분쟁의 대상이 아니라 분쟁의 전제 또는 기초가 된 사항으로서, 쌍방 당사자가 예정한 것이어서 상호 양보의 내용으로 되지 않고 다툼이 없는 사실로 양해된 사항을 말하는 것인바, 이 사건 합의 당시 원고들은 이 사건 교통사고가 오로지 원고 1의 과실로 인하여 발생한 것을 자인하고 치료비를 포함한 합의금으로 금 7,000,000원만을 받고 일체의 손해배상청구권을 포기하기로 합의하였음은 앞서 본 바와 같으므로, 이 사건 사고가 위 원고의 전적인 과실로 인하여 발생하였다는 사실은 쌍방 당사자 사이에 다툼이 없어 양보의 대상이 되지 않았던 사실로서 화해의 목적인 분쟁의 대상이 아니라 그 분쟁의 전제가 되는 사항에 해당하는 것이므로 원고들은 착오를 이유로 위 화해계약을 취소할 수 있다고 할 것이다.

또한 이 사건 화해계약 당시 피고를 대리한 보험회사 직원이 원고측에게 이 사건 사고가 전적으로 원고 1의 과실에 의하여 발생한 것임을 누차 강조하였고, 원고들도 이를 인정하여 이를 전제로 합의에 이른 것이라면, 이 사건 사고가 오로지 위 원고의 과실에 의한 것이라고 오해한 점이 동기의 착오에 해당한다고 하더라도 위 동기는 이미 쌍방 당사자가 화해계약의 전제로 삼은 것으로서 그와 같은 동기가 상대방에게 표시되지 아니하였다고 단정할 수도 없다.

원심은 이 사건 사고의 발생과 화해에 이르게 된 경위에 관하여 그릇된 사실관계에 기초하여 원고들이 이 사건 화해계약을 취소할 수 없다고 판시하여 채증법칙을 위반하고 법리를 오해하였다.

- ■ 쟁 점

  이 판결에서는, 乙의 오토바이가 A의 차량 뒷부분에 부딪쳐 상해를 입었는데 이 사고가 乙과 A 쌍방의 과실로 인한 것임에도 乙만의 과실로 인한 것으로 잘못 알고 乙의 부모가 실제 치료비에 크게 못미치는 금액으로 손해배상액의 합의를 한 경우, 乙의 착오는 분쟁의 대상이 아니라 단지 분쟁의 전제에 관한 것으로서 따라서 착오를 이유로 취소할 수 있는가 하는 점이 문제되었다.

- ■ 검토할 사항

  □ 판결이 乙 등의 착오를 분쟁의 전제에 관한 것이라고 한 이유는 무엇인가?
  □ 乙 등이 위 교통사고가 자신의 전적인 과실로 인한 것이라고 생각한 것은 동기의 착오에 해당한다. 그럼에도 취소를 인정한 이유는 무엇인가?

- ■ 관련사례

  □ 공동불법행위자 중 1인인 A회사는 유조차 전복 사고로 인하여 유출된 다량의 유류가 인근 저수지 및 하천으로 유입되어 방제작업을 지체할 경우 오염이 확산되어 그로 인한 제3자의 손해가 크게 확대될 수 있는 상황에서 손해의 경감 및 확산방지를 위하여 방제작업을 실시하였고, 그 비용에 관하여 방제업자와 사이에 제기된 소송에서 변호사를 선임하여 응소함으로써 방제작업 비용과 변호사선임 비용을 지출하였다(이러한 비용은 상법 제680조의 '손해방지비용'에 해당함). 그런데 A회사는 다른 공동불법행위자의 보험자인 갑으로부터 자동차종합보험의 대물배상 한도액인 2,000만원을 지급받으면서 작성한 합의서에 갑에 대한 '법률상의 배상액'을 포기한다고 기재하고, 이후 여하한 사유가 있어도 민ㆍ형사상의 소송이나 이의를 제기하지 아니하기로 합의한 바 있다. A회사의 보험자인 을이 A회사에게 이러한 손해방지비용을 상환하였다면, 을은 다른 공동불법행위자의 보험자인 갑이 부담하여야 할 부분에 대하여 직접 구상권을 행사할 수 있는가 아니

면 갑과 A회사 사이의 위 합의에 구속되는가? (대판 2007.3.15. 2004다64272)
□ 의사 갑이 A를 치료하였는데 그 직후 A가 사망하여 갑은 그것이 자신의 치료로 인한 것일 수 있다고 생각하여 A의 유족 을과 손해배상의 합의를 하였는데, 부검 결과 A의 사망은 갑의 치료행위와는 전혀 무관한 것으로 밝혀진 경우에, 갑은 위 합의를 취소할 수 있는가? (대판 2001.10.12. 2001다49326)
□ 상대방의 사기로 인하여 당사자 일방이 화해의 목적인 분쟁에 관한 사항에 착오를 일으켜 화해계약을 체결한 경우, 그 당사자는 이를 취소할 수 있는가? (대판 2008.9.11. 2008다15278)

■ 참고문헌
□ 강승준, 불법행위로 인한 손해배상에 관한 합의와 민법 제733조, 민사판례연구 20권, 1998, 262-311.
□ 김영규, 인신사고로 인한 손해배상에 관한 합의(화해)와 취소 여부, 판례월보 337호(1998.10.), 9-18.

# 제5절 비전형계약

## 제1관 리 스

### 1. 리스물건이 인도되지 않은 경우

**대판 1997.10.24. 97다27107**

| 사안 | 리스회사 甲(원고)은 1994.7.21. A회사와 사이에서, A가 선정한 액정비전 등 기계를 甲의 자금으로 B회사로부터 매수하여 A회사에게 이를 임대(임대기간 42개월)하기로 하는 계약을 체결하면서, 임차물건수령증을 교부하는 날에 위 기계에 대한 임대차계약이 개시되고, A는 甲에게 임대보증금으로 5,500,000원과 1994.7.21.부터 매달 21.에 임대료 1,639,220원을 지급하며, 선량한 관리자의 주의의무를 다하여 이 사건 기계를 사용·보관하여야 하고, 임대차기간이 만료된 때에는 소유자인 甲에게 기계를 반환하거나 종료 당시 잔존 시가인 5,000,000원에

이를 매수할 수 있다는 약정을 하였다. 이에 기해서 A는 위 계약 체결 당시 甲에게 위 기계의 임차물건 수령증을 교부하였다. 그런데 A회사에게 임차물건이 인도되지 않아 A회사는 8.21.부터 임대료를 전혀 지급하지 않았다. 그리하여 甲회사가 A의 채무에 관한 연대보증인 乙(피고)을 상대로 임대료(리스료) 등의 지급을 구하는 소송을 제기하였다. 다만 甲과 A 간의 계약서의 표제부 등 계약 문언에는 '임대차'라는 용어가 사용되었으며, 甲은 시설대여업법에 의한 시설대여업의 인가를 받지 않았다.

| **원심** | 원고와 A 사이의 이 사건 기계에 대한 임대차계약은 민법상의 순수한 임대차계약과는 달리 원고가 보유하고 있는 물건을 임대하는 것이 아니고 임차인인 A가 제3자 소유 물건의 품목과 수량을 지정하면 원고 회사가 자금을 부담하여 물건공급자로부터 이를 구입하여 임대하는 것이며, 이 사건 기계의 유지와 관리의 책임이 임대인에게 있는 것이 아니라 임차인인 A에게 있고, 임대기간이 1-2년에 그치는 것이 아니라 42개월이나 되는 장기라는 점, 임대기간이 종료한 후에는 그 물건 가격의 10분의 1 정도의 금원으로 임차인이 임차 물건을 매수할 수 있는 권리를 유보하고 있는 점 등에 비추어 보면, 이 사건 계약의 법적 성질은 그 사용 명칭에 관계없이 물적 금융으로서 시설대여계약 또는 리스계약의 성질을 갖는다고 볼 것이고, 이러한 시설대여계약 또는 리스계약은 물건의 인도를 계약성립의 요건으로 하지 않는 낙성계약이므로 그 이용자인 A가 임차물건수령증을 원고 회사에게 발급한 이상 현실적으로 그 물건이 인도되지 않았다고 하여도 이를 배제하기 위한 특별한 약정이 없는 한 위 수령증을 발급한 때부터 임대차기간이 개시되고 A의 임대료 지급채무도 발생한다고 할 것인바, 원고가 A로부터 임차물건수령증을 1994.7.21.에 교부받았으므로, 이 사건 임대차의 기간은 1994.7.21.부터 개시되며, 이에 따라 A 및 피고의 임대료 지급채무도 발생하는 것이라고 판단하였다.

| **판지** | 시설대여(리스)는 시설대여회사가 대여시설 이용자가 선정한 특정 물건을 새로이 취득하거나 대여받아 그 물건에 대한 직접적인 유지·관리책임을 지지 아니하면서 대여시설 이용자에게 일정 기간 사용하게 하고 그 기간 종료 후의 물건의 처분에 관하여는 당사자 간의 약정으로 정하는 계약으로서, 형식에서는 임대차계약과 유사하나 그 실질은 대여시설을 취득하는 데 소요되는 자금에 관한 금융의 편의를 제공하는 것을 본질적인 내용으로 하는 물적 금융이고 임대차계약과는

여러 가지 다른 특질이 있기 때문에 이에 대하여는 민법의 임대차에 관한 규정이 바로 적용되지 아니하는 것이고, 이러한 리스계약은 물건의 인도를 계약 성립의 요건으로 하지 않는 낙성계약으로서 리스이용자가 리스물건 수령증서를 리스회사에 발급한 이상 특별한 사정이 없는 한 현실적으로 리스물건이 인도되기 전이라고 하여도 이때부터 리스기간이 개시된다고 할 것이다.

리스계약의 법리에 비추어 보면, 원심의 판단은 정당하다. 이 사건 계약서의 표제부 등 계약문언에 '임대차'라는 용어를 사용하였다는 것만으로 이 사건 계약을 본래 의미의 임대차계약으로 단정할 것은 아니며, 나아가 원고가 시설대여업법에 의한 시설대여업의 인가를 받지 않은 자라고 하여 이 사건과 같은 리스계약을 체결하지 못한다고 할 것도 아니다.

- ■ 쟁 점
  리스회사가 리스이용자의 연대보증인을 상대로 리스료의 지급을 구하는 경우에 목적물이 리스이용자에게 인도되지 않았다고 하여 리스료의 지급을 거절할 수 있는지가 문제된 것이다.

- ■ 검토할 사항
  - □ 사안에서 리스이용자는 누구인가?
  - □ 사안에서 리스회사는 누구인가?
  - □ 리스계약과 임대차는 어떤 점에서 비슷한가?
  - □ 리스계약에서의 리스료와 임대차에서의 차임은 어떻게 다른가?
  - □ 리스계약을 규율하는 특별법은 무엇인가?

- ■ 관련사례
  - □ 리스보증보험증권의 특기사항란에 "리스 물건 인도 전에 피보험자가 입은 손해에 대하여 담보책임을 부담하지 않는다"고 기재한 때에는 리스물건 수령증서가 발급되었어도 아직 리스 물건이 인도되지 않는 동안 발생한 손해에 대하여는 보험자는 보험금지급책임이 없는가? (대판 1991.4.9. 90다카26515; 대판 1991.12. 10. 90다19114; 대판 1995.7.14. 94다10511; 대판 1995.9.29. 93다3417)
  - □ 리스이용자의 중도해지를 제한하는 내용의 리스 약관은 유효한가? (대판 1986. 8.19. 84다카503,504).

- ■ 기타 검토사항
  - □ A회사의 임대료지급채무의 시효기간은 언제부터 기산하여 몇 년인가? (대판

2001.6.12. 99다1949)

- **참고문헌**
  - 김건식, 리스거래에서 물건인도와 차수증의 발급이 갖는 의미, 인권과 정의 195호(1992.11.), 34-45.
  - 최종구, 리스 판례의 개관, 인권과 정의 358호(2006.6.), 105-128.

## 2. 리스물건에 하자가 있는 경우

### 대판 1996.8.23. 95다51915

**| 사안 |**   甲(원고)은 광고대행업체를 경영하면서 1991년 초 컴퓨터식 출판기기의 알선 및 수입대행업체인 A상사 직원 K로부터 컴퓨터 인쇄장비에 대한 설명을 듣고, 위 장비가 광고제작 업무에 필요하다고 판단하여 컴퓨터 장비인 픽스화상처리기 등을 A를 통하여 구입하기로 하면서, K에게 위 장비의 구입자금을 적당한 금융으로 처리하는 방법을 문의한 결과 렌탈계약을 이용하기로 하였다.

그리하여 K는 렌탈회사 乙(피고)을 방문하여 장기렌탈 계약의 체결가능 여부를 문의하였고, 乙이 계약체결의사를 표시함에 따라 A는 위 장비에 관한 수입절차를 밟고, 甲은 1991.5.1. K의 알선으로 乙과 사이에 위 장비를 렌탈하기로 하는 계약(리스기간은 물건 인수일로부터 60개월)을 체결하였으며, 甲은 A로부터 위 각 물건을 인수하고, 같은 해 8.7. 乙에게 인수인도 확인서를 발급하였다. 한편 甲은 乙과 사이에서 위 각 렌탈계약에 따른 렌탈료 납입보증을 위하여 X부동산 등에 근저당권을 설정하였다.

甲·乙은 위 렌탈계약체결시 ① 담보책임에 관해서는, 乙이 甲에게 물건을 인도할 때 물건이 정상적인 성능을 갖추고 있는 것을 담보하고, 물건의 상품성 또는 甲의 사용목적에의 적합성에 대하여는 책임을 지지 않으며, 甲이 물건인수인도 확인서를 발급하였을 때에는 물건의 상태 및 성능이 정상적인 것으로 간주하고(계약서 제6조), ② 물건의 사용·보관 및 유지 책임에 관해서는, 甲이 물건을 사용·보관함에 있어서는 선량한 관리자의 주의의무를 다하며, 물건을 항상 정상의 운전상태 또는 충분히 기능을 발휘할 수 있는 상태로 유지·보전하여야 하고, 甲은 물건을 유지·보전하기 위하여 자기 비용으로 매도인 또는 그가 지정하는 자와 물건에 대한 보수서비스계약을 체결하는 등 필요한 행위를 하여야 하며(계약서 제7조 제1, 2

항), ③ 물건의 멸실 및 훼손책임에 관해서는, 甲이 천재지변 기타 이유 여하를 막론하고 사실상 물건을 인수한 때로부터 乙에게 물건을 반환할 때까지 발생한 물건의 멸실·훼손에 대한 모든 책임과 위험을 부담하며(각 계약서 제8조 제1항), ④ 그 외에 계약기간 중 甲의 계약해지권을 유보하기는 하되, 계약해지의 경우에는 미리 약정된 조정렌탈료 총액에서 이미 렌탈료로 지급한 금원을 공제한 금원을 甲이 乙에게 지급해야 하며(각 계약서 제10조), ⑤ 렌탈기간 종료시에는 甲의 선택에 따라 물건을 반환하거나 또는 약정 양도금액을 乙에게 지급하고 물건을 인수할 수 있도록 약정하였다(각 계약서 제12조).

그런데 위 컴퓨터 장비의 하자로 말미암아 그 사용·수익이 불가능하여 계약의 목적을 달성할 수 없게 되었다. 그리하여 甲은 위 렌탈계약이 동산임대차계약임을 전제로 민법 제627조 제2항에 의하여 위 각 렌탈계약을 해지한다고 하고, 아울러 위 렌탈계약 당시부터 위 컴퓨터 장비에 내재한 하자로 말미암아 이를 원래의 목적대로 사용·수익할 수가 없었으므로 乙이 甲으로 하여금 위 컴퓨터 장비를 본래의 기능대로 사용·수익하게 할 의무는 乙 측의 귀책사유로 인하여 이행불능이 되었고 따라서 이를 이유로 위 렌탈계약을 해제한다고 하면서, 乙에 대하여 렌탈보증금의 반환 및 X부동산 등에 관하여 경료된 각 근저당권설정등기의 말소를 청구하였다.

| 판지 |  1) 시설대여(리스)는 시설대여 회사가 대여시설 이용자가 선정한 특정 물건을 새로이 취득하거나 대여받아 그 물건에 대한 직접적인 유지·관리책임을 지지 아니하면서 대여시설 이용자에게 일정기간 사용하게 하고 그 기간 종료 후에 물건의 처분에 관하여는 당사자 간의 약정으로 정하는 계약으로서, 형식에서는 임대차계약과 유사하나, 그 실질은 대여시설을 취득하는 데 소요되는 자금에 관한 금융의 편의를 제공하는 것을 본질적인 내용으로 하는 물적 금융이고 임대차계약과는 여러 가지 다른 특질이 있기 때문에 이에 대하여는 민법의 임대차에 관한 규정이 바로 적용되지 아니한다.

원심은, 원·피고 사이의 이 사건 렌탈계약의 체결과정이나 그 내용 등에 비추어, 이 렌탈계약의 법적 성격은 물적 금융으로서의 비전형계약인 이른바 금융리스(Finance Lease)계약에 해당한다고 판단한 후, 렌탈계약이 본질적으로 임대차계약의 성질을 가지는 것을 전제로 하여 이 사건 렌탈계약서 중 임차인인 원고에게 불리한 제6조, 제7조, 제8조의 규정이 민법 제652조에 따라 무효라면서 계약목적물

인 이 사건 컴퓨터 장비의 하자로 말미암아 그 사용수익이 불가능하여 계약의 목적을 달성할 수 없으므로 민법 제627조 제2항에 의하여 위 렌털계약을 해지한다는 원고의 주장을 배척하였다.

위에서 본 법리에 비추어 보면, 원심의 위 판단은 수긍이 가고, 이 사건 렌털계약이 렌털이용자가 렌털물건을 취득하는 데 소요되는 자금에 관한 금융의 편의를 제공하는 것을 본질적인 내용으로 하고 있는 점에 비추어, 이 사건 렌털계약에서 렌털이용자의 중도해지를 제한적으로 인정하고, 렌털회사가 렌털물건 인도시에 그 물건이 정상적인 성능을 가지고 있음을 담보한다거나, 이 사건 렌털계약의 표제부 등 계약문언에 '임대차'라는 용어를 사용하였다는 것만으로 렌털계약이 임대차계약의 성질을 가지는 것으로 볼 수는 없다고 할 것이므로, 원심판결에 임대차계약과 금융리스계약의 구별에 관한 법리를 오해한 위법이 있다고 할 수 없다.

2) 이 사건 렌털계약서상 렌털회사가 물건인도시 물건이 정상적인 성능을 갖추고 있는 것을 담보하도록 되어 있으나(계약서 제6조 제1항), 나아가 위 계약서에는 렌털이용자가 물건 인도인수확인서를 발급하였을 때에는 물건의 상태 및 성능이 정상적인 것을 확인한 것으로 간주하고 있고(계약서 제6조 제2항), 물건의 사용, 보관 및 유지 책임(물건의 유지·보전을 위하여 이용자는 자기비용으로 매도인 또는 그가 지정하는 자와 물건에 대한 보수서비스계약을 체결하는 등 필요한 행위를 하여야 한다)과 물건의 멸실 및 훼손책임을 모두 이용자가 부담하도록 하고 있는 점(계약서 제7조, 제8조) 및 이 사건 렌털계약에 있어 물건의 선정을 이용자가 하고 렌털회사는 이용자의 선택과 희망에 따라 렌털물건을 취득하는 데 소요되는 자금에 관한 금융의 편의를 제공하고 있는 점에 비추어, 피고의 위 담보책임은 렌털물건이 물건공급자로부터 원고에게 인도될 당시에서의 물건의 성능이 정상적임을 담보하되, 원고가 별다른 이의 없이 물건 인도인수확인서를 발급하면 피고의 위 하자담보의무가 충족된 것으로 보는 범위 내에서의 책임이라고 할 것이다.

같은 취지에서 원심이, 원고는 이 사건 컴퓨터 장비를 인수한 후 아무런 이의 없이 피고에게 물건 인수인도확인서를 발급하였으므로, 피고는 원고에게 정상적인 물건을 인도한 것으로 간주된다는 이유로, 이 사건 렌털계약 당시부터 이 사건 컴퓨터 장비에 내재한 하자로 말미암아 피고가 원고로 하여금 위 컴퓨터 장비를 본래의 기능대로 사용·수익케 할 의무가 이행불능으로 되었으므로 이 사건 각 렌털계약을 해제한다는 원고의 주장을 배척한 것은 정당하다.

3) 원고는 이 사건 렌털계약에는 피고의 원고에 대한 하자담보책임을 제한하는 규정(계약서 제6조, 제7조)과 자신이 부담하여야 할 위험을 원고에게 전가하는 규정(계약서 제8조)을 두면서도 이 사건 컴퓨터 장비의 공급자인 A에 대한 피고 자신의 하자담보청구권을 원고에게 양도하는 내용의 약관을 두지 않았으므로 피고의 하자담보책임을 제한하는 위 계약서 제6조 등은 약관규제법 제7조 제2호 및 제3호에 위반하여 무효라고 주장하였는데, 원심은 이에 대하여 이 사건 렌털계약은 법적 성격이 비전형계약으로서 민법의 임대차에 관한 규정이 바로 적용되지 아니하는 점 및 그 계약의 체결 경위, 목적 등에 비추어 위 계약 조항이 약관규제법 제7조 제2호의 상당한 이유 없이 사업자의 손해배상범위를 제한하거나 사업자의 위험을 고객에게 이전시키는 조항, 또는 위 같은 조 제3호의 상당한 이유 없이 사업자의 담보책임을 배제, 제한하거나 담보책임에 따르는 고객의 권리행사요건을 가중하는 조항에 해당한다고 보여지지 아니한다는 이유로 원고의 위 주장을 배척하였다. 이는 시설대여(리스)제도의 본질적 요청(금융적 성격)에 비추어 정당하고, 거기에 소론과 같이 약관규제법 제7조 제2호, 제3호에 관한 법리를 오해한 위법이 없다.

4) 원고는 피고가 판매업자인 A와 영업상의 긴밀한 관계에 있을 뿐 아니라 이 사건 렌털계약시 그 계약내용과 통상 임대차와의 차이점 및 물품의 하자에 대하여 이용자가 취할 수 있는 조치를 설명하지 아니하였고, 위 판매업자의 신용상태에 대한 확인을 해태하였으니, 피고는 보충적 담보책임을 져야 한다고 주장하였는데, 원심은 위 주장사실을 인정하기에 부족하고, 달리 이를 인정할 증거가 없다는 이유로 원고의 위 주장을 배척하였다. 이는 정당하고, 거기에 소론과 같은 채증법칙 위반, 증거 판단유탈 및 리스계약에 있어서 보충적 담보책임에 관한 법리를 오해한 위법이 있다고 할 수 없다.

- 쟁 점

    이 판결은 인도된 리스물건에 하자가 있는 경우에 리스이용자(甲)는 리스계약을 해제할 수 있는가 하는 점이 문제된 것이다.

- 검토할 사항

    □ 리스물건에 하자가 있는 경우에 민법상의 임대차에 관한 규정이 바로 적용되지 않는 이유는 무엇인가?

□ 렌탈회사의 리스물건에 대한 담보책임은 어떤 범위에서 인정되는가?
□ 렌탈회사의 하자담보책임을 제한하는 약정조항이 약관의 규제에 관한 법률에 반하는 것은 아니라고 한 이유는 무엇인가?

■ 참고문헌

□ 김상채, 리스계약의 법적 성질, 재판실무연구 1996, 1997, 339-361, 광주지방법원.
□ 최인석, 금융리스계약의 법적 성질과 리스회사의 하자담보책임, 판례연구 13집, 2002, 493-544, 부산판례연구회.

# 제2관　여행계약

### 대판 2011.5.26. 2011다1330

| 사안 |　甲 등 수인(원고 혹은 원고의 피상속인)은 여행사 乙(피고)이 실시하는 일명 패키지(package)여행(여행사가 여행의 목적지 · 일정 · 여행자가 제공받을 운송 및 숙박 등의 서비스내용과 그 요금 등에 관한 사항을 미리 정하고 여행자를 모집하여 여행을 실시하는 기획여행)에 참가하여, 2008.11.23.부터 5박 6일의 피지여행을 떠났다.

甲 등은 피지의 국제공항에 도착하여 그곳에서 乙의 랜드서비스업체인 X회사의 직원인 국외인솔자 B를 만나 여행을 하였으며, 11.27. 예정된 자유일정 중에서 ○○빌리지 정글투어를 옵션관광으로 선택해서 여행에 나섰다. 그런데 乙과의 사전 협의에 따라 현지에서 선택관광서비스를 제공해 온 Y회사의 고용인인 현지 운전자 D의 운전 부주의로 인하여, 甲 등이 탄 버스가 도로 아래로 110m 정도 굴러 떨어져 탑승자 일부는 사망하고 일부는 상해를 입었다. 그리하여 망인의 유족 혹은 상해를 입은 여행객 등이 乙에 대하여 손해배상을 청구하였다.

甲 등과 乙이 체결한 여행계약상의 여행약관에는 "당사는 여행자에게 안전하고 만족스러운 여행서비스를 제공하기 위하여 여행알선 및 안내 · 운송 · 숙박 등 여행계획의 수립 및 실행 과정에서 맡은 바 임무를 충실히 수행하여야 합니다"(제2조 제1항), "당사는 현지 여행업자 등의 고의 또는 과실로 여행자에게 손해를 가한 경우 당사는 여행자에게 손해를 배상하여야 합니다"(제14조 제1항), "당사는 여행 출발시부터 도착시까지 당사 본인 또는 그 고용인, 현지 여행업자 또는 그 고용인

등이 제2조 제1항에서 규정한 당사 임무와 관련하여 여행자에게 고의 또는 과실로 손해를 가한 경우 책임을 집니다"(제17조)라고 규정되어 있다.

乙은 이러한 청구에 대하여 다음과 같이 주장하였다.

1) 乙이 이 사건 여행계약에 따라 甲 등에게 부담하는 의무는 운송 · 숙박 · 관광지 관람 · 스포츠나 레저 활동 등 전체 여행상품을 구성하는 개개의 여행서비스가 甲 능에게 제공될 수 있도록 그 개별서비스를 제공할 전문업자들을 수배하는 것이고, 개별서비스 자체를 제공하는 것이 아니다. 그러므로 이 사건 여행약관에서 규정하는 '현지 여행업자'는 X회사와 같이 乙의 이러한 수배업무를 보조하는 '현지 랜드업체'를 의미하는 것이고, Y회사와 같이 직접 관광 서비스를 제공하는 '현지 옵션업체'는 여행업자의 수배 대상일 뿐, '현지 여행업자'에 해당하지 않는다고 보아야 한다. 따라서 Y회사의 고용인인 D의 과실로 발생한 이 사건 사고에 대하여 乙은 책임이 없다.

2) Y회사가 광의로 보아 乙의 이행보조자라고 하더라도, 乙로부터 직접 지휘 · 감독을 받아 그 이행을 보조하는 '협의의 이행보조자'가 아니라, 단순히 채무자의 행위에 협력하는 데에 그치지 않고 독립하여 채무의 전부 또는 일부를 채무자에게 갈음하여 이행하는 '이행대행자'에 해당하고, 채무자는 이행대행자를 사용하는 경우에는 그 선임 · 감독에 관하여 과실이 있는 때에만 이행대행자의 구체적인 업무수행에 대해 책임을 지는데, 乙은 Y회사에 대한 선임 · 감독상의 과실이 없으므로, 이 사건 사고에 대하여 책임이 없다.

| 원심 |  1) 약관의 뜻이 명백하지 아니한 경우에는 고객에게 유리하고 약관 작성자에게 불리하게 해석하여야 하고, 또한 계약의 내용이 당사자 일방이 작성한 약관의 내용으로서 상대방의 법률상 지위에 중대한 영향을 미치는 경우 그 객관적 의미를 엄격하게 해석하여야 하고, 관광진흥법의 규정을 종합하여 보아도 원고의 주장과 같이 '여행업자'의 업무가 여행서비스의 수배 · 알선에 한정되고, 직접 여행서비스를 제공하는 것은 '여행업'의 범위에서 제외된다거나, 이 사건 여행약관이 규정하는 '현지 여행업자'에 현지옵션업체가 제외된다고 단정하기 어렵다.

2) 이 사건 여행약관 제14조나 제17조는 피고는 '현지 여행업자'의 고의 또는 과실로 인한 손해를 배상한다고 밝히고 있는바, 앞에서 판단한 대로 Y회사가 '현지 여행업자'에 해당한다고 보는 한 乙이 주장하는 법리를 내세워 乙이 이 사건 사고에 대한 책임을 면할 수는 없다.

| 판지 |   1. 기획여행업자는 통상 여행 일반은 물론 목적지의 자연적 · 사회적 조건에 관하여 전문적 지식을 가진 자로서 우월적 지위에서 행선지나 여행시설의 이용 등에 관한 계약 내용을 일방적으로 결정하는 반면, 여행자는 그 안전성을 신뢰하고 기획여행업자가 제시하는 조건에 따라 여행계약을 체결하는 것이 일반적이다. 이러한 점을 감안할 때, 기획여행업자는 여행자의 생명 · 신체 · 재산 등의 안전을 확보하기 위하여 여행목적지 · 여행일정 · 여행행정 · 여행서비스기관의 선택 등에 관하여 미리 충분히 조사 · 검토하여 여행계약 내용의 실시 도중에 여행자가 부딪칠지 모르는 위험을 미리 제거할 수단을 강구하거나, 여행자에게 그 뜻을 고지함으로써 여행자 스스로 그 위험을 수용할지 여부에 관하여 선택할 기회를 주는 등의 합리적 조치를 취할 신의칙상의 안전배려의무를 부담하며, 기획여행업자가 사용한 여행약관에서 그 여행업자의 여행자에 대한 책임의 내용 및 범위 등에 관하여 규정하고 있다면 이는 위와 같은 안전배려의무를 구체적으로 명시한 것으로 보아야 한다.

한편 민법 제391조는 이행보조자의 고의 · 과실을 채무자의 고의 · 과실로 본다고 규정하고 있는바, 이러한 이행보조자는 채무자의 의사 관여 아래 그 채무의 이행행위에 속하는 활동을 하는 사람이면 족하고 반드시 채무자의 지시 또는 감독을 받는 관계에 있어야 하는 것은 아니므로, 그가 채무자에 대하여 종속적인가 독립적인 지위에 있는가는 문제되지 않으며, 이행보조자가 채무의 이행을 위하여 제3자를 복이행보조자로서 사용하는 경우에도 채무자가 이를 승낙하였거나 적어도 묵시적으로 동의한 경우에는 채무자는 복이행보조자의 고의, 과실에 관하여 민법 제391조에 의하여 책임을 부담한다고 보아야 한다.

2. 앞서 본 법리와 기록에 비추어 살펴보면, 이 사건 약관 제14조, 제17조는 여행업자가 여행자에 대하여 기획여행계약상의 부수의무로서 부담하는 신의칙상의 안전배려의무를 구체적으로 명시한 것이고, 기획여행에서 여행업자가 부담하는 업무가 개별서비스의 수배 · 알선에만 국한된다고 보기는 어려우며, 이 사건 약관 제14조 및 제17조가 규정하는 '현지 여행업자'는 '여행업자의 여행지 현지에서의 이행보조자 내지 여행업자가 사용을 승낙하였거나 또는 적어도 사용에 묵시적으로 동의한 복이행보조자'를 의미하는 것으로 해석함이 상당하다. 원심이 같은 취지에서, 피고와의 사전 협의에 따라 현지에서 선택관광서비스를 제공해 온 Y회사를 약관의 '현지 여행업자'에 해당하는 것으로 보아 乙이 현지 여행업자인 Y회사

의 고용인의 과실로 발생한 이 사건 사고로 인한 원고들이 입은 손해를 배상할 책임이 있다고 판단한 것은 정당하다.

- 쟁 점

  국내 기획여행업자가 판매한 여행상품을 구입한 여행객이 현지 여행업자가 제공한 옵션관광 중에 현지 여행업자의 직원의 과실로 인한 사고로 사망한 경우, 국내 기획여행업자가 여행계약의 당사자로 손해배상책임을 지는가가 문제된 것이다.

- 검토할 사항

  □ 기획여행업자는 여행자의 안전을 위하여 어떤 주의의무를 지는가?

  □ 국내 기획여행업자가 판매한 여행상품을 구입한 여행객이 현지 여행업자가 제공한 옵션관광 중에 현지 여행업자의 직원의 과실로 인한 사고로 사망한 경우, 국내 기획 여행업자가 여행계약의 당사자로 손해배상책임을 지는가?

  □ 기획여행상품을 판매한 기획여행업자와 기획여행상품 중 현지 여행업자를 통하여 선택 가능한 옵션관광을 진행한 현지 여행업자의 법적 관계의 성질은 무엇인가?

  □ 이행보조자 또는 복이행보조자의 행위에 대하여 채무자가 책임을 지기 위하여 이행보조자 또는 복이행보조자가 채무자의 지시 또는 감독을 받는 관계에 있어야 하는가?

- 관련사례

  □ 기획여행에 참여한 여행자가 여행지에서 놀이시설을 이용하다가 다른 여행자의 과실에 의한 행위로 인하여 상해를 입은 경우 여행업자 및 위 국외여행인솔자가 손해배상책임을 지는가? (대판 1998.11.24. 98다25061)

- 참고문헌

  □ 강신웅, 여행계약에 관한 연구─여행급부의 하자와 그 효과─, 민사법학 15호, 1997, 406-419.

  □ 남효순, 여행계약, 민사법학 20호, 2001, 163-191.

  □ 최광준, 여행계약에 관한 일고찰, 법학연구 42권 1호, 2001, 23-40, 부산대학교.

364

## 저자약력(가나다 순)

**강봉석**
서울대 법대 졸업
법학박사(독일 Göttingen대)
(현) 홍익대학교 법과대학 교수

**김태선**
서울대 법대 졸업
변호사
(현) 중앙대학교 법학전문대학원 교수

**김학동**
서울대 법대 졸업
법학박사(서울대)
(현) 서울시립대학교 법학전문대학원 교수

**김형석**
서울대 법대 졸업
법학박사(독일 Trier대)
(현) 서울대학교 법과대학/법학대학원 교수

**박인환**
연세대 법대 졸업
법학박사(서울대)
(현) 인하대학교 법학전문대학원 교수

**신권철**
서울대 법대 졸업
법학박사(서울대), 변호사
(현) 서울시립대학교 법학전문대학원 교수

**엄동섭**
서울대 법대 졸업
법학박사(서울대)
(현) 서강대학교 법학전문대학원 교수

**이상욱**
영남대 법대 졸업
법학박사(경북대)
(현) 영남대학교 법학전문대학원 교수

**이은희**
서울대 법대 졸업
법학박사(서울대)
(현) 충북대학교 법학전문대학원 교수

**이준현**
연세대 법대 졸업
법학박사(독일 Freiburg대)
(현) 서강대학교 법학전문대학원 교수

**임성권**
서울대 법대 졸업
(현) 인하대학교 법학전문대학원 교수

**전경근**
서울대 법대 졸업
법학박사(서울대)
(현) 아주대학교 법학전문대학원 교수

**정소민**
서울대 법대 졸업
변호사
(현) 한국외국어대학교 법학전문대학원 교수

## 로스쿨 계약법

2014년 8월 11일 초판 인쇄
2014년 8월 25일 초판 발행

저　자　김학동 외
발행인　이　방　원
발행처　세창출판사
　　　　서울 서대문구 경기대로 88 냉천빌딩 4층
　　　　전화 723-8660　팩스 720-4579
　　　　E-mail: sc1992@empal.com
　　　　Homepage: www.sechangpub.co.kr
　　　　신고번호 제300-1990-63호

정가 27,000 원　　　　　ISBN 978-89-8411-480-7 93360